普通高等教育系列教材

经济数学——线性代数

主编 白云霄 曹 慧 谭宏武

SHUZHI JISUAN FANGFA

西安交通大学出版社
XI'AN JIAOTONG UNIVERSITY PRESS

内容简介

本书共分 6 章，包括行列式、矩阵及其运算、矩阵的初等变换与线性方程组、向量组与线性方程组的解的结构、相似矩阵及二次型、线性空间与线性变换，每小节配有相应的例题，每章末配有练习题，在本书最后附有近十年的研究生招生考试线性代数试题以及测试题，并给出了相应的答案。本书的编排从教学需求出发，具有以下几个特点：1. 密切结合经济类专业的实际需要，重视线性代数在经济上的运用，注重与专业课接轨。2. 在质量上坚持高标准，结构严谨、逻辑清晰、叙述清楚、说明到位、行文流畅、例题典型、习题配备合理、可读性强，对学生认真负责。

图书在版编目(CIP)数据

经济数学. 线性代数 / 白云霄，曹慧，谭宏武主编. — 西安：西安交通大学出版社，2022.1(2025.7 重印)
ISBN 978-7-5693-1657-5

Ⅰ. ① 经… Ⅱ. ① 白… ② 曹… ③ 谭… Ⅲ. ① 经济数学—高等学校—教材 ② 线性代数—高等学校—教材 Ⅳ. ① F224.0 ②O151.2

中国版本图书馆 CIP 数据核字(2021)第 102569 号

JINGJI SHUXUE　XIANXING DAISHU

书　　名　经济数学——线性代数
主　　编　白云霄　曹　慧　谭宏武
责任编辑　王　娜
责任校对　邓　瑞

出版发行　西安交通大学出版社
(西安市兴庆南路 1 号　邮政编码 710048)
网　　址　http://www.xjtupress.com
电　　话　(029)82668357　82667874(市场营销中心)
(029)82668315(总编办)
传　　真　(029)82668280
印　　刷　西安五星印刷有限公司

开　　本　787mm×1092mm　1/16　**印张**　11　**字数**　267 千字
版次印次　2022 年 1 月第 1 版　2025 年 7 月第 3 次印刷
书　　号　ISBN 978-7-5693-1657-5
定　　价　32.00 元

如发现印装质量问题，请与本社市场营销中心联系。
订购热线：(029)82665248　(029)82667874
投稿热线：(029)82668818　QQ:465094271
读者信箱：465094271@qq.com

前　言

“线性代数”是高等院校工科类各专业重要的基础课之一，学生对线性代数基本理论掌握得是否扎实，直接关系到其他相关课程的学习效果。线性代数是离散型数学在工科数学中的代表。在计算机科学飞速发展的今天，许多非线性问题可以高精度线性化，大型线性问题的可解性正在加快实现。因此，线性代数课程在线性方程组求解的理论方面、实际问题的应用方面以及数学文化的教育方面都有重要的作用。

我们在编写此书的过程中，本着“打好基础、注重应用、够用为度”的原则，着重讲解线性代数的基本概念、基本理论及基本方法，目的是培养学生的数学思维、提高学生用数学方法解决实际问题的能力。本书有以下特点：

1. 内容完整。本书基本内容包括行列式、矩阵及其运算、矩阵的初等变换与线性方程组、向量组与线性方程组的解的结构、相似矩阵及二次型、线性空间与线性变换。全书内容简明易懂、结构简洁，每节有较多的典型例题，每章后面配有适量练习题，书后附有参考答案，能够满足一般高等院校学生学习线性代数的需求。

2. 密切结合经济类专业的实际需要，重视线性代数在经济上的运用，注重与专业课接轨。

3. 在质量上坚持高标准，结构严谨、逻辑清晰、叙述清楚、说明到位、行文流畅、例题典型、习题配备合理、可读性强，对学生认真负责。

本书由陕西科技大学白云霄（编写第 3、4 章及附录）、谭宏武（编写第 1、2 章）、曹慧（编写第 5、6 章）共同编写，最后由白云霄负责统稿。本书在编写过程中得到了陕西科技大学教务处和数学与数据科学学院领导及相关教师的支持和帮助，西安交通大学出版社的有关同志对本书的出版也付出了辛勤的劳动，在此我们一并深表谢意。

编　者

2020 年 3 月

目　录

第 1 章　行列式

行列式的概念最早出现在解线性方程组的过程中。19 世纪以后，行列式理论得到了进一步的发展和完善。现在行列式理论是线性代数的重要组成部分，它在数学的许多分支中都有着非常广泛的应用。本章主要介绍 n 阶行列式的定义、性质及计算方法，最后给出用行列式求解 n 元线性方程组的克拉默(Gramer)法则。

1.1　二阶与三阶行列式

1.二元线性方程组与二阶行列式

用消元法解二元线性方程组

$$\begin{cases} a_{11}x_1+a_{12}x_2=b_1 & (1-1) \\ a_{21}x_1+a_{22}x_2=b_2 & (1-2) \end{cases}$$

为消去未知数 x_2，式(1-1)$\times a_{22}$－式(1-2)$\times a_{12}$得

$$(a_{11}a_{22}-a_{12}a_{21})x_1=a_{22}b_1-a_{12}b_2$$

为消去未知数 x_1，式(1-2)$\times a_{11}$－式(1-1)$\times a_{21}$得

$$(a_{11}a_{22}-a_{12}a_{21})x_2=a_{11}b_2-a_{21}b_1$$

当 $a_{11}a_{22}-a_{12}a_{21}\neq 0$ 时，求得方程组的解为

$$x_1=\frac{a_{22}b_1-a_{12}b_2}{a_{11}a_{22}-a_{12}a_{21}},\ x_2=\frac{a_{11}b_2-a_{21}b_1}{a_{11}a_{22}-a_{12}a_{21}} \qquad (1-3)$$

式(1-3)中的分子分母都是 4 个数分两对相乘再相减而得。其中分母 $a_{11}a_{22}-a_{12}a_{21}$ 是由该二元线性方程组的 4 个系数确定的。把这 4 个系数按照它们在方程组中的位置，排列成二行二列(横排称<u>行</u>、竖排称<u>列</u>)的数表：

$$\begin{matrix} a_{11} & a_{12} \\ a_{21} & a_{22} \end{matrix} \qquad (1-4)$$

表达式 $a_{11}a_{22}-a_{12}a_{21}$ 称为数表(1-4)所确定的二阶行列式，并记作

$$\begin{vmatrix} a_{11} & a_{12} \\ a_{21} & a_{22} \end{vmatrix} \qquad (1-5)$$

其中，数 a_{11}、a_{12}、a_{21}、a_{22} 叫作行列式的元素，元素 a_{ij} 的第一个下标 i 叫作行标，表明该元素位于第 i 行，第二个下标 j 叫作列标，表明该元素位于第 j 列。位于第 i 行第 j 列的元素称为行列式(1-5)的(i,j)元。

由上述定义可知，二阶行列式是由 4 个数按一定的规律运算所得的代数和。这个规律在行列式的记号中就是对角线法则，如图 1-1，把 a_{11} 到 a_{22} 的实连线称为主对角线，a_{12} 到 a_{21} 的虚连线称为副对角线，于是二阶行列式便是主对角线上两元素之积减去副对角线上两元素之积。

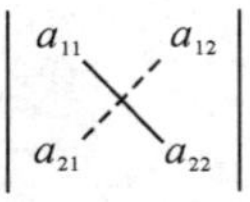

图 1-1

利用行列式的概念，式(1-3)中的分子也可写成二阶行列式。

若记

$$D=a_{11}a_{22}-a_{12}a_{21}=\begin{vmatrix} a_{11} & a_{12} \\ a_{21} & a_{22} \end{vmatrix}$$

$$D_1=a_{22}b_1-a_{12}b_2=\begin{vmatrix} b_1 & a_{12} \\ b_2 & a_{22} \end{vmatrix},\quad D_2=a_{11}b_2-a_{21}b_1=\begin{vmatrix} a_{11} & b_1 \\ a_{21} & b_2 \end{vmatrix}$$

那么式(1-3)可以写成

$$x_1=\frac{D_1}{D}=\frac{\begin{vmatrix} b_1 & a_{12} \\ b_2 & a_{22} \end{vmatrix}}{\begin{vmatrix} a_{11} & a_{12} \\ a_{21} & a_{22} \end{vmatrix}},\quad x_2=\frac{D_2}{D}=\frac{\begin{vmatrix} a_{11} & b_1 \\ a_{21} & b_2 \end{vmatrix}}{\begin{vmatrix} a_{11} & a_{12} \\ a_{21} & a_{22} \end{vmatrix}}$$

注意这里的分母 D 是由方程组(1-1)、(1-2)的系数所确定的行列式(称为系数行列式)，x_1 的分子 D_1 是用常数项 b_1、b_2 替换 D 中 x_1 的系数 a_{11}、a_{21} 所得的二阶行列式，x_2 的分子 D_2 是用常数项 b_1、b_2 替换 D 中 x_2 的系数 a_{12}、a_{22} 所得的二阶行列式。

例 1　求解二元线性代数方程组

$$\begin{cases} x_1-2x_2=1 \\ x_1+\ \ x_2=4 \end{cases}$$

解　由于

$$D=\begin{vmatrix} 1 & -2 \\ 1 & 1 \end{vmatrix}=1-(-2)\times 1=3\neq 0,\quad D_1=\begin{vmatrix} 1 & -2 \\ 4 & 1 \end{vmatrix}=1-(-2)\times 4=9$$

$$D_2=\begin{vmatrix} 1 & 1 \\ 1 & 4 \end{vmatrix}=4-1\times 1=3$$

因此

$$x_1=\frac{D_1}{D}=\frac{9}{3}=3,\quad x_2=\frac{D_2}{D}=\frac{3}{3}=1$$

2.三阶行列式

定义　设有 9 个数排列成 3 行 3 列的数表

$$\begin{matrix} a_{11} & a_{12} & a_{13} \\ a_{21} & a_{22} & a_{23} \\ a_{31} & a_{32} & a_{33} \end{matrix} \tag{1-6}$$

表达式 $a_{11}a_{22}a_{33}+a_{12}a_{23}a_{31}+a_{13}a_{21}a_{32}-a_{11}a_{23}a_{32}-a_{12}a_{21}a_{33}-a_{13}a_{22}a_{31}$ 为数表(1-6)所确定的三阶行列式，记为

$$\begin{vmatrix} a_{11} & a_{12} & a_{13} \\ a_{21} & a_{22} & a_{23} \\ a_{31} & a_{32} & a_{33} \end{vmatrix}$$

即

$$\begin{vmatrix} a_{11} & a_{12} & a_{13} \\ a_{21} & a_{22} & a_{23} \\ a_{31} & a_{32} & a_{33} \end{vmatrix}=a_{11}a_{22}a_{33}+a_{12}a_{23}a_{31}+a_{13}a_{21}a_{32}-a_{11}a_{23}a_{32}-a_{12}a_{21}a_{33}-a_{13}a_{22}a_{31}$$

上述定义表明三阶行列式含有 6 项，每一项均为不同行不同列的 3 个元素的乘积再冠以正负号，其运算的规律性遵循图 1-2 所示的对角线法则：沿实线上 3 个元素的乘积冠以正号，沿虚线上 3 个元素的乘积冠以负号，它们的代数和就是三阶行列式的值。

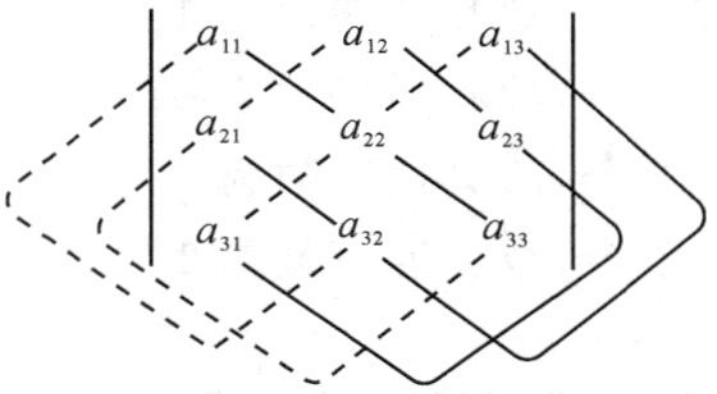

图 1-2

例 2　计算三阶行列式

$$D=\begin{vmatrix} 1 & -2 & 3 \\ 3 & 1 & 2 \\ 2 & 3 & -1 \end{vmatrix}$$

解　按对角线法则，有

$$\begin{aligned} D &=1\times1\times(-1)+3\times3\times3+2\times2\times(-2)-3\times1\times2-2\times3\times1-(-1)\times3\times(-2) \\ &=-1+27-8-6-6-6=0 \end{aligned}$$

例 3　求解方程

$$\begin{vmatrix} 3 & 1 & x \\ 4 & x & 0 \\ 1 & 0 & x \end{vmatrix}=0$$

解　方程左端的三阶行列式

$$D=3x^2+0+0-x^2-0-4x=2x^2-4x$$

由 $2x^2-4x=0$ 解得 $x=0$ 或 $x=2$。

1.2　n 阶行列式的定义

1.排列与逆序数

定义 1　把正整数 $1,2,\cdots,n$ 排成没有重复数字的一列称为一个 n 级排列（简称排列），n 级排列常用 $i_1i_2\cdots i_n$ 表示。n 级排列的种数是 $n\cdot(n-1)\cdot\cdots\cdot2\cdot1=n!$。

例如,1234 和 4231 都是 4 级排列,而 34512 是一个 5 级排列。

定义 2　在一个 n 级排列 $i_1i_2\cdots i_s\cdots i_t\cdots i_n$ 中,若数 $i_s>i_t$,则称数 i_t 与 i_s 构成一个逆序。一个排列中所有逆序的总数称为该排列的逆序数,记为 $\tau(i_1i_2\cdots i_n)$。

逆序数为奇数的排列称为奇排列,逆序数为偶数的排列称为偶排列。

根据定义 2,可按如下方法计算排列的逆序数:

设在一个 n 级排列 $i_1i_2\cdots i_n$ 中比 $i_k(k=1,2,\cdots,n)$ 大的且排在 i_k 前面的数共有 t_k 个,则 i_k 的逆序的个数为 t_k(t_k 也称为数 i_k 的逆序数),而该排列中所有正整数的逆序之和就是这个排列的逆序数,即

$$\tau(i_1i_2\cdots i_n)=t_1+t_2+\cdots+t_n=\sum_{k=1}^{n}t_k$$

例 1　计算排列 32514 的逆序数。

解　3 排在首位,故其逆序数为 0;

2 的前面比 2 大的数有 1 个,故其逆序数为 1;

5 的前面比 5 大的数有 0 个,故其逆序数为 0;

1 的前面比 1 大的数有 3 个,故其逆序数为 3;

4 的前面比 4 大的数有 1 个,故其逆序数为 1。

将上述结果列为下表:

排列	3	2	5	1	4
逆序数 t_k	0	1	0	3	1

于是这个排列的逆序数为 $\tau(32514)=0+1+0+3+1=5$。

例 2　判断排列 12345 和排列 36715284 的奇偶性。

解　与例 1 类似可知

排列	1	2	3	4	5
t_k	0	0	0	0	0

所以 $\tau(12345)=0$,排列 12345 是偶排列,此排列也称为自然排列。

排列	3	6	7	1	5	2	8	4
t_k	0	0	0	3	2	4	0	4

所以 $\tau(36715284)=0+0+0+3+2+4+0+4=13$,此排列是奇排列。

2.n 阶行列式的定义

为了给出 n 阶行列式的定义,先来研究三阶行列式的结构。三阶行列式定义为

$$\begin{vmatrix} a_{11} & a_{12} & a_{13} \\ a_{21} & a_{22} & a_{23} \\ a_{31} & a_{32} & a_{33} \end{vmatrix}=a_{11}a_{22}a_{33}+a_{12}a_{23}a_{31}+a_{13}a_{21}a_{32}-a_{11}a_{23}a_{32}-a_{12}a_{21}a_{33}-a_{13}a_{22}a_{31} \tag{1-7}$$

观察可得：

(1)三阶行列式共有 $6=3!$ 项。

(2)式(1-7)右端每一项恰是取自不同行不同列的3个元素的乘积。每一项中3个元素的行标排列相同，是自然排列123；列标排列均为一个3级排列，3级排列的种数为 $3!=6$，对应式(1-7)右端6项。因此式(1-7)右端的任一项除正负号外都可以写成 $a_{1j_1}a_{2j_2}a_{3j_3}$。

(3)各项的正负号与列标排列的奇偶性有关，列标排列是偶排列，该项取正号；列标排列是奇排列，该项取负号。

带正号的三项列标排列是123、231、312，均为偶排列；

带负号的三项列标排列是132、213、321，均为奇排列。

因此各项所带的正负号可以表示为 $(-1)^{\tau(j_1j_2j_3)}$，其中 $\tau(j_1j_2j_3)$ 为列标排列 $j_1j_2j_3$ 的逆序数。

综上所述，三阶行列式可定义为

$$\begin{vmatrix} a_{11} & a_{12} & a_{13} \\ a_{21} & a_{22} & a_{23} \\ a_{31} & a_{32} & a_{33} \end{vmatrix} = \sum (-1)^{\tau(j_1j_2j_3)} a_{1j_1}a_{2j_2}a_{3j_3}$$

其中 $\sum$ 表示对所有3级排列 $j_1j_2j_3$ 求和。

仿此，可以得到 n 阶行列式定义如下：

定义3 设有 n^2 个数，排成 n 行 n 列的数表

$$\begin{matrix} a_{11} & a_{12} & \cdots & a_{1n} \\ a_{21} & a_{22} & \cdots & a_{2n} \\ \vdots & \vdots & & \vdots \\ a_{n1} & a_{n2} & \cdots & a_{nn} \end{matrix}$$

作出表中位于不同行不同列的 n 个数的乘积，并冠以符号 $(-1)^{\tau(j_1j_2\cdots j_n)}$，得到形如

$$(-1)^{\tau(j_1j_2\cdots j_n)} a_{1j_1}a_{2j_2}\cdots a_{nj_n} \tag{1-8}$$

的项，其中 $j_1j_2\cdots j_n$ 是正整数 $1,2,\cdots,n$ 的一个排列，$\tau(j_1j_2\cdots j_n)$ 为这个排列的逆序数。由于这样的排列共有 $n!$ 个，因而形如式(1-8)的项共有 $n!$ 项。所有这 $n!$ 项的代数和

$$\sum (-1)^{\tau(j_1j_2\cdots j_n)} a_{1j_1}a_{2j_2}\cdots a_{nj_n}$$

称为 n 阶行列式，记作

$$D = \begin{vmatrix} a_{11} & a_{12} & \cdots & a_{1n} \\ a_{21} & a_{22} & \cdots & a_{2n} \\ \vdots & \vdots & & \vdots \\ a_{n1} & a_{n2} & \cdots & a_{nn} \end{vmatrix} = \sum (-1)^{\tau(j_1j_2\cdots j_n)} a_{1j_1}a_{2j_2}\cdots a_{nj_n}$$

简记为 $\det(a_{ij})$，其中 a_{ij} 为行列式 D 的 (i,j) 元。

按此定义的二阶、三阶行列式，与1.1中用对角线法则定义的二阶、三阶行列式显然是一致的。注意当 $n=1$ 时，一阶行列式 $|a|=a$，不要和绝对值记号相混淆。

3.一些特殊行列式的计算公式

(1)对角行列式(除主对角线上元素以外，其他元素全为零)。

$$\begin{vmatrix} a_{11} & & & \\ & a_{22} & & \\ & & \ddots & \\ & & & a_{nn} \end{vmatrix} = a_{11}a_{22}\cdots a_{nn}$$

证明 考查 $D=\sum(-1)^{\tau(j_1j_2\cdots j_n)}a_{1j_1}a_{2j_2}\cdots a_{nj_n}$ 中可能不为零的项。a_{1j_1} 取自第1行，而第1行中可能不为零的元素只有 a_{11}，故 $j_1=1$，同理可得 $j_2=2,j_3=3,\cdots,j_n=n$。即该行列式中可能不为零的项只有一项 $(-1)^{\tau(123\cdots n)}a_{11}a_{22}\cdots a_{nn}$，所以 $D=a_{11}a_{22}\cdots a_{nn}$。

$$\begin{vmatrix} & & & a_{1n} \\ & & a_{2,n-1} & \\ & \iddots & & \\ a_{n1} & & & \end{vmatrix} = (-1)^{\frac{n(n-1)}{2}}a_{1n}a_{2,n-1}\cdots a_{n1}$$

其中未写出的元素全为零。

证明同上。

(2)上三角形行列式(主对角线以下的元素全为零)。

$$\begin{vmatrix} a_{11} & a_{12} & \cdots & a_{1n} \\ 0 & a_{22} & \cdots & a_{2n} \\ \vdots & \vdots & & \vdots \\ 0 & 0 & \cdots & a_{nn} \end{vmatrix} = a_{11}a_{22}\cdots a_{nn}$$

$$\begin{vmatrix} a_{11} & \cdots & a_{1,n-1} & a_{1n} \\ a_{21} & \cdots & a_{2,n-1} & 0 \\ \vdots & & \vdots & \vdots \\ a_{n1} & \cdots & 0 & 0 \end{vmatrix} = (-1)^{\frac{n(n-1)}{2}}a_{1n}a_{2,n-1}\cdots a_{n1}$$

证明 由行列式定义，上面第二个上三角形行列式

$$D=\sum(-1)^{\tau(j_1j_2\cdots j_n)}a_{1j_1}a_{2j_2}\cdots a_{nj_n}$$

现在考查 $\sum(-1)^{\tau(j_1j_2\cdots j_n)}a_{1j_1}a_{2j_2}\cdots a_{nj_n}$ 中不为零的项，显然不为零的项中每一个元素都不等于零。若 $a_{nj_n}\neq 0$，因为 a_{nj_n} 取自第 n 行，而第 n 行中只有 $a_{n1}\neq 0$，故 $j_n=1$；若 $a_{n-1,j_{n-1}}\neq 0$，因为 $a_{n-1,j_{n-1}}$ 取自第 $n-1$ 行，而第 $n-1$ 行中只有 $a_{n-1,1}\neq 0$、$a_{n-1,2}\neq 0$，因 a_{n1} 取自第1列，故 $a_{n-1,j_{n-1}}$ 不能取自第1列，从而 $j_{n-1}=2$；同理可知，若 $a_{n-2,j_{n-2}}\neq 0$ 则 $j_{n-2}=3$；$\cdots$；若 $a_{1j_1}\neq 0$，则 $j_1=n$。所以 D 中不为零的项只有一项，即

$$D=(-1)^{\tau(n(n-1)\cdots 21)}a_{1n}a_{2,n-1}\cdots a_{n1}$$

$$=(-1)^{\frac{n(n-1)}{2}}a_{1n}a_{2,n-1}\cdots a_{n1}$$

(3)下三角形行列式(主对角线以上的元素全为零)。

$$\begin{vmatrix} a_{11} & & & 0 \\ a_{21} & a_{22} & & \\ \vdots & \vdots & \ddots & \\ a_{n1} & a_{n2} & \cdots & a_{nn} \end{vmatrix} = a_{11}a_{22}\cdots a_{nn}$$

$$\begin{vmatrix} 0 & & & a_{1n} \\ & & a_{2,n-1} & a_{2n} \\ & \iddots & \vdots & \vdots \\ a_{n1} & \cdots & a_{n,n-1} & a_{nn} \end{vmatrix} = (-1)^{\frac{n(n-1)}{2}} a_{1n}a_{2,n-1}\cdots a_{n1}$$

证明同(2)。

1.3 对换

上节给出了 n 阶行列式的定义，本节先讨论对换的概念及其与排列的奇偶性的关系，在此基础上给出 n 阶行列式的变形定义。

在排列中，将任意两个元素对调，其余元素不动，这种得出新排列的方式称为对换。将两个相邻元素对换称为相邻对换。

定理 1 任一排列经一次对换后，排列改变奇偶性。

证明 先证相邻对换的情形。

设排列为 $a_1\cdots a_l abb_1\cdots b_m$，对换 a 与 b，变为 $a_1\cdots a_l bab_1\cdots b_m$，显然 $a_1\cdots a_l$，$b_1\cdots b_m$ 这些元素的逆序数经过对换并不改变，而 a、b 两元素的逆序数变化情况为：

当 $a<b$ 时，经过对换后 a 的逆序数增加 1 而 b 的逆序数不变；

当 $a>b$ 时，经过对换后 a 的逆序数不变而 b 的逆序数减少 1。

所以排列 $a_1\cdots a_l abb_1\cdots b_m$ 与排列 $a_1\cdots a_l bab_1\cdots b_m$ 的奇偶性不同。

再证一般对换的情形。

设排列为 $a_1\cdots a_l ab_1\cdots b_m bc_1\cdots c_n$，对换 a 与 b 变为排列 $a_1\cdots a_l bb_1\cdots b_m ac_1\cdots c_n$，相当于将排列 $a_1\cdots a_l ab_1\cdots b_m bc_1\cdots c_n$ 先作 m 次相邻对换变为排列 $a_1\cdots a_l abb_1\cdots b_m c_1\cdots c_n$ 后，再作 $m+1$ 次相邻对换变成 $a_1\cdots a_l bb_1\cdots b_m ac_1\cdots c_n$。总之经 $2m+1$(奇数)次相邻对换，排列 $a_1\cdots a_l ab_1\cdots b_m bc_1\cdots c_n$ 变成排列 $a_1\cdots a_l bb_1\cdots b_m ac_1\cdots c_n$，所以两排列的奇偶性不同。

推论 1 奇排列变成自然排列的对换次数为奇数，偶排列变成自然排列的对换次数为偶数。

推论 2 n 个自然数($n>1$)的 n 级排列中奇偶排列的个数相等。

证明 n 级排列的总数为 $n!$。设其中奇排列为 p 个、偶排列为 q 个。若对每个奇排列都作同一对换，比如将每个奇排列的前 2 个数字对换，就得到 p 个偶排列，故 $p\leqslant q$；同理可得 $q\leqslant p$，所以 $p=q=\dfrac{n!}{2}$。

定理 2 n 阶行列式也可以定义为

$$D=\sum(-1)^{\tau(i_1i_2\cdots i_n)}a_{i_11}a_{i_22}\cdots a_{i_nn}$$

证明 按行列式定义有

$$D=\sum(-1)^{\tau(j_1j_2\cdots j_n)}a_{1j_1}a_{2j_2}\cdots a_{nj_n}$$

令

$$D_1=\sum(-1)^{\tau(i_1i_2\cdots i_n)}a_{i_11}a_{i_22}\cdots a_{i_nn} \tag{1-9}$$

考查式(1-9)右端的一般项

$$(-1)^{\tau(i_1i_2\cdots i_n)}a_{i_11}a_{i_22}\cdots a_{i_nn}=(-1)^{\tau(i_1i_2\cdots i_n)+\tau(12\cdots n)}a_{i_11}a_{i_22}\cdots a_{i_nn}$$

注意到交换此一般项中两元素的位置，相当于同时进行一个行标的对换和一个列标的对换，故交换位置前后，一般项的行标排列与列标排列的逆序数之和的奇偶性不变。经一次这样的交换是如此，经过多次交换亦如此。于是，我们总可以通过式(1-9)中的一般项 $(-1)^{\tau(i_1i_2\cdots i_n)+\tau(12\cdots n)}a_{i_11}a_{i_22}\cdots a_{i_nn}$ 作有限次的两元素的位置交换，使其行标由排列 $i_1i_2\cdots i_n$ 变为自然排列 $12\cdots n$，此时其列标排列由自然排列变为新的排列 $j_1j_2\cdots j_n$，且

$(-1)^{\tau(i_1i_2\cdots i_n)+\tau(12\cdots n)}=(-1)^{\tau(12\cdots n)+\tau(j_1j_2\cdots j_n)}$，即 $(-1)^{\tau(i_1i_2\cdots i_n)}=(-1)^{\tau(j_1j_2\cdots j_n)}$，因此

$$D_1=\sum(-1)^{\tau(i_1i_2\cdots i_n)}a_{i_11}a_{i_22}\cdots a_{i_nn}=\sum(-1)^{\tau(j_1j_2\cdots j_n)}a_{1j_1}a_{2j_2}\cdots a_{nj_n}=D$$

例 1 在六阶行列式中，下列两项各应带什么符号？

(1) $a_{11}a_{26}a_{32}a_{44}a_{53}a_{65}$； (2) $a_{21}a_{53}a_{16}a_{42}a_{65}a_{34}$。

解 (1)按 1.2 中定义 3 计算列标排列 162435 的逆序数为

$$\tau=0+0+1+1+2+1=5$$

所以 $a_{11}a_{26}a_{32}a_{44}a_{53}a_{65}$ 前应带负号。

(2)按定理 2 计算：

$$a_{21}a_{53}a_{16}a_{42}a_{65}a_{34}=a_{21}a_{42}a_{53}a_{34}a_{65}a_{16}$$

行标排列 245361 的逆序数

$$\tau=0+0+0+2+0+5=7$$

所以 $a_{21}a_{53}a_{16}a_{42}a_{65}a_{34}$ 前应带负号。

1.4 行列式的性质

显然对 $n\geqslant 3$ 时，直接利用 n 阶行列式的定义计算行列式是很繁琐的。为了简化行列式的计算，我们介绍 n 阶行列式的性质。

1.行列式的性质

记

$$D=\begin{vmatrix}a_{11}&a_{12}&\cdots&a_{1n}\\a_{21}&a_{22}&\cdots&a_{2n}\\\vdots&\vdots&&\vdots\\a_{n1}&a_{n2}&\cdots&a_{nn}\end{vmatrix},\ D^{\mathrm{T}}=\begin{vmatrix}a_{11}&a_{21}&\cdots&a_{n1}\\a_{12}&a_{22}&\cdots&a_{n2}\\\vdots&\vdots&&\vdots\\a_{1n}&a_{2n}&\cdots&a_{nn}\end{vmatrix}$$

行列式 D^{T} 称为行列式 D 的转置行列式。

性质 1 行列式与它的转置行列式相等。

证明 记 $D=\det(a_{ij})$，$D^{\mathrm{T}}=\det(b_{ij})$，则 $b_{ij}=a_{ji}(i、j=1,2,\cdots,n)$，按定义

$$D^{\mathrm{T}}=\sum(-1)^{\tau(j_1j_2\cdots j_n)}b_{1j_1}b_{2j_2}\cdots b_{nj_n}=\sum(-1)^{\tau(j_1j_2\cdots j_n)}a_{j_11}a_{j_22}\cdots a_{j_nn}$$

由 1.3 中定理 2 有

$$D=\sum(-1)^{\tau(j_1j_2\cdots j_n)}a_{j_11}a_{j_22}\cdots a_{j_nn}$$

因此 $D^{\mathrm{T}}=D$。

由性质 1 可知，行列式中的行与列具有相同的地位，行列式的性质对行成立的对列也成

立，反之对列成立的对行也成立。

为简明起见，先引入以下记号：

以 r_i 表示行列式的第 i 行，以 c_i 表示行列式的第 i 列；

交换行列式的 i、j 两行记作 $r_i \leftrightarrow r_j$；交换行列式的 i、j 两列记作 $c_i \leftrightarrow c_j$；

行列式的第 i 行（或列）乘 k，记作 $r_i \times k$（或 $c_i \times k$）；

行列式的第 i 行（或列）提出公因子 k，记作 $r_i \div k$（或 $c_i \div k$）；

以数 k 乘行列式的第 j 行（或列）加到第 i 行（或列）上，记作 $r_i + kr_j$（或 $c_i + kc_j$）。

性质 2 交换行列式的两行（列），行列式变号。

证明 设 $D = \det(a_{ij}) \xrightarrow{r_i \leftrightarrow r_j} D_1 = \det(b_{ij})$，则

$$b_{ip} = a_{jp}, \quad b_{jp} = a_{ip}, \quad b_{kp} = a_{kp} \quad (k \neq i, j)$$

于是

$$\begin{aligned} D_1 &= \sum (-1)^{\tau(p_1 p_2 \cdots p_i \cdots p_j \cdots p_n)} b_{1p_1} b_{2p_2} \cdots b_{ip_i} \cdots b_{jp_j} \cdots b_{np_n} \\ &= \sum (-1)^{\tau(p_1 p_2 \cdots p_i \cdots p_j \cdots p_n)} a_{1p_1} a_{2p_2} \cdots a_{jp_i} \cdots a_{ip_j} \cdots a_{np_n} \\ &= \sum (-1)^{\tau(p_1 p_2 \cdots p_i \cdots p_j \cdots p_n)} a_{1p_1} a_{2p_2} \cdots a_{ip_j} \cdots a_{jp_i} \cdots a_{np_n} \end{aligned}$$

而

$$(-1)^{\tau(p_1 p_2 \cdots p_i \cdots p_j \cdots p_n)} = -(-1)^{\tau(p_1 p_2 \cdots p_j \cdots p_i \cdots p_n)}$$

$$D = \sum (-1)^{\tau(p_1 p_2 \cdots p_j \cdots p_i \cdots p_n)} a_{1p_1} a_{2p_2} \cdots a_{ip_j} \cdots a_{jp_i} \cdots a_{np_n}$$

因此 $D = -D_1$。

推论 1 如果行列式有两行（列）完全相同，则此行列式等于零。

性质 3 用数 k 乘行列式的某一行（列），等于用数 k 乘此行列式，即

$$\begin{vmatrix} a_{11} & a_{12} & \cdots & a_{1n} \\ \vdots & \vdots & & \vdots \\ ka_{i1} & ka_{i2} & \cdots & ka_{in} \\ \vdots & \vdots & & \vdots \\ a_{n1} & a_{n2} & \cdots & a_{nn} \end{vmatrix} = k \begin{vmatrix} a_{11} & a_{12} & \cdots & a_{1n} \\ \vdots & \vdots & & \vdots \\ a_{i1} & a_{i2} & \cdots & a_{in} \\ \vdots & \vdots & & \vdots \\ a_{n1} & a_{n2} & \cdots & a_{nn} \end{vmatrix}$$

推论 2 行列式中某一行（列）的所有元素的公因子可以提到行列式记号的外面。

性质 4 行列式中如果有两行（列）元素成比例，则此行列式等于零。

例如

$$D = \begin{vmatrix} 1 & 2 & 4 \\ 2 & 4 & 3 \\ 3 & 6 & 2 \end{vmatrix} \xlongequal{c_2 \div 2} 2 \begin{vmatrix} 1 & 1 & 4 \\ 2 & 2 & 3 \\ 3 & 3 & 2 \end{vmatrix} = 0$$

性质 5 若行列式的某一列（行）的元素都是两数之和；

$$D = \begin{vmatrix} a_{11} & \cdots & a_{1i} + a'_{1i} & \cdots & a_{1n} \\ a_{21} & \cdots & a_{2i} + a'_{2i} & \cdots & a_{2n} \\ \vdots & & \vdots & & \vdots \\ a_{n1} & \cdots & a_{ni} + a'_{ni} & \cdots & a_{nn} \end{vmatrix}$$

则 D 等于下面两个行列式之和：

$$D=\begin{vmatrix} a_{11} & \cdots & a_{1i} & \cdots & a_{1n} \\ a_{21} & \cdots & a_{2i} & \cdots & a_{2n} \\ \vdots & & \vdots & & \vdots \\ a_{n1} & \cdots & a_{ni} & \cdots & a_{nn} \end{vmatrix}+\begin{vmatrix} a_{11} & \cdots & a'_{1i} & \cdots & a_{1n} \\ a_{21} & \cdots & a'_{2i} & \cdots & a_{2n} \\ \vdots & & \vdots & & \vdots \\ a_{n1} & \cdots & a'_{ni} & \cdots & a_{nn} \end{vmatrix}=D_1+D_2$$

证明 由行列式的定义知

$$\begin{aligned} D&=\sum(-1)^{\tau(p_1p_2\cdots p_i\cdots p_n)}a_{p_11}a_{p_22}\cdots(a_{p_ii}+a'_{p_ii})\cdots a_{p_nn} \\ &=\sum(-1)^{\tau(p_1p_2\cdots p_i\cdots p_n)}a_{p_11}a_{p_22}\cdots a_{p_ii}\cdots a_{p_nn}+\sum(-1)^{\tau(p_1p_2\cdots p_i\cdots p_n)}a_{p_11}a_{p_22}\cdots a'_{p_ii}\cdots a_{p_nn} \\ &=D_1+D_2 \end{aligned}$$

性质 5 表明：当某一列(行)的元素为两数之和时，行列式关于该列(行)可分解为两个行列式。若 n 阶行列式每列(行)元素都为两数之和时，则它可分解成 2^n 个行列式。

性质 6 将行列式的某一行(列)的所有元素都乘以数 k 加到另一行(列)对应位置的元素上，行列式的值不变。即

$$D=\begin{vmatrix} a_{11} & \cdots & a_{1i} & \cdots & a_{1j} & \cdots & a_{1n} \\ a_{21} & \cdots & a_{2i} & \cdots & a_{2j} & \cdots & a_{2n} \\ \vdots & & \vdots & & \vdots & & \vdots \\ a_{n1} & \cdots & a_{ni} & \cdots & a_{nj} & \cdots & a_{nn} \end{vmatrix}\xlongequal{c_i+kc_j}\begin{vmatrix} a_{11} & \cdots & a_{1i}+ka_{1j} & \cdots & a_{1j} & \cdots & a_{1n} \\ a_{21} & \cdots & a_{2i}+ka_{2j} & \cdots & a_{2j} & \cdots & a_{2n} \\ \vdots & & \vdots & & \vdots & & \vdots \\ a_{n1} & \cdots & a_{ni}+ka_{nj} & \cdots & a_{nj} & \cdots & a_{nn} \end{vmatrix}$$

此性质可由性质 4 和性质 5 直接得到。

2.行列式的计算

计算行列式时，常用行列式的性质把它化成上(或下)三角行列式，再用 1.2 中上(下)三角行列式计算公式求得行列式的值。

例如，把行列式 $D=\det(a_{ij})$ 化为上三角行列式的一般步骤是：如果 $a_{11}\neq0$(若 $a_{11}=0$，则将第一行与其他行交换使得第一行第一列的元素 $a_{11}\neq0$)，就用运算 r_i+kr_1，即把第一行分别乘以适当的数加到其他各行，使得第一列除 a_{11} 外其余元素都为 0；再用同样的方法处理使得第二列中 a_{22} 下方的元素全为 0；如此继续下去，直至使它成为上三角行列式，这时主对角线上元素的乘积就是行列式的值。这种方法使得我们可以利用计算机编程来计算行列式。

例 1 计算

$$D=\begin{vmatrix} 2 & -5 & 1 & 2 \\ -3 & 7 & -1 & 4 \\ 5 & -9 & 2 & 7 \\ 4 & -6 & 1 & 2 \end{vmatrix}$$

解 用行列式的性质把 D 化为上三角行列式。

$$D=\begin{vmatrix} 2 & -5 & 1 & 2 \\ -3 & 7 & -1 & 4 \\ 5 & -9 & 2 & 7 \\ 4 & -6 & 1 & 2 \end{vmatrix}\xlongequal{c_1\leftrightarrow c_3}-\begin{vmatrix} 1 & -5 & 2 & 2 \\ -1 & 7 & -3 & 4 \\ 2 & -9 & 5 & 7 \\ 1 & -6 & 4 & 2 \end{vmatrix}\xlongequal[\substack{r_3-2r_1 \\ r_4-r_1}]{r_2+r_1}-\begin{vmatrix} 1 & -5 & 2 & 2 \\ 0 & 2 & -1 & 6 \\ 0 & 1 & 1 & 3 \\ 0 & -1 & 2 & 0 \end{vmatrix}$$

$$\xlongequal{r_2\leftrightarrow r_3}\begin{vmatrix}1&-5&2&2\\0&1&1&3\\0&2&-1&6\\0&-1&2&0\end{vmatrix}\xlongequal[r_4+r_2]{r_3-2r_2}\begin{vmatrix}1&-5&2&2\\0&1&1&3\\0&0&-3&0\\0&0&3&3\end{vmatrix}$$

$$\xlongequal{r_4+r_3}\begin{vmatrix}1&-5&2&2\\0&1&1&3\\0&0&-3&0\\0&0&0&3\end{vmatrix}=1\times1\times(-3)\times3=-9$$

例 2　计算行列式

$$D=\begin{vmatrix}2&1&1&1\\1&2&1&1\\1&1&2&1\\1&1&1&2\end{vmatrix}$$

解　这个行列式的特点是各行(列)元素之和都为 5,故可把第二、三、四行同时加到第一行,提出公因子 5;然后再化成上三角行列式计算:

$$D=\begin{vmatrix}2&1&1&1\\1&2&1&1\\1&1&2&1\\1&1&1&2\end{vmatrix}\xlongequal{r_1+r_2+r_3+r_4}\begin{vmatrix}5&5&5&5\\1&2&1&1\\1&1&2&1\\1&1&1&2\end{vmatrix}=5\begin{vmatrix}1&1&1&1\\1&2&1&1\\1&1&2&1\\1&1&1&2\end{vmatrix}$$

$$\xlongequal[\substack{r_3-r_1\\r_4-r_1}]{r_2-r_1}5\begin{vmatrix}1&1&1&1\\0&1&0&0\\0&0&1&0\\0&0&0&1\end{vmatrix}=5$$

例 3　计算 n 阶行列式

$$D_n=\begin{vmatrix}a&b&b&\cdots&b\\b&a&b&\cdots&b\\\vdots&\vdots&\vdots&&\vdots\\b&b&b&\cdots&a\end{vmatrix}$$

解　此行列式 D_n 与例 2 同类型,因此

$$D_n=\begin{vmatrix}a&b&b&\cdots&b\\b&a&b&\cdots&b\\\vdots&\vdots&\vdots&&\vdots\\b&b&b&\cdots&a\end{vmatrix}\xlongequal{c_1+c_2+\cdots+c_n}\begin{vmatrix}a+(n-1)b&b&b&\cdots&b\\a+(n-1)b&a&b&\cdots&b\\\vdots&\vdots&\vdots&&\vdots\\a+(n-1)b&b&b&\cdots&a\end{vmatrix}$$

$$=[a+(n-1)b]\begin{vmatrix}1&b&b&\cdots&b\\1&a&b&\cdots&b\\\vdots&\vdots&\vdots&&\vdots\\1&b&b&\cdots&a\end{vmatrix}$$

$$\xlongequal[r_n-r_1]{\substack{r_2-r_1\\r_3-r_1\\\vdots}}[a+(n-1)b]\begin{vmatrix}1&b&b&\cdots&b\\0&a-b&0&\cdots&0\\\vdots&\vdots&\vdots&&\vdots\\0&0&0&\cdots&a-b\end{vmatrix}$$

$$=[a+(n-1)b](a-b)^{n-1}$$

例 4 计算行列式

$$D=\begin{vmatrix}a&b&c&d\\a&a+b&a+b+c&a+b+c+d\\a&2a+b&3a+2b+c&4a+3b+2c+d\\a&3a+b&6a+3b+c&10a+6b+3c+d\end{vmatrix}$$

解 从第四行开始,后行减前行:

$$D=\begin{vmatrix}a&b&c&d\\a&a+b&a+b+c&a+b+c+d\\a&2a+b&3a+2b+c&4a+3b+2c+d\\a&3a+b&6a+3b+c&10a+6b+3c+d\end{vmatrix}\xlongequal[r_2-r_1]{\substack{r_4-r_3\\r_3-r_2}}\begin{vmatrix}a&b&c&d\\0&a&a+b&a+b+c\\0&a&2a+b&3a+2b+c\\0&a&3a+b&6a+3b+c\end{vmatrix}$$

$$\xlongequal[r_3-r_2]{r_4-r_3}\begin{vmatrix}a&b&c&d\\0&a&a+b&a+b+c\\0&0&a&2a+b\\0&0&a&3a+b\end{vmatrix}$$

$$\xlongequal{r_4-r_3}\begin{vmatrix}a&b&c&d\\0&a&a+b&a+b+c\\0&0&a&2a+b\\0&0&0&a\end{vmatrix}=a^4$$

上述诸例都是利用 r_i+kr_j 把行列式化为上三角行列式,用归纳法不难证明(这里不证)任何 n 阶行列式总能利用运算 r_i+kr_j 化为上三角行列式,或化为下三角行列式。类似地,利用运算 c_i+kc_j 也可以把行列式化为上三角行列式或下三角行列式。

例 5 设

$$D=\begin{vmatrix}a_{11}&\cdots&a_{1k}&0&\cdots&0\\\vdots&&\vdots&\vdots&&\vdots\\a_{k1}&\cdots&a_{kk}&0&\cdots&0\\c_{11}&\cdots&c_{1k}&b_{11}&\cdots&b_{1n}\\\vdots&&\vdots&\vdots&&\vdots\\c_{n1}&\cdots&c_{nk}&b_{n1}&\cdots&b_{nn}\end{vmatrix}$$

$$D_1=\det(a_{ij})=\begin{vmatrix}a_{11}&\cdots&a_{1k}\\\vdots&&\vdots\\a_{k1}&\cdots&a_{kk}\end{vmatrix},\quad D_2=\det(b_{ij})=\begin{vmatrix}b_{11}&\cdots&b_{1n}\\\vdots&&\vdots\\b_{n1}&\cdots&b_{nn}\end{vmatrix}$$

证明 $D=D_1D_2$。

证明 对 D_1 作列运算 $c_i+\lambda c_j$，把 D_1 化成下三角行列式，记为

$$D_1=\begin{vmatrix} p_{11} & & 0 \\ \vdots & \ddots & \\ p_{k1} & \cdots & p_{kk} \end{vmatrix}=p_{11}p_{22}\cdots p_{kk}$$

对 D_2 作列运算 $c_i+\mu c_j$，把 D_2 化成下三角行列式，记为

$$D_2=\begin{vmatrix} q_{11} & & 0 \\ \vdots & \ddots & \\ q_{n1} & \cdots & q_{nn} \end{vmatrix}=q_{11}q_{22}\cdots q_{nn}$$

这样对 D 的前 k 行作运算 $c_i+\lambda c_j$，再对 D 的后 n 列作列运算 $c_i+\mu c_j$，就把 D 化为下三角行列式：

$$D=\begin{vmatrix} p_{11} & \cdots & 0 & 0 & \cdots & 0 \\ \vdots & & \vdots & \vdots & & \vdots \\ p_{k1} & \cdots & p_{kk} & 0 & \cdots & 0 \\ w_{11} & \cdots & w_{1k} & q_{11} & \cdots & 0 \\ \vdots & & \vdots & \vdots & & \vdots \\ w_{n1} & \cdots & w_{nk} & q_{n1} & \cdots & q_{nn} \end{vmatrix}=p_{11}\cdots p_{kk}q_{11}\cdots q_{nn}=D_1D_2$$

例 6 解方程

$$\begin{vmatrix} 1 & 1 & 2 & 3 \\ 1 & 2-x^2 & 2 & 3 \\ 2 & 3 & 1 & 5 \\ 2 & 3 & 1 & 9-x^2 \end{vmatrix}=0$$

解 记左端行列式为 D，则

$$D\xlongequal[\substack{r_3-2r_1\\ r_4-2r_1}]{r_2-r_1}\begin{vmatrix} 1 & 1 & 2 & 3 \\ 0 & 1-x^2 & 0 & 0 \\ 0 & 1 & -3 & -1 \\ 0 & 1 & -3 & 3-x^2 \end{vmatrix}\xlongequal{r_4-r_3}\begin{vmatrix} 1 & 1 & 2 & 3 \\ 0 & 1-x^2 & 0 & 0 \\ 0 & 1 & -3 & -1 \\ 0 & 0 & 0 & 4-x^2 \end{vmatrix}$$

$$\xlongequal{c_2+\frac{1}{3}c_3}\begin{vmatrix} 1 & \frac{5}{3} & 2 & 3 \\ 0 & 1-x^2 & 0 & 0 \\ 0 & 0 & -3 & -1 \\ 0 & 0 & 0 & 4-x^2 \end{vmatrix}=-3(1-x^2)(4-x^2)=0$$

解得 $x_1=-1,\quad x_2=1,\quad x_3=-2,\quad x_4=2$

1.5 行列式按行(列)展开法则

一般来说，低阶行列式的计算比高阶行列式的计算要简便，那么，高阶行列式能否“降

阶”成为低阶行列式，从而使计算简化呢？

为回答这个问题，我们先来观察三阶行列式：

$$\begin{vmatrix} a_{11} & a_{12} & a_{13} \\ a_{21} & a_{22} & a_{23} \\ a_{31} & a_{32} & a_{33} \end{vmatrix} = a_{11}a_{22}a_{33} + a_{12}a_{23}a_{31} + a_{13}a_{21}a_{32} - a_{11}a_{23}a_{32} - a_{12}a_{21}a_{33} - a_{13}a_{22}a_{31}$$

$$= a_{11}(a_{22}a_{33} - a_{23}a_{32}) + a_{12}(a_{23}a_{31} - a_{21}a_{33}) + a_{13}(a_{21}a_{32} - a_{22}a_{31})$$

$$= a_{11}\begin{vmatrix} a_{22} & a_{23} \\ a_{32} & a_{33} \end{vmatrix} - a_{12}\begin{vmatrix} a_{21} & a_{23} \\ a_{31} & a_{33} \end{vmatrix} + a_{13}\begin{vmatrix} a_{21} & a_{22} \\ a_{31} & a_{32} \end{vmatrix} \qquad (1-10)$$

由此可知，三阶行列式能用二阶行列式来表示，从而三阶行列式的计算可转化为低一阶行列式的计算。

用低一阶行列式来表示高阶行列式的问题就是本节要讨论的行列式按行(列)展开法则。先来介绍余子式与代数余子式的概念。

定义 在 n 阶行列式中，把 (i,j) 元 a_{ij} 所在的第 i 行和第 j 列划去后，留下来的 $n-1$ 阶行列式叫作 (i,j) 元 a_{ij} 的余子式，记作 M_{ij}。记

$$A_{ij} = (-1)^{i+j}M_{ij}$$

A_{ij} 叫作 (i,j) 元 a_{ij} 的代数余子式。

例如，四阶行列式

$$D = \begin{vmatrix} a_{11} & a_{12} & a_{13} & a_{14} \\ a_{21} & a_{22} & a_{23} & a_{24} \\ a_{31} & a_{32} & a_{33} & a_{34} \\ a_{41} & a_{42} & a_{43} & a_{44} \end{vmatrix}$$

中 $(3,2)$ 元 a_{32} 的余子式和代数余子式分别为

$$M_{32} = \begin{vmatrix} a_{11} & a_{13} & a_{14} \\ a_{21} & a_{23} & a_{24} \\ a_{41} & a_{43} & a_{44} \end{vmatrix}$$

$$A_{32} = (-1)^{3+2}M_{32} = -M_{32}$$

由此定义，式(1 - 10)可表示为

$$\begin{vmatrix} a_{11} & a_{12} & a_{13} \\ a_{21} & a_{22} & a_{23} \\ a_{31} & a_{32} & a_{33} \end{vmatrix} = a_{11}A_{11} + a_{12}A_{12} + a_{13}A_{13}$$

为讨论更一般的情形，先证明一个引理：

引理 设 n 阶行列式 $D=\det(a_{ij})$，若其中第 i 行所有元素除 (i,j) 元 a_{ij} 外都为零，则 D 等于 a_{ij} 与它的代数余子式的乘积，即

$$D = a_{ij}A_{ij}$$

证明 先证 $a_{ij}=a_{11}$ 的情形，此时

$$D = \begin{vmatrix} a_{11} & 0 & \cdots & 0 \\ a_{21} & a_{22} & \cdots & a_{2n} \\ \vdots & \vdots & & \vdots \\ a_{n1} & a_{n2} & \cdots & a_{nn} \end{vmatrix}$$

这是 1.4 节例 5 中当 $k=1$ 时的特殊情形，按 1.4 节例 5 的结论即有

$$D=a_{11}M_{11}$$

又

$$A_{11}=(-1)^{1+1}M_{11}=M_{11}$$

因此

$$D=a_{11}A_{11}$$

再证一般情形，此时

$$D=\begin{vmatrix} a_{11} & \cdots & a_{1j} & \cdots & a_{1n} \\ \vdots & & \vdots & & \vdots \\ 0 & \cdots & a_{ij} & \cdots & 0 \\ \vdots & & \vdots & & \vdots \\ a_{n1} & \cdots & a_{nj} & \cdots & a_{nn} \end{vmatrix}$$

把 D 的第 i 行依次与第 $i-1,i-2,\cdots,2,1$ 各行交换后换到第 1 行；再把 D 的第 j 列依次与第 $j-1,j-2,\cdots,2,1$ 各列交换后换到第 1 列，则总共经过 $i+j-2$ 次交换后，把 a_{ij} 交换到 D 的左上角(1,1)元位置，所得的行列式 $D_1=(-1)^{i+j-2}D=(-1)^{i+j}D$，而元素 a_{ij} 在 D_1 中的余子式仍为 a_{ij} 在 D 中的余子式 M_{ij}，再利用前面结果，则有

$$D_1=(-1)^{i+j}D=(-1)^{i+j}a_{ij}M_{ij}=a_{ij}A_{ij}$$

定理 行列式等于它的任一行(列)的各元素与其对应的代数余子式乘积之和。即

$$D=a_{i1}A_{i1}+a_{i2}A_{i2}+\cdots+a_{in}A_{in}\ (i=1,2,\cdots,n)$$

或

$$D=a_{1j}A_{1j}+a_{2j}A_{2j}+\cdots+a_{nj}A_{nj}\ (j=1,2,\cdots,n)$$

证明

$$D=\begin{vmatrix} a_{11} & a_{12} & \cdots & a_{1n} \\ \vdots & \vdots & & \vdots \\ a_{i1}+0+\cdots+0 & 0+a_{i2}+0+\cdots+0 & \cdots & 0+\cdots+0+a_{in} \\ \vdots & \vdots & & \vdots \\ a_{n1} & a_{n2} & \cdots & a_{nn} \end{vmatrix}$$

$$=\begin{vmatrix} a_{11} & a_{12} & \cdots & a_{1n} \\ \vdots & \vdots & & \vdots \\ a_{i1} & 0 & \cdots & 0 \\ \vdots & \vdots & & \vdots \\ a_{n1} & a_{n2} & \cdots & a_{nn} \end{vmatrix}+\begin{vmatrix} a_{11} & a_{12} & \cdots & a_{1n} \\ \vdots & \vdots & & \vdots \\ 0 & a_{i2} & \cdots & 0 \\ \vdots & \vdots & & \vdots \\ a_{n1} & a_{n2} & \cdots & a_{nn} \end{vmatrix}+\cdots+\begin{vmatrix} a_{11} & a_{12} & \cdots & a_{1n} \\ \vdots & \vdots & & \vdots \\ 0 & 0 & \cdots & a_{in} \\ \vdots & \vdots & & \vdots \\ a_{n1} & a_{n2} & \cdots & a_{nn} \end{vmatrix}$$

$$=a_{i1}A_{i1}+a_{i2}A_{i2}+\cdots+a_{in}A_{in}\ (i=1,2,\cdots,n)$$

类似地，若按列证明，可得行列式按列展开公式：

$$D=a_{1j}A_{1j}+a_{2j}A_{2j}+\cdots+a_{nj}A_{nj}\ (j=1,2,\cdots,n)$$

推论 行列式某一行(列)元素与另一行(列)的对应元素的代数余子式乘积之和等于

零。即

$$a_{i1}A_{j1}+a_{i2}A_{j2}+\cdots+a_{in}A_{jn}=0(i\neq j)$$

或

$$a_{1i}A_{1j}+a_{2i}A_{2j}+\cdots+a_{ni}A_{nj}=0(i\neq j)$$

证明 把行列式 $D=\det(a_{ij})$ 中第 j 行元素换成第 i 行元素，再按第 j 行展开，有

$$0=\begin{vmatrix} a_{11} & a_{12} & \cdots & a_{1n} \\ \vdots & \vdots & & \vdots \\ a_{i1} & a_{i2} & \cdots & a_{in} \\ \vdots & \vdots & & \vdots \\ a_{i1} & a_{i2} & \cdots & a_{in} \\ \vdots & \vdots & & \vdots \\ a_{n1} & a_{n2} & \cdots & a_{nn} \end{vmatrix}\begin{matrix} \\ \\ \leftarrow i\text{行} \\ \\ \leftarrow j\text{行} \\ \\ \\ \end{matrix}$$

$$=a_{i1}A_{j1}+a_{i2}A_{j2}+\cdots+a_{in}A_{jn}(i\neq j)$$

同理可得：

$$a_{1i}A_{1j}+a_{2i}A_{2j}+\cdots+a_{ni}A_{nj}=0(i\neq j)$$

综合定理及其推论，可得代数余子式的重要性质：

$$\sum_{k=1}^{n}a_{ik}A_{jk}=D\delta_{ij}=\begin{cases}D, & i=j\\ 0, & i\neq j\end{cases}$$

$$\sum_{k=1}^{n}a_{ki}A_{kj}=D\delta_{ij}=\begin{cases}D, & i=j\\ 0, & i\neq j\end{cases}$$

其中

$$\delta_{ij}=\begin{cases}1, & i=j\\ 0, & i\neq j\end{cases}$$

上述定理称为行列式按行（列）展开法则。直接应用按行（列）展开法则计算行列式，运算量较大，尤其是高阶行列式。因此，计算行列式时，一般可先用行列式的性质将行列式中某行（列）化为仅含一个或少数几个非零元素，再按此行（列）展开，化为低一阶的行列式；如此继续下去直到化为三阶或二阶行列式。

例 1 计算 1.4 节例 1 中的行列式

$$D=\begin{vmatrix} 2 & -5 & 1 & 2 \\ -3 & 7 & -1 & 4 \\ 5 & -9 & 2 & 7 \\ 4 & -6 & 1 & 2 \end{vmatrix}$$

解 第 3 列数字比较简单，故保留 $a_{13}=1$，把第 3 列中其他元素化为零后，再按第 3 列展开，再继续计算。

$$D\xlongequal{r_2+r_1,r_3-2r_1,r_4-r_1}\begin{vmatrix} 2 & -5 & 1 & 2 \\ -1 & 2 & 0 & 6 \\ 1 & 1 & 0 & 3 \\ 2 & -1 & 0 & 0 \end{vmatrix}$$

$$\xlongequal{\text{按第 3 列展开}} 1\times(-1)^{1+3}\begin{vmatrix} -1 & 2 & 6 \\ 1 & 1 & 3 \\ 2 & -1 & 0 \end{vmatrix} \xlongequal{r_1-2r_2} \begin{vmatrix} -3 & 0 & 0 \\ 1 & 1 & 3 \\ 2 & -1 & 0 \end{vmatrix}$$

$$\xlongequal{\text{按第 1 行展开}} (-3)\times(-1)^{1+1}\begin{vmatrix} 1 & 3 \\ -1 & 0 \end{vmatrix} = -9$$

例 2　计算行列式

$$D=\begin{vmatrix} 1 & -1 & 1 & x-1 \\ 1 & -1 & x+1 & -1 \\ 1 & x-1 & 1 & -1 \\ x+1 & -1 & 1 & -1 \end{vmatrix}$$

解　注意到此行列式的各行元素之和相等，故

$$D=\begin{vmatrix} 1 & -1 & 1 & x-1 \\ 1 & -1 & x+1 & -1 \\ 1 & x-1 & 1 & -1 \\ x+1 & -1 & 1 & -1 \end{vmatrix} \xlongequal{c_1+c_2+c_3+c_4} \begin{vmatrix} x & -1 & 1 & x-1 \\ x & -1 & x+1 & -1 \\ x & x-1 & 1 & -1 \\ x & -1 & 1 & -1 \end{vmatrix}$$

$$=x\begin{vmatrix} 1 & -1 & 1 & x-1 \\ 1 & -1 & x+1 & -1 \\ 1 & x-1 & 1 & -1 \\ 1 & -1 & 1 & -1 \end{vmatrix} \xlongequal{r_i-r_1(i=2,3,4)} x\begin{vmatrix} 1 & -1 & 1 & x-1 \\ 0 & 0 & x & -x \\ 0 & x & 0 & -x \\ 0 & 0 & 0 & -x \end{vmatrix}$$

$$\xlongequal{\text{按第 1 列展开}} x\cdot(-1)^{1+1}\begin{vmatrix} 0 & x & -x \\ x & 0 & -x \\ 0 & 0 & -x \end{vmatrix}$$

$$\xlongequal{\text{按第 1 列展开}} x\cdot x\,(-1)^{2+1}\begin{vmatrix} x & -x \\ 0 & -x \end{vmatrix} = x^4$$

例 3　证明

$$D_n=\begin{vmatrix} x & -1 & 0 & \cdots & 0 & 0 \\ 0 & x & -1 & \cdots & 0 & 0 \\ \vdots & \vdots & \vdots & & \vdots & \vdots \\ 0 & 0 & 0 & \cdots & x & -1 \\ a_n & a_{n-1} & a_{n-2} & \cdots & a_2 & a_1+x \end{vmatrix} = x^n+a_1x^{n-1}+a_2x^{n-2}+\cdots+a_{n-1}x+a_n \quad (n\geqslant 2)$$

证明　将 D_n 按第 1 列展开得

$$D_n=x\begin{vmatrix} x & -1 & 0 & \cdots & 0 & 0 \\ 0 & x & -1 & \cdots & 0 & 0 \\ \vdots & \vdots & \vdots & & \vdots & \vdots \\ 0 & 0 & 0 & \cdots & x & -1 \\ a_{n-1} & a_{n-2} & a_{n-3} & \cdots & a_2 & a_1+x \end{vmatrix} + (-1)^{n+1}a_n\begin{vmatrix} -1 & 0 & \cdots & 0 & 0 \\ x & -1 & \cdots & 0 & 0 \\ \vdots & \vdots & & \vdots & \vdots \\ 0 & 0 & \cdots & x & -1 \end{vmatrix}$$

$$=a_n+xD_{n-1}$$

由此得递推公式：$D_n=a_n+xD_{n-1}$，利用此递推公式可得

$$\begin{aligned}D_n&=a_n+xD_{n-1}=a_n+x(a_{n-1}+xD_{n-2})\\&=a_n+a_{n-1}x+x^2D_{n-2}\\&=a_n+a_{n-1}x+x^2(a_{n-2}+xD_{n-3})\\&=a_n+a_{n-1}x+a_{n-2}x^2+x^3D_{n-3}\\&=\cdots\cdots\\&=a_n+a_{n-1}x+a_{n-2}x^2+\cdots+x^{n-2}D_2\end{aligned}$$

因为

$$D_2=\begin{vmatrix}x&-1\\a_2&a_1+x\end{vmatrix}=x(a_1+x)+a_2$$

故

$$\begin{aligned}D_n&=a_n+a_{n-1}x+a_{n-2}x^2+\cdots+x^{n-2}(a_1x+x^2+a_2)\\&=x^n+a_1x^{n-1}+a_2x^{n-2}+\cdots+a_{n-1}x+a_n\end{aligned}$$

例 4 证明范德蒙德(Vandermonde)行列式

$$D_n=\begin{vmatrix}1&1&\cdots&1\\x_1&x_2&\cdots&x_n\\x_1^2&x_2^2&\cdots&x_n^2\\\vdots&\vdots&&\vdots\\x_1^{n-1}&x_2^{n-1}&\cdots&x_n^{n-1}\end{vmatrix}=\prod_{1\leqslant j<i\leqslant n}(x_i-x_j)\tag{1-11}$$

其中,记号“$\prod$”表示全体同类因子的乘积。

证明 用数学归纳法。因为

$$D_2=\begin{vmatrix}1&1\\x_1&x_2\end{vmatrix}=x_2-x_1=\prod_{1\leqslant j<i\leqslant 2}(x_i-x_j)$$

所以当 $n=2$ 时式(1-11)成立。假设式(1-11)对 $n-1$ 阶范德蒙德行列式成立,要证式(1-11)对 n 阶范德蒙德行列式也成立。

为此,设法把 D_n 降阶:从第 n 行开始,后行减去前行的 x_1 倍,有

$$D_n\xlongequal{r_i-x_1r_{i-1}(i=n,n-1,\cdots,2)}\begin{vmatrix}1&1&1&\cdots&1\\0&x_2-x_1&x_3-x_1&\cdots&x_n-x_1\\0&x_2(x_2-x_1)&x_3(x_3-x_1)&\cdots&x_n(x_n-x_1)\\\vdots&\vdots&\vdots&&\vdots\\0&x_2^{n-2}(x_2-x_1)&x_3^{n-2}(x_3-x_1)&\cdots&x_n^{n-2}(x_n-x_1)\end{vmatrix}$$

按第 1 列展开并把每列的公因子(x_i-x_1)提出得

$$D_n=(x_2-x_1)(x_3-x_1)\cdots(x_n-x_1)\begin{vmatrix}1&1&\cdots&1\\x_2&x_3&\cdots&x_n\\\vdots&\vdots&&\vdots\\x_2^{n-2}&x_3^{n-2}&\cdots&x_n^{n-2}\end{vmatrix}$$

上式右端是 $n-1$ 阶的范德蒙行列式,按归纳假设,它等于所有因子(x_i-x_j)的乘积,其中 $2\leqslant j<i\leqslant n$,故

$$D_n=(x_2-x_1)(x_3-x_1)\cdots(x_n-x_1)\prod_{2\leqslant j<i\leqslant n}(x_i-x_j)=\prod_{1\leqslant j<i\leqslant n}(x_i-x_j)$$

例 5　已知

$$D=\begin{vmatrix}1&2&3&4\\2&4&3&1\\4&1&3&2\\1&4&3&2\end{vmatrix}$$

D 的(i,j)元的余子式与代数余子式依次记为 M_{ij} 和 A_{ij}，求 $A_{11}+A_{12}+A_{13}+A_{14}$ 及 $M_{11}+M_{21}+M_{31}+M_{41}$。

解　注意到 $A_{11}+A_{12}+A_{13}+A_{14}$ 等于用 1、1、1、1 代替 D 的第一行所得的行列式，即

$$A_{11}+A_{12}+A_{13}+A_{14}=\begin{vmatrix}1&1&1&1\\2&4&3&1\\4&1&3&2\\1&4&3&2\end{vmatrix}$$

$$\xlongequal{c_2-c_1,c_3-c_1,c_4-c_1}\begin{vmatrix}1&0&0&0\\2&2&1&-1\\4&-3&-1&-2\\1&3&2&1\end{vmatrix}$$

$$=\begin{vmatrix}2&1&-1\\-3&-1&-2\\3&2&1\end{vmatrix}\xlongequal{r_2+r_1,r_3-2r_1}\begin{vmatrix}2&1&-1\\-1&0&-3\\-1&0&3\end{vmatrix}$$

$$=(-1)\begin{vmatrix}-1&-3\\-1&3\end{vmatrix}=6$$

同理　$M_{11}+M_{21}+M_{31}+M_{41}=A_{11}-A_{21}+A_{31}-A_{41}$

$$=\begin{vmatrix}1&2&3&4\\-1&4&3&1\\1&1&3&2\\-1&4&3&2\end{vmatrix}\xlongequal{r_2+r_1,r_3-r_1,r_4+r_1}\begin{vmatrix}1&2&3&4\\0&6&6&5\\0&-1&0&-2\\0&6&6&6\end{vmatrix}$$

$$=\begin{vmatrix}6&6&5\\-1&0&-2\\6&6&6\end{vmatrix}\xlongequal{r_3-r_1}\begin{vmatrix}6&6&5\\-1&0&-2\\0&0&1\end{vmatrix}=\begin{vmatrix}6&6\\-1&0\end{vmatrix}=6$$

1.6　克拉默法则

对于含有 n 个未知数 $x_1,x_2,\cdots,x_n$ 的 n 个线性方程的方程组

$$\begin{cases}a_{11}x_1+a_{12}x_2+\cdots+a_{1n}x_n=b_1\\a_{21}x_1+a_{22}x_2+\cdots+a_{2n}x_n=b_2\\\cdots\cdots\cdots\cdots\\a_{n1}x_1+a_{n2}x_2+\cdots+a_{nn}x_n=b_n\end{cases}\tag{1-12}$$

当右端的常数项 $b_1,b_2,\cdots,b_n$ 不全为零时，线性方程组(1-12)称为非齐次线性方程组，当 $b_1,b_2,\cdots,b_n$ 全为零时，称之为齐次线性方程组。齐次线性方程组的形式如下：

$$\begin{cases}a_{11}x_1+a_{12}x_2+\cdots+a_{1n}x_n=0\\a_{21}x_1+a_{22}x_2+\cdots+a_{2n}x_n=0\\\cdots\cdots\cdots\cdots\\a_{n1}x_1+a_{n2}x_2+\cdots+a_{nn}x_n=0\end{cases}\tag{1-13}$$

线性方程组(1-12)的系数 a_{ij} 构成的行列式称为该方程组的系数行列式，记为 D。即

$$D=\begin{vmatrix}a_{11}&a_{12}&\cdots&a_{1n}\\a_{21}&a_{22}&\cdots&a_{2n}\\\vdots&\vdots&&\vdots\\a_{n1}&a_{n2}&\cdots&a_{nn}\end{vmatrix}$$

定理1(克拉默法则) 若线性方程组(1-12)的系数行列式不等于零，即

$$D=\begin{vmatrix}a_{11}&a_{12}&\cdots&a_{1n}\\a_{21}&a_{22}&\cdots&a_{2n}\\\vdots&\vdots&&\vdots\\a_{n1}&a_{n2}&\cdots&a_{nn}\end{vmatrix}\neq 0$$

那么，方程组(1-12)有唯一解

$$x_1=\frac{D_1}{D},\ x_2=\frac{D_2}{D}\quad,\ \cdots\ ,\quad x_n=\frac{D_n}{D}\tag{1-14}$$

其中 $D_j(j=1,2,\cdots,n)$ 是把系数行列式 D 中第 j 列的元素用方程组右端的常数项代替后所得到的 n 阶行列式，即

$$D_j=\begin{vmatrix}a_{11}&\cdots&a_{1,j-1}&b_1&a_{1,j+1}&\cdots&a_{1n}\\a_{21}&\cdots&a_{2,j-1}&b_2&a_{2,j+1}&\cdots&a_{2n}\\\vdots&&\vdots&\vdots&\vdots&&\vdots\\a_{n1}&\cdots&a_{n,j-1}&b_n&a_{n,j+1}&\cdots&a_{nn}\end{vmatrix}$$

这个法则的证明将在第2章给出。

例1 设曲线 $y=a_0+a_1x+a_2x^2+a_3x^3$ 通过四点(1,3)、(2,4)、(3,3)、(4,-3)，求系数 a_0、a_1、a_2、a_3。

解 把4个点的坐标代入曲线方程，得线性方程组

$$\begin{cases}a_0+a_1+a_2+a_3=3\\a_0+2a_1+4a_2+8a_3=4\\a_0+3a_1+9a_2+27a_3=3\\a_0+4a_1+16a_2+64a_3=-3\end{cases}$$

其系数行列式

$$D=\begin{vmatrix}1&1&1&1\\1&2&4&8\\1&3&9&27\\1&4&16&64\end{vmatrix}$$

这是个范德蒙行列式，故

$$D=(2-1)(3-1)(4-1)(3-2)(4-2)(4-3)=12\neq 0$$

$$D_1=\begin{vmatrix}3&1&1&1\\4&2&4&8\\3&3&9&27\\-3&4&16&64\end{vmatrix}\xlongequal{c_4-c_3,c_3-c_2,c_1-3c_2}\begin{vmatrix}0&1&0&0\\-2&2&2&4\\-6&3&6&18\\-15&4&12&48\end{vmatrix}$$

$$\xlongequal{\text{按第一行展开}}(-1)^3\begin{vmatrix}-2&2&4\\-6&6&18\\-15&12&48\end{vmatrix}$$

$$\xlongequal{c_1+c_2}-3\begin{vmatrix}0&2&4\\0&6&18\\-3&12&48\end{vmatrix}\xlongequal{\text{按第一列展开}}-(-3)(-1)^4\begin{vmatrix}2&4\\6&18\end{vmatrix}=36$$

同理可得

$$D_2=\begin{vmatrix}1&3&1&1\\1&4&4&8\\1&3&9&27\\1&-3&16&64\end{vmatrix}=-18,D_3=\begin{vmatrix}1&1&3&1\\1&2&4&8\\1&3&3&27\\1&4&-3&64\end{vmatrix}=24,D_4=\begin{vmatrix}1&1&1&3\\1&2&4&4\\1&3&9&3\\1&4&16&-3\end{vmatrix}=-6$$

因此，按克拉默法则，得唯一解

$$a_0=3,\quad a_1=-\frac{3}{2},\quad a_2=2,\quad a_3=-\frac{1}{2}$$

即曲线方程为 $y=3-\frac{3}{2}x+2x^2-\frac{1}{2}x^3$。

显然用克拉默法则求解高阶线性方程组时，计算量是比较大的。实际上，对于具体的线性方程组，当未知数较多时，往往利用计算机编程求解。目前已经有了完整的方法和简单的软件，如 MATLAB 等。

相对于求解线性方程组来说，克拉默法则更具有重要的理论价值。撇开求解公式(1－14)，克拉默法则可叙述为下面的定理。

定理 2　若线性方程组(1－12)的系数行列式 $D\neq 0$，则方程组(1－12)一定有解，且解是唯一的。

理论上常用到定理 2 的逆否命题：

定理 2′　若线性方程组(1－12)无解或解不是唯一的，则它的系数行列式必为零。

对于齐次线性方程组(1-13)，$x_1=x_2=\cdots=x_n=0$一定是它的解，这个解叫作齐次线性方程组(1-13)的零解。显然齐次线性方程组一定有零解，但不一定有非零解。把定理2应用到齐次线性方程组(1-13)，可得到下列结论。

定理3 若齐次线性方程组(1-13)的系数行列式$D\neq0$。则齐次线性方程组(1-13)只有零解。

定理3′ 若齐次线性方程组(1-13)有非零解，则它的系数行列式$D=0$。

定理3(定理3′)说明系数行列式$D=0$是齐次线性方程组有非零解的必要条件。在第3章中还将证明这个条件也是充分的。

例2 若齐次线性方程组

$$\begin{cases}\lambda x_1+x_2+x_3=0\\x_1+\lambda x_2+x_3=0\\x_1+x_2+\lambda x_3=0\end{cases}$$

有非零解，求λ的值。

解 方程组的系数行列式

$$D=\begin{vmatrix}\lambda&1&1\\1&\lambda&1\\1&1&\lambda\end{vmatrix}=\begin{vmatrix}\lambda&1&1\\1-\lambda&\lambda-1&0\\1-\lambda^2&1-\lambda&0\end{vmatrix}=(1-\lambda)^2\begin{vmatrix}\lambda&1&1\\1&-1&0\\1+\lambda&1&0\end{vmatrix}$$

$$=(1-\lambda)^2\begin{vmatrix}1&-1\\1+\lambda&1\end{vmatrix}=(1-\lambda)^2(2+\lambda)$$

由定理3′，当该齐次线性方程组有非零解时，$D=0$，即$\lambda=1$或$\lambda=-2$。

1.7 应用举例

行列式理论是线性代数的重要组成部分，是研究线性方程组及解决问题的重要工具，它在自然科学、工程技术、生产实际和经济管理中有着广泛的应用，下面给出行列式应用的简单例子。

例1 某工厂生产甲、乙、丙3种产品都需要经过锻造、机加工和装配3个车间。每道工序所需工时数如下表：

产品	生产每件产品所需工时数		
	锻造/(工时·件$^{-1}$)	机加工/(工时·件$^{-1}$)	装配/(工时·件$^{-1}$)
甲	3	6	3
乙	2.5	4	2
丙	4	8	2

问分别加工甲、乙、丙三种产品多少件，可使锻造、机加工和装配3个车间的工时数正好

分别为 54、104、42?

解 设加工甲、乙、丙 3 种产品分别为 x、y、z 件，由题意可列如下方程组

$$\begin{cases}3x+2.5y+4z=54\\6x+4y+8z=104\\3x+2y+2z=42\end{cases}$$

由克拉默法则可知，

$$D=\begin{vmatrix}3&2.5&4\\6&4&8\\3&2&2\end{vmatrix}=6,\quad D_1=\begin{vmatrix}54&2.5&4\\104&4&8\\42&2&2\end{vmatrix}=48$$

$$D_2=\begin{vmatrix}3&54&4\\6&104&8\\3&42&2\end{vmatrix}=24,\quad D_3=\begin{vmatrix}3&2.5&54\\6&4&104\\3&2&42\end{vmatrix}=30$$

因此 $x=8$、$y=4$、$z=5$，所以分别加工甲、乙、丙 8、4、5 件。

例 2 用行列式表示通过定点的曲线、曲面方程。

(1)通过平面上两已知点 $A(x_1,y_1)$、$B(x_2,y_2)$ 的直线方程为

$$\begin{vmatrix}x&y&1\\x_1&y_1&1\\x_2&y_2&1\end{vmatrix}=0$$

这是因为假设所求直线方程为 $ax+by+c=0$，a、b、c 不全为 0。由于点 A、B 在直线上，所以满足

$$ax_1+by_1+c=0,\quad ax_2+by_2+c=0$$

因此有

$$\begin{cases}ax+by+c=0\\ax_1+by_1+c=0\\ax_2+by_2+c=0\end{cases}$$

这是一个以 a、b、c 为未知量的齐次线性方程组，且 a、b、c 不全为零，说明该齐次线性方程组有非零解，于是有

$$\begin{vmatrix}x&y&1\\x_1&y_1&1\\x_2&y_2&1\end{vmatrix}=0$$

(2)通过空间三点 $A(x_1,y_1,z_1)$、$B(x_2,y_2,z_2)$、$C(x_3,y_3,z_3)$ 的平面方程为

$$\begin{vmatrix}x&y&z&1\\x_1&y_1&z_1&1\\x_2&y_2&z_2&1\\x_3&y_3&z_3&1\end{vmatrix}=0$$

习题一

1.计算下列行列式：

(1)$\begin{vmatrix} a & b \\ a^2 & b^2 \end{vmatrix}$；(2)$\begin{vmatrix} 1 & 2 & 3 \\ 3 & 1 & 2 \\ 2 & 3 & 1 \end{vmatrix}$；(3)$\begin{vmatrix} a & b & c \\ b & c & a \\ c & a & b \end{vmatrix}$；(4)$\begin{vmatrix} 0 & a & 0 \\ b & 0 & c \\ 0 & d & 0 \end{vmatrix}$。

2.x 取何值时

$$\begin{vmatrix} 3 & 1 & x \\ 4 & x & 0 \\ 1 & 0 & x \end{vmatrix} \neq 0$$

3.求下列排列的逆序数：

(1)4132；

(2)36715284；

(3)$13\cdots(2n-1)24\cdots(2n)$；

(4)$13\cdots(2n-1)(2n)(2n-2)\cdots2$。

4.写出四阶行列式中含有因子 $a_{11}a_{23}$ 的项。

5.填空题。

(1)由 $1,2,\cdots,9$ 构成的排列 $1274j56k9$ 为偶排列，则 $j=$________，$k=$________；

(2)四阶行列式中，带负号且包含元素 a_{23} 和 a_{31} 的项为________；

(3)如果 n 阶行列式中负项的个数为偶数，则 $n\geqslant$________；

(4)如果 n 阶行列式中等于零的元素个数大于 n^2-n，那么此行列式的值为________；

(5)设

$$f(x)=\begin{vmatrix} 2x & x & 1 & 2 \\ 1 & x & 1 & -1 \\ 3 & 2 & x & 1 \\ 1 & 1 & 1 & x \end{vmatrix}$$

则 x^4 的系数为________，x^3 的系数为________；

(6)设行列式

$$D=\begin{vmatrix} a & b & 0 \\ -b & a & 0 \\ 3 & 4 & 5 \end{vmatrix}=0$$

则 $a=$________，$b=$ ________。

6.利用行列式的定义计算 $D=\begin{vmatrix} 0 & 0 & \cdots & 0 & 1 & 0 \\ 0 & 0 & \cdots & 2 & 0 & 0 \\ \vdots & \vdots & & \vdots & \vdots & \vdots \\ 2019 & 0 & \cdots & 0 & 0 & 0 \\ 0 & 0 & \cdots & 0 & 0 & 2020 \end{vmatrix}$。

7.计算下列行列式：

(1) $\begin{vmatrix} -ab & ac & ae \\ bd & -cd & de \\ bf & cf & -ef \end{vmatrix}$；　　(2) $\begin{vmatrix} x & y & x+y \\ y & x+y & x \\ x+y & x & y \end{vmatrix}$；

(3) $\begin{vmatrix} 4 & 1 & 2 & 4 \\ 1 & 2 & 0 & 2 \\ 10 & 5 & 2 & 0 \\ 0 & 1 & 1 & 7 \end{vmatrix}$；　　(4) $\begin{vmatrix} 1 & 1 & 1 & 1 \\ -1 & 1 & 1 & 1 \\ -1 & -1 & 1 & 1 \\ -1 & -1 & -1 & 1 \end{vmatrix}$；

(5) $\begin{vmatrix} 6 & 1 & 1 & 1 \\ 1 & 6 & 1 & 1 \\ 1 & 1 & 6 & 1 \\ 1 & 1 & 1 & 1 \end{vmatrix}$；　　(6) $\begin{vmatrix} 1+x & 1 & 1 & 1 \\ 1 & 1-x & 1 & 1 \\ 1 & 1 & 1+y & 1 \\ 1 & 1 & 1 & 1-y \end{vmatrix}$；

(7) $D_n=\begin{vmatrix} 0 & 1 & 1 & \cdots & 1 & 1 \\ 1 & 0 & 1 & \cdots & 1 & 1 \\ 1 & 1 & 0 & \cdots & 1 & 1 \\ \vdots & \vdots & \vdots & & \vdots & \vdots \\ 1 & 1 & 1 & \cdots & 0 & 1 \\ 1 & 1 & 1 & \cdots & 1 & 0 \end{vmatrix}$。

8. 证明：

(1) $\begin{vmatrix} a_1+b_1 & b_1+c_1 & c_1+a_1 \\ a_2+b_2 & b_2+c_2 & c_2+a_2 \\ a_3+b_3 & b_3+c_3 & c_3+a_3 \end{vmatrix}=2\begin{vmatrix} a_1 & b_1 & c_1 \\ a_2 & b_2 & c_2 \\ a_3 & b_3 & c_3 \end{vmatrix}$；

(2) $\begin{vmatrix} a^2 & (a+1)^2 & (a+2)^2 & (a+3)^2 \\ b^2 & (b+1)^2 & (b+2)^2 & (b+3)^2 \\ c^2 & (c+1)^2 & (c+2)^2 & (c+3)^2 \\ d^2 & (d+1)^2 & (d+2)^2 & (d+3)^2 \end{vmatrix}=0$；

(3) 不计算行列式的值，证明

$$D_4=\begin{vmatrix} 8 & 6 & 4 & 0 \\ 9 & 9 & 9 & 0 \\ 9 & 1 & 3 & 8 \\ 1 & 2 & 2 & 1 \end{vmatrix}$$

能被 18 整除。

9. 行列式 $\begin{vmatrix} -3 & 0 & 4 \\ 5 & 0 & 3 \\ 2 & -2 & 1 \end{vmatrix}$ 中元素 2 的代数余子式为________。

10. 已知四阶行列式 D 中第 3 列元素依次为 -1、2、0、1，它们的代数余子式依次为 5、3、-7、4。则 $D=$________。

11. 按第 3 列展开下列行列式，并求值。

(1) $\begin{vmatrix} 1 & 0 & a & 1 \\ 0 & -1 & b & -1 \\ -1 & -1 & c & -1 \\ -1 & 1 & d & 0 \end{vmatrix}$；　　(2) $\begin{vmatrix} a_{11} & a_{12} & a_{13} & a_{14} & a_{15} \\ a_{21} & a_{22} & a_{23} & a_{24} & a_{25} \\ a_{31} & a_{32} & 0 & 0 & 0 \\ a_{41} & a_{42} & 0 & 0 & 0 \\ a_{51} & a_{52} & 0 & 0 & 0 \end{vmatrix}$。

12.计算下列行列式

(1) $\begin{vmatrix} 1 & 0 & 2 & 0 \\ 5 & 4 & 3 & -2 \\ 0 & 2 & 0 & 0 \\ 1 & 0 & 4 & -3 \end{vmatrix}$；

(2) $D_n=\begin{vmatrix} a & 0 & \cdots & 1 \\ 0 & a & \cdots & 0 \\ \vdots & \vdots & & \vdots \\ 1 & 0 & \cdots & a \end{vmatrix}$，其中对角线上元素都为 a，未写出的元素都为 0；

(3) $D_n=\begin{vmatrix} x & y & 0 & \cdots & 0 & 0 \\ 0 & x & y & \cdots & 0 & 0 \\ \vdots & \vdots & \vdots & & \vdots & \vdots \\ 0 & 0 & 0 & \cdots & x & y \\ y & 0 & 0 & \cdots & 0 & x \end{vmatrix}$。

13.计算下列行列式

(1) $\begin{vmatrix} 1 & 1 & 2 & 1 \\ 1 & 2 & 4 & 4 \\ 1 & 4 & 10 & 16 \\ 1 & 8 & 28 & 64 \end{vmatrix}$；　　(2) $\begin{vmatrix} a & b & c \\ a^2 & b^2 & c^2 \\ b+c & a+c & a+b \end{vmatrix}$；

(3) $D_{n+1}=\begin{vmatrix} a^n & (a-1)^n & \cdots & (a-n)^n \\ a^{n-1} & (a-1)^{n-1} & \cdots & (a-n)^{n-1} \\ \vdots & \vdots & & \vdots \\ a & a-1 & \cdots & a-n \\ 1 & 1 & \cdots & 1 \end{vmatrix}$；　　(4) $\begin{vmatrix} 1 & 1 & 1 & 1 \\ a & b & c & d \\ a^2 & b^2 & c^2 & d^2 \\ a^4 & b^4 & c^4 & d^4 \end{vmatrix}$。

14.求解下列方程：

(1) $\begin{vmatrix} x+1 & 2 & -1 \\ 2 & x+1 & 1 \\ -1 & 1 & x+1 \end{vmatrix}=0$；

(2) $\begin{vmatrix} 1 & 1 & 1 & 1 \\ x & a & b & c \\ x^2 & a^2 & b^2 & c^2 \\ x^3 & a^3 & b^3 & c^3 \end{vmatrix}=0$，其中 a、b、c 互不相等。

(3) $\begin{vmatrix} 1 & 1 & 1 & \cdots & 1 & 1 \\ 1 & 1-x & 1 & \cdots & 1 & 1 \\ 1 & 1 & 2-x & \cdots & 1 & 1 \\ \vdots & \vdots & \vdots & & \vdots & \vdots \\ 1 & 1 & 1 & \cdots & (n-2)-x & 1 \\ 1 & 1 & 1 & \cdots & 1 & (n-1)-x \end{vmatrix}=0$。

15.行列式

$$D=\begin{vmatrix} a & b & c & d \\ c & b & d & a \\ d & b & c & a \\ a & b & d & c \end{vmatrix}$$

中第4列元素的代数余子式之和 $A_{14}+A_{24}+A_{34}+A_{44}=$________。

16.求行列式

$$D=\begin{vmatrix} 3 & -5 & 2 & 1 \\ 1 & 1 & 0 & -5 \\ -1 & 3 & 1 & 3 \\ 2 & -4 & -1 & -3 \end{vmatrix}$$

的代数余子式之和 $A_{11}+A_{12}+A_{13}+A_{14}$ 及余子式之和 $M_{11}+M_{21}+M_{31}+M_{41}$。

17.已知

$$D_5=\begin{vmatrix} 1 & 2 & 3 & 4 & 5 \\ 2 & 2 & 2 & 1 & 1 \\ 3 & 1 & 2 & 4 & 5 \\ 1 & 1 & 1 & 2 & 2 \\ 4 & 3 & 1 & 5 & 0 \end{vmatrix}$$

求 $A_{41}+A_{42}+A_{43}$ 与 $A_{44}+A_{45}$。

18.已知四阶行列式 D 中第1行元素分别为1、2、0、−4，第3行元素的余子式依次为6、x、19、2，试求 x 的值。

19.计算下列行列式：

(1) $D_n=\begin{vmatrix} x & a & \cdots & a \\ a & x & \cdots & a \\ \vdots & \vdots & & \vdots \\ a & a & \cdots & x \end{vmatrix}$；　　(2) $D_n=\begin{vmatrix} 1 & 2 & 2 & \cdots & 2 \\ 2 & 2 & 2 & \cdots & 2 \\ 2 & 2 & 3 & \cdots & 2 \\ \vdots & \vdots & \vdots & & \vdots \\ 2 & 2 & 2 & \cdots & n \end{vmatrix}$；

(3) $\begin{vmatrix} a-b-c & 2a & 2a \\ 2b & b-c-a & 2b \\ 2c & 2c & c-a-b \end{vmatrix}$；　　(4) $D_n=\begin{vmatrix} 1 & 2 & 3 & \cdots & n \\ 1 & 2 & 0 & \cdots & 0 \\ 1 & 0 & 3 & \cdots & 0 \\ \vdots & \vdots & \vdots & & \vdots \\ 1 & 0 & 0 & \cdots & n \end{vmatrix}$ $(n>2)$；

(5) $D_n=\begin{vmatrix} 1 & 2^{n-1} & \cdots & n^{n-1} \\ 1 & 2^{n-2} & \cdots & n^{n-2} \\ \vdots & \vdots & & \vdots \\ 1 & 2 & \cdots & n \\ 1 & 1 & \cdots & 1 \end{vmatrix}$；　(6) $D_n=\begin{vmatrix} 3 & 2 & 0 & \cdots & 0 & 0 \\ 1 & 3 & 2 & \cdots & 0 & 0 \\ 0 & 1 & 3 & \cdots & 0 & 0 \\ \vdots & \vdots & \vdots & & \vdots & \vdots \\ 0 & 0 & 0 & \cdots & 3 & 2 \\ 0 & 0 & 0 & \cdots & 1 & 3 \end{vmatrix}$；

(7) $D_n=\begin{vmatrix} 1+a_1 & 1 & \cdots & 1 \\ 1 & 1+a_2 & \cdots & 1 \\ \vdots & \vdots & & \vdots \\ 1 & 1 & \cdots & 1+a_n \end{vmatrix}$，其中 $a_1,a_2,\cdots,a_n$ 不等于 0；

(8) $D_n=\begin{vmatrix} 1 & 2 & 3 & \cdots & n-1 & n \\ 2 & 1 & 2 & \cdots & n-2 & n-1 \\ 3 & 2 & 1 & \cdots & n-3 & n-2 \\ \vdots & \vdots & \vdots & & \vdots & \vdots \\ n-1 & n-2 & n-3 & \cdots & 1 & 2 \\ n & n-1 & n-2 & \cdots & 2 & 1 \end{vmatrix}$；

(9) $D_{2n}=\begin{vmatrix} a_n & & & & & b_n \\ & \ddots & & & \iddots & \\ & & a_1 & b_1 & & \\ & & c_1 & d_1 & & \\ & \iddots & & & \ddots & \\ c_n & & & & & d_n \end{vmatrix}$，未写出的元素都是 0。

20. 证明：

(1) $D_n=\begin{vmatrix} 1 & 2 & 3 & 4 & \cdots & n \\ 1 & 1 & 2 & 3 & \cdots & n-1 \\ 1 & x & 1 & 2 & \cdots & n-2 \\ 1 & x & x & 1 & \cdots & n-3 \\ \vdots & \vdots & \vdots & \vdots & & \vdots \\ 1 & x & x & x & \cdots & 2 \\ 1 & x & x & x & \cdots & 1 \end{vmatrix}=(-1)^{n+1}x^{n-2}$；

(2) $D_n=\begin{vmatrix} 2\cos\theta & 1 & 0 & \cdots & 0 & 0 \\ 1 & 2\cos\theta & 1 & \cdots & 0 & 0 \\ 0 & 1 & 2\cos\theta & \cdots & 0 & 0 \\ \vdots & \vdots & \vdots & & \vdots & \vdots \\ 0 & 0 & 0 & \cdots & 2\cos\theta & 1 \\ 0 & 0 & 0 & \cdots & 1 & 2\cos\theta \end{vmatrix}=\dfrac{\sin(n+1)\theta}{\sin\theta}$。

（提示：用数学归纳法证明）

21. 设 n 阶行列式 $D=\det(a_{ij})$，把 D 上下翻转或逆时针旋转 90°，或依副对角线翻转，

依次得

$$D_1=\begin{vmatrix} a_{n1} & \cdots & a_{nn} \\ \vdots & & \vdots \\ a_{11} & \cdots & a_{1n} \end{vmatrix},D_2=\begin{vmatrix} a_{1n} & \cdots & a_{nn} \\ \vdots & & \vdots \\ a_{11} & \cdots & a_{n1} \end{vmatrix},D_3=\begin{vmatrix} a_{nn} & \cdots & a_{1n} \\ \vdots & & \vdots \\ a_{n1} & \cdots & a_{11} \end{vmatrix}$$

证明：$D_1=D_2=(-1)^{\frac{n(n-1)}{2}}D,D_3=D$。

22. 已知行列式

$$D=\begin{vmatrix} 0 & \cdots & 0 & a_{11} & \cdots & a_{1m} \\ \vdots & & \vdots & \vdots & & \vdots \\ 0 & \cdots & 0 & a_{m1} & \cdots & a_{mm} \\ b_{11} & \cdots & b_{1n} & 0 & \cdots & 0 \\ \vdots & & \vdots & \vdots & & \vdots \\ b_{n1} & \cdots & b_{nn} & 0 & \cdots & 0 \end{vmatrix},D_1=\begin{vmatrix} a_{11} & \cdots & a_{1m} \\ \vdots & & \vdots \\ a_{m1} & \cdots & a_{mm} \end{vmatrix},D_2=\begin{vmatrix} b_{11} & \cdots & b_{1n} \\ \vdots & & \vdots \\ b_{n1} & \cdots & b_{nn} \end{vmatrix}$$

证明：$D=(-1)^{mn}D_1D_2$。

23. 解线性方程组：

(1) $\begin{cases} 2x_1+x_2-5x_3+x_4=8, \\ x_1-3x_2-6x_4=9 \\ 2x_2-x_3+2x_4=-5; \\ x_1+4x_2-7x_3+6x_4=0 \end{cases}$　　(2) $\begin{cases} x_1+x_2+x_3+x_4=5 \\ x_1+2x_2-x_3+4x_4=-2 \\ 2x_1-3x_2-x_3-5x_4=-2; \\ 3x_1+x_2+2x_3+11x_4=0 \end{cases}$

(3) $\begin{cases} 5x_1+6x_2=1 \\ x_1+5x_2+6x_3=0 \\ x_2+5x_3+6x_4=0; \\ x_3+5x_4=1 \end{cases}$　　(4) $\begin{cases} x+y+z=a+b+c \\ ax+by+cz=a^2+b^2+c^2; \\ bcx+cay+abz=3abc \end{cases}$

(5) $\begin{cases} x_1+a_1x_2+a_1^2x_3+\cdots+a_1^{n-1}x_n=1 \\ x_1+a_2x_2+a_2^2x_3+\cdots+a_2^{n-1}x_n=1 \\ \cdots\cdots\cdots\cdots \\ x_1+a_nx_2+a_n^2x_3+\cdots+a_n^{n-1}x_n=1 \end{cases}$，其中 $a_i\neq a_j(i\neq j,i,j=1,2,\cdots,n)$。

24. 已知齐次线性方程组

$$\begin{cases} \lambda x_1+x_2+x_3=0 \\ x_1+\lambda x_2-x_3=0 \\ 2x_1-x_2+x_3=0 \end{cases}$$

问当 λ 为何值时，此方程组有非零解？λ 为何值时，此方程组只有零解？

25. λ 如何取值时，非齐次线性方程组

$$\begin{cases} \lambda x_1+x_2+x_3=1 \\ x_1+\lambda x_2+x_3=1 \\ x_1+x_2+\lambda x_3=1 \end{cases}$$

有唯一解？

26. 设多项式 $f(t)=a_0+a_1t+\cdots+a_nt^n$，试证明若 $f(t)$ 有 $n+1$ 个互异零点，则 $f(t)\equiv 0$。

第 2 章　矩阵及其运算

矩阵是线性代数的基本概念，矩阵的运算是线性代数的基本内容。矩阵理论在现代数学中极其重要，它在数学的其他分支以及自然科学、现代经济学、管理学和工程技术领域等方面有着广泛的应用。

2.1　矩阵

1.矩阵的概念

定义　由 $m\times n$ 个数 $a_{ij}(i=1,2,\cdots,m,j=1,2,\cdots,n)$ 排成 m 行 n 列的数表

$$\begin{matrix} a_{11} & a_{12} & \cdots & a_{1n} \\ a_{21} & a_{22} & \cdots & a_{2n} \\ \vdots & \vdots & & \vdots \\ a_{m1} & a_{m2} & \cdots & a_{mn} \end{matrix}$$

称为 m 行 n 列的矩阵，简称 $m\times n$ 矩阵。为表示它是一个整体，总是加一个括弧，并用大写黑体字母表示它，记作

$$\boldsymbol{A}=\begin{pmatrix} a_{11} & a_{12} & \cdots & a_{1n} \\ a_{21} & a_{22} & \cdots & a_{2n} \\ \vdots & \vdots & & \vdots \\ a_{m1} & a_{m2} & \cdots & a_{mn} \end{pmatrix}$$

这 $m\times n$ 个数称为矩阵 $\boldsymbol{A}$ 的元素，简称为元，数 a_{ij} 位于矩阵 $\boldsymbol{A}$ 的第 i 行第 j 列，称为矩阵 $\boldsymbol{A}$ 的 (i,j) 元，以数 a_{ij} 为 (i,j) 元的矩阵可简记为 (a_{ij}) 或 $(a_{ij})_{m\times n}$。$m\times n$ 矩阵 $\boldsymbol{A}$ 也记作 $\boldsymbol{A}_{m\times n}$。

元素是实数的矩阵称为实矩阵、元素是复数的矩阵称为复矩阵，本书中的矩阵除特别说明者外，都是实矩阵。

行数与列数都等于 n 的矩阵称为 n 阶矩阵或 n 阶方阵。n 阶矩阵 $\boldsymbol{A}$ 也记作 $\boldsymbol{A}_n$。

两个矩阵的行数相等、列数也相等时，称它们为同型矩阵。如果 $\boldsymbol{A}=(a_{ij})_{m\times n}$ 与 $\boldsymbol{B}=(b_{ij})_{m\times n}$ 是同型矩阵，并且它们的对应元素相等，即

$$a_{ij}=b_{ij}\,(i=1,2,\cdots,m;j=1,2,\cdots,n)$$

那么就称矩阵 $\boldsymbol{A}$ 与矩阵 $\boldsymbol{B}$ 相等，记作 $\boldsymbol{A}=\boldsymbol{B}$。

2.几种特殊矩阵

下面介绍几种特殊矩阵，它们都是以后会经常遇到的。

(1)零矩阵。

一个矩阵的所有元素都为零时，叫作零矩阵。记为 $\boldsymbol{O}$ 或$\boldsymbol{O}_{m\times n}$。

例如 2×3 零矩阵

$$\boldsymbol{O}_{2\times 3}=\begin{pmatrix}0&0&0\\0&0&0\end{pmatrix}$$

(2)行矩阵或行向量。

只有一行的矩阵

$$\boldsymbol{A}=(a_{11}\quad a_{12}\quad \cdots\quad a_{1n})$$

称为行矩阵或行向量，为避免元素间的混淆，行矩阵也记作 $\boldsymbol{A}=(a_{11},a_{12},\cdots,a_{1n})$。

(3)列矩阵或列向量。

只有一列的矩阵

$$\boldsymbol{B}=\begin{pmatrix}b_1\\b_2\\\vdots\\b_m\end{pmatrix}$$

称为列矩阵或列向量。

(4)对角矩阵。

n 阶方阵

$$\boldsymbol{\Lambda}=\begin{pmatrix}\lambda_1&0&\cdots&0\\0&\lambda_2&\cdots&0\\\vdots&\vdots&&\vdots\\0&0&\cdots&\lambda_n\end{pmatrix}$$

称为对角矩阵，这个方阵的特点是：从左上角到右下角的直线(叫作(主)对角线)上的元素为 $\lambda_1,\lambda_2,\cdots,\lambda_n$，其他元素都是 0，对角矩阵也记作 $\boldsymbol{\Lambda}=\mathrm{diag}(\lambda_1,\lambda_2,\cdots,\lambda_n)$。

(5)单位矩阵。

n 阶方阵

$$\boldsymbol{E}=\begin{pmatrix}1&0&\cdots&0\\0&1&\cdots&0\\\vdots&\vdots&&\vdots\\0&0&\cdots&1\end{pmatrix}$$

称为 n 阶单位矩阵，它的特点是：主对角线上的元素都为 1，不在主对角线上的元素都是 0。

(6)数量矩阵。

当一个 n 阶对角矩阵 $\boldsymbol{A}$ 的对角元素全部相等且为某一数 a 时，称 $\boldsymbol{A}$ 为 n 阶数量矩阵，即

$$\boldsymbol{A}=\begin{pmatrix}a&0&\cdots&0\\0&a&\cdots&0\\\vdots&\vdots&&\vdots\\0&0&\cdots&a\end{pmatrix}$$

矩阵的应用非常广泛，下面仅举几例帮助大家理解矩阵的概念。

例 1 表 2-1 是 4 位学生四门课程的统计表，如果把学生编成学号，课程编成序号，那么此成绩就可以用下面的矩阵来表示：

表 2-1

学生	数学	物理	化学	英语
张萍	98	90	87	72
王刚	89	90	86	98
李冰	97	84	75	87
张燕	85	88	85	88

$$\boldsymbol{A}=\begin{pmatrix}98 & 90 & 87 & 72\\ 89 & 90 & 86 & 98\\ 97 & 84 & 75 & 87\\ 85 & 88 & 85 & 88\end{pmatrix}$$

$\boldsymbol{A}$ 中的元素 a_{ij} 就表示第 i 位学生的第 j 门课程的成绩。

例 2 某地区有 4 个工厂Ⅰ、Ⅱ、Ⅲ、Ⅳ，生产甲、乙、丙 3 种产品，一年中各工厂生产各种产品的数量可表示成矩阵 $\boldsymbol{A}$，

$$\boldsymbol{A}=\begin{pmatrix}a_{11} & a_{12} & a_{13}\\ a_{21} & a_{22} & a_{23}\\ a_{31} & a_{32} & a_{33}\\ a_{41} & a_{42} & a_{43}\end{pmatrix}\begin{matrix}\text{Ⅰ}\\ \text{Ⅱ}\\ \text{Ⅲ}\\ \text{Ⅳ}\end{matrix}$$
$$\begin{matrix}\text{甲} & \text{乙} & \text{丙}\end{matrix}$$

其中 $a_{ij}(i=1,2,3,4,j=1,2,3)$ 是第 i 个工厂生产第 j 种产品的数量。这 3 种产品的单位价格(元)及单位利润(元)可表示成矩阵

$$\boldsymbol{B}=\begin{pmatrix}b_{11} & b_{12}\\ b_{21} & b_{22}\\ b_{31} & b_{32}\end{pmatrix}\begin{matrix}\text{甲}\\ \text{乙}\\ \text{丙}\end{matrix}$$
$$\begin{matrix}\text{单位价格} & \text{单位利润}\end{matrix}$$

$\boldsymbol{B}$ 中的元素 b_{k1} 及 $b_{k2}(k=1,2,3)$ 分别是第 k 种产品的单位价格及单位利润。

这 4 个工厂的总收入及总利润可表示成矩阵

$$\boldsymbol{C}=\begin{pmatrix}c_{11} & c_{12}\\ c_{21} & c_{22}\\ c_{31} & c_{32}\\ c_{41} & c_{42}\end{pmatrix}\begin{matrix}\text{Ⅰ}\\ \text{Ⅱ}\\ \text{Ⅲ}\\ \text{Ⅳ}\end{matrix}$$
$$\begin{matrix}\text{总收入} & \text{总利润}\end{matrix}$$

其中 c_{i1} 与 $c_{i2}(i=1,2,3,4)$ 分别表示第 i 个工厂的总收入与总利润。

例 3 4 个城市间的单向航线如图 2-1 所示，若令

$$a_{ij}=\begin{cases}1, & \text{从 } i \text{ 市到 } j \text{ 市有一条单向航线}\\ 0, & \text{从 } i \text{ 市到 } j \text{ 市没有单向航线}\end{cases}$$

则图 2－1 可用矩阵表示为

$$A=(a_{ij})=\begin{pmatrix}0&1&0&0\\1&0&1&1\\0&1&0&0\\1&0&1&0\end{pmatrix}$$

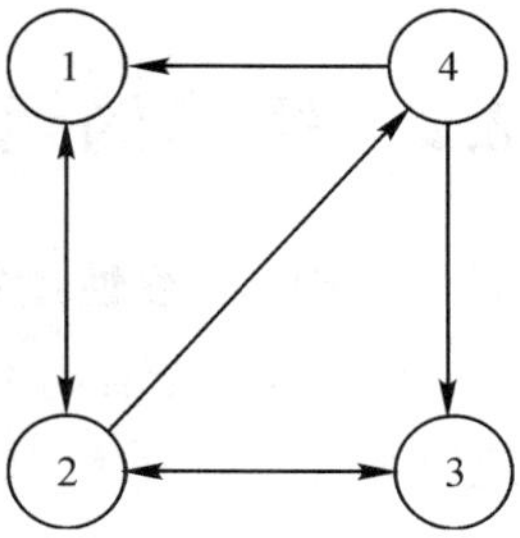

图 2－1

一般地，若干个点之间的单向通道都可用这样的矩阵表示，A 称为图 2－1 的邻接矩阵。

例 4　n 个变量 $x_1,x_2,\cdots,x_n$ 与 m 个变量 $y_1,y_2,\cdots,y_m$ 之间的关系式

$$\begin{cases}y_1=a_{11}x_1+a_{12}x_2+\cdots+a_{1n}x_n\\y_2=a_{21}x_1+a_{22}x_2+\cdots+a_{2n}x_n\\\cdots\cdots\cdots\cdots\\y_m=a_{m1}x_1+a_{m2}x_2+\cdots+a_{mn}x_n\end{cases}\tag{2-1}$$

表示一个从变量 $x_1,x_2,\cdots,x_n$ 到变量 $y_1,y_2,\cdots,y_m$ 的线性变换，其中 a_{ij} 为常数。线性变换(2－1)的系数 a_{ij} 构成矩阵 $A=(a_{ij})_{m\times n}$，A 称为线性变换(2－1)的系数矩阵。

给定了线性变换(2－1)，则其系数矩阵也就随之确定。反之，如果给出一个矩阵作为线性变换的系数矩阵，则线性变换也就确定了。从这个意义上，线性变换和矩阵存在着一一对应关系。

例如线性变换

$$\begin{cases}y_1=x_1\\y_2=x_2\\\cdots\cdots\cdots\cdots\\y_n=x_n\end{cases}$$

叫作恒等变换，它的系数矩阵为单位矩阵

$$E=\begin{pmatrix}1&0&\cdots&0\\0&1&\cdots&0\\\vdots&\vdots&&\vdots\\0&0&\cdots&1\end{pmatrix}$$

例如，矩阵 $\begin{pmatrix}1&0\\0&0\end{pmatrix}$ 对应的线性变换为

$$\begin{cases}x_1=x\\y_1=0\end{cases}$$

此变换可看作是 xOy 平面上把向量 $\overrightarrow{OP}=\begin{pmatrix}x\\y\end{pmatrix}$ 变为向量 $\overrightarrow{OP_1}=\begin{pmatrix}x_1\\y_1\end{pmatrix}=\begin{pmatrix}x\\0\end{pmatrix}$ 的变换。

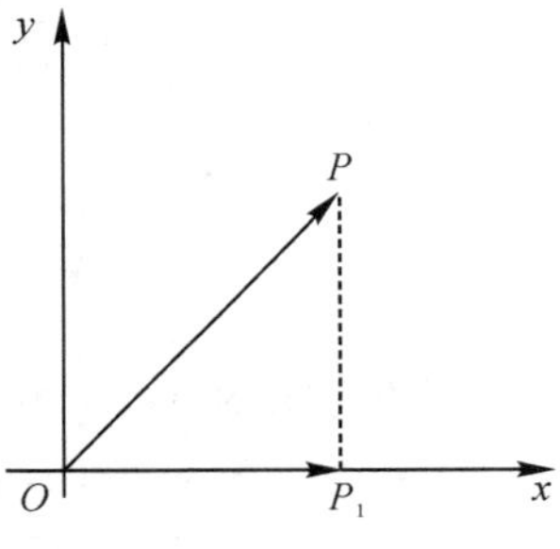

图 2－2

如图 2－2 所示，向量 $\overrightarrow{OP_1}$ 是向量 $\overrightarrow{OP}$ 在 x 轴上的投影向量，因此这是一个投影变换。

2.2 矩阵的运算

1.矩阵的线性运算

定义 1 设有两个 $m\times n$ 矩阵 $\boldsymbol{A}=(a_{ij})$ 和 $\boldsymbol{B}=(b_{ij})$，那么矩阵 $\boldsymbol{A}$ 与 $\boldsymbol{B}$ 的和记为 $\boldsymbol{A}+\boldsymbol{B}$，规定为

$$\boldsymbol{A}+\boldsymbol{B}=(a_{ij}+b_{ij})=\begin{pmatrix} a_{11}+b_{11} & a_{12}+b_{12} & \cdots & a_{1n}+b_{1n} \\ a_{21}+b_{21} & a_{22}+b_{22} & \cdots & a_{2n}+b_{2n} \\ \vdots & \vdots & & \vdots \\ a_{m1}+b_{m1} & a_{m2}+b_{m2} & \cdots & a_{mn}+b_{mn} \end{pmatrix}$$

显然，只有同型矩阵才能进行加法运算。

矩阵加法满足下列运算规律（设 $\boldsymbol{A}$、$\boldsymbol{B}$、$\boldsymbol{C}$ 都是 $m\times n$ 矩阵）：

(1) $\boldsymbol{A}+\boldsymbol{B}=\boldsymbol{B}+\boldsymbol{A}$；

(2) $(\boldsymbol{A}+\boldsymbol{B})+\boldsymbol{C}=\boldsymbol{A}+(\boldsymbol{B}+\boldsymbol{C})$。

设矩阵 $\boldsymbol{A}=(a_{ij})$，记 $-\boldsymbol{A}=(-a_{ij})$，$-\boldsymbol{A}$ 称为矩阵 $\boldsymbol{A}$ 的负矩阵，显然有 $\boldsymbol{A}+(-\boldsymbol{A})=\boldsymbol{O}$。由此规定矩阵的减法为

$$\boldsymbol{A}-\boldsymbol{B}=\boldsymbol{A}+(-\boldsymbol{B})$$

定义 2 数 λ 与矩阵 $\boldsymbol{A}$ 的乘积记作 $\lambda\boldsymbol{A}$ 或 $\boldsymbol{A}\lambda$，规定为

$$\lambda\boldsymbol{A}=\boldsymbol{A}\lambda=(\lambda a_{ij})=\begin{pmatrix} \lambda a_{11} & \lambda a_{12} & \cdots & \lambda a_{1n} \\ \lambda a_{21} & \lambda a_{22} & \cdots & \lambda a_{2n} \\ \vdots & \vdots & & \vdots \\ \lambda a_{m1} & \lambda a_{m2} & \cdots & \lambda a_{mn} \end{pmatrix}$$

数乘矩阵满足下列运算规律（设 $\boldsymbol{A}$、$\boldsymbol{B}$ 为 $m\times n$ 矩阵，λ、μ 为数）：

(1) $(\lambda\mu)\boldsymbol{A}=\lambda(\mu\boldsymbol{A})$；

(2) $(\lambda+\mu)\boldsymbol{A}=\lambda\boldsymbol{A}+\mu\boldsymbol{A}$；

(3) $\lambda(\boldsymbol{A}+\boldsymbol{B})=\lambda\boldsymbol{A}+\lambda\boldsymbol{B}$。

矩阵加法和数乘矩阵两种运算称为矩阵的线性运算。

2.矩阵的乘法

已知两个线性变换

$$\begin{cases} y_1=a_{11}x_1+a_{12}x_2+a_{13}x_3 \\ y_2=a_{21}x_1+a_{22}x_2+a_{23}x_3 \end{cases} \tag{2-2}$$

$$\begin{cases} x_1=b_{11}t_1+b_{12}t_2 \\ x_2=b_{21}t_1+b_{22}t_2 \\ x_3=b_{31}t_1+b_{32}t_2 \end{cases} \tag{2-3}$$

若想求出从 t_1、t_2 到 y_1、y_2 的线性变换，可将式(2-3)代入式(2-2)，于是可得

$$\begin{cases} y_1=(a_{11}b_{11}+a_{12}b_{21}+a_{13}b_{31})t_1+(a_{11}b_{12}+a_{12}b_{22}+a_{13}b_{32})t_2 \\ y_2=(a_{21}b_{11}+a_{22}b_{21}+a_{23}b_{31})t_1+(a_{21}b_{12}+a_{22}b_{22}+a_{23}b_{32})t_2 \end{cases} \tag{2-4}$$

记线性变换(2-2)的系数矩阵为 $\boldsymbol{A}=(a_{ij})_{2\times 3}$,线性变换(2-3)的系数矩阵为 $\boldsymbol{B}=(b_{ij})_{3\times 2}$,线性变换(2-4)的系数矩阵为 $\boldsymbol{C}=(c_{ij})_{2\times 2}$,则

$$\boldsymbol{C}=\begin{pmatrix} a_{11}b_{11}+a_{12}b_{21}+a_{13}b_{31} & a_{11}b_{12}+a_{12}b_{22}+a_{13}b_{32} \\ a_{21}b_{11}+a_{22}b_{21}+a_{23}b_{31} & a_{21}b_{12}+a_{22}b_{22}+a_{23}b_{32} \end{pmatrix}$$

显然,

$$c_{ij}=\sum_{k=1}^{3}a_{ik}b_{kj}\ (i=1,2;j=1,2)$$

称矩阵 $\boldsymbol{C}$ 为矩阵 $\boldsymbol{A}$ 与 $\boldsymbol{B}$ 的乘积。

一般地,有如下定义:

定义3 设 $\boldsymbol{A}=(a_{ij})$ 是一个 $m\times s$ 矩阵、$\boldsymbol{B}=(b_{ij})$ 是一个 $s\times n$ 矩阵,规定矩阵 $\boldsymbol{A}$ 与矩阵 $\boldsymbol{B}$ 的乘积是一个 $m\times n$ 矩阵,记为 $\boldsymbol{C}=\boldsymbol{AB}=(c_{ij})$,其中

$$c_{ij}=a_{i1}b_{1j}+a_{i2}b_{2j}+\cdots+a_{is}b_{sj}=\sum_{k=1}^{s}a_{ik}b_{kj}\ (i=1,2,\cdots,m;j=1,2,\cdots,n)$$

即

$$\begin{pmatrix} a_{11} & a_{12} & \cdots & a_{1s} \\ a_{21} & a_{22} & \cdots & a_{2s} \\ \vdots & \vdots & & \vdots \\ a_{m1} & a_{m2} & \cdots & a_{ms} \end{pmatrix}\begin{pmatrix} b_{11} & b_{12} & \cdots & b_{1n} \\ b_{21} & b_{22} & \cdots & b_{2n} \\ \vdots & \vdots & & \vdots \\ b_{s1} & b_{s2} & \cdots & b_{sn} \end{pmatrix}$$

$$=\begin{pmatrix} a_{11}b_{11}+\cdots+a_{1s}b_{s1} & a_{11}b_{12}+\cdots+a_{1s}b_{s2} & \cdots & a_{11}b_{1n}+\cdots+a_{1s}b_{sn} \\ a_{21}b_{11}+\cdots+a_{2s}b_{s1} & a_{21}b_{12}+\cdots+a_{2s}b_{s2} & \cdots & a_{21}b_{1n}+\cdots+a_{2s}b_{sn} \\ \vdots & \vdots & & \vdots \\ a_{m1}b_{11}+\cdots+a_{ms}b_{s1} & a_{m1}b_{12}+\cdots+a_{ms}b_{s2} & \cdots & a_{m1}b_{1n}+\cdots+a_{ms}b_{sn} \end{pmatrix}$$

上述定义表明:

(1)只有当左边矩阵 $\boldsymbol{A}$ 的列数等于右边矩阵 $\boldsymbol{B}$ 的行数时,两个矩阵才能相乘;

(2)乘积矩阵 $\boldsymbol{AB}=\boldsymbol{C}$ 的 (i,j) 元 c_{ij} 就是 $\boldsymbol{A}$ 的第 i 行与 $\boldsymbol{B}$ 的第 j 列的乘积,即

$$c_{ij}=(a_{i1},a_{i2},\cdots,a_{is})\begin{pmatrix} b_{1j} \\ b_{2j} \\ \vdots \\ b_{sj} \end{pmatrix}=a_{i1}b_{1j}+a_{i2}b_{2j}+\cdots+a_{is}b_{sj}$$

例1 设

$$\boldsymbol{A}=\begin{pmatrix} 2 & 3 \\ 1 & -2 \\ 3 & 1 \end{pmatrix},\quad \boldsymbol{B}=\begin{pmatrix} 2 & 1 & 1 \\ 1 & 2 & 3 \end{pmatrix}$$

求 $\boldsymbol{AB}$,$\boldsymbol{BA}$。

解

$$\boldsymbol{AB}=\begin{pmatrix} 2 & 3 \\ 1 & -2 \\ 3 & 1 \end{pmatrix}\begin{pmatrix} 2 & 1 & 1 \\ 1 & 2 & 3 \end{pmatrix}=\begin{pmatrix} 2\times 2+3\times 1 & 2\times 1+3\times 2 & 2\times 1+3\times 3 \\ 1\times 2+(-2)\times 1 & 1\times 1+(-2)\times 2 & 1\times 1+(-2)\times 3 \\ 3\times 2+1\times 1 & 3\times 1+1\times 2 & 3\times 1+1\times 3 \end{pmatrix}$$

$$=\begin{pmatrix}7 & 8 & 11\\0 & -3 & -5\\7 & 5 & 6\end{pmatrix}$$

$$\boldsymbol{BA}=\begin{pmatrix}2 & 1 & 1\\1 & 2 & 3\end{pmatrix}\begin{pmatrix}2 & 3\\1 & -2\\3 & 1\end{pmatrix}=\begin{pmatrix}2\times2+1\times1+1\times3 & 2\times3+1\times(-2)+1\times1\\1\times2+2\times1+3\times3 & 1\times3+2\times(-2)+3\times1\end{pmatrix}=\begin{pmatrix}8 & 5\\13 & 2\end{pmatrix}$$

显然，$\boldsymbol{AB}\neq\boldsymbol{BA}$，可见矩阵乘法不满足交换律。

例 2 根据 2.1 节例 1 中学生的成绩矩阵，写出学生各科总成绩和个人平均成绩的矩阵表示式。

解 2.1 例 1 中学生成绩表对应的矩阵为

$$\boldsymbol{A}=\begin{pmatrix}98 & 90 & 87 & 72\\89 & 90 & 86 & 98\\97 & 84 & 75 & 87\\85 & 88 & 85 & 88\end{pmatrix}$$

于是四位学生各科总成绩的矩阵表示为

$$(1,1,1,1)\begin{pmatrix}98 & 90 & 87 & 72\\89 & 90 & 86 & 98\\97 & 84 & 75 & 87\\85 & 88 & 85 & 88\end{pmatrix}=(\underset{\text{数学}}{369},\underset{\text{物理}}{352},\underset{\text{化学}}{333},\underset{\text{英语}}{345})$$

个人平均分数的矩阵表示为

$$\frac{1}{4}\begin{pmatrix}98 & 90 & 87 & 72\\89 & 90 & 86 & 98\\97 & 84 & 75 & 87\\85 & 88 & 85 & 88\end{pmatrix}\begin{pmatrix}1\\1\\1\\1\end{pmatrix}\approx\begin{pmatrix}87\\91\\86\\87\end{pmatrix}$$

例 3 设

$$\boldsymbol{A}=\begin{pmatrix}1 & 1\\-1 & -1\end{pmatrix},\quad \boldsymbol{B}=\begin{pmatrix}-1 & 1\\1 & -1\end{pmatrix}$$

求 $\boldsymbol{AB}$。

解

$$\boldsymbol{AB}=\begin{pmatrix}1 & 1\\-1 & -1\end{pmatrix}\begin{pmatrix}-1 & 1\\1 & -1\end{pmatrix}=\begin{pmatrix}0 & 0\\0 & 0\end{pmatrix}$$

由此可见，$\boldsymbol{AB}=\boldsymbol{O}$ 不一定能够推出 $\boldsymbol{A}=\boldsymbol{O}$ 或 $\boldsymbol{B}=\boldsymbol{O}$，进而若 $\boldsymbol{A}\neq\boldsymbol{O}$ 而 $\boldsymbol{A}(\boldsymbol{X}-\boldsymbol{Y})=\boldsymbol{O}$，也不能推出 $\boldsymbol{X}=\boldsymbol{Y}$ 的结论。

矩阵的乘法虽不满足交换律，但仍然满足下列结合律和分配律(假设运算都是可行的)：

(1)$(\boldsymbol{AB})\boldsymbol{C}=\boldsymbol{A}(\boldsymbol{BC})$；

(2)$\lambda(\boldsymbol{AB})=(\lambda\boldsymbol{A})\boldsymbol{B}=\boldsymbol{A}(\lambda\boldsymbol{B})$($\lambda$ 为数)；

(3)$\boldsymbol{A}(\boldsymbol{B}+\boldsymbol{C})=\boldsymbol{AB}+\boldsymbol{AC}$，$(\boldsymbol{B}+\boldsymbol{C})\boldsymbol{A}=\boldsymbol{BA}+\boldsymbol{CA}$。

对于单位矩阵 $\boldsymbol{E}$，容易验证

$$\boldsymbol{E}_m\boldsymbol{A}_{m\times n}=\boldsymbol{A}_{m\times n},\quad \boldsymbol{A}_{m\times n}\boldsymbol{E}_n=\boldsymbol{A}_{m\times n}$$

或简写成 $\boldsymbol{EA}=\boldsymbol{AE}=\boldsymbol{A}$，可见单位矩阵 $\boldsymbol{E}$ 在矩阵乘法中的作用类似于1在数的乘法中的作用。

例4　设

$$\boldsymbol{A}=\begin{pmatrix}1 & 1\\ 0 & 1\end{pmatrix},\quad \boldsymbol{B}=\begin{pmatrix}1 & 2\\ 0 & 1\end{pmatrix}$$

求 $\boldsymbol{AB}$，$\boldsymbol{BA}$。

解

$$\boldsymbol{AB}=\begin{pmatrix}1 & 1\\ 0 & 1\end{pmatrix}\begin{pmatrix}1 & 2\\ 0 & 1\end{pmatrix}=\begin{pmatrix}1 & 3\\ 0 & 1\end{pmatrix},\quad \boldsymbol{BA}=\begin{pmatrix}1 & 2\\ 0 & 1\end{pmatrix}\begin{pmatrix}1 & 1\\ 0 & 1\end{pmatrix}=\begin{pmatrix}1 & 3\\ 0 & 1\end{pmatrix}$$

可见 $\boldsymbol{AB}=\boldsymbol{BA}$。

一般地，如果两矩阵相乘，有 $\boldsymbol{AB}=\boldsymbol{BA}$，则称矩阵 $\boldsymbol{A}$ 与矩阵 $\boldsymbol{B}$ 可交换。

对于数量矩阵有

$$\begin{pmatrix}a & 0 & \cdots & 0\\ 0 & a & \cdots & 0\\ \vdots & \vdots & & \vdots\\ 0 & 0 & \cdots & a\end{pmatrix}=a\boldsymbol{E}_n$$

$$(a\boldsymbol{E}_n)\boldsymbol{A}_n=a\boldsymbol{A}_n=\boldsymbol{A}_n(a\boldsymbol{E}_n)$$

表明数量矩阵 $a\boldsymbol{E}$ 与任何同阶方阵都是可交换的。

3.方阵的幂

定义4　设 $\boldsymbol{A}$ 是 n 阶方阵，定义

$$\boldsymbol{A}^1=\boldsymbol{A},\quad \boldsymbol{A}^2=\boldsymbol{A}^1\boldsymbol{A}^1,\quad \cdots\quad,\quad \boldsymbol{A}^{k+1}=\boldsymbol{A}^k\boldsymbol{A}^1$$

其中 k 为正整数。

显然只有对于方阵，它的幂才有意义。

矩阵的幂满足以下运算规律：

(1) $\boldsymbol{A}^k\boldsymbol{A}^l=\boldsymbol{A}^{k+l}$；

(2) $(\boldsymbol{A}^k)^l=\boldsymbol{A}^{kl}$。

其中 k、l 为正整数。

因为矩阵乘法一般不满足交换律，所以对于两个 n 阶矩阵 $\boldsymbol{A}$ 与 $\boldsymbol{B}$，一般来说 $(\boldsymbol{AB})^k\neq\boldsymbol{A}^k\boldsymbol{B}^k$，只有当 $\boldsymbol{A}$ 与 $\boldsymbol{B}$ 可交换时，才有 $(\boldsymbol{AB})^k=\boldsymbol{A}^k\boldsymbol{B}^k$。

类似可知，像

$$(\boldsymbol{A}+\boldsymbol{B})^2=\boldsymbol{A}^2+2\boldsymbol{AB}+\boldsymbol{B}^2,\quad (\boldsymbol{A}-\boldsymbol{B})(\boldsymbol{A}+\boldsymbol{B})=\boldsymbol{A}^2-\boldsymbol{B}^2$$

等式只有当 $\boldsymbol{A}$ 与 $\boldsymbol{B}$ 可交换时才成立。

例5　设对角矩阵

$$\boldsymbol{\Lambda}=\begin{pmatrix}\lambda_1 & 0 & 0\\ 0 & \lambda_2 & 0\\ 0 & 0 & \lambda_3\end{pmatrix}$$

求 $\boldsymbol{\Lambda}^3$。

解

$$A^2=\begin{pmatrix}\lambda_1&0&0\\0&\lambda_2&0\\0&0&\lambda_3\end{pmatrix}\begin{pmatrix}\lambda_1&0&0\\0&\lambda_2&0\\0&0&\lambda_3\end{pmatrix}=\begin{pmatrix}\lambda_1^2&0&0\\0&\lambda_2^2&0\\0&0&\lambda_3^2\end{pmatrix}$$

$$A^3=\begin{pmatrix}\lambda_1^2&0&0\\0&\lambda_2^2&0\\0&0&\lambda_3^2\end{pmatrix}\begin{pmatrix}\lambda_1&0&0\\0&\lambda_2&0\\0&0&\lambda_3\end{pmatrix}=\begin{pmatrix}\lambda_1^3&0&0\\0&\lambda_2^3&0\\0&0&\lambda_3^3\end{pmatrix}$$

一般地，$\boldsymbol{\Lambda}=\mathrm{diag}(\lambda_1,\lambda_2,\cdots,\lambda_n)$为对角矩阵，则$\boldsymbol{\Lambda}^k=\mathrm{diag}(\lambda_1^k,\lambda_2^k,\cdots,\lambda_n^k)$。

4.矩阵的转置

定义 5 把矩阵 $\boldsymbol{A}$ 的行换成同序数的列得到的新矩阵，叫作 $\boldsymbol{A}$ 的转置矩阵，记作$\boldsymbol{A}^{\mathrm{T}}$。例如

$$\boldsymbol{A}=\begin{pmatrix}1&2&3\\4&5&6\end{pmatrix},\quad \boldsymbol{A}^{\mathrm{T}}=\begin{pmatrix}1&4\\2&5\\3&6\end{pmatrix}$$

矩阵的转置也是一种运算，满足以下运算规律(假设运算都是可行的)：

(1)$(\boldsymbol{A}^{\mathrm{T}})^{\mathrm{T}}=\boldsymbol{A}$；

(2)$(\boldsymbol{A}+\boldsymbol{B})^{\mathrm{T}}=\boldsymbol{A}^{\mathrm{T}}+\boldsymbol{B}^{\mathrm{T}}$；

(3)$(\lambda\boldsymbol{A})^{\mathrm{T}}=\lambda\boldsymbol{A}^{\mathrm{T}}$；

(4)$(\boldsymbol{AB})^{\mathrm{T}}=\boldsymbol{B}^{\mathrm{T}}\boldsymbol{A}^{\mathrm{T}}$。

这里仅证明(4)：设 $\boldsymbol{A}=(a_{ij})_{m\times s}$、$\boldsymbol{B}=(b_{ij})_{s\times n}$，则$(\boldsymbol{AB})^{\mathrm{T}}$ 与$\boldsymbol{B}^{\mathrm{T}}\boldsymbol{A}^{\mathrm{T}}$ 均为 $n\times m$ 矩阵。矩阵$(\boldsymbol{AB})^{\mathrm{T}}$ 的第 j 行第 i 列元素 c_{ji} 是$\boldsymbol{AB}$ 的第 i 行第 j 列元素，即

$$c_{ji}=\sum_{k=1}^{s}a_{ik}b_{kj}=a_{i1}b_{1j}+a_{i2}b_{2j}+\cdots+a_{is}b_{sj}\quad(j=1,2,\cdots,n;i=1,2,\cdots,m)$$

而矩阵$\boldsymbol{B}^{\mathrm{T}}\boldsymbol{A}^{\mathrm{T}}$ 的第 j 行第 i 列元素 d_{ji} 是$\boldsymbol{B}^{\mathrm{T}}$ 的第 j 行元素(即是 $\boldsymbol{B}$ 的第 j 列元素)与$\boldsymbol{A}^{\mathrm{T}}$ 的第 i 列(即是 $\boldsymbol{A}$ 的第 i 行)对应元素乘积之和，即

$$d_{ji}=\sum_{k=1}^{s}b_{kj}a_{ik}=b_{1j}a_{i1}+b_{2j}a_{i2}+\cdots+b_{sj}a_{is}=c_{ji}(j=1,2,\cdots,n;i=1,2,\cdots,m)$$

故$(\boldsymbol{AB})^{\mathrm{T}}=\boldsymbol{B}^{\mathrm{T}}\boldsymbol{A}^{\mathrm{T}}$。

例 6 已知

$$\boldsymbol{A}=\begin{pmatrix}2&0&-1\\1&3&2\end{pmatrix},\quad \boldsymbol{B}=\begin{pmatrix}1&7&-1\\4&2&3\\2&0&1\end{pmatrix}$$

求$(\boldsymbol{AB})^{\mathrm{T}}$。

解　方法一 因为

$$\boldsymbol{AB}=\begin{pmatrix}2&0&-1\\1&3&2\end{pmatrix}\begin{pmatrix}1&7&-1\\4&2&3\\2&0&1\end{pmatrix}=\begin{pmatrix}0&14&-3\\17&13&10\end{pmatrix}$$

所以

$$(\boldsymbol{AB})^{\mathrm{T}}=\begin{pmatrix}0&17\\14&13\\-3&10\end{pmatrix}$$

方法二 因为$(\boldsymbol{AB})^{\mathrm{T}}=\boldsymbol{B}^{\mathrm{T}}\boldsymbol{A}^{\mathrm{T}}$,所以

$$(\boldsymbol{AB})^{\mathrm{T}}=\boldsymbol{B}^{\mathrm{T}}\boldsymbol{A}^{\mathrm{T}}=\begin{pmatrix}1&4&2\\7&2&0\\-1&3&1\end{pmatrix}\begin{pmatrix}2&1\\0&3\\-1&2\end{pmatrix}=\begin{pmatrix}0&17\\14&13\\-3&10\end{pmatrix}$$

设 $\boldsymbol{A}$ 为 n 阶方阵,如果满足$\boldsymbol{A}^{\mathrm{T}}=\boldsymbol{A}$,即

$$a_{ij}=a_{ji}(i,j=1,2,\cdots,n)$$

那么 $\boldsymbol{A}$ 称为对称矩阵,对称矩阵的特点是它的关于主对角线对称的元素相等。

设 $\boldsymbol{A}$ 为 n 阶方阵,如果满足$\boldsymbol{A}^{\mathrm{T}}=-\boldsymbol{A}$,即

$$a_{ij}=-a_{ji}(i,j=1,2,\cdots,n)$$

则称 $\boldsymbol{A}$ 为反对称矩阵。显然反对称矩阵的形式为

$$\begin{pmatrix}0&a_{12}&a_{13}&\cdots&a_{1n}\\-a_{12}&0&a_{23}&\cdots&a_{2n}\\-a_{13}&-a_{23}&0&\cdots&a_{3n}\\\vdots&\vdots&\vdots&&\vdots\\-a_{1n}&-a_{2n}&-a_{3n}&\cdots&0\end{pmatrix}$$

例 7 设列矩阵 $\boldsymbol{X}=(x_1,x_2,\cdots,x_n)^{\mathrm{T}}$ 满足 $\boldsymbol{X}^{\mathrm{T}}\boldsymbol{X}=1$,$\boldsymbol{E}$ 为 n 阶单位矩阵,$\boldsymbol{H}=\boldsymbol{E}-2\boldsymbol{XX}^{\mathrm{T}}$,证明:$\boldsymbol{H}$ 是对称矩阵,且 $\boldsymbol{HH}^{\mathrm{T}}=\boldsymbol{E}$。注意这里$\boldsymbol{X}^{\mathrm{T}}\boldsymbol{X}=x_1^2+x_2^2+\cdots+x_n^2$ 是一阶方阵,也就是一个数,而 $\boldsymbol{XX}^{\mathrm{T}}$ 是 n 阶方阵。

证明

$$\boldsymbol{H}^{\mathrm{T}}=(\boldsymbol{E}-2\boldsymbol{XX}^{\mathrm{T}})^{\mathrm{T}}=\boldsymbol{E}^{\mathrm{T}}-2(\boldsymbol{XX}^{\mathrm{T}})^{\mathrm{T}}=\boldsymbol{E}-2\boldsymbol{XX}^{\mathrm{T}}=\boldsymbol{H}$$

所以 $\boldsymbol{H}$ 是对称矩阵。

$$\begin{aligned}\boldsymbol{HH}^{\mathrm{T}}&=\boldsymbol{H}^2=(\boldsymbol{E}-2\boldsymbol{XX}^{\mathrm{T}})^2=\boldsymbol{E}-4\boldsymbol{XX}^{\mathrm{T}}+4(\boldsymbol{XX}^{\mathrm{T}})(\boldsymbol{XX}^{\mathrm{T}})\\&=\boldsymbol{E}-4\boldsymbol{XX}^{\mathrm{T}}+4\boldsymbol{X}(\boldsymbol{X}^{\mathrm{T}}\boldsymbol{X})\boldsymbol{X}^{\mathrm{T}}\\&=\boldsymbol{E}-4\boldsymbol{XX}^{\mathrm{T}}+4\boldsymbol{XX}^{\mathrm{T}}=\boldsymbol{E}\end{aligned}$$

5.方阵的行列式

定义 6 由 n 阶方阵 $\boldsymbol{A}$ 的元素构成的行列式(各元素的位置不变),称为方阵 $\boldsymbol{A}$ 的行列式,记作$|\boldsymbol{A}|$或 $\det\boldsymbol{A}$。

应该注意,方阵与行列式是两个不同的概念,n 阶方阵是 n^2 个数按一定方式排成的数表,而 n 阶行列式则是这些数按一定的运算法则所确定的一个数。

方阵 $\boldsymbol{A}$ 的行列式满足以下运算规律($\boldsymbol{A}$、$\boldsymbol{B}$ 为 n 阶方阵,λ 为数):

(1) $|\boldsymbol{A}^{\mathrm{T}}|=|\boldsymbol{A}|$;

(2) $|\lambda\boldsymbol{A}|=\lambda^n|\boldsymbol{A}|$;

(3) $|\boldsymbol{AB}|=|\boldsymbol{A}||\boldsymbol{B}|$。

这里仅证明(3)。

设 $\boldsymbol{A}=(a_{ij})$、$\boldsymbol{B}=(b_{ij})$,构造 $2n$ 阶行列式

$$D=\begin{vmatrix} a_{11} & \cdots & a_{1n} & & & \\ \vdots & & \vdots & & O & \\ a_{n1} & \cdots & a_{nn} & & & \\ -1 & & & b_{11} & \cdots & b_{1n} \\ & \ddots & & \vdots & & \vdots \\ & & -1 & b_{n1} & \cdots & b_{nn} \end{vmatrix}=\begin{vmatrix} \boldsymbol{A} & \boldsymbol{O} \\ -\boldsymbol{E} & \boldsymbol{B} \end{vmatrix}$$

由 1.4 节例 5 可知 $D=|\boldsymbol{A}||\boldsymbol{B}|$，而在 D 中以 b_{1j} 乘第 1 列，b_{2j} 乘第 2 列，……，b_{nj} 乘第 n 列，都加到第 $n+j$ 列上（$j=1,2,\cdots,n$），有

$$D=\begin{vmatrix} \boldsymbol{A} & \boldsymbol{C} \\ -\boldsymbol{E} & \boldsymbol{O} \end{vmatrix}$$

其中，$\boldsymbol{C}=(c_{ij})$，$c_{ij}=b_{1j}a_{i1}+b_{2j}a_{i2}+\cdots+b_{nj}a_{in}$，故 $\boldsymbol{C}=\boldsymbol{AB}$。

再接着对 D 的行作 $r_j\leftrightarrow r_{n+j}$（$j=1,2,\cdots,n$）有

$$D=(-1)^n\begin{vmatrix} -\boldsymbol{E} & \boldsymbol{O} \\ \boldsymbol{A} & \boldsymbol{C} \end{vmatrix}=(-1)^n|-\boldsymbol{E}||\boldsymbol{C}|=(-1)^n(-1)^n|\boldsymbol{C}|=|\boldsymbol{C}|=|\boldsymbol{AB}|$$

因此

$$|\boldsymbol{AB}|=|\boldsymbol{A}||\boldsymbol{B}|$$

6.共轭矩阵

定义 7 设 $\boldsymbol{A}=(a_{ij})$ 为复矩阵，记 $\overline{\boldsymbol{A}}=(\overline{a_{ij}})$，其中 $(\overline{a_{ij}})$ 表示 (a_{ij}) 的共轭复数，则称 $\overline{\boldsymbol{A}}$ 为 $\boldsymbol{A}$ 的共轭矩阵。

共轭矩阵满足以下运算规律（设 $\boldsymbol{A}$、$\boldsymbol{B}$ 为复矩阵，λ 为复数，且运算都是可行的）：

(1) $\overline{\boldsymbol{A}+\boldsymbol{B}}=\overline{\boldsymbol{A}}+\overline{\boldsymbol{B}}$；

(2) $\overline{\lambda\boldsymbol{A}}=\overline{\lambda}\,\overline{\boldsymbol{A}}$；

(3) $\overline{\boldsymbol{AB}}=\overline{\boldsymbol{A}}\,\overline{\boldsymbol{B}}$；

(4) $\overline{\boldsymbol{A}^{\mathrm{T}}}=(\overline{\boldsymbol{A}})^{\mathrm{T}}$。

2.3 逆矩阵

由数的运算可知，当数 $a\neq0$ 时，存在唯一一个数 a^{-1}，使 $a^{-1}a=aa^{-1}=1$。利用这个运算律可以求解一次方程 $ax=b$，其解为 $x=a^{-1}b$。那么矩阵有没有类似的运算呢？即对非零矩阵，是否存在矩阵 $\boldsymbol{A}^{-1}$，使得 $\boldsymbol{A}^{-1}\boldsymbol{A}=\boldsymbol{A}\boldsymbol{A}^{-1}=\boldsymbol{E}$，进而使矩阵方程 $\boldsymbol{AX}=\boldsymbol{B}$ 的解也可表示为 $\boldsymbol{X}=\boldsymbol{A}^{-1}\boldsymbol{B}$。这个问题就是本节要讨论的内容。

1.逆矩阵的概念

定义 1 对于 n 阶矩阵 $\boldsymbol{A}$，如果存在一个 n 阶矩阵 $\boldsymbol{B}$，使得 $\boldsymbol{AB}=\boldsymbol{BA}=\boldsymbol{E}$，则称矩阵 $\boldsymbol{A}$ 为可逆矩阵，而矩阵 $\boldsymbol{B}$ 称为 $\boldsymbol{A}$ 的逆矩阵，简称逆阵。

如果矩阵 $\boldsymbol{A}$ 是可逆的，那么 $\boldsymbol{A}$ 的逆矩阵是唯一的，这是因为：设 $\boldsymbol{B}$、$\boldsymbol{C}$ 都是 $\boldsymbol{A}$ 的逆阵，则有

$$\boldsymbol{B}=\boldsymbol{BE}=\boldsymbol{B}(\boldsymbol{AC})=(\boldsymbol{BA})\boldsymbol{C}=\boldsymbol{EC}=\boldsymbol{C}$$

所以 $\boldsymbol{A}$ 的逆矩阵是唯一的，记为 $\boldsymbol{A}^{-1}$。

对于矩阵方程 $\boldsymbol{AX}=\boldsymbol{B}$，若 $\boldsymbol{A}$ 可逆，则在方程两边左乘$\boldsymbol{A}^{-1}$可得$\boldsymbol{A}^{-1}\boldsymbol{AX}=\boldsymbol{A}^{-1}\boldsymbol{B}$，即 $\boldsymbol{X}=\boldsymbol{A}^{-1}\boldsymbol{B}$。

对于2.1节中例4的线性变换(2-1)，系数矩阵为 $\boldsymbol{A}=(a_{ij})_{m\times n}$。当 $m=n$ 时，则 $\boldsymbol{A}$ 是 n 阶方阵。记

$$\boldsymbol{Y}=\begin{pmatrix}y_1\\y_2\\\vdots\\y_n\end{pmatrix},\quad \boldsymbol{X}=\begin{pmatrix}x_1\\x_2\\\vdots\\x_n\end{pmatrix}$$

则线性变换(2-1)可表示成矩阵形式

$$\boldsymbol{Y}=\boldsymbol{AX} \tag{2-5}$$

若系数矩阵 $\boldsymbol{A}$ 可逆，则在式(2-5)等号两边左乘以$\boldsymbol{A}^{-1}$可得

$$\boldsymbol{X}=\boldsymbol{A}^{-1}\boldsymbol{Y} \tag{2-6}$$

式(2-6)也表示一个线性变换，称其为线性变换(2-1)的逆变换。

例1　求对称矩阵 $\boldsymbol{\Lambda}=\mathrm{diag}(\lambda_1,\lambda_2,\cdots,\lambda_n)$ 的逆矩阵，其中 $\lambda_1\lambda_2\cdots\lambda_n\neq0$。

解　因为

$$\begin{pmatrix}\lambda_1&0&\cdots&0\\0&\lambda_2&\cdots&0\\\vdots&\vdots&&\vdots\\0&0&\cdots&\lambda_n\end{pmatrix}\begin{pmatrix}\lambda_1^{-1}&0&\cdots&0\\0&\lambda_2^{-1}&\cdots&0\\\vdots&\vdots&&\vdots\\0&0&\cdots&\lambda_n^{-1}\end{pmatrix}$$
$$=\begin{pmatrix}\lambda_1^{-1}&0&\cdots&0\\0&\lambda_2^{-1}&\cdots&0\\\vdots&\vdots&&\vdots\\0&0&\cdots&\lambda_n^{-1}\end{pmatrix}\begin{pmatrix}\lambda_1&0&\cdots&0\\0&\lambda_2&\cdots&0\\\vdots&\vdots&&\vdots\\0&0&\cdots&\lambda_n\end{pmatrix}=\boldsymbol{E}$$

所以$\boldsymbol{A}^{-1}=\mathrm{diag}(\lambda_1^{-1},\lambda_2^{-1},\cdots,\lambda_n^{-1})$。

2.方阵可逆的充要条件

方阵 $\boldsymbol{A}=(a_{ij})$ 的行列式 $|\boldsymbol{A}|$ 的各个元素的代数余子式 A_{ij} 所构成的如下矩阵

$$\boldsymbol{A}^*=\begin{pmatrix}A_{11}&A_{21}&\cdots&A_{n1}\\A_{12}&A_{22}&\cdots&A_{n2}\\\vdots&\vdots&&\vdots\\A_{1n}&A_{2n}&\cdots&A_{nn}\end{pmatrix}$$

称 $\boldsymbol{A}^*$ 为方阵 $\boldsymbol{A}$ 的伴随矩阵。方阵 $\boldsymbol{A}$ 与其伴随矩阵 $\boldsymbol{A}^*$ 之间有如下重要关系：

$$\boldsymbol{A}\boldsymbol{A}^*=\boldsymbol{A}^*\boldsymbol{A}=|\boldsymbol{A}|\boldsymbol{E} \tag{2-7}$$

这是因为

$$\boldsymbol{AA}^*=\begin{pmatrix}a_{11}&a_{12}&\cdots&a_{1n}\\a_{21}&a_{22}&\cdots&a_{2n}\\\vdots&\vdots&&\vdots\\a_{n1}&a_{n2}&\cdots&a_{nn}\end{pmatrix}\begin{pmatrix}A_{11}&A_{21}&\cdots&A_{n1}\\A_{12}&A_{22}&\cdots&A_{n2}\\\vdots&\vdots&&\vdots\\A_{1n}&A_{2n}&\cdots&A_{nn}\end{pmatrix}=\begin{pmatrix}|\boldsymbol{A}|&0&\cdots&0\\0&|\boldsymbol{A}|&\cdots&0\\\vdots&\vdots&&\vdots\\0&0&\cdots&|\boldsymbol{A}|\end{pmatrix}=|\boldsymbol{A}|\boldsymbol{E}$$

类似有$\boldsymbol{A}^*\boldsymbol{A}=|\boldsymbol{A}|\boldsymbol{E}$。

定理 n 阶方阵 $\boldsymbol{A}$ 可逆的充分必要条件是 $|\boldsymbol{A}|\neq 0$，且当 $\boldsymbol{A}$ 可逆时，有 $\boldsymbol{A}^{-1}=\dfrac{1}{|\boldsymbol{A}|}\boldsymbol{A}^*$。

证明 **必要性** 若 $\boldsymbol{A}$ 可逆，则存在 n 阶矩阵 $\boldsymbol{B}$ 使 $\boldsymbol{AB}=\boldsymbol{E}$，则 $|\boldsymbol{AB}|=|\boldsymbol{A}||\boldsymbol{B}|=|\boldsymbol{E}|=1$，所以 $|\boldsymbol{A}|\neq 0$，同时有 $|\boldsymbol{B}|\neq 0$。

充分性 若 $|\boldsymbol{A}|\neq 0$，由方阵 $\boldsymbol{A}$ 与其伴随矩阵 $\boldsymbol{A}^*$ 的关系式(2-7)可得

$$\boldsymbol{A}\frac{1}{|\boldsymbol{A}|}\boldsymbol{A}^*=\frac{1}{|\boldsymbol{A}|}\boldsymbol{A}^*\boldsymbol{A}=\frac{1}{|\boldsymbol{A}|}|\boldsymbol{A}|\boldsymbol{E}=\boldsymbol{E}$$

再由定义 1，知方阵 $\boldsymbol{A}$ 可逆，且

$$\boldsymbol{A}^{-1}=\frac{1}{|\boldsymbol{A}|}\boldsymbol{A}^*$$

当 $|\boldsymbol{A}|=0$ 时，$\boldsymbol{A}$ 称为奇异矩阵，否则称非奇异矩阵，可逆矩阵就是非奇异矩阵。

推论 若 $\boldsymbol{AB}=\boldsymbol{E}$（或 $\boldsymbol{BA}=\boldsymbol{E}$），则方阵 $\boldsymbol{A}$ 可逆且 $\boldsymbol{A}^{-1}=\boldsymbol{B}$。

证明 由 $\boldsymbol{AB}=\boldsymbol{E}$ 得 $|\boldsymbol{AB}|=|\boldsymbol{E}|$，即 $|\boldsymbol{AB}|=|\boldsymbol{A}||\boldsymbol{B}|=1$，故 $|\boldsymbol{A}|\neq 0$，所以，$\boldsymbol{A}$ 可逆且

$$\boldsymbol{B}=\boldsymbol{EB}=(\boldsymbol{A}^{-1}\boldsymbol{A})\boldsymbol{B}=\boldsymbol{A}^{-1}(\boldsymbol{AB})=\boldsymbol{A}^{-1}\boldsymbol{E}=\boldsymbol{A}^{-1}$$

例 2 求二阶矩阵 $\boldsymbol{A}=\begin{pmatrix}a & b\\ c & d\end{pmatrix}$ 的逆矩阵。

解 因为 $|\boldsymbol{A}|=ad-bc$，$\boldsymbol{A}^*=\begin{pmatrix}d & -b\\ -c & a\end{pmatrix}$，则当 $|\boldsymbol{A}|\neq 0$ 时，

$$\boldsymbol{A}^{-1}=\frac{1}{|\boldsymbol{A}|}\boldsymbol{A}^*=\frac{1}{ad-bc}\begin{pmatrix}d & -b\\ -c & a\end{pmatrix}$$

当 $|\boldsymbol{A}|=0$ 时，$\boldsymbol{A}$ 的逆矩阵不存在。

例 3 求方阵 $\boldsymbol{A}=\begin{pmatrix}1 & 2 & 3\\ 2 & 2 & 1\\ 3 & 4 & 3\end{pmatrix}$ 的逆矩阵。

解 由 $|\boldsymbol{A}|=2\neq 0$，知 $\boldsymbol{A}^{-1}$ 存在，再计算 $\boldsymbol{A}$ 的余子式。

$$M_{11}=2,\quad M_{12}=3,\quad M_{13}=2,\quad M_{21}=-6,\quad M_{22}=-6,\quad M_{23}=-2$$
$$M_{31}=-4,\quad M_{32}=-5,\quad M_{33}=-2$$

则

$$\boldsymbol{A}^*=\begin{pmatrix}A_{11} & A_{21} & A_{31}\\ A_{12} & A_{22} & A_{32}\\ A_{13} & A_{23} & A_{33}\end{pmatrix}=\begin{pmatrix}M_{11} & -M_{21} & M_{31}\\ -M_{12} & M_{22} & -M_{32}\\ M_{13} & -M_{23} & M_{33}\end{pmatrix}=\begin{pmatrix}2 & 6 & -4\\ -3 & -6 & 5\\ 2 & 2 & -2\end{pmatrix}$$

所以

$$\boldsymbol{A}^{-1}=\frac{1}{|\boldsymbol{A}|}\boldsymbol{A}^*=\begin{pmatrix}1 & 3 & -2\\ -\frac{3}{2} & -3 & \frac{5}{2}\\ 1 & 1 & -1\end{pmatrix}$$

3.逆矩阵的运算性质

(1)若 $\boldsymbol{A}$ 可逆，则 $\boldsymbol{A}^{-1}$ 也可逆，且 $(\boldsymbol{A}^{-1})^{-1}=\boldsymbol{A}$；

(2)若 $\boldsymbol{A}$ 可逆，数 $\lambda\neq 0$，则 $\lambda\boldsymbol{A}$ 可逆，且 $(\lambda\boldsymbol{A})^{-1}=\dfrac{1}{\lambda}\boldsymbol{A}^{-1}$；

(3)若 $\boldsymbol{A}$、$\boldsymbol{B}$ 为同阶方阵，$\boldsymbol{A}$、$\boldsymbol{B}$ 均可逆，则 $\boldsymbol{AB}$ 也可逆，且 $(\boldsymbol{AB})^{-1}=\boldsymbol{B}^{-1}\boldsymbol{A}^{-1}$；

(4)若 $\boldsymbol{A}$ 可逆，则 $\boldsymbol{A}$ 的转置 $\boldsymbol{A}^{\mathrm{T}}$ 也可逆，且 $(\boldsymbol{A}^{\mathrm{T}})^{-1}=(\boldsymbol{A}^{-1})^{\mathrm{T}}$；

(5)若 $\boldsymbol{A}$ 可逆，则 $|\boldsymbol{A}^{-1}|=|\boldsymbol{A}|^{-1}$。

现证明(3)：

因为

$$\boldsymbol{AB}(\boldsymbol{B}^{-1}\boldsymbol{A}^{-1})=\boldsymbol{A}(\boldsymbol{BB}^{-1})\boldsymbol{A}^{-1}=\boldsymbol{AEA}^{-1}=\boldsymbol{AA}^{-1}=\boldsymbol{E}$$

所以由推论可知，$\boldsymbol{AB}$ 可逆，且 $(\boldsymbol{AB})^{-1}=\boldsymbol{B}^{-1}\boldsymbol{A}^{-1}$。

且当 $\boldsymbol{A}$ 可逆时，还可定义

$$\boldsymbol{A}^0=\boldsymbol{E},\quad (\boldsymbol{A}^{-1})^k=\boldsymbol{A}^{-k}$$

其中 k 为正整数。这样，当 $\boldsymbol{A}$ 可逆，λ、μ 为整数时，有

$$\boldsymbol{A}^{\lambda}\boldsymbol{A}^{\mu}=\boldsymbol{A}^{\lambda+\mu},\quad (\boldsymbol{A}^{\lambda})^{\mu}=\boldsymbol{A}^{\lambda\mu}$$

例 4　设 $\boldsymbol{A}$ 为三阶矩阵，且 $|\boldsymbol{A}|=\dfrac{1}{2}$，求 $|(2\boldsymbol{A})^{-1}-5\boldsymbol{A}^*|$。

解　由 $\boldsymbol{A}^{-1}=\dfrac{1}{|\boldsymbol{A}|}\boldsymbol{A}^*$ 可得 $\boldsymbol{A}^*=|\boldsymbol{A}|\boldsymbol{A}^{-1}$，故

$$|(2\boldsymbol{A})^{-1}-5\boldsymbol{A}^*|=\left|\frac{1}{2}\boldsymbol{A}^{-1}-5\cdot\frac{1}{2}\boldsymbol{A}^{-1}\right|=|-2\boldsymbol{A}^{-1}|=(-2)^3|\boldsymbol{A}^{-1}|=\frac{-8}{|\boldsymbol{A}|}=-16$$

4.矩阵方程

对矩阵方程 $\boldsymbol{AX}=\boldsymbol{B}$、$\boldsymbol{XA}=\boldsymbol{B}$，若 $\boldsymbol{A}$ 可逆，则可通过在方程两边左乘或右乘 $\boldsymbol{A}^{-1}$，求出其解分别为 $\boldsymbol{X}=\boldsymbol{A}^{-1}\boldsymbol{B}$、$\boldsymbol{X}=\boldsymbol{BA}^{-1}$，至于其他形式的矩阵方程，均可通过矩阵运算转化为上面两种形式后求解。

例 5　设

$$\boldsymbol{A}=\begin{pmatrix}1&2&3\\2&2&1\\3&4&3\end{pmatrix},\quad \boldsymbol{B}=\begin{pmatrix}2&1\\5&3\end{pmatrix},\quad \boldsymbol{C}=\begin{pmatrix}1&3\\2&0\\3&1\end{pmatrix}$$

求矩阵 $\boldsymbol{X}$，使其满足 $\boldsymbol{AXB}=\boldsymbol{C}$。

解　由例 3 知，$\boldsymbol{A}$ 可逆且

$$\boldsymbol{A}^{-1}=\begin{pmatrix}1&3&-2\\-\frac{3}{2}&-3&\frac{5}{2}\\1&1&-1\end{pmatrix},\quad |\boldsymbol{B}|=1$$

显然 $\boldsymbol{B}$ 可逆，且 $\boldsymbol{B}^{-1}=\begin{pmatrix}3&-1\\-5&2\end{pmatrix}$，则

$$\boldsymbol{A}^{-1}\boldsymbol{AXBB}^{-1}=\boldsymbol{A}^{-1}\boldsymbol{CB}^{-1}$$

$$\boldsymbol{X}=\boldsymbol{A}^{-1}\boldsymbol{CB}^{-1}=\begin{pmatrix}1&3&-2\\-\frac{3}{2}&-3&\frac{5}{2}\\1&1&-1\end{pmatrix}\begin{pmatrix}1&3\\2&0\\3&1\end{pmatrix}\begin{pmatrix}3&-1\\-5&2\end{pmatrix}=\begin{pmatrix}-2&1\\10&-4\\-10&4\end{pmatrix}$$

例 6 设
$$P = \begin{pmatrix} 1 & 2 \\ 1 & 4 \end{pmatrix}, \quad \Lambda = \begin{pmatrix} 1 & 0 \\ 0 & 2 \end{pmatrix}, \quad AP = P\Lambda$$
求 A^n。

解
$$|P| = 2, \quad P^{-1} = \frac{1}{2}\begin{pmatrix} 4 & -2 \\ -1 & 1 \end{pmatrix}$$
$$A = P\Lambda P^{-1}, \quad A^2 = P\Lambda P^{-1} P\Lambda P^{-1} = P\Lambda^2 P^{-1}, \quad \cdots, \quad A^n = P\Lambda^n P^{-1}$$
而 $\Lambda = \begin{pmatrix} 1 & 0 \\ 0 & 2 \end{pmatrix}$ 是对角矩阵，所以
$$\Lambda^n = \begin{pmatrix} 1 & 0 \\ 0 & 2^n \end{pmatrix}$$
故
$$A^n = \begin{pmatrix} 1 & 2 \\ 1 & 4 \end{pmatrix}\begin{pmatrix} 1 & 0 \\ 0 & 2^n \end{pmatrix}\frac{1}{2}\begin{pmatrix} 4 & -2 \\ -1 & 1 \end{pmatrix}$$
$$= \frac{1}{2}\begin{pmatrix} 1 & 2^{n+1} \\ 1 & 2^{n+2} \end{pmatrix}\begin{pmatrix} 4 & -2 \\ -1 & 1 \end{pmatrix} = \frac{1}{2}\begin{pmatrix} 4 - 2^{n+1} & 2^{n+1} - 2 \\ 4 - 2^{n+1} & 2^{n+1} - 2 \end{pmatrix}$$
$$= \begin{pmatrix} 2 - 2^n & 2^n - 1 \\ 2 - 2^n & 2^n - 1 \end{pmatrix}$$

5. 矩阵多项式及其运算

设 $\varphi(x) = a_0 + a_1 x + \cdots + a_m x^m$ 为 x 的 m 次多项式，A 为 n 阶矩阵，记
$$\varphi(A) = a_0 E + a_1 A + \cdots + a_m A^m$$
$\varphi(A)$ 称为矩阵 A 的 m 次多项式。因为矩阵 A^k、A^l 和 E 都是两两可交换的，所以矩阵 A 的两个多项式 $\varphi(A)$ 和 $f(A)$ 总是可交换的，即总有
$$\varphi(A) f(A) = f(A) \varphi(A)$$
从而 A 的多项式可以像关于 x 的多项式一样相乘或分解因式。例如
$$(E + A)(2E - A) = 2E + A - A^2$$
$$(E - A)^3 = E - 3A + 3A^2 - A^3$$
我们常用例 6 中计算 A^k 的方法来计算 A 的多项式 $\varphi(A)$，具体如下：

(1) 如果 $A = P\Lambda P^{-1}$，则 $A^k = P\Lambda^k P^{-1}$，从而
$$\varphi(A) = a_0 E + a_1 A + \cdots + a_m A^m$$
$$= P a_0 E P^{-1} + P a_1 \Lambda P^{-1} + P a_2 \Lambda^2 P^{-1} + \cdots + P a_m \Lambda^m P^{-1}$$
$$= P \varphi(\Lambda) P^{-1}$$

(2) 如果 $\Lambda = \mathrm{diag}(\lambda_1, \lambda_2, \cdots, \lambda_n)$ 为对角阵，则 $\Lambda^k = \mathrm{diag}(\lambda_1^k, \lambda_2^k, \cdots, \lambda_n^k)$，从而
$$\varphi(\Lambda) = a_0 E + a_1 \Lambda + \cdots + a_m \Lambda^m$$
$$= a_0 \begin{pmatrix} 1 & & & \\ & 1 & & \\ & & \ddots & \\ & & & 1 \end{pmatrix} + a_1 \begin{pmatrix} \lambda_1 & & & \\ & \lambda_2 & & \\ & & \ddots & \\ & & & \lambda_n \end{pmatrix} + \cdots + a_m \begin{pmatrix} \lambda_1^m & & & \\ & \lambda_2^m & & \\ & & \ddots & \\ & & & \lambda_n^m \end{pmatrix}$$

$$=\begin{pmatrix}\varphi(\lambda_1) & & & \\ & \varphi(\lambda_2) & & \\ & & \ddots & \\ & & & \varphi(\lambda_n)\end{pmatrix}$$

例 7 设 $\boldsymbol{P}=\begin{pmatrix}-1 & 1 & 1\\ 1 & 0 & 2\\ 1 & 1 & -1\end{pmatrix}$、$\boldsymbol{\Lambda}=\begin{pmatrix}1 & & \\ & 2 & \\ & & -3\end{pmatrix}$，$\boldsymbol{AP}=\boldsymbol{P\Lambda}$，求 $\varphi(\boldsymbol{A})=\boldsymbol{A}^3+2\boldsymbol{A}^2-3\boldsymbol{A}$。

解

$$|\boldsymbol{P}|=\begin{vmatrix}-1 & 1 & 1\\ 1 & 0 & 2\\ 1 & 1 & -1\end{vmatrix}=6\neq 0$$

从而 $\boldsymbol{A}=\boldsymbol{P\Lambda P}^{-1}$、$\varphi(\boldsymbol{A})=\boldsymbol{P}\varphi(\boldsymbol{\Lambda})\boldsymbol{P}^{-1}$，而 $\varphi(1)=0$、$\varphi(2)=10$、$\varphi(-3)=0$，故

$$\varphi(\boldsymbol{\Lambda})=\mathrm{diag}(0,10,0)$$

$$\varphi(\boldsymbol{A})=\boldsymbol{P}\varphi(\boldsymbol{\Lambda})\boldsymbol{P}^{-1}=\begin{pmatrix}-1 & 1 & 1\\ 1 & 0 & 2\\ 1 & 1 & -1\end{pmatrix}\begin{pmatrix}0 & 0 & 0\\ 0 & 10 & 0\\ 0 & 0 & 0\end{pmatrix}\frac{1}{|\boldsymbol{P}|}\boldsymbol{P}^*$$

$$=\frac{10}{6}\begin{pmatrix}0 & 1 & 0\\ 0 & 0 & 0\\ 0 & 1 & 0\end{pmatrix}\begin{pmatrix}A_{11} & A_{21} & A_{31}\\ A_{12} & A_{22} & A_{32}\\ A_{13} & A_{23} & A_{33}\end{pmatrix}$$

$$=\frac{5}{3}\begin{pmatrix}A_{12} & A_{22} & A_{32}\\ 0 & 0 & 0\\ A_{12} & A_{22} & A_{32}\end{pmatrix}$$

而 $A_{12}=-\begin{vmatrix}1 & 2\\ 1 & -1\end{vmatrix}=3$、$A_{22}=\begin{vmatrix}-1 & 1\\ 1 & -1\end{vmatrix}=0$、$A_{32}=-\begin{vmatrix}-1 & 1\\ 1 & 2\end{vmatrix}=3$，于是

$$\varphi(\boldsymbol{A})=5\begin{pmatrix}1 & 0 & 1\\ 0 & 0 & 0\\ 1 & 0 & 1\end{pmatrix}$$

例 8 设 $\boldsymbol{A}^k=\boldsymbol{O}$（设 k 为整数），证明

$$(\boldsymbol{E}-\boldsymbol{A})^{-1}=\boldsymbol{E}+\boldsymbol{A}+\boldsymbol{A}^2+\cdots+\boldsymbol{A}^{k-1}$$

证明 因为

$$(\boldsymbol{E}-\boldsymbol{A})(\boldsymbol{E}+\boldsymbol{A}+\boldsymbol{A}^2+\cdots+\boldsymbol{A}^{k-1})=(\boldsymbol{E}+\boldsymbol{A}+\boldsymbol{A}^2+\cdots+\boldsymbol{A}^{k-1})-\boldsymbol{A}-\boldsymbol{A}^2-\cdots-\boldsymbol{A}^k=\boldsymbol{E}$$

所以 $(\boldsymbol{E}-\boldsymbol{A})$ 可逆，且 $(\boldsymbol{E}-\boldsymbol{A})^{-1}=\boldsymbol{E}+\boldsymbol{A}+\boldsymbol{A}^2+\cdots+\boldsymbol{A}^{k-1}$。

例 9 设方阵 $\boldsymbol{A}$ 满足 $\boldsymbol{A}^2-\boldsymbol{A}-2\boldsymbol{E}=\boldsymbol{O}$。证明：$\boldsymbol{A}$ 及 $\boldsymbol{A}+2\boldsymbol{E}$ 都可逆，并求 $\boldsymbol{A}^{-1}$ 及 $(\boldsymbol{A}+2\boldsymbol{E})^{-1}$。

证明 由 $\boldsymbol{A}^2-\boldsymbol{A}-2\boldsymbol{E}=\boldsymbol{O}$ 可得

$$\boldsymbol{A}^2-\boldsymbol{A}=2\boldsymbol{E},\quad \boldsymbol{A}(\boldsymbol{A}-\boldsymbol{E})=2\boldsymbol{E},\quad \boldsymbol{A}\,\frac{1}{2}(\boldsymbol{A}-\boldsymbol{E})=\boldsymbol{E}$$

所以 $\boldsymbol{A}$ 可逆且

$$\boldsymbol{A}^{-1}=\frac{1}{2}(\boldsymbol{A}-\boldsymbol{E})$$

又由$\boldsymbol{A}^2-\boldsymbol{A}-2\boldsymbol{E}=\boldsymbol{O}$ 可得

$$\boldsymbol{A}^2-(\boldsymbol{A}+2\boldsymbol{E})=\boldsymbol{O},\quad \boldsymbol{A}^2-4\boldsymbol{E}-(\boldsymbol{A}+2\boldsymbol{E})=-4\boldsymbol{E}$$

$$(\boldsymbol{A}+2\boldsymbol{E})(\boldsymbol{A}-2\boldsymbol{E})-(\boldsymbol{A}+2\boldsymbol{E})=-4\boldsymbol{E},\quad (\boldsymbol{A}+2\boldsymbol{E})(\boldsymbol{A}-2\boldsymbol{E}-\boldsymbol{E})=-4\boldsymbol{E}$$

$$(\boldsymbol{A}+2\boldsymbol{E})(-\frac{1}{4})(\boldsymbol{A}-3\boldsymbol{E})=\boldsymbol{E}$$

所以 $\boldsymbol{A}+2\boldsymbol{E}$ 可逆，且

$$(\boldsymbol{A}+2\boldsymbol{E})^{-1}=-\frac{1}{4}(\boldsymbol{A}-3\boldsymbol{E})$$

例 10 设 $\boldsymbol{A}$、$\boldsymbol{B}$ 为三阶方阵，$\boldsymbol{AB}+\boldsymbol{E}=\boldsymbol{A}^2+\boldsymbol{B}$，且 $\boldsymbol{A}=\begin{pmatrix}1&0&1\\0&2&0\\-1&0&1\end{pmatrix}$，求 $\boldsymbol{B}$。

解 由 $\boldsymbol{AB}+\boldsymbol{E}=\boldsymbol{A}^2+\boldsymbol{B}$ 可得

$$\boldsymbol{AB}-\boldsymbol{B}=\boldsymbol{A}^2-\boldsymbol{E}=\boldsymbol{A}^2-\boldsymbol{E}^2,\quad (\boldsymbol{A}-\boldsymbol{E})\boldsymbol{B}=(\boldsymbol{A}-\boldsymbol{E})(\boldsymbol{A}+\boldsymbol{E})$$

又因为$|\boldsymbol{A}-\boldsymbol{E}|=\begin{vmatrix}0&0&1\\0&1&0\\-1&0&0\end{vmatrix}=1\neq0$，所以 $\boldsymbol{A}-\boldsymbol{E}$ 可逆，因此有

$$(\boldsymbol{A}-\boldsymbol{E})^{-1}(\boldsymbol{A}-\boldsymbol{E})\boldsymbol{B}=(\boldsymbol{A}-\boldsymbol{E})^{-1}(\boldsymbol{A}-\boldsymbol{E})(\boldsymbol{A}+\boldsymbol{E})$$

故

$$\boldsymbol{B}=\boldsymbol{A}+\boldsymbol{E}=\begin{pmatrix}2&0&1\\0&3&0\\-1&0&2\end{pmatrix}$$

2.4 矩阵分块法

1.分块矩阵

对于行数和列数较多的矩阵，运算时常用分块法，使原矩阵的运算转化成若干小矩阵的运算，从而使运算过程简化并使得原矩阵的结构显得简单而清晰。恰当地使用矩阵分块法，在矩阵运算中是一种重要的方法和技巧。

将矩阵 $\boldsymbol{A}$ 用若干条纵线和横线分成许多个小矩阵，每一个小矩阵称为 $\boldsymbol{A}$ 的子块，以子块为元素的矩阵称为分块矩阵。

矩阵的分块有多种分法，可根据具体需要而定。例如下面的矩阵 $\boldsymbol{A}$ 可用横线、纵线分成 4 块，构成分块矩阵：

$$\boldsymbol{A}=\left(\begin{array}{ccc:cc}1&0&0&1&2\\0&1&0&4&5\\0&0&1&7&6\\ \hdashline 3&2&1&0&0\\6&5&4&0&0\end{array}\right)=\begin{pmatrix}\boldsymbol{E}_3&\boldsymbol{B}\\\boldsymbol{C}&\boldsymbol{O}\end{pmatrix}$$

其中

$$\boldsymbol{B}=\begin{pmatrix}1 & 2\\4 & 5\\7 & 6\end{pmatrix},\quad \boldsymbol{C}=\begin{pmatrix}3 & 2 & 1\\6 & 5 & 4\end{pmatrix}$$

矩阵 $\boldsymbol{A}$ 还可分成下面 6 个子块：

$$\boldsymbol{A}=\left(\begin{array}{cc:c:cc}1 & 0 & 0 & 1 & 2\\0 & 1 & 0 & 4 & 5\\ \hdashline 0 & 0 & 1 & 7 & 6\\3 & 2 & 1 & 0 & 0\\6 & 5 & 4 & 0 & 0\end{array}\right)=\begin{pmatrix}\boldsymbol{E}_2 & \boldsymbol{O} & \boldsymbol{B}_1\\ \boldsymbol{B}_2 & \boldsymbol{B}_3 & \boldsymbol{B}_4\end{pmatrix}$$

其中$\boldsymbol{B}_1=\begin{pmatrix}1 & 2\\4 & 5\end{pmatrix}$、$\boldsymbol{B}_2=\begin{pmatrix}0 & 0\\3 & 2\\6 & 5\end{pmatrix}$、$\boldsymbol{B}_3=\begin{pmatrix}1\\1\\4\end{pmatrix}$、$\boldsymbol{B}_4=\begin{pmatrix}7 & 6\\0 & 0\\0 & 0\end{pmatrix}$。此外，$\boldsymbol{A}$ 还可有其他方式的分法。

2.常用的分块矩阵

常用的分块矩阵主要有以下 3 种：

1)按列分块

$m\times n$ 矩阵 $\boldsymbol{A}$ 有 n 列，每一列作为一个子块，并记第 j 列为

$$\boldsymbol{\alpha}_j=\begin{pmatrix}a_{1j}\\a_{2j}\\ \vdots\\a_{mj}\end{pmatrix}\quad (j=1,2,\cdots,n)$$

则 $\boldsymbol{A}$ 可记为

$$\boldsymbol{A}=(\boldsymbol{\alpha}_1\ \ \boldsymbol{\alpha}_2\ \ \cdots\ \ \boldsymbol{\alpha}_n)$$

2)按行分块

$m\times n$ 矩阵 $\boldsymbol{A}$ 有 m 行，每一行作为一个子块，并记第 i 行为

$$\boldsymbol{\beta}_i^{\mathrm{T}}=(a_{i1},a_{i2},\cdots,a_{in})\quad (i=1,2,\cdots,m)$$

则 $\boldsymbol{A}$ 可记为

$$\boldsymbol{A}=\begin{pmatrix}\boldsymbol{\beta}_1^{\mathrm{T}}\\ \boldsymbol{\beta}_2^{\mathrm{T}}\\ \vdots\\ \boldsymbol{\beta}_m^{\mathrm{T}}\end{pmatrix}$$

3)分块对角矩阵

设 $\boldsymbol{A}$ 为 n 阶矩阵，若 $\boldsymbol{A}$ 的分块矩阵只有在对角线上有非零子块，其余子块都是零，且在对角线上的子块都是方阵，即

$$\boldsymbol{A}=\begin{pmatrix}\boldsymbol{A}_1 & & & \\ & \boldsymbol{A}_2 & & \\ & & \ddots & \\ & & & \boldsymbol{A}_s\end{pmatrix}$$

其中，$\boldsymbol{A}_i(i=1,2,\cdots,s)$都是方阵，那么称 $\boldsymbol{A}$ 为分块对角矩阵。

分块对角矩阵具有以下性质：

(1) $|\boldsymbol{A}|=|\boldsymbol{A}_1||\boldsymbol{A}_2|\cdots|\boldsymbol{A}_s|$；

(2) 若$|\boldsymbol{A}_i|\neq 0(i=1,2,\cdots,s)$，则

$$\boldsymbol{A}^{-1}=\begin{pmatrix}\boldsymbol{A}_1^{-1} & & & \\ & \boldsymbol{A}_2^{-1} & & \\ & & \ddots & \\ & & & \boldsymbol{A}_s^{-1}\end{pmatrix}$$

3.分块矩阵的运算

(1)设矩阵 $\boldsymbol{A}$ 与 $\boldsymbol{B}$ 的行数和列数相同，采用相同的分块法，有

$$\boldsymbol{A}=\begin{pmatrix}\boldsymbol{A}_{11} & \cdots & \boldsymbol{A}_{1r}\\ \vdots & & \vdots\\ \boldsymbol{A}_{s1} & \cdots & \boldsymbol{A}_{sr}\end{pmatrix},\quad \boldsymbol{B}=\begin{pmatrix}\boldsymbol{B}_{11} & \cdots & \boldsymbol{B}_{1r}\\ \vdots & & \vdots\\ \boldsymbol{B}_{s1} & \cdots & \boldsymbol{B}_{sr}\end{pmatrix}$$

其中 $\boldsymbol{A}_{ij}$ 与 $\boldsymbol{B}_{ij}$ 的行数、列数相同，那么

$$\boldsymbol{A}+\boldsymbol{B}=\begin{pmatrix}\boldsymbol{A}_{11}+\boldsymbol{B}_{11} & \cdots & \boldsymbol{A}_{1r}+\boldsymbol{B}_{1r}\\ \vdots & & \vdots\\ \boldsymbol{A}_{s1}+\boldsymbol{B}_{s1} & \cdots & \boldsymbol{A}_{sr}+B_{sr}\end{pmatrix}$$

(2)设

$$\boldsymbol{A}=\begin{pmatrix}\boldsymbol{A}_{11} & \cdots & \boldsymbol{A}_{1r}\\ \vdots & & \vdots\\ \boldsymbol{A}_{s1} & \cdots & A_{sr}\end{pmatrix}$$

λ 为数，那么

$$\lambda\boldsymbol{A}=\begin{pmatrix}\lambda\boldsymbol{A}_{11} & \cdots & \lambda\boldsymbol{A}_{1r}\\ \vdots & & \vdots\\ \lambda\boldsymbol{A}_{s1} & \cdots & \lambda\boldsymbol{A}_{sr}\end{pmatrix}$$

(3)设 $\boldsymbol{A}$ 为 $m\times l$ 矩阵，$\boldsymbol{B}$ 为 $l\times n$ 矩阵，分块成

$$\boldsymbol{A}=\begin{pmatrix}\boldsymbol{A}_{11} & \cdots & \boldsymbol{A}_{1l}\\ \vdots & & \vdots\\ \boldsymbol{A}_{s1} & \cdots & \boldsymbol{A}_{st}\end{pmatrix},\quad \boldsymbol{B}=\begin{pmatrix}\boldsymbol{B}_{11} & \cdots & \boldsymbol{B}_{1r}\\ \vdots & & \vdots\\ \boldsymbol{B}_{t1} & \cdots & \boldsymbol{B}_{tr}\end{pmatrix}$$

其中，$\boldsymbol{A}_{i1},A_{i2},\cdots,\boldsymbol{A}_{il}$的列数分别等于$\boldsymbol{B}_{1j},\boldsymbol{B}_{2j},\cdots,\boldsymbol{B}_{lj}$的行数，那么

$$\boldsymbol{AB}=\begin{pmatrix}\boldsymbol{C}_{11} & \cdots & \boldsymbol{C}_{1r}\\ \vdots & & \vdots\\ \boldsymbol{C}_{s1} & \cdots & \boldsymbol{C}_{sr}\end{pmatrix}$$

其中，$\boldsymbol{C}_{ij}=\sum\limits_{k=1}^{l}\boldsymbol{A}_{ik}\boldsymbol{B}_{kj}(i=1,2,\cdots,s;j=1,2,\cdots,r)$。

(4)设 $\boldsymbol{A}=\begin{pmatrix}\boldsymbol{A}_{11} & \cdots & \boldsymbol{A}_{1r}\\ \vdots & & \vdots\\ A_{s1} & \cdots & \boldsymbol{A}_{sr}\end{pmatrix}$，则$\boldsymbol{A}^{\mathrm{T}}=\begin{pmatrix}\boldsymbol{A}_{11}^{\mathrm{T}} & \cdots & \boldsymbol{A}_{s1}^{\mathrm{T}}\\ \vdots & & \vdots\\ \boldsymbol{A}_{1r}^{\mathrm{T}} & \cdots & \boldsymbol{A}_{sr}^{\mathrm{T}}\end{pmatrix}$。

例 1　设

$$A=\begin{pmatrix}1&0&0&0\\0&1&0&0\\1&-2&1&0\\1&1&0&1\end{pmatrix},\quad B=\begin{pmatrix}1&0&1&0\\1&-2&0&1\\-1&0&2&1\\1&1&3&0\end{pmatrix}$$

求 AB。

解　把 A、B 分块成

$$A=\left(\begin{array}{cc:cc}1&0&0&0\\0&1&0&0\\ \hdashline 1&-2&1&0\\1&1&0&1\end{array}\right)=\begin{pmatrix}E&O\\A_{21}&E\end{pmatrix},\quad B=\left(\begin{array}{cc:cc}1&0&1&0\\1&-2&0&1\\ \hdashline -1&0&2&1\\1&1&3&0\end{array}\right)=\begin{pmatrix}B_{11}&E\\B_{21}&B_{22}\end{pmatrix}$$

则

$$AB=\begin{pmatrix}E&O\\A_{21}&E\end{pmatrix}\begin{pmatrix}B_{11}&E\\B_{21}&B_{22}\end{pmatrix}=\begin{pmatrix}B_{11}&E\\A_{21}B_{11}+B_{21}&A_{21}+B_{22}\end{pmatrix}$$

而

$$A_{21}B_{11}+B_{21}=\begin{pmatrix}1&-2\\1&1\end{pmatrix}\begin{pmatrix}1&0\\1&-2\end{pmatrix}+\begin{pmatrix}-1&0\\1&1\end{pmatrix}=\begin{pmatrix}-1&4\\2&-2\end{pmatrix}+\begin{pmatrix}-1&0\\1&1\end{pmatrix}=\begin{pmatrix}-2&4\\3&-1\end{pmatrix}$$

$$A_{21}+B_{22}=\begin{pmatrix}1&-2\\1&1\end{pmatrix}+\begin{pmatrix}2&1\\3&0\end{pmatrix}=\begin{pmatrix}3&-1\\4&1\end{pmatrix}$$

于是

$$AB=\begin{pmatrix}1&0&1&0\\1&-2&0&1\\-2&4&3&-1\\3&-1&4&1\end{pmatrix}$$

例 2　求矩阵 $A=\begin{pmatrix}5&2&0&0\\2&1&0&0\\0&0&8&3\\0&0&5&2\end{pmatrix}$ 的逆矩阵 A^{-1}。

解　将矩阵 A 分块如下：

$$A=\left(\begin{array}{cc:cc}5&2&0&0\\2&1&0&0\\ \hdashline 0&0&8&3\\0&0&5&2\end{array}\right)=\begin{pmatrix}A_1&O\\O&A_2\end{pmatrix}$$

则 A 是一个分块对角矩阵。由于 $|A_1|=\begin{vmatrix}5&2\\2&1\end{vmatrix}=1$、$|A_2|=\begin{vmatrix}8&3\\5&2\end{vmatrix}=1$，所以 A 可逆，且

$$A^{-1}=\begin{pmatrix}A_1^{-1}&O\\O&A_2^{-1}\end{pmatrix}$$

而

$$\boldsymbol{A}_1^{-1}=\begin{pmatrix}1&-2\\-2&5\end{pmatrix},\quad \boldsymbol{A}_2^{-1}=\begin{pmatrix}2&-3\\-5&8\end{pmatrix}$$

所以

$$\boldsymbol{A}^{-1}=\begin{pmatrix}1&-2&0&0\\-2&5&0&0\\0&0&2&-3\\0&0&-5&8\end{pmatrix}$$

例 3 设$\boldsymbol{A}^{\mathrm{T}}\boldsymbol{A}=\boldsymbol{O}$,证明$\boldsymbol{A}=\boldsymbol{O}$($\boldsymbol{A}$ 是实矩阵)。

证明 设$\boldsymbol{A}=(a_{ij})_{m\times n}$,把 $\boldsymbol{A}$ 按列分块,则

$$\boldsymbol{A}=(\boldsymbol{\alpha}_1\ \ \boldsymbol{\alpha}_2\ \ \cdots\ \boldsymbol{\alpha}_n)$$

$$\boldsymbol{A}^{\mathrm{T}}\boldsymbol{A}=\begin{pmatrix}\boldsymbol{\alpha}_1^{\mathrm{T}}\\\boldsymbol{\alpha}_2^{\mathrm{T}}\\\vdots\\\boldsymbol{\alpha}_n^{\mathrm{T}}\end{pmatrix}(\boldsymbol{\alpha}_1\ \ \boldsymbol{\alpha}_2\ \ \cdots\ \boldsymbol{\alpha}_n)=\begin{pmatrix}\boldsymbol{\alpha}_1^{\mathrm{T}}\boldsymbol{\alpha}_1&\boldsymbol{\alpha}_1^{\mathrm{T}}\boldsymbol{\alpha}_2&\cdots&\boldsymbol{\alpha}_1^{\mathrm{T}}\boldsymbol{\alpha}_n\\\boldsymbol{\alpha}_2^{\mathrm{T}}\boldsymbol{\alpha}_1&\boldsymbol{\alpha}_2^{\mathrm{T}}\boldsymbol{\alpha}_2&\cdots&\boldsymbol{\alpha}_2^{\mathrm{T}}\boldsymbol{\alpha}_n\\\vdots&\vdots&&\vdots\\\boldsymbol{\alpha}_n^{\mathrm{T}}\boldsymbol{\alpha}_1&\boldsymbol{\alpha}_n^{\mathrm{T}}\boldsymbol{\alpha}_2&\cdots&\boldsymbol{\alpha}_n^{\mathrm{T}}\boldsymbol{\alpha}_n\end{pmatrix}$$

即$\boldsymbol{A}^{\mathrm{T}}\boldsymbol{A}$ 的(i,j)元素为$\boldsymbol{\alpha}_i^{\mathrm{T}}\boldsymbol{\alpha}_j$,因为$\boldsymbol{A}^{\mathrm{T}}\boldsymbol{A}=\boldsymbol{O}$,故$\boldsymbol{\alpha}_i^{\mathrm{T}}\boldsymbol{\alpha}_j=0(i=1,2,\cdots,n;j=1,2,\cdots,n)$,特别地 $\boldsymbol{\alpha}_j^{\mathrm{T}}\boldsymbol{\alpha}_j=0(j=1,2,\cdots,n)$,而

$$\boldsymbol{\alpha}_j^{\mathrm{T}}\boldsymbol{\alpha}_j==(a_{1j},a_{2j},\cdots,a_{mj})\begin{pmatrix}a_{1j}\\a_{2j}\\\vdots\\a_{mj}\end{pmatrix}=a_{1j}^2+a_{2j}^2+\cdots+a_{mj}^2$$

由 $a_{1j}^2+a_{2j}^2+\cdots+a_{mj}^2=0$(其中 a_{ij} 为实数)得

$$a_{1j}=a_{2j}=\cdots=a_{mj}=0(j=1,2,\cdots n)$$

即$\boldsymbol{A}=\boldsymbol{O}$。

4.线性方程组的矩阵形式

n 元线性方程组的一般形式为

$$\begin{cases}a_{11}x_1+a_{12}x_2+\cdots+a_{1n}x_n=b_1\\a_{21}x_1+a_{22}x_2+\cdots+a_{2n}x_n=b_2\\\cdots\cdots\cdots\cdots\\a_{m1}x_1+a_{m2}x_2+\cdots+a_{mn}x_n=b_m\end{cases}\tag{2-8}$$

记

$$\boldsymbol{A}=(a_{ij})_{m\times n},\quad \boldsymbol{x}=\begin{pmatrix}x_1\\x_2\\\vdots\\x_n\end{pmatrix}_{n\times1},\quad \boldsymbol{b}=\begin{pmatrix}b_1\\b_2\\\vdots\\b_m\end{pmatrix}_{m\times1}$$

$$\boldsymbol{B}=(\boldsymbol{A}\,\vdots\,\boldsymbol{b})_{m\times(n+1)}=\begin{pmatrix}a_{11}&a_{12}&\cdots&a_{1n}&b_1\\a_{21}&a_{22}&\cdots&a_{2n}&b_2\\\vdots&\vdots&&\vdots&\vdots\\a_{m1}&a_{m2}&\cdots&a_{mn}&b_m\end{pmatrix}$$

其中,$\boldsymbol{A}$ 为系数矩阵;$\boldsymbol{x}$ 为未知数向量;$\boldsymbol{b}$ 为常数项向量;$\boldsymbol{B}$ 为增广矩阵。

利用矩阵的乘法,此线性方程组可记作

$$\boldsymbol{Ax}=\boldsymbol{b} \tag{2-9}$$

线性方程(2-9)以向量 $\boldsymbol{x}$ 为未知元,它的解称为线性方程组(2-8)的解向量。

如果把系数矩阵 $\boldsymbol{A}$ 按列分块,则线性方程组 $\boldsymbol{Ax}=\boldsymbol{b}$ 可记为

$$(\boldsymbol{\alpha}_1\ \ \boldsymbol{\alpha}_2\ \ \cdots\ \boldsymbol{\alpha}_n)\begin{pmatrix}x_1\\x_2\\\vdots\\x_n\end{pmatrix}=\boldsymbol{b}$$

即

$$x_1\boldsymbol{\alpha}_1+x_2\boldsymbol{\alpha}_2+\cdots+x_n\boldsymbol{\alpha}_n=\boldsymbol{b} \tag{2-10}$$

如果把 $\boldsymbol{A}$ 按行分块,则线性方程(2-9)可表示为

$$\begin{pmatrix}\boldsymbol{\beta}_1^{\mathrm{T}}\\\boldsymbol{\beta}_2^{\mathrm{T}}\\\vdots\\\boldsymbol{\beta}_m^{\mathrm{T}}\end{pmatrix}x=\begin{pmatrix}b_1\\b_2\\\vdots\\b_n\end{pmatrix}$$

即

$$\begin{cases}\boldsymbol{\beta}_1^{\mathrm{T}}\boldsymbol{x}=b_1\\\boldsymbol{\beta}_2^{\mathrm{T}}\boldsymbol{x}=b_2\\\cdots\cdots\cdots\cdots\\\boldsymbol{\beta}_m^{\mathrm{T}}\boldsymbol{x}=b_m\end{cases} \tag{2-11}$$

这就相当于把原方程组中的每个方程

$$a_{i1}x_1+a_{i2}x_2+\cdots+a_{in}x_n=b_i\ (i=1,2,\cdots,m)$$

记作$\boldsymbol{\beta}_i^{\mathrm{T}}\boldsymbol{x}=b_i\ (i=1,2,\cdots,m)$。

方程(2-9)、(2-10)、(2-11)是线性方程组(2-8)的各种变形。今后,它们将与线性方程组(2-8)混同使用而不加区分,并都称为线性方程组或线性方程,其解与解向量亦不加区分。

下面证明在第1章中介绍的克拉默法则。

克拉默法则 对于 n 个方程 n 个未知数的线性方程组

$$\begin{cases}a_{11}x_1+a_{12}x_2+\cdots+a_{1n}x_n=b_1\\a_{21}x_1+a_{22}x_2+\cdots+a_{2n}x_n=b_2\\\cdots\cdots\cdots\cdots\\a_{n1}x_1+a_{n2}x_2+\cdots+a_{nn}x_n=b_n\end{cases} \tag{2-12}$$

若系数行列式 $D\neq0$,则它有唯一解

$$x_j=\frac{D_j}{D}(j=1,2,\cdots,n)$$

其中 $D_j=\begin{vmatrix}a_{11}&\cdots&a_{1,j-1}&b_1&a_{1,j+1}&\cdots&a_{1n}\\a_{21}&\cdots&a_{2,j-1}&b_2&a_{2,j+1}&\cdots&a_{2n}\\\vdots&&\vdots&\vdots&\vdots&&\vdots\\a_{n1}&\cdots&a_{n,j-1}&b_n&a_{n,j+1}&\cdots&a_{nn}\end{vmatrix}$。

证明 把线性方程组(2-12)写成矩阵方程

$$\boldsymbol{A}\boldsymbol{x}=\boldsymbol{b} \tag{2-13}$$

这里$\boldsymbol{A}=(a_{ij})_{n\times n}$为$n$阶矩阵。又因$|\boldsymbol{A}|=D\neq 0$，故$\boldsymbol{A}$可逆，则方程(2-13)的解为$\boldsymbol{x}=\boldsymbol{A}^{-1}\boldsymbol{b}$，它也是方程组(2-12)的解向量。

根据逆矩阵的唯一性，知$\boldsymbol{x}=\boldsymbol{A}^{-1}\boldsymbol{b}$是方程组(2-12)的唯一解向量。

由逆矩阵公式$\boldsymbol{A}^{-1}=\frac{1}{|\boldsymbol{A}|}\boldsymbol{A}^*$，有$\boldsymbol{x}=\boldsymbol{A}^{-1}\boldsymbol{b}=\frac{1}{D}\boldsymbol{A}^*\boldsymbol{b}$，即

$$\begin{pmatrix}x_1\\x_2\\\vdots\\x_n\end{pmatrix}=\frac{1}{D}\begin{pmatrix}A_{11}&A_{21}&\cdots&A_{n1}\\A_{12}&A_{22}&\cdots&A_{n2}\\\vdots&\vdots&&\vdots\\A_{1n}&A_{2n}&\cdots&A_{nn}\end{pmatrix}\begin{pmatrix}b_1\\b_2\\\vdots\\b_n\end{pmatrix}=\frac{1}{D}\begin{pmatrix}b_1A_{11}+b_2A_{21}+\cdots+b_nA_{n1}\\b_1A_{12}+b_2A_{22}+\cdots+b_nA_{n2}\\\vdots\\b_1A_{1n}+b_2A_{2n}+\cdots+b_nA_{nn}\end{pmatrix}$$

由行列式按列展开法则有

$$b_1A_{1j}+b_2A_{2j}+\cdots+b_nA_{nj}=\begin{vmatrix}a_{11}&\cdots&a_{1,j-1}&b_1&a_{1,j+1}&\cdots&a_{1n}\\a_{21}&\cdots&a_{2,j-1}&b_2&a_{2,j+1}&\cdots&a_{21}\\\vdots&&\vdots&\vdots&\vdots&&\vdots\\a_{n1}&\cdots&a_{n,j-1}&b_n&a_{n,j+1}&\cdots&a_{nn}\end{vmatrix}\quad(j=1,2,\cdots,n)$$

因此

$$\begin{pmatrix}x_1\\x_2\\\vdots\\x_n\end{pmatrix}=\frac{1}{D}\begin{pmatrix}D_1\\D_2\\\vdots\\D_n\end{pmatrix}$$

即

$$x_j=\frac{D_j}{D}\ (j=1,2,\cdots,n)$$

2.5 应用举例

矩阵的运算在实际问题中应用非常广泛，下面给出一些常见的例子。

例1 图2-3表示4个城市之间的航线网。

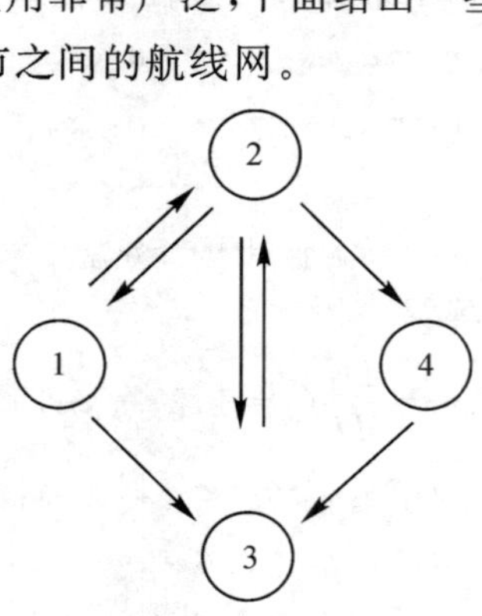

图2-3

其中 $i(i=1,2,3,4)$ 表示城市代码，它们之间的连线和箭头表示城市之间单向航线的线路及方向。求：(1)从 i 市经一次中转到 j 市的单向航线总数；(2)某记者从①市出发有几条经三次航行到达③市的线路？

解 图 2－3 的邻接矩阵为

$$\mathbf{A}=(a_{ij})_{4\times 4}=\begin{pmatrix}0&1&1&0\\1&0&1&1\\0&1&0&0\\0&0&1&0\end{pmatrix}$$

利用矩阵的乘法可知

$$\mathbf{A}^2=(a_{ij}^{(2)})=\begin{pmatrix}0&1&1&0\\1&0&1&1\\0&1&0&0\\0&0&1&0\end{pmatrix}\begin{pmatrix}0&1&1&0\\1&0&1&1\\0&1&0&0\\0&0&1&0\end{pmatrix}=\begin{pmatrix}1&1&1&1\\0&2&2&0\\1&0&1&1\\0&1&0&0\end{pmatrix}$$

$$\mathbf{A}^3=(a_{ij}^{(3)})=\begin{pmatrix}1&2&3&1\\2&2&2&2\\0&2&2&0\\1&0&1&1\end{pmatrix}$$

则

(1)$a_{ij}^{(2)}$ 为从 i 市经一次中转到 j 市的单向航线总数。例如：$a_{13}^{(2)}=1$，即从①市经一次中转到③市的单向航线有一条即①→②→③；$a_{23}^{(2)}=2$，即从②市经一次中转到③市的单向航线有 2 条，即②→①→③，②→④→③；$a_{44}^{(2)}=0$，即④市之间没有双向航线。

(2)$a_{ij}^{(3)}$ 为从 i 市经两次中转即三次航行到达 j 市的单向航线总数。

记者从①市出发经三次航行到达③市的线路有 $a_{13}^{(3)}=3$ 条，即①→②→④→③，①→③→②→③，①→②→①→③。

顺便指出 $\mathbf{A}+\mathbf{A}^2=(b_{ij})$ 中元素 b_{ij} 表示 i 市能直接或经一次中转到 j 市的单向航线总数。

例 2 常染色体的隐性疾病问题。

遗传性疾病是常染色体的基因缺陷由父母代传给子代的疾病。常染色体遗传的正常基因记为 A，不正常的基因记为 a，并以 AA、Aa、aa 分别表示正常人、隐性患者、显性患者的基因型。若在开始时的一代人口中 AA、Aa、aa 型基因的人所占百分比分别为 a_0、b_0、c_0，讨论在控制结合的情况下第 n 代中三类型基因人口所占的比例。

控制结合：显性患者是不能生育后代，且为了使每个儿童至少有一个正常的父亲或母亲，正常人、隐性患者必须与一个正常人结合生育后代。

设 AA 型基因对的正常人、Aa 型基因对的隐性患者、aa 型基因对的显性患者在第 n 代人口中所占的比例分别为 $x_1(n)$、$x_2(n)$、$x_3(n)$，则

$$x_1(0)=a_0,\quad x_2(0)=b_0,\quad x_3(0)=c_0$$

且从 $n=1$ 开始有 $x_3(n)=0$，即不再有显性患者，且从第 $n-1$ 代到第 n 代的基因分布的转移规律为

$$\begin{cases}x_1(n)=x_1(n-1)+\dfrac{1}{2}x_2(n-1)\\ x_2(n)=\dfrac{1}{2}x_2(n-1)\end{cases}\quad(n=1,2,\cdots)$$

它们用矩阵的形式来表示,得到递推关系式为

$$\begin{pmatrix}x_1(n)\\x_2(n)\end{pmatrix}=\begin{pmatrix}1&\dfrac{1}{2}\\0&\dfrac{1}{2}\end{pmatrix}\begin{pmatrix}x_1(n-1)\\x_2(n-1)\end{pmatrix}$$

$$\begin{pmatrix}x_1(n)\\x_2(n)\end{pmatrix}=\begin{pmatrix}1&\dfrac{1}{2}\\0&\dfrac{1}{2}\end{pmatrix}^n\begin{pmatrix}a_0\\b_0\end{pmatrix}$$

而

$$\begin{pmatrix}1&\dfrac{1}{2}\\0&\dfrac{1}{2}\end{pmatrix}^n=\begin{pmatrix}1&1-\left(\dfrac{1}{2}\right)^n\\0&\left(\dfrac{1}{2}\right)^n\end{pmatrix}$$

所以

$$\begin{cases}x_1(n)=a_0+\left(1-\left(\dfrac{1}{2}\right)^n\right)b_0\\ x_2(n)=\left(\dfrac{1}{2}\right)^n b_0\end{cases}\quad(n=1,2,\cdots)$$

当 $n\to\infty$ 时 $x_2(n)\to 0$,即在控制结合的方案下,隐性患者将逐渐消失。

例 3 矩阵密码问题。

传送英文消息时有一种对消息进行保密的措施,就是把消息中的英文字母用一个整数来表示,然后传送这组整数。例如使用代码:将 26 个字母 A,B,…,Y,Z 依次表示为数字 1,2,…,25,26。若要发出信息 action,则对应的编码是 1、3、20、9、15、14。这种密码系统中同一明文字母总是对应同一密文字母(数字),在一个长消息中,根据数字键出现的频率,容易估计它所代表的字母,因此容易破译。矩阵密码是将一组 n 个明文字母指派给一组 n 个密文字母,在这样的系统里,允许频率发生变化,同一字母可以有不同的对应。这就使我们不能利用频率的性质对密码进行解密。具体做法是让 1 到 26 表示字母 A 到 Z,27 表示空格,28 表示?,29 表示!,任选取 $n=3$ 阶矩阵(行列式等于±1)。如

$$\boldsymbol{M}=\begin{pmatrix}0&2&3\\1&4&7\\2&3&6\end{pmatrix}$$

加密明文单词 ADD,等阶数字是 1,4,4,通过密码矩阵 $\boldsymbol{M}$:

$$\begin{pmatrix}0&2&3\\1&4&7\\2&3&6\end{pmatrix}\begin{pmatrix}1\\4\\4\end{pmatrix}=\begin{pmatrix}20\\45\\38\end{pmatrix}=\begin{pmatrix}20\\16\\9\end{pmatrix}$$

于是 ADD 的密文是 TPI，频率的不变性被破坏了。

再例如用密码矩阵对明文加密，UNITED NATIONS，数字的等价式如下：21，14，9，20，5，4，27，14，1，20，9，15，14，19，27。选取 $n=3$，因此可利用增加空格的方法使符号数是3的倍数。让每连续的3个数成为一个列向量，进行矩阵运算：

$$\begin{pmatrix}0&2&3\\1&4&7\\2&3&6\end{pmatrix}\begin{pmatrix}21&20&27&20&14\\14&5&14&9&19\\9&4&1&15&27\end{pmatrix}=\begin{pmatrix}55&22&31&63&119\\140&68&90&161&279\\138&79&102&157&247\end{pmatrix}$$

$$=\begin{pmatrix}26&22&2&5&3\\24&10&3&16&18\\22&21&15&12&15\end{pmatrix}=\begin{pmatrix}Z&V&B&E&C\\X&J&C&P&R\\V&U&O&L&O\end{pmatrix}$$

这个信息的密文就是 ZXVVJUBCOEPLCRO。

在上面的例子中，求出 $\boldsymbol{M}$ 的逆矩阵：

$$\boldsymbol{M}^{-1}=\begin{pmatrix}3&-3&2\\8&-6&3\\-5&4&-2\end{pmatrix}$$

利用 $\boldsymbol{M}^{-1}$ 可以将密文解密。

例如求下面密文的明文：WUUFSVNSOWVKLMHURLQHKWKI。

先对前12个字母进行译密，得到：

$$\begin{pmatrix}3&-3&2\\8&-6&3\\-5&4&-2\end{pmatrix}\begin{pmatrix}23&6&14&23\\21&19&19&22\\21&22&15&11\end{pmatrix}=\begin{pmatrix}19&4&15&25\\5&27&14&27\\14&13&5&9\end{pmatrix}$$

继续做下去，全部信息被译成：

SENDMONEYIMMEDIATELY

为了保证系统的保密性，我们可以使用阶数 n 更大的密码矩阵，只要该矩阵和它的逆矩阵是整数矩阵。

习题二

1. 计算下列乘积：

(1) $\begin{pmatrix}1&-1&2\\-2&2&1\end{pmatrix}\begin{pmatrix}2\\0\\-1\end{pmatrix}$；　　(2) $(1,2,3)\begin{pmatrix}3\\2\\1\end{pmatrix}$；

(3) $\begin{pmatrix}2\\1\\3\end{pmatrix}(-1,2)$；　　(4) $\begin{pmatrix}4&1&2&0\\3&-1&1&2\end{pmatrix}\begin{pmatrix}1&0&1\\0&1&2\\-1&0&1\\-2&-3&2\end{pmatrix}$。

2. 设 $\boldsymbol{A}=\begin{pmatrix}1&1&1\\1&1&-1\\1&-1&1\end{pmatrix}$，$\boldsymbol{B}=\begin{pmatrix}2&2&2\\-2&2&2\\2&-2&2\end{pmatrix}$，求 $\boldsymbol{A}^{\mathrm{T}}\boldsymbol{B}$ 及 $2\boldsymbol{AB}-3\boldsymbol{A}$。

3.设 $A=\begin{pmatrix}1&2\\1&3\end{pmatrix}$、$B=\begin{pmatrix}1&0\\1&2\end{pmatrix}$,问以下式子成立吗?

(1)$AB=BA$;

(2)$(A+B)^2=A^2+2AB+B^2$;

(3)$(A+B)(A-B)=A^2-B^2$。

4.(1) 已知 $A=\begin{pmatrix}1&1\\-1&-1\end{pmatrix}$,试计算$A^2$,并说明若$A^2=O$,是否有 $A=O$;

(2) 已知 $A=\begin{pmatrix}1&0\\0&0\end{pmatrix}$,试证明$A^2=A$,并说明若$A^2=A$,是否有 $A=O$ 或$A=E$;

(3) 已知 $A=\begin{pmatrix}1&0\\0&0\end{pmatrix}$、$X=\begin{pmatrix}1&0\\0&0\end{pmatrix}$、$Y=\begin{pmatrix}1&0\\0&1\end{pmatrix}$,试证明 $AX=AY$,并说明若 $AX=AY$,且 $A\neq O$ 时,是否有 $X=Y$。

5.设 $A=\begin{pmatrix}1&\lambda\\0&1\end{pmatrix}$,试计算$A^2$、$A^3$,并利用数学归纳法求$A^k$。

6.设 A、B 都是 n 阶对称矩阵,证明 AB 是对称矩阵的充要条件是 $AB=BA$。

7.设 A、B 为 n 阶矩阵,且 A 为对称矩阵,证明:BAB^{T} 也是对称矩阵。

8.求下列矩阵的逆矩阵:

(1) $\begin{pmatrix}1&3\\2&5\end{pmatrix}$; (2) $\begin{bmatrix}1&&\\&2&\\&&3\end{bmatrix}$; (3) $\begin{bmatrix}&&1\\&2&\\3&&\end{bmatrix}$; (4) $\begin{bmatrix}2&0&0\\0&0&1\\0&-1&0\end{bmatrix}$

9.(1) A 为三阶方阵,$|A|=2$,则 $|A^*+2A^{-1}|=$________;

(2) 设 A、B 是 n 阶矩阵,$|A|=2$,$|B|=3$,则 $|2A^*B^{-1}|=$________;

(3) 设 $A=\begin{bmatrix}-1&0&0\\2&2&0\\3&4&5\end{bmatrix}$,则 $(A^*)^{-1}=$________;

(4) 设 A 是三阶可逆矩阵,且 $|A|=3$,则 $|5A^{-1}-2A^*|=$________。

10.设四阶方阵 $A=(\boldsymbol{\alpha}\ \boldsymbol{\gamma}_2\ \boldsymbol{\gamma}_3\ \boldsymbol{\gamma}_4)$、$B=(\boldsymbol{\beta}\ \boldsymbol{\gamma}_2\ \boldsymbol{\gamma}_3\ \boldsymbol{\gamma}_4)$,其中 $\boldsymbol{\alpha}$、$\boldsymbol{\beta}$、$\boldsymbol{\gamma}_2$、$\boldsymbol{\gamma}_3$、$\boldsymbol{\gamma}_4$ 为四维列向量,且 $|A|=-2$,$|B|=3$,求 $|A+2B|$。

11.设 $A=\begin{bmatrix}0&3&3\\1&1&0\\-1&2&3\end{bmatrix}$,且 $AB=A+2B$,求 B。

12.设 $A=\begin{bmatrix}1&0&1\\0&2&0\\1&0&1\end{bmatrix}$,且 $AB+E=A^2+B$,求 B。

13.设 $A=\mathrm{diag}(1,-2,1)$,且$A^*BA=2BA-8E$,求 B。

14.设 $AP=P\Lambda$,其中

$$P=\begin{bmatrix}1&1&1\\1&0&-2\\1&-1&1\end{bmatrix},\quad \Lambda=\begin{bmatrix}-1&&\\&1&\\&&5\end{bmatrix}$$

求 $\varphi(\boldsymbol{A})=\boldsymbol{A}^8(\boldsymbol{A}^2-6\boldsymbol{A}+5\boldsymbol{E})$。

15. 设 n 阶矩阵 $\boldsymbol{A}$ 的伴随矩阵为 $\boldsymbol{A}^*$，证明：

(1)若 $|\boldsymbol{A}|=0$，则 $|\boldsymbol{A}^*|=0$；

(2) $|\boldsymbol{A}^*|=|\boldsymbol{A}|^{n-1}$。

16. 设方阵 $\boldsymbol{A}$、$\boldsymbol{B}$ 满足 $\boldsymbol{A}+\boldsymbol{B}=\boldsymbol{AB}$。(1)证明 $\boldsymbol{A}-\boldsymbol{E}$ 可逆；(2)若 $\boldsymbol{B}=\begin{pmatrix}1&-3&0\\2&1&0\\0&0&2\end{pmatrix}$，求 $\boldsymbol{A}$。

17. 设 n 阶矩阵 $\boldsymbol{A}$ 及 s 阶矩阵 $\boldsymbol{B}$ 都可逆，求：(1) $\begin{pmatrix}\boldsymbol{O}&\boldsymbol{A}\\\boldsymbol{B}&\boldsymbol{O}\end{pmatrix}^{-1}$；(2) $\begin{pmatrix}\boldsymbol{A}&\boldsymbol{O}\\\boldsymbol{C}&\boldsymbol{B}\end{pmatrix}^{-1}$。

18. 设 $\boldsymbol{A}=\begin{pmatrix}5&2&0&0\\2&1&0&0\\0&0&1&-2\\0&0&1&1\end{pmatrix}$，求 $\boldsymbol{A}^{-1}$。

第 3 章　矩阵的初等变换与线性方程组

线性方程组是线性代数的核心，本章先引进矩阵的初等变换和初等矩阵建立矩阵的秩的概念，并利用初等变换讨论矩阵的秩的性质。然后利用矩阵的秩讨论线性方程组无解、有唯一解或无穷多解的充分必要条件，并介绍用初等变换解线性方程组方法。

对线性方程组的研究，中国比欧洲至少早 1500 年，记载在公元一世纪末刊行的《九章算术》第八卷方程一章中。《九章算术》中的方程专指多元一 次方程，“方”意为并列、“程”意为用算筹表示竖式，其解法是将它们的系数和常数项用算筹摆成“方阵”(所以称之为“方程”)，采用分离系数的方法表示线性方程组(相当于现在的矩阵)，应用正负数的加减法则求解，相当于现代大学高等数学课程中的线性变换求解方法。这是世界上最早的线性方程组的解法。在西方，直到 17 世纪才由莱布尼茨提出完整的线性方程组的求解法则，故《九章算术》中对线性方程组的这种解法是具有世界先驱意义的首创。

3.1　矩阵的初等变换与初等矩阵

矩阵的初等变换是矩阵的一种重要的运算，利用初等变换将矩阵 $\boldsymbol{A}$ 化为“形状简单”的矩阵 $\boldsymbol{B}$，并由矩阵 $\boldsymbol{B}$ 研究 $\boldsymbol{A}$ 的有关性质，这在理论研究和计算中都有重要作用。

1.矩阵的初等变换

矩阵的初等变换起源于线性方程组的求解问题。在中学数学中我们已学习了用消元法解二元或三元线性方程组，如下面的例子。

例 1　解线性方程组

$$\begin{cases}2x_1-5x_2+4x_3=4\\ x_1+x_2-2x_3=-3\\ 5x_1-2x_2+7x_3=22\\ 3x_1-4x_2+2x_3=1\end{cases}$$

解　将方程组中的第一、第二个方程位置互换，得

$$\begin{cases}x_1+x_2-2x_3=-3\\ 2x_1-5x_2+4x_3=4\\ 5x_1-2x_2+7x_3=22\\ 3x_1-4x_2+2x_3=1\end{cases}\tag{3-1}$$

方程组(3-1)中第二、第三、第四个方程分别加上第一个方程组的(-2)倍、(-5)倍、(-3)倍，消去这三个方程组中含 x_1 的项，有

$$\begin{cases} x_1+\ x_2-\ 2x_3=-3 \\ \quad -7x_2+\ 8x_3=10 \\ \quad -7x_2+17x_3=37 \\ \quad -7x_2+\ 8x_3=10 \end{cases} \tag{3-2}$$

将方程组(3-2)中第二个方程的(-1)倍分别加到第三、第四个方程上，有

$$\begin{cases} x_1+\ x_2-2x_3=-3 \\ \quad -7x_2+8x_3=10 \\ \qquad\qquad 9x_3=27 \end{cases} \tag{3-3}$$

将方程组(3-2)中第四个方程化为 $0=0$，表明该方程是多余方程，方程组(3-3)与原线性方程组同解。这一过程称为消元过程，方程组(3-3)中自上而下的各方程所含未知量个数依次减少，这样的方程组称为阶梯形方程组。

方程组(3-3)的第三个方程两边同除以9得 $x_3=3$，将 $x_3=3$ 代入方程组(3-3)的第二个方程，可得 $x_2=2$，再将 $x_2=2$、$x_3=3$ 代入方程组(3-3)的第一个方程，可得 $x_1=1$，所以原方程的解为

$$x_1=1,\quad x_2=2,\quad x_3=3$$

由阶梯形方程组一次求得未知量的过程，称为回代过程，线性方程组的这种解法称为消元法。

在用消元法解线性方程组的过程中，我们反复施行了以下三种变换：

(1)交换两个方程的位置；

(2)某个方程的两边同乘以一个非零的数；

(3)把一个方程的若干倍加到另一个方程上。

这三种变换都称为线性方程组的初等变换。

在施行上述变换时，我们仅对方程组各未知数的系数和常数项进行运算，未知数并不参与运算，因此例1的消元过程、回代过程都可以转换为对矩阵

$$(\boldsymbol{A}\vdots\boldsymbol{b})=\begin{pmatrix} 2 & -5 & 4 & \vdots & 4 \\ 1 & 1 & -2 & \vdots & -3 \\ 5 & -2 & 7 & \vdots & 22 \\ 3 & -4 & 2 & \vdots & 1 \end{pmatrix}$$

施以同样的变换，这个矩阵称为该线性方程组的增广矩阵，由此可引入矩阵的初等变换的概念。

定义1 设矩阵 $\boldsymbol{A}=(a_{ij})_{m\times n}$，则以下三种变换：

(1)互换 $\boldsymbol{A}$ 的两行(列)；

(2)用一个非零的数乘以 $\boldsymbol{A}$ 的某一行(列)；

(3)将 $\boldsymbol{A}$ 的某一行(列)的 k 倍加到另一行(列)上。

称为矩阵的初等行(列)变换。矩阵的初等行变换、初等列变换统称为矩阵的初等变换。显然，经过初等变换后得到的矩阵与原矩阵为同型矩阵。

利用矩阵的初等变换，例1中线性方程组的消元过程可表示如下：

$$(A \vdots b)=\begin{pmatrix}2 & -5 & 4 & \vdots & 4\\ 1 & 1 & -2 & \vdots & -3\\ 5 & -2 & 7 & \vdots & 22\\ 3 & -4 & 2 & \vdots & 1\end{pmatrix}\xrightarrow{r_1\leftrightarrow r_2}\begin{pmatrix}1 & 1 & -2 & \vdots & -3\\ 2 & -5 & 4 & \vdots & 4\\ 5 & -2 & 7 & \vdots & 22\\ 3 & -4 & 2 & \vdots & 1\end{pmatrix}$$

$$\xrightarrow[r_4-3r_1]{\substack{r_2-2r_1\\ r_3-5r_1}}\begin{pmatrix}1 & 1 & -2 & \vdots & -3\\ 0 & -7 & 8 & \vdots & 10\\ 0 & -7 & 17 & \vdots & 37\\ 0 & -7 & 8 & \vdots & 10\end{pmatrix}\xrightarrow[r_4-r_2]{r_3-r_2}\begin{pmatrix}1 & 1 & -2 & \vdots & -3\\ 0 & -7 & 8 & \vdots & 10\\ 0 & 0 & 9 & \vdots & 27\\ 0 & 0 & 0 & \vdots & 0\end{pmatrix} \tag{3-4}$$

在求解的消元过程中，阶梯形方程组(3-3)所对应的式(3-4)中最后一个矩阵称为行阶梯形矩阵，其特点是：

(1)自上而下的各行中，第一个非零元左边零的个数随行数增加而增加；

(2)元素全部为零的行(如果有的话)位于矩阵的最下面。

求解方程组的回代过程，也可用矩阵的初等行变换表示(接上面的式(3-4))：

$$\xrightarrow{\frac{1}{9}r_3}\begin{pmatrix}1 & 1 & -2 & \vdots & -3\\ 0 & -7 & 8 & \vdots & 10\\ 0 & 0 & 1 & \vdots & 3\\ 0 & 0 & 0 & \vdots & 0\end{pmatrix}\xrightarrow[r_2-8r_3]{r_1+2r_3}\begin{pmatrix}1 & 1 & 0 & \vdots & 3\\ 0 & -7 & 0 & \vdots & -14\\ 0 & 0 & 1 & \vdots & 3\\ 0 & 0 & 0 & \vdots & 0\end{pmatrix}$$

$$\xrightarrow[r_1-r_2]{-\frac{1}{7}r_2}\begin{pmatrix}1 & 0 & 0 & \vdots & 1\\ 0 & 1 & 0 & \vdots & 2\\ 0 & 0 & 1 & \vdots & 3\\ 0 & 0 & 0 & \vdots & 0\end{pmatrix} \tag{3-5}$$

由式(3-5)中最后的矩阵直接可解得方程组的解为

$$\begin{cases}x_1=1\\ x_2=2\\ x_3=3\end{cases}$$

求解的回代过程，式(3-5)中最后一个矩阵称为行最简形矩阵，其特点如下：

(1)此矩阵一定是行阶梯形矩阵；

(2)各非零行的第一个非零元都是1；

(3)各非零行的第一个非零元所在列的其他元素都是零。

如果对式(3-5)中最后的矩阵再作初等列变换：

$$\begin{pmatrix}1 & 0 & 0 & \vdots & 1\\ 0 & 1 & 0 & \vdots & 2\\ 0 & 0 & 1 & \vdots & 3\\ 0 & 0 & 0 & \vdots & 0\end{pmatrix}\xrightarrow{\substack{c_4-c_1\\ c_4-2c_2\\ c_4-3c_3}}\begin{pmatrix}1 & 0 & 0 & \vdots & 0\\ 0 & 1 & 0 & \vdots & 0\\ 0 & 0 & 1 & \vdots & 0\\ 0 & 0 & 0 & \vdots & 0\end{pmatrix} \tag{3-6}$$

式(3-6)中最后的矩阵称为原矩阵的标准形。一般地，矩阵 $A_{m\times n}$ 的标准形具有如下特点：左上角是一个单位矩阵，其余元素全为0，形如

$$\begin{pmatrix}E_r & O\\ O & O\end{pmatrix}_{m\times n}$$

定义2 若矩阵 A 经过有限次初等变换变成矩阵 B，则矩阵 A 与 B 等阶，记为 $A\sim B$。

矩阵之间的等价关系具有下列基本性质：

(1)自反性，$\boldsymbol{A}\sim\boldsymbol{A}$；

(2)对称性，若 $\boldsymbol{A}\sim\boldsymbol{B}$ 则 $\boldsymbol{B}\sim\boldsymbol{A}$；

(3)传递性，若 $\boldsymbol{A}\sim\boldsymbol{B}$，$\boldsymbol{B}\sim\boldsymbol{C}$ 则 $\boldsymbol{A}\sim\boldsymbol{C}$。

定理1 任意一个矩阵 $\boldsymbol{A}=(a_{ij})_{m\times n}$ 经过有限次初等变换，可以化为下列标准形矩阵

$$\boldsymbol{D}=\begin{pmatrix}\boldsymbol{E}_r & \boldsymbol{O}\\ \boldsymbol{O} & \boldsymbol{O}\end{pmatrix}_{m\times n}\quad(r\leqslant\min(m,n))$$

证明 如果 $\boldsymbol{A}$ 为零矩阵，则 $\boldsymbol{A}$ 已是矩阵 $\boldsymbol{D}$ 的形式。如果 $\boldsymbol{A}\neq\boldsymbol{O}$，则 $\boldsymbol{A}$ 中至少有一个元素不等于零。不妨设 $a_{11}\neq0$（若 $a_{11}=0$，则可对 $\boldsymbol{A}$ 施以第一种初等变换，使位于第一行第一列的元素不为零），现对 $\boldsymbol{A}$ 施以第三种初等变换：用 $-\dfrac{a_{i1}}{a_{11}}$ 乘以第一行加到第 i 行上 $(i=2,\cdots,m)$；再用 $-\dfrac{a_{1j}}{a_{11}}$ 乘所得矩阵的第一列加到第 j 列上 $(j=2,\cdots,n)$；然后以 $\dfrac{1}{a_{11}}$ 乘所得矩阵第一行，则矩阵 $\boldsymbol{A}$ 化为

$$\begin{pmatrix}1 & 0 & \cdots & 0\\ 0 & a'_{22} & \cdots & a'_{2n}\\ \vdots & \vdots & & \vdots\\ 0 & a'_{m2} & \cdots & a'_{mn}\end{pmatrix}=\begin{pmatrix}1 & \boldsymbol{O}\\ \boldsymbol{O} & \boldsymbol{A}_1\end{pmatrix}$$

其中，$\boldsymbol{A}_1$ 是 $(m-1)\times(n-1)$ 矩阵，若 $\boldsymbol{A}_1=\boldsymbol{O}$ 则已化为形如矩阵 $\boldsymbol{D}$ 的形式；若 $\boldsymbol{A}_1\neq\boldsymbol{O}$，则对 $\boldsymbol{A}_1$ 重复上述步骤，必可把 $\boldsymbol{A}$ 化为矩阵 $\boldsymbol{D}$ 的形式。

推论1 如果 $\boldsymbol{A}$ 为 n 阶可逆矩阵，则矩阵 $\boldsymbol{A}$ 经过有限次初等变换可化为单位阵 $\boldsymbol{E}$，即 $\boldsymbol{A}\sim\boldsymbol{E}$。

例2 将矩阵 $\boldsymbol{A}=\begin{pmatrix}2 & 1 & 2 & 3\\ 4 & 1 & 3 & 5\\ 2 & 0 & 1 & 2\end{pmatrix}$ 化为行阶梯形、行最简形、标准形。

解

$$\boldsymbol{A}=\begin{pmatrix}2 & 1 & 2 & 3\\ 4 & 1 & 3 & 5\\ 2 & 0 & 1 & 2\end{pmatrix}\to\begin{pmatrix}2 & 1 & 2 & 3\\ 0 & -1 & -1 & -1\\ 0 & -1 & -1 & -1\end{pmatrix}\to\begin{pmatrix}2 & 1 & 2 & 3\\ 0 & 1 & 1 & 1\\ 0 & 0 & 0 & 0\end{pmatrix}=\boldsymbol{B}$$

$$\to\begin{pmatrix}2 & 0 & 1 & 2\\ 0 & 1 & 1 & 1\\ 0 & 0 & 0 & 0\end{pmatrix}\to\begin{pmatrix}1 & 0 & \dfrac{1}{2} & 1\\ 0 & 1 & 1 & 1\\ 0 & 0 & 0 & 0\end{pmatrix}=\boldsymbol{C}$$

$$\to\begin{pmatrix}1 & 0 & 0 & 0\\ 0 & 1 & 0 & 0\\ 0 & 0 & 0 & 0\end{pmatrix}=\boldsymbol{D}$$

$\boldsymbol{B}$ 为行阶梯形矩阵，$\boldsymbol{C}$ 为行最简形矩阵，$\boldsymbol{D}$ 为标准形。

2.初等矩阵

矩阵的初等行(列)变换可以通过矩阵乘法实现，首先引入初等矩阵的概念。

定义 3 n 阶单位矩阵 $\boldsymbol{E}$ 经过一次初等行变换（或初等列变换）所得到的矩阵，称为 n 阶初等矩阵。

对应于三种初等行（列）变换，可得三种初等矩阵：

（1）互换 $\boldsymbol{E}$ 的 i,j 两行（列），得

$$\boldsymbol{E}(i,j)=\begin{pmatrix}1&&&&&&&&\\&\ddots&&&&&&&\\&&1&&&&&&\\&&&0&\cdots&1&&&\\&&&&1&&&&\\&&&\vdots&\ddots&\vdots&&&\\&&&&1&&&&\\&&&1&\cdots&0&&&\\&&&&&&1&&\\&&&&&&&\ddots&\\&&&&&&&&1\end{pmatrix}$$

（2）$\boldsymbol{E}$ 的第 i 行（列）乘以不等于零的数 k，得

$$\boldsymbol{E}(i(k))=\begin{pmatrix}1&&&&&&\\&\ddots&&&&&\\&&1&&&&\\&&&k&&&\\&&&&1&&\\&&&&&\ddots&\\&&&&&&1\end{pmatrix}i\text{ 行}$$

（3）把 $\boldsymbol{E}$ 的第 i 行的 k 倍加到第 j 行上（或第 j 列的 k 倍加到第 i 列上）得

$$\boldsymbol{E}(j,i(k))=\begin{pmatrix}1&&&&&\\&\ddots&&&&\\&&1&&&\\&&\vdots&\ddots&&\\&&k&\cdots&1&\\&&&&\ddots&\\&&&&&1\end{pmatrix}\begin{matrix}\\\\i\text{ 行}\\\\j\text{ 行}\\\\\\\end{matrix}$$

命题 1 初等矩阵具有下列性质：

（1）$\boldsymbol{E}(i,j)^{-1}=\boldsymbol{E}(i,j)$；$\boldsymbol{E}(i(k))^{-1}=\boldsymbol{E}(i(k^{-1}))$；$\boldsymbol{E}(j,i(k))^{-1}=\boldsymbol{E}(j,i(-k))$。

（2）$|\boldsymbol{E}(i,j)|=-1$；$|\boldsymbol{E}(i(k))|=k$；$|\boldsymbol{E}(i,j(k))|=1$。

定理 2 设 $\boldsymbol{A}=(a_{ij})$ 是 $m\times n$ 矩阵，则

（1）对 $\boldsymbol{A}$ 进行一次初等行变换，相当于用一个相应的 m 阶的初等矩阵左乘 $\boldsymbol{A}$；

（2）对 $\boldsymbol{A}$ 进行一次初等列变换，相当于用一个相应的 n 阶初等矩阵右乘 $\boldsymbol{A}$。

证明 我们仅对第三种初等行变换进行证明。将 $\boldsymbol{A}=(a_{ij})_{m\times n}$ 和 m 阶单位矩阵 $\boldsymbol{E}$ 按行

分块为

$$A=\begin{pmatrix}A_1\\A_2\\\vdots\\A_m\end{pmatrix},\quad E=\begin{pmatrix}\varepsilon_1\\\varepsilon_2\\\vdots\\\varepsilon_m\end{pmatrix}$$

其中，$A_i=(a_{i1},a_{i2},\cdots,a_{in})$ $(i=1,2,\cdots,m)$，而 $\varepsilon_i(0,\cdots0,1,0\cdots,0)$表示第 i 个元素为 1，其余元素均为零的 $1\times m$ 矩阵($i=1,2,\cdots,m$)，如果将 A 的第 j 行的 k 倍加到第 i 行上(不妨设 $i<j$)，则相应的初等矩阵按行分块为

$$E(i,j(k))=\begin{pmatrix}\varepsilon_1\\\vdots\\\varepsilon_i+k\varepsilon_j\\\vdots\\\varepsilon_j\\\vdots\\\varepsilon_m\end{pmatrix}$$

因此，由分块矩阵的乘法得

$$E(i,j(k))A=\begin{pmatrix}\varepsilon_1\\\vdots\\\varepsilon_i+k\varepsilon_j\\\vdots\\\varepsilon_j\\\vdots\\\varepsilon_m\end{pmatrix}A=\begin{pmatrix}\varepsilon_1A\\\vdots\\(\varepsilon_i+k\varepsilon_j)A\\\vdots\\\varepsilon_jA\\\vdots\\\varepsilon_mA\end{pmatrix}=\begin{pmatrix}A_1\\\vdots\\A_i+kA_j\\\vdots\\A_j\\\vdots\\A_m\end{pmatrix}$$

这表明用初等矩阵 $E(i,j(k))$左乘 A，等价于将 A 的第 j 行的 k 倍加到第 i 行上。

同理可证其他变换的情况。

根据定理 2，例 2 用初等矩阵与 A 的乘积可以写成：

$$B=E(3,2(1))E(2(-1))E(3,1(-1))E(2,1(-2))A$$

$$C=E(1(\frac{1}{2}))E(1,2(-1))B$$

$$D=CE(1,3(-\frac{1}{2}))E(1,4(-1))E(2,3(-1))E(2,4(-1))$$

3.求逆矩阵的初等变换法

在 2.3 中，给出了利用伴随矩阵求逆矩阵 A^{-1}的一种方法——伴随矩阵法，即

$$A^{-1}=\frac{1}{|A|}A^*$$

但对于较高阶的矩阵，用伴随矩阵法求逆矩阵计算量太大，下面介绍一种较为简单的方法——初等变换法。

定理 3 n 阶矩阵 A 可逆的充分必要条件是 A 可以表示为若干初等矩阵的乘积。

证明 **充分性**：因为初等矩阵是可逆的，故充分条件是显然的。

必要性：设矩阵 $\boldsymbol{A}$ 可逆，则由定理 1 中的推论 1 知，$\boldsymbol{A}$ 可以经过有限次的初等变换化为单位矩阵 $\boldsymbol{E}$，即存在初等矩阵 $\boldsymbol{P}_1,\boldsymbol{P}_2,\cdots,\boldsymbol{P}_s,\boldsymbol{Q}_1,\boldsymbol{Q}_2,\cdots,\boldsymbol{Q}_t$，使得

$$\boldsymbol{P}_s\cdots\boldsymbol{P}_2\boldsymbol{P}_1\boldsymbol{A}\boldsymbol{Q}_1\boldsymbol{Q}_2\cdots\boldsymbol{Q}_t=\boldsymbol{E}$$

所以
$$\boldsymbol{A}=\boldsymbol{P}_1^{-1}\boldsymbol{P}_2^{-1}\cdots\boldsymbol{P}_s^{-1}\boldsymbol{E}\boldsymbol{Q}_t^{-1}\cdots\boldsymbol{Q}_2^{-1}\boldsymbol{Q}_1^{-1}$$

由于初等矩阵的逆矩阵还是初等矩阵，即矩阵 $\boldsymbol{A}$ 可以表示为若干初等矩阵的乘积。

推论 2 $m\times n$ 矩阵 $\boldsymbol{A}$ 与 $\boldsymbol{B}$ 等价的充分条件是存在 m 阶可逆矩阵 $\boldsymbol{P}$ 及 n 阶可逆矩阵 $\boldsymbol{Q}$，使得 $\boldsymbol{PAQ}=\boldsymbol{B}$。

此推论请读者证明之。

注意到若 $\boldsymbol{A}$ 可逆，则 $\boldsymbol{A}^{-1}$ 也可逆，根据定理 3，存在初等矩阵 $\boldsymbol{G}_1,\boldsymbol{G}_2,\cdots,\boldsymbol{G}_k$ 使得 $\boldsymbol{A}^{-1}=\boldsymbol{G}_1\boldsymbol{G}_2\cdots\boldsymbol{G}_k$，两端右乘矩阵 $\boldsymbol{A}$ 得

$$\boldsymbol{A}^{-1}\boldsymbol{A}=\boldsymbol{G}_1\boldsymbol{G}_2\cdots\boldsymbol{G}_k\boldsymbol{A}$$

即

$$\boldsymbol{G}_1\boldsymbol{G}_2\cdots\boldsymbol{G}_k\boldsymbol{A}=\boldsymbol{E} \tag{3-7}$$

$$\boldsymbol{A}^{-1}=\boldsymbol{G}_1\boldsymbol{G}_2\cdots\boldsymbol{G}_k\boldsymbol{E} \tag{3-8}$$

式(3－7)表示对 $\boldsymbol{A}$ 施以若干次初等行变换可化为 $\boldsymbol{E}$，式(3－8)表示对 $\boldsymbol{E}$ 施以相同的若干次初等变换可化为 $\boldsymbol{A}^{-1}$。

因此，求矩阵 $\boldsymbol{A}^{-1}$ 时，可构造 $n\times 2n$ 矩阵 $(\boldsymbol{A}\vdots\boldsymbol{E})$，然后对其施以初等行变换将矩阵 $\boldsymbol{A}$ 化为单位矩阵 $\boldsymbol{E}$，则上述初等行变换同时也将其中的单位矩阵 $\boldsymbol{E}$ 化为 $\boldsymbol{A}^{-1}$，即

$$(\boldsymbol{A}\vdots\boldsymbol{E})\xrightarrow{\text{初等行变换}}(\boldsymbol{E}\vdots\boldsymbol{A}^{-1})$$

这就是求逆矩阵的初等变换法。

设矩阵 $\boldsymbol{A}$ 可逆，则求解矩阵方程 $\boldsymbol{AX}=\boldsymbol{B}$ 等价于求解矩阵 $\boldsymbol{X}=\boldsymbol{A}^{-1}\boldsymbol{B}$，可采用类似的方法，构造矩阵 $(\boldsymbol{A}\vdots\boldsymbol{B})$，对其施以初等行变换将矩阵 $\boldsymbol{A}$ 化为单位矩阵 $\boldsymbol{E}$，则上述初等行变换同时也将其中的矩阵 $\boldsymbol{B}$ 化为 $\boldsymbol{A}^{-1}\boldsymbol{B}$，即

$$(\boldsymbol{A}\vdots\boldsymbol{b})\xrightarrow{\text{初等行变换}}(\boldsymbol{E}\vdots\boldsymbol{A}^{-1}\boldsymbol{B})$$

这样就给出了用初等变换求解矩阵方程 $\boldsymbol{AX}=\boldsymbol{B}$ 的方法。

例 3 设 $\boldsymbol{A}=\begin{pmatrix}1&2&3\\2&2&1\\3&4&3\end{pmatrix}$，求 $\boldsymbol{A}^{-1}$。

解

$$(\boldsymbol{A}\vdots\boldsymbol{E})=\left(\begin{array}{ccc:ccc}1&2&3&1&0&0\\2&2&1&0&1&0\\3&4&3&0&0&1\end{array}\right)$$

$$\xrightarrow[r_3-3r_1]{r_2-2r_1}\left(\begin{array}{ccc:ccc}1&2&3&1&0&0\\0&-2&-5&-2&1&0\\0&-2&-6&-3&0&1\end{array}\right)$$

$$\xrightarrow[r_3-r_2]{r_1+r_2}\left(\begin{array}{ccc:ccc}1&0&-2&-1&1&0\\0&-2&-5&-2&1&0\\0&0&-1&-1&-1&1\end{array}\right)$$

$$\xrightarrow[r_2-5r_3]{r_1-2r_3}\left(\begin{array}{ccc:ccc}1 & 0 & 0 & 1 & 3 & -2\\0 & -2 & 0 & 3 & 6 & -5\\0 & 0 & -1 & -1 & -1 & 1\end{array}\right)$$

$$\xrightarrow[r_3\div(-1)]{r_2\div(-2)}\left(\begin{array}{ccc:ccc}1 & 0 & 0 & 1 & 3 & -2\\0 & 1 & 0 & -3/2 & -3 & 5/2\\0 & 0 & 1 & 1 & 1 & -1\end{array}\right)$$

$$\boldsymbol{A}^{-1}=\begin{pmatrix}1 & 3 & -2\\-3/2 & -3 & 5/2\\1 & 1 & -1\end{pmatrix}$$

例 4　求矩阵 $\boldsymbol{X}$，使得 $\boldsymbol{AX}=\boldsymbol{A}+\boldsymbol{X}$，其中 $\boldsymbol{A}=\begin{pmatrix}2 & 2 & 0\\2 & 1 & 3\\0 & 1 & 0\end{pmatrix}$。

解　把 $\boldsymbol{AX}=\boldsymbol{A}+\boldsymbol{X}$ 变形为 $(\boldsymbol{A}-\boldsymbol{E})\boldsymbol{X}=\boldsymbol{A}$，则 $\boldsymbol{X}=(\boldsymbol{A}-\boldsymbol{E})^{-1}\boldsymbol{A}$。

$$(\boldsymbol{A}-\boldsymbol{E}\,\vdots\,\boldsymbol{A})=\left(\begin{array}{ccc:ccc}1 & 2 & 0 & 2 & 2 & 0\\2 & 0 & 3 & 2 & 1 & 3\\0 & 1 & -1 & 0 & 1 & 0\end{array}\right)\xrightarrow[r_2\leftrightarrow r_3]{r_2-2r_1}\left(\begin{array}{ccc:ccc}1 & 2 & 0 & 2 & 2 & 0\\0 & 1 & -1 & 0 & 1 & 0\\0 & -4 & 3 & -2 & -3 & 3\end{array}\right)$$

$$\xrightarrow[r_3\div(-1)]{r_3+4r_2}\left(\begin{array}{ccc:ccc}1 & 2 & 0 & 2 & 2 & 0\\0 & 1 & -1 & 0 & 1 & 0\\0 & 0 & 1 & 2 & -1 & -3\end{array}\right)\xrightarrow{r_2+r_3}\left(\begin{array}{ccc:ccc}1 & 2 & 0 & 2 & 2 & 0\\0 & 1 & 0 & 2 & 0 & -3\\0 & 0 & 1 & 2 & -1 & -3\end{array}\right)$$

$$\xrightarrow{r_1-2r_2}\left(\begin{array}{ccc:ccc}1 & 0 & 0 & -2 & 2 & 6\\0 & 1 & 0 & 2 & 0 & 3\\0 & 0 & 1 & 2 & -1 & -3\end{array}\right)$$

即得

$$\boldsymbol{X}=\begin{pmatrix}-2 & 2 & 6\\2 & 0 & -3\\2 & -1 & -3\end{pmatrix}$$

3.2　矩阵的秩

1.矩阵秩的概念

矩阵的秩的概念是讨论向量组的线性相关性、线性方程组解的存在性等问题的重要工具。从 3.1 节已看到，矩阵可以经过初等行变换化为行阶梯形矩阵，且行阶梯形矩阵所含非零行的行数是唯一确定的，这个数实质上就是矩阵的“秩”，鉴于这个数的唯一性尚未证明，在本节中，我们首先利用行列式来定义矩阵的秩，然后给出利用初等变换求矩阵的秩的方法。

定义 1　在 $m\times n$ 矩阵 $\boldsymbol{A}$ 中，任取 k 行 k 列 $(1\leqslant k\leqslant m, 1\leqslant k\leqslant n)$，位于这些行列交叉处的 k^2 个元素，不改变它们在 $\boldsymbol{A}$ 中所处的位置次序而得到的 k 阶行列式，称为矩阵 $\boldsymbol{A}$ 的 k 阶子式。

注：$m\times n$ 矩阵 $\boldsymbol{A}$ 的 k 阶子式共有 $C_m^k\cdot C_n^k$ 个。

例如，设矩阵 $\boldsymbol{A}=\begin{pmatrix}1 & 3 & 4 & 5\\-1 & 0 & 2 & 3\\0 & 1 & -1 & 0\end{pmatrix}$，则由1、3两行，2、4两列交叉的元素构成的二阶子式为 $\begin{vmatrix}3 & 5\\1 & 0\end{vmatrix}$。

设 $\boldsymbol{A}$ 为 $m\times n$ 矩阵，当 $\boldsymbol{A}=\boldsymbol{O}$ 时，它的任何子式都为零。当 $\boldsymbol{A}\neq\boldsymbol{O}$ 时，它至少有一个元素不为零，即它至少有一个一阶子式不为零。再考查二阶子式，若 $\boldsymbol{A}$ 中有一个二阶子式不为零，则往下考查三阶子式，如此进行下去，直到 $\boldsymbol{A}$ 中有 r 阶子式不为零，而没有比 r 更高阶的不为零的子式。这个不为零的子式的最高阶数 r 反映了矩阵 $\boldsymbol{A}$ 内在的重要特征，在矩阵的理论与应用中都有重要意义。

定义 2 设 $\boldsymbol{A}$ 为 $m\times n$ 阶矩阵，如果存在 $\boldsymbol{A}$ 的 r 阶子式不为零，而任何 $r+1$ 阶子式(如果存在的话)皆为零，则称数 r 为矩阵 $\boldsymbol{A}$ 的秩，记为 $R(\boldsymbol{A})$，并规定零矩阵的秩等于零。

例 1 求矩阵 $\boldsymbol{A}=\begin{pmatrix}1 & 2 & 3\\2 & 3 & -5\\4 & 7 & 1\end{pmatrix}$ 的秩。

解 在矩阵 $\boldsymbol{A}$ 中，$\begin{vmatrix}1 & 2\\2 & 3\end{vmatrix}=-1\neq0$，又 $\boldsymbol{A}$ 的三阶子式只有一个 $|\boldsymbol{A}|$，且

$$|\boldsymbol{A}|=\begin{vmatrix}1 & 2 & 3\\2 & 3 & -5\\4 & 7 & 1\end{vmatrix}=\begin{vmatrix}1 & 2 & 3\\0 & -1 & -11\\0 & -1 & -11\end{vmatrix}=0$$

故 $R(\boldsymbol{A})=2$。

例 2 求矩阵 $\boldsymbol{B}=\begin{pmatrix}2 & -1 & 0 & 3 & -2\\0 & 3 & 1 & -2 & 5\\0 & 0 & 0 & 4 & -3\\0 & 0 & 0 & 0 & 0\end{pmatrix}$ 的秩。

解 因为 $\boldsymbol{B}$ 是一个行阶梯形矩阵，其非零行只有3行，故知 $\boldsymbol{B}$ 的所有四阶子式全为零，此外，又存在 $\boldsymbol{B}$ 的一个三阶子式

$$\begin{vmatrix}2 & -1 & 3\\0 & 3 & -2\\0 & 0 & 4\end{vmatrix}=24\neq0$$

所以 $R(\boldsymbol{B})=3$。

显然，矩阵的秩具有下列性质：

(1)若矩阵 $\boldsymbol{A}$ 中有某个 s 阶子式不为0，则 $R(\boldsymbol{A})\geqslant s$；

(2)若 $\boldsymbol{A}$ 中所有 t 阶子式全为0，则 $R(\boldsymbol{A})<t$；

(3)若 $\boldsymbol{A}$ 为 $m\times n$ 矩阵，则 $0\leqslant R(\boldsymbol{A})\leqslant\min\{m,n\}$；

(4)$R(\boldsymbol{A})=R(\boldsymbol{A}^{\mathrm{T}})$。

对于 n 阶矩阵 $\boldsymbol{A}$，由于 $\boldsymbol{A}$ 的 n 阶子式只有一个 $|\boldsymbol{A}|$，故当 $|\boldsymbol{A}|\neq0$ 时 $R(\boldsymbol{A})=n$；当 $|\boldsymbol{A}|=0$ 时 $R(\boldsymbol{A})<n$。可见可逆矩阵的秩等于矩阵的阶数，因此，可逆矩阵又称满秩矩阵，不可逆矩阵(奇异矩阵)又称降秩矩阵。

由上面的例子可知，当矩阵的行数与列数较高时，按定义求秩是非常麻烦的。

由于行阶梯形矩阵的秩很容易判断，任意矩阵都可以经过有限次初等行变换化为行阶梯形矩阵，因而可考虑借助初等变换法来求矩阵的秩。

2.矩阵的秩的求法

定理 1　若 $\boldsymbol{A}\sim\boldsymbol{B}$，则 $R(\boldsymbol{A})=R(\boldsymbol{B})$。

证明　先考查一次初等行变换的情形。

设矩阵 $\boldsymbol{A}$ 经一次初等行变换为矩阵 $\boldsymbol{B}$，则 $R(\boldsymbol{A})\leqslant R(\boldsymbol{B})$，设 $R(\boldsymbol{A})=s$，且 $\boldsymbol{A}$ 的某个 s 阶子式 $D\neq 0$。

当 $\boldsymbol{A}\overset{r_i\leftrightarrow r_j}{\sim}\boldsymbol{B}$ 或 $\boldsymbol{A}\overset{r_i\times k}{\sim}\boldsymbol{B}$ 时，在 $\boldsymbol{B}$ 中总能找到与 D 对应的 s 阶子式 D_1，由于 $D_1=D$ 或 $D_1=-D$ 或 $D_1=kD$，因此 $D_1\neq 0$，从而 $R(\boldsymbol{B})\geqslant s$。

当 $\boldsymbol{A}\overset{r_i+kr_j}{\sim}\boldsymbol{B}$ 时，由于定理 1 对于变换 $r_i\leftrightarrow r_j$ 时结论成立，因此只须考虑 $\boldsymbol{A}\overset{r_1+kr_2}{\sim}\boldsymbol{B}$ 这一特殊情形，分两种情况讨论：

(1) $\boldsymbol{A}$ 的 s 阶非零子式 D 不包含 $\boldsymbol{A}$ 的第一行，这时 D 也是 $\boldsymbol{B}$ 的一个 s 阶非零子式，故 $R(\boldsymbol{B})\geqslant s$。

(2) D 包含 $\boldsymbol{A}$ 的第一行，这时把 $\boldsymbol{B}$ 中与 D 对应的一个 s 阶子式 D_1 记作

$$D_1=\begin{vmatrix} r_1+kr_2 \\ r_p \\ \vdots \\ r_q \end{vmatrix}=\begin{vmatrix} r_1 \\ r_p \\ \vdots \\ r_q \end{vmatrix}+k\begin{vmatrix} r_2 \\ r_p \\ \vdots \\ r_q \end{vmatrix}=D+kD_2$$

若 $p=2$，则 $D_1=D\neq 0$；若 $p\neq 2$，则 D_2 也是 $\boldsymbol{B}$ 的 s 阶子式，由 $D_1-kD_2=D\neq 0$ 知 D_1 与 D_2 不同时为 0。总之，$\boldsymbol{B}$ 中存在 s 阶非零子式 D_1 或 D_2，故 $R(\boldsymbol{B})\geqslant s$。

以上证明了若矩阵 $\boldsymbol{A}$ 经一次初等行变换变为矩阵 $\boldsymbol{B}$，则 $R(\boldsymbol{A})\leqslant R(\boldsymbol{B})$，由于 $\boldsymbol{B}$ 亦可经一次初等行变换变为 $\boldsymbol{A}$，故也有 $R(\boldsymbol{B})\leqslant R(\boldsymbol{A})$，因此 $R(\boldsymbol{A})=R(\boldsymbol{B})$。

由经一次初等行变换后矩阵的秩不变，即可知经有限次初等行变换后矩阵的秩也不变。

设 $\boldsymbol{A}$ 经过初等列变换变为 $\boldsymbol{B}$，则 $\boldsymbol{A}^{\mathrm{T}}$ 经过初等行变换变为 $\boldsymbol{B}^{\mathrm{T}}$，由于 $R(\boldsymbol{A}^{\mathrm{T}})=R(\boldsymbol{B}^{\mathrm{T}})$，又 $R(\boldsymbol{A})=R(\boldsymbol{A}^{\mathrm{T}})$、$R(\boldsymbol{B})=R(\boldsymbol{B}^{\mathrm{T}})$，因此 $R(\boldsymbol{A})=R(\boldsymbol{B})$。总之，若 $\boldsymbol{A}$ 经过有限次初等变换变为 $\boldsymbol{B}$（即 $\boldsymbol{A}\sim\boldsymbol{B}$），则 $R(\boldsymbol{A})=R(\boldsymbol{B})$。

根据这个定理，我们得到利用初等变换求矩阵的秩的方法：用初等行变换把矩阵变成行阶梯形矩阵，行阶梯形矩阵中非零行的行数就是该矩阵的秩。

例 3　求矩阵 $\boldsymbol{A}=\begin{pmatrix} 1 & 0 & 0 & 1 \\ 1 & 2 & 0 & -1 \\ 3 & -1 & 0 & 4 \\ 1 & 4 & 5 & 1 \end{pmatrix}$ 的秩。

解

$$\boldsymbol{A}=\begin{pmatrix} 1 & 0 & 0 & 1 \\ 1 & 2 & 0 & -1 \\ 3 & -1 & 0 & 4 \\ 1 & 4 & 5 & 1 \end{pmatrix}\xrightarrow[r_4-r_1]{\substack{r_2-r_1 \\ r_3-3r_1}}\begin{pmatrix} 1 & 0 & 0 & 1 \\ 0 & 2 & 0 & -2 \\ 0 & -1 & 0 & 1 \\ 0 & 4 & 5 & 0 \end{pmatrix}$$

$$\xrightarrow{r_2\div 2}\begin{pmatrix}1&0&0&1\\0&1&0&-1\\0&-1&0&1\\0&4&5&0\end{pmatrix}\xrightarrow[r_4-4r_2]{r_3+r_2}\begin{pmatrix}1&0&0&1\\0&1&0&-1\\0&0&0&0\\0&0&5&4\end{pmatrix}\xrightarrow{r_3\leftrightarrow r_4}\begin{pmatrix}1&0&0&1\\0&1&0&-1\\0&0&5&4\\0&0&0&0\end{pmatrix}$$

所以 $R(\boldsymbol{A})=3$。

例 4 设 $\boldsymbol{A}=\begin{pmatrix}3&2&0&5&0\\3&-2&3&6&-1\\2&0&1&5&-3\\1&6&-4&-1&4\end{pmatrix}$，求矩阵 $\boldsymbol{A}$ 的秩，并求 $\boldsymbol{A}$ 的一个最高阶非零子式。

解 对 $\boldsymbol{A}$ 作初等变换，变成行阶梯形矩阵。

$$\boldsymbol{A}\xrightarrow{r_1\leftrightarrow r_4}\begin{pmatrix}1&6&-4&-1&4\\3&-2&3&6&-1\\2&0&1&5&-3\\3&2&0&5&0\end{pmatrix}\xrightarrow[r_4-3r_1]{\substack{r_2-3r_1\\r_3-2r_1}}\begin{pmatrix}1&6&-4&-1&4\\0&-20&15&9&-13\\0&-12&9&7&-11\\0&-16&12&8&-12\end{pmatrix}$$

$$\xrightarrow{r_4\div(-4)}\begin{pmatrix}1&6&-4&-1&4\\0&-20&15&9&-13\\0&-12&9&7&-11\\0&4&-3&-2&3\end{pmatrix}\xrightarrow{r_2\leftrightarrow r_4}\begin{pmatrix}1&6&-4&-1&4\\0&4&-3&-2&3\\0&-12&9&7&-11\\0&-20&15&9&-13\end{pmatrix}$$

$$\xrightarrow[r_4+5r_2]{r_3+3r_2}\begin{pmatrix}1&6&-4&-1&4\\0&4&-3&-2&3\\0&0&0&1&-2\\0&0&0&-1&2\end{pmatrix}\xrightarrow{r_3+r_4}\begin{pmatrix}1&6&-4&-1&4\\0&4&-3&-2&3\\0&0&0&1&-2\\0&0&0&0&0\end{pmatrix}$$

由行阶梯形矩阵有 3 个非零行知 $R(\boldsymbol{A})=3$。

再求 $\boldsymbol{A}$ 的一个最高阶非零子式，由 $R(\boldsymbol{A})=3$ 知 $\boldsymbol{A}$ 的最高阶非零子式为三阶。$\boldsymbol{A}$ 的三阶子式共有 $C_4^3\cdot C_5^3=40$ 个。

考查 $\boldsymbol{A}$ 的行阶梯形矩阵，记 $\boldsymbol{A}=(\boldsymbol{\alpha}_1\ \boldsymbol{\alpha}_2\ \boldsymbol{\alpha}_3\ \boldsymbol{\alpha}_4\ \boldsymbol{\alpha}_5)$，则矩阵 $\boldsymbol{B}=(\boldsymbol{\alpha}_1\ \boldsymbol{\alpha}_2\ \boldsymbol{\alpha}_4)$ 的行阶梯形矩阵为 $\begin{pmatrix}1&6&-1\\0&-4&1\\0&0&4\\0&0&0\end{pmatrix}$，$R(\boldsymbol{B})=3$，故 $\boldsymbol{B}$ 中必有三阶非零子式。计算 $\boldsymbol{B}$ 中前三行构成的子式

$$\begin{vmatrix}3&2&5\\3&-2&6\\2&0&5\end{vmatrix}=\begin{vmatrix}3&2&5\\6&0&11\\2&0&5\end{vmatrix}=-16\neq 0$$，则这个子式便是 $\boldsymbol{A}$ 的一个最高阶非零子式。

例 5 设 $\boldsymbol{A}=\begin{pmatrix}1&-1&1&2\\3&\lambda&-1&2\\5&3&\mu&6\end{pmatrix}$，已知 $R(\boldsymbol{A})=2$，求 λ 与 μ 的值。

解 $$\boldsymbol{A}\xrightarrow[r_3-5r_1]{r_2-3r_1}\begin{pmatrix}1&-1&1&2\\0&\lambda+3&-4&-4\\0&8&\mu-5&-4\end{pmatrix}\xrightarrow{r_3-r_2}\begin{pmatrix}1&-1&1&2\\0&\lambda+3&-4&-4\\0&5-\lambda&\mu-1&0\end{pmatrix}$$

因为 $R(\boldsymbol{A})=2$，故 $5-\lambda=0$、$\mu-1=0$，即 $\lambda=5$、$\mu=1$。

下面介绍几个常用的矩阵的秩的性质。

性质 1 若 $\boldsymbol{P}$、$\boldsymbol{Q}$ 可逆，则 $R(\boldsymbol{PAQ})=R(\boldsymbol{A})$。

性质 2 $\max\{R(\boldsymbol{A}),R(\boldsymbol{B})\}\leqslant R(\boldsymbol{A},\boldsymbol{B})\leqslant R(\boldsymbol{A})+R(\boldsymbol{B})$。

特别地，当 $\boldsymbol{B}=\boldsymbol{b}$ 为列向量时，有

$$R(\boldsymbol{A})\leqslant R(\boldsymbol{A},\boldsymbol{b})\leqslant R(\boldsymbol{A})+1$$

证明 因为 $\boldsymbol{A}$ 的最高阶非零子式总是 $(\boldsymbol{A},\boldsymbol{B})$ 的非零子式，所以 $R(\boldsymbol{A})\leqslant R(\boldsymbol{A},\boldsymbol{B})$。

同理 $R(\boldsymbol{B})\leqslant R(\boldsymbol{A},\boldsymbol{B})$，两式合起来即为

$$\max\{R(\boldsymbol{A}),R(\boldsymbol{B})\}\leqslant R(\boldsymbol{A},\boldsymbol{B})$$

设 $R(\boldsymbol{A})=s$、$R(\boldsymbol{B})=t$，把 $\boldsymbol{A}$ 和 $\boldsymbol{B}$ 分别作列变换化为列阶梯形 $\widetilde{\boldsymbol{A}}$ 和 $\widetilde{\boldsymbol{B}}$，则 $\widetilde{\boldsymbol{A}}$ 和 $\widetilde{\boldsymbol{B}}$ 中分别含 r 个和 t 个非零列，故可设

$$\boldsymbol{A}\xrightarrow{c}\widetilde{\boldsymbol{A}}=(\widetilde{\boldsymbol{a}}_1\ \cdots\ \widetilde{\boldsymbol{a}}_r\ \ \boldsymbol{0}\ \cdots\ \boldsymbol{0}),\quad \boldsymbol{B}\xrightarrow{c}\widetilde{\boldsymbol{B}}=(\widetilde{\boldsymbol{b}}_1\ \cdots\ \widetilde{\boldsymbol{b}}_t\ \ \boldsymbol{0}\ \cdots\ \boldsymbol{0})$$

从而

$$(\boldsymbol{A},\boldsymbol{B})\xrightarrow{c}(\widetilde{\boldsymbol{A}},\widetilde{\boldsymbol{B}})$$

由于 $(\widetilde{\boldsymbol{A}},\widetilde{\boldsymbol{B}})$ 中只含 $r+t$ 个非零列，因此 $R(\widetilde{\boldsymbol{A}},\widetilde{\boldsymbol{B}})\leqslant r+t$，而 $R(\boldsymbol{A},\boldsymbol{B})=R(\widetilde{\boldsymbol{A}},\widetilde{\boldsymbol{B}})$，故 $R(\boldsymbol{A},\boldsymbol{B})\leqslant r+t$，即 $R(\boldsymbol{A},\boldsymbol{B})\leqslant R(\boldsymbol{A})+R(\boldsymbol{B})$。

性质 3 $R(\boldsymbol{A}+\boldsymbol{B})\leqslant R(\boldsymbol{A})+R(\boldsymbol{B})$。

证明 不妨设 $\boldsymbol{A}$、$\boldsymbol{B}$ 为 $m\times n$ 矩阵，对 $(\boldsymbol{A}+\boldsymbol{B},\boldsymbol{B})$ 作列变换 $c_i-c_{n+i}(i=1,\cdots,n)$ 即得

$$(\boldsymbol{A}+\boldsymbol{B},\boldsymbol{B})\overset{c}{\sim}(\boldsymbol{A},\boldsymbol{B})$$

于是

$$R(\boldsymbol{A}+\boldsymbol{B})\leqslant R(\boldsymbol{A}+\boldsymbol{B},\boldsymbol{B})=R(\boldsymbol{A},\boldsymbol{B})\leqslant R(\boldsymbol{A})+R(\boldsymbol{B})$$

后面我们还要介绍两条常用的性质，现先罗列于下：

性质 4 $R(\boldsymbol{AB})\leqslant\min\{R(\boldsymbol{A}),R(\boldsymbol{B})\}$。

性质 5 若 $\boldsymbol{A}_{m\times n}\boldsymbol{B}_{n\times l}=\boldsymbol{O}$，则 $R(\boldsymbol{A})+R(\boldsymbol{B})\leqslant n$。

例 6 设 $\boldsymbol{A}$ 为 n 阶矩阵，$\boldsymbol{A}^2=\boldsymbol{E}$，证明 $R(\boldsymbol{A}+\boldsymbol{E})+R(\boldsymbol{A}-\boldsymbol{E})=n$。

证明 因为 $\boldsymbol{A}^2=\boldsymbol{E}$，所以 $(\boldsymbol{A}+\boldsymbol{E})(\boldsymbol{A}-\boldsymbol{E})=\boldsymbol{O}$，由性质 5 有

$$R(\boldsymbol{A}+\boldsymbol{E})+R(\boldsymbol{A}-\boldsymbol{E})\leqslant n$$

又 $(\boldsymbol{A}+\boldsymbol{E})+(\boldsymbol{E}-\boldsymbol{A})=2\boldsymbol{E}$，由性质 3 有

$$R(\boldsymbol{A}+\boldsymbol{E})+\boldsymbol{R}(\boldsymbol{E}-\boldsymbol{A})\geqslant R(2\boldsymbol{E})=n$$

而 $R(\boldsymbol{E}-\boldsymbol{A})=R(\boldsymbol{A}-\boldsymbol{E})$，所以

$$R(\boldsymbol{A}+\boldsymbol{E})=R(\boldsymbol{A}-\boldsymbol{E})\geqslant n$$

综上所述

$$R(\boldsymbol{A}+\boldsymbol{E})=R(\boldsymbol{A}-\boldsymbol{E})=n$$

3.3 线性方程组的解

含有 m 个方程、n 个未知量的线性方程组的一般形式为

$$\begin{cases}a_{11}x_1+a_{12}x_2+\cdots+a_{1n}x_n=b_1\\ a_{21}x_1+a_{22}x_2+\cdots+a_{2n}x_n=b_2\\ \cdots\cdots\cdots\cdots\\ a_{m1}x_1+a_{m2}x_2+\cdots+a_{mn}x_n=b_m\end{cases}\tag{3-9}$$

则方程组(3-9)可以写成矩阵形式

$$\boldsymbol{Ax}=\boldsymbol{b}$$

其中,$\boldsymbol{A}$ 称为方程组的系数矩阵;$\boldsymbol{b}$ 称为常数项矩阵;$\boldsymbol{x}$ 称为未知量。而矩阵$(\boldsymbol{A}\,\vdots\,\boldsymbol{b})$称为方程组(3-9)的增广矩阵。

如果 $x_1=c_1,x_2=c_2,\cdots,x_n=c_n$ 可以使方程组(3-9)中的 m 个等式都成立,则称 $\boldsymbol{x}=(c_1,c_2,\cdots,c_n)^{\mathrm{T}}$ 为方程组(3-9)的一个解或解向量。方程组(3-9)的解的全体称为方程组(3-9)的解集合或解集,如果两个方程组的解集相等,就称这两个方程组同解。

对于一般的线性方程组(3-9),需要解决以下 4 个问题:

(1)方程组(3-9)在什么条件下有解?

(2)如果方程组(3-9)有解,它有多少个解?

(3)如何求出方程组(3-9)的解?

(4)如果方程组(3-9)的解不唯一,解的结构有何特点?

定理 1 n 元线性方程组 $\boldsymbol{Ax}=\boldsymbol{b}$:

(1)该方程组无解的充分必要条件是 $R(\boldsymbol{A})<R(\boldsymbol{A},\boldsymbol{b})$;

(2)该方程组有唯一解的充分必要条件是 $R(\boldsymbol{A})=R(\boldsymbol{A},\boldsymbol{b})=n$;

(3)该方程组有无穷多解的充分必要条件是 $R(\boldsymbol{A})=R(\boldsymbol{A},\boldsymbol{b})<n$。

证明 只需证明条件的充分性,因为(1)、(2)、(3)中的必要性依次是(2)和(3)、(1)和(3)、(1)和(2)中条件的充分性的逆否命题。

设 $R(\boldsymbol{A})=r$,为叙述方便,不妨设 $\boldsymbol{B}=(\boldsymbol{A},\boldsymbol{b})$ 的行最简形为

$$\widetilde{\boldsymbol{B}}=\left(\begin{array}{ccccccc:c}
1 & 0 & \cdots & 0 & b_{11} & \cdots & b_{1,n-r} & d_1 \\
0 & 1 & \cdots & 0 & b_{21} & \cdots & b_{2,n-r} & d_2 \\
\vdots & \vdots & & \vdots & \vdots & & \vdots & \vdots \\
0 & 0 & \cdots & 1 & b_{r1} & \cdots & b_{r,n-r} & d_r \\
0 & 0 & \cdots & 0 & 0 & \cdots & 0 & d_{r+1} \\
0 & 0 & \cdots & 0 & 0 & \cdots & 0 & 0 \\
\vdots & \vdots & & \vdots & \vdots & & \vdots & \vdots \\
0 & 0 & \cdots & 0 & 0 & \cdots & 0 & 0
\end{array}\right)$$

(1)若 $R(\boldsymbol{A})<R(\boldsymbol{B})$,则 $\widetilde{\boldsymbol{B}}$ 中的 $d_{r+1}=1$,于是 $\widetilde{\boldsymbol{B}}$ 的第 $r+1$ 行对应矛盾方程 $0=1$,故方程组 $\boldsymbol{Ax}=\boldsymbol{b}$ 无解。

(2)若 $R(\boldsymbol{A})=R(\boldsymbol{B})=r=n$,则 $\widetilde{\boldsymbol{B}}$ 中 $d_{r+1}=0$(或 d_{r+1} 不出现),且 b_{ij} 都不出现,$\widetilde{\boldsymbol{B}}$ 对应的方程组为

$$\begin{cases}
x_1=d_1 \\
x_2=d_2 \\
\cdots\cdots\cdots\cdots \\
x_n=d_n
\end{cases}$$

故方程组有唯一解。

(3)若 $R(\boldsymbol{A})=R(\boldsymbol{B})=r<n$，则 $\widetilde{\boldsymbol{B}}$ 中的 $d_{r+1}=0$(或 d_{r+1} 不出现)，$\widetilde{\boldsymbol{B}}$ 对应的方程组为

$$\begin{cases} x_1=-b_{11}x_{r+1}-\cdots-b_{1,n-r}x_n+d_1 \\ x_2=-b_{21}x_{r+1}-\cdots-b_{2,n-r}x_n+d_2 \\ \cdots\cdots\cdots\cdots \\ x_r=-b_{r1}x_{r+1}-\cdots-b_{r,n-r}x_n+d_r \end{cases}$$

令自由未知数 $x_{r+1}=c_1,\cdots,x_n=c_{n-r}$，即得方程组 $\boldsymbol{Ax}=\boldsymbol{b}$ 的含有 $n-r$ 个参数的解为

$$\begin{pmatrix} x_1 \\ \vdots \\ x_r \\ x_{r+1} \\ \vdots \\ x_n \end{pmatrix}=\begin{pmatrix} -b_{11}c_1-\cdots-b_{1,n-r}c_{n-r}+d_1 \\ \vdots \\ -b_{r1}c_1-\cdots-b_{r,n-r}c_{n-r}+d_r \\ c_1 \\ \vdots \\ c_{n-r} \end{pmatrix}$$

$$=c_1\begin{pmatrix} -b_{11} \\ \vdots \\ -b_{r-1} \\ 1 \\ \vdots \\ 0 \end{pmatrix}+\cdots+c_{n-r}\begin{pmatrix} -b_{1,n-r} \\ \vdots \\ -b_{r,n-r} \\ 0 \\ \vdots \\ 1 \end{pmatrix}+\begin{pmatrix} d_1 \\ \vdots \\ d_r \\ 0 \\ \vdots \\ 0 \end{pmatrix} \tag{3-10}$$

由于参数 $c_1,\cdots,c_{n-r}$ 可任意取值，故方程组 $\boldsymbol{Ax}=\boldsymbol{b}$ 有无穷多个解。

当 $R(\boldsymbol{A})=R(\boldsymbol{B})=r<n$ 时，由于含 $n-r$ 个参数的解(3－10)可表示线性方程组 $\boldsymbol{Ax}=\boldsymbol{b}$ 的任一解，因此解(3－10)为线性方程组 $\boldsymbol{Ax}=\boldsymbol{b}$ 的通解。

定理 1 的证明过程给出了求解线性方程组的步骤，这个步骤在 3.1 节的例题中也体现了出来，现将它归纳如下：

(1)对于非齐次线性方程组，把它的增广矩阵 $\boldsymbol{B}$ 化为行阶梯形，从 $\boldsymbol{B}$ 的行阶梯形可同时看出 $R(\boldsymbol{A})$ 和 $R(\boldsymbol{B})$，若 $R(\boldsymbol{A})<R(\boldsymbol{B})$，则方程组无解；

(2)若 $R(\boldsymbol{A})=R(\boldsymbol{B})$，则进一步把 $\boldsymbol{B}$ 化成行最简形，而对于齐次线性方程组，则把系数矩阵 $\boldsymbol{A}$ 化成行最简形；

(3)设 $R(\boldsymbol{A})=R(\boldsymbol{B})=r$，把行最简形中 r 个非零行的首非零元所对应的未知数取作非自由未知数，其余 $n-r$ 个未知数取作自由未知数，并令自由未知数分别为 $c_1,c_2\cdots,c_{n-r}$，即可求出含 $n-r$ 个参数的通解。

例 1 解方程组

$$\begin{cases} x_1-x_2+2x_3-3x_4+x_5=2 \\ 2x_1-2x_2+7x_3-10x_4+5x_5=5 \\ 3x_1-3x_2+3x_3-5x_4=5 \end{cases}$$

解 对方程组的增广矩阵施以初等行变换

$$(\boldsymbol{A} \vdots \boldsymbol{b})=\begin{pmatrix}1 & -1 & 2 & -3 & 1 & \vdots & 2\\ 2 & -2 & 7 & -10 & 5 & \vdots & 5\\ 3 & -3 & 3 & -5 & 0 & \vdots & 5\end{pmatrix}$$

$$\xrightarrow[r_3-3r_1]{r_2-2r_1}\begin{pmatrix}1 & -1 & 2 & -3 & 1 & \vdots & 2\\ 0 & 0 & 3 & -4 & 3 & \vdots & 1\\ 0 & 0 & -3 & 4 & -3 & \vdots & -1\end{pmatrix}$$

$$\xrightarrow{r_3+r_2}\begin{pmatrix}1 & -1 & 2 & -3 & 1 & \vdots & 2\\ 0 & 0 & 3 & -4 & 3 & \vdots & 1\\ 0 & 0 & 0 & 0 & 0 & \vdots & 0\end{pmatrix}$$

由此可知 $R(\boldsymbol{A})=R(\boldsymbol{A}\vdots\boldsymbol{b})=2<3$，所以方程组有穷多解，接上面的矩阵继续施以初等行变换：

$$\xrightarrow[r_1-\frac{2}{3}r_2]{\frac{1}{3}r_2}\begin{pmatrix}1 & -1 & 0 & -\frac{1}{3} & -1 & \vdots & \frac{4}{3}\\ 0 & 0 & 1 & -\frac{4}{3} & 1 & \vdots & \frac{1}{3}\\ 0 & 0 & 0 & 0 & 0 & \vdots & 0\end{pmatrix}$$

所以方程组的同解方程组为

$$\begin{cases}x_1=x_2+\dfrac{1}{3}x_4+x_5+\dfrac{4}{3}\\ x_3=\qquad\ \dfrac{4}{3}x_4-x_5+\dfrac{1}{3}\end{cases}$$

取自由未知量 $x_2=c_1$、$x_4=c_2$、$x_5=c_3$，则原方程组的全部解为

$$\begin{cases}x_1=c_1+\dfrac{1}{3}c_2+c_3+\dfrac{4}{3}\\ x_2=c_1\\ x_3=\qquad\dfrac{4}{3}c_2-c_3+\dfrac{1}{3}\\ x_4=\qquad c_2\\ x_5=\qquad\quad c_3\end{cases}\quad (c_1,c_2,c_3\text{ 为任意常数})$$

写成向量形式

$$\begin{pmatrix}x_1\\x_2\\x_3\\x_4\\x_5\end{pmatrix}=c_1\begin{pmatrix}1\\1\\0\\0\\0\end{pmatrix}+c_2\begin{pmatrix}\frac{1}{3}\\0\\\frac{4}{3}\\1\\0\end{pmatrix}+c_3\begin{pmatrix}1\\0\\-1\\0\\1\end{pmatrix}+\begin{pmatrix}\frac{4}{3}\\0\\\frac{1}{3}\\0\\0\end{pmatrix}$$

例 2 求解非齐次线性方程组

$$\begin{cases}x_1-2x_2+3x_3-x_4=1\\ 3x_1-x_2+5x_3-3x_4=2\\ 2x_1+x_2+2x_3-2x_4=3\end{cases}$$

解　对增广矩阵$(\boldsymbol{A}\vdots\boldsymbol{b})$施行初等行变换

$$(\boldsymbol{A}\vdots\boldsymbol{b})=\left(\begin{array}{cccc:c}1&-2&3&-1&1\\3&-1&5&-3&2\\2&1&2&-2&3\end{array}\right)$$

$$\xrightarrow[r_3-2r_1]{r_2-3r_1}\left(\begin{array}{cccc:c}1&-2&3&-1&1\\0&5&-4&0&-1\\0&5&-4&0&1\end{array}\right)$$

$$\xrightarrow{r_3-r_2}\left(\begin{array}{cccc:c}1&-2&3&-1&1\\0&5&-4&0&-1\\0&0&0&0&2\end{array}\right)$$

可见$R(\boldsymbol{A})=2,R(\boldsymbol{A}\vdots\boldsymbol{b})=3$，故方程组无解。

例3　解齐次线性方程组

$$\begin{cases}2x_1+4x_2-\ x_3+\ x_4=0\\ \ x_1-3x_2+2x_3+3x_4=0\\3x_1+\ x_2+\ x_3+4x_4=0\end{cases}$$

解　对系数矩阵$\boldsymbol{A}$施以初等行变换

$$\boldsymbol{A}=\begin{pmatrix}2&4&-1&1\\1&-3&2&3\\3&1&1&4\end{pmatrix}\xrightarrow{r_1\leftrightarrow r_2}\begin{pmatrix}1&-3&2&3\\2&4&-1&1\\3&1&1&4\end{pmatrix}$$

$$\xrightarrow[r_3-3r_1]{r_2-2r_1}\begin{pmatrix}1&-3&2&3\\0&10&-5&-5\\0&10&-5&-5\end{pmatrix}\xrightarrow[\frac{1}{10}r_2]{r_3-r_2}\begin{pmatrix}1&-3&2&3\\0&1&-\frac{1}{2}&-\frac{1}{2}\\0&0&0&0\end{pmatrix}$$

$$\xrightarrow{r_1+3r_2}\begin{pmatrix}1&0&\frac{1}{2}&\frac{3}{2}\\0&1&-\frac{1}{2}&-\frac{1}{2}\\0&0&0&0\end{pmatrix}$$

原方程组的同解方程组为

$$\begin{cases}x_1=-\frac{1}{2}x_3-\frac{3}{2}x_4\\x_2=\quad\frac{1}{2}x_3+\frac{1}{2}x_4\end{cases}$$

令自由未知量$x_3=c_1$、$x_4=c_2$，则原方程组的全部解为

$$\begin{cases}x_1=-\frac{1}{2}c_1-\frac{3}{2}c_2\\x_2=\quad\frac{1}{2}c_1+\frac{1}{2}c_2\ (c_1,c_2\text{ 为任意常数})\\x_3=\quad c_1\\x_4=\qquad\quad c_2\end{cases}$$

向量形式为

$$\begin{pmatrix}x_1\\x_2\\x_3\\x_4\end{pmatrix}=c_1\begin{pmatrix}-\frac{1}{2}\\\frac{1}{2}\\1\\0\end{pmatrix}+c_2\begin{pmatrix}-\frac{3}{2}\\\frac{1}{2}\\0\\1\end{pmatrix}$$

例 4　设有线性方程组

$$\begin{cases}(1+\lambda)x_1+x_2+x_3=0\\x_1+(1+\lambda)x_2+x_3=3\\x_1+x_2+(1+\lambda)x_3=\lambda\end{cases}$$

问 λ 取何值时，此方程组(1)有唯一解；(2)无解；(3)有无穷多解，并在有无穷多解时求其通解。

解法一　对增广矩阵 $\boldsymbol{B}=(\boldsymbol{A}\vdots\boldsymbol{b})$ 作初等行变换把它变为行阶梯形矩阵，有

$$\boldsymbol{B}=\left(\begin{array}{ccc:c}1+\lambda&1&1&0\\1&1+\lambda&1&3\\1&1&1+\lambda&\lambda\end{array}\right)\xrightarrow{r_1\leftrightarrow r_3}\left(\begin{array}{ccc:c}1&1&1+\lambda&\lambda\\1&1+\lambda&1&3\\1+\lambda&1&1&0\end{array}\right)$$

$$\xrightarrow[r_3-(1+\lambda)r_1]{r_2-r_1}\left(\begin{array}{ccc:c}1&1&1+\lambda&\lambda\\0&\lambda&-\lambda&3-\lambda\\0&-\lambda&-\lambda(2+\lambda)&-\lambda(1+\lambda)\end{array}\right)$$

$$\xrightarrow{r_3+r_2}\left(\begin{array}{ccc:c}1&1&1+\lambda&\lambda\\0&\lambda&-\lambda&3-\lambda\\0&0&-\lambda(3+\lambda)&(1-\lambda)(3+\lambda)\end{array}\right)$$

(1)当 $\lambda\neq0$ 且 $\lambda\neq3$ 时，$R(\boldsymbol{A})=R(\boldsymbol{B})=3$，方程组有唯一解。

(2)当 $\lambda=0$ 时，$R(\boldsymbol{A})=1$、$R(\boldsymbol{B})=2$，方程组无解。

(3)当 $\lambda=-3$ 时，$R(\boldsymbol{A})=R(\boldsymbol{B})=2$，方程组有无穷多个解。

此时

$$\boldsymbol{B}\xrightarrow{r}\left(\begin{array}{ccc:c}1&1&-2&-3\\0&-3&3&6\\0&0&0&0\end{array}\right)\xrightarrow{r}\left(\begin{array}{ccc:c}1&0&-1&-1\\0&1&-1&-2\\0&0&0&0\end{array}\right)$$

由此便得通解

$$\begin{cases}x_1=x_3-1\\x_2=x_3-2\end{cases}\quad(x_3\text{ 可以任意取值})$$

即

$$\begin{pmatrix}x_1\\x_2\\x_3\end{pmatrix}=c\begin{pmatrix}1\\1\\1\end{pmatrix}+\begin{pmatrix}-1\\-2\\0\end{pmatrix}\ (c\text{ 为任意常数})$$

解法二

$$|\boldsymbol{A}|=\begin{vmatrix}1+\lambda&1&1\\1&1+\lambda&1\\1&1&1+\lambda\end{vmatrix}=(3+\lambda)\begin{vmatrix}1&1&1\\1&1+\lambda&1\\1&1&1+\lambda\end{vmatrix}$$

$$=(3+\lambda)\begin{vmatrix}1&1&1\\0&\lambda&0\\0&0&\lambda\end{vmatrix}=(3+\lambda)\lambda^2$$

当 $\lambda\neq0$ 且 $\lambda\neq3$ 时，$|\boldsymbol{A}|\neq0$，由克拉默法则知，方程组有唯一解。

当 $\lambda=0$ 时，

$$\boldsymbol{B}=\begin{pmatrix}1&1&1&\vdots&0\\1&1&1&\vdots&3\\1&1&1&\vdots&0\end{pmatrix}\xrightarrow{r}\begin{pmatrix}1&1&1&\vdots&0\\0&0&0&\vdots&1\\0&0&0&\vdots&0\end{pmatrix}$$

$R(\boldsymbol{A})=1$、$R(\boldsymbol{B})=2$，故方程无解。

当 $\lambda=-3$ 时，

$$\boldsymbol{B}=\begin{pmatrix}-2&1&1&\vdots&0\\1&-2&1&\vdots&3\\1&1&-2&\vdots&-3\end{pmatrix}\xrightarrow{r}\begin{pmatrix}1&0&-1&-1\\0&1&-1&-2\\0&0&0&0\end{pmatrix}$$

知 $R(\boldsymbol{A})=R(\boldsymbol{B})=2$，故方程组有无限多个解，且通解为

$$\begin{pmatrix}x_1\\x_2\\x_3\end{pmatrix}=c\begin{pmatrix}1\\1\\1\end{pmatrix}+\begin{pmatrix}-1\\-2\\0\end{pmatrix}\ (c\text{ 为任意常数})$$

比较解法一与解法二，显见解法二较简单，但解法二只适用于系数矩阵为方阵的情形。对含参数的矩阵作初等行变换时，例如在本例中由于 $\lambda+1$、$\lambda+3$ 等因式可以等于 0，故不宜作诸如 $r_2-\frac{1}{\lambda+1}r_1$、$r_2\times(\lambda+1)$、$r_3\div(\lambda+3)$ 这样的变换。作了这种变换则需对 $\lambda+1=0$（或 $\lambda+3=0$）的情形另作讨论，所以对含参数的矩阵作初等行变换较不方便。

由定理 1 容易得出线性方程组理论中两个最基本的定理，这就是

定理 2　线性方程组 $\boldsymbol{Ax}=\boldsymbol{b}$ 有解的充分必要条件是 $R(\boldsymbol{A})=R(\boldsymbol{A},\boldsymbol{b})$。

定理 3　n 元齐次线性方程组 $\boldsymbol{Ax}=\boldsymbol{0}$ 有非零解的充分必要条件是 $R(\boldsymbol{A})<n$。

显然定理 3 是定理 2 的特殊情形。

定理 4　矩阵方程 $\boldsymbol{AX}=\boldsymbol{B}$ 有解的充分必要条件是 $R(\boldsymbol{A})=R(\boldsymbol{A},\boldsymbol{B})$。

证明　设 $\boldsymbol{A}$ 为 $m\times n$ 矩阵，$\boldsymbol{B}$ 为 $n\times l$ 矩阵，把 $\boldsymbol{X}$ 和 $\boldsymbol{B}$ 按列分块，记为

$$\boldsymbol{X}=(\boldsymbol{x}_1\ \ \boldsymbol{x}_2\ \ \cdots\ \ \boldsymbol{x}_l),\quad \boldsymbol{B}=(\boldsymbol{b}_1\ \ \boldsymbol{b}_2\ \ \cdots\ \ \boldsymbol{b}_l)$$

则矩阵方程 $\boldsymbol{AX}=\boldsymbol{B}$ 等价于 l 个线性方程组

$$\boldsymbol{Ax}_i=\boldsymbol{b}_i(i=1,2,\cdots,l)$$

先证充分性　设 $R(\boldsymbol{A})=R(\boldsymbol{A},\boldsymbol{B})$，由于

$$R(\boldsymbol{A})\leqslant R(\boldsymbol{A},\boldsymbol{b}_i)\leqslant R(\boldsymbol{A},\boldsymbol{B})$$

故有 $R(\boldsymbol{A})=R(\boldsymbol{A},\boldsymbol{b}_i)$，从而 l 个向量方程 $\boldsymbol{Ax}_i=\boldsymbol{b}_i(i=1,2,\cdots,l)$ 都有解，于是矩阵方程 $\boldsymbol{AX}=\boldsymbol{B}$ 有解。

再证必要性　设矩阵方程 $\boldsymbol{AX}=\boldsymbol{B}$ 有解，从而 l 个线性方程组 $\boldsymbol{Ax}_i=\boldsymbol{b}_i$ 都有解，设解为

$$\boldsymbol{x}_i=\begin{pmatrix}\lambda_{1i}\\ \lambda_{2i}\\ \vdots\\ \lambda_{ni}\end{pmatrix}\quad(i=1,2,\cdots,l)$$

记 $\boldsymbol{A}=(\boldsymbol{a}_1\ \boldsymbol{a}_2\ \cdots\ \boldsymbol{a}_n)$，则有

$$\lambda_{1i}\boldsymbol{a}_1+\lambda_{2i}\boldsymbol{a}_2+\cdots+\lambda_{ni}\boldsymbol{a}_n=\boldsymbol{b}_i$$

对矩阵 $(\boldsymbol{A}\ \boldsymbol{B})=(\boldsymbol{a}_1\ \cdots\ \boldsymbol{a}_n\ \boldsymbol{b}_1\ \cdots\ \boldsymbol{b}_l)$ 施以初等列变换

$$c_{n+i}-\lambda_{1i}c_1-\cdots-\lambda_{ni}c_n\ (i=1,2,\cdots,l)$$

把 $(\boldsymbol{A}\ \boldsymbol{B})$ 的第 $n+1$ 列，……，第 $n+l$ 列都变为 $\boldsymbol{0}$，即

$$(\boldsymbol{A},\boldsymbol{B})\overset{c}{\sim}(\boldsymbol{A},\boldsymbol{0})$$

因此，$R(\boldsymbol{A},\boldsymbol{B})=R(\boldsymbol{A})$。

定理 5 设 $\boldsymbol{AB}=\boldsymbol{C}$，则 $R(\boldsymbol{C})\leqslant\min\{R(\boldsymbol{A}),R(\boldsymbol{B})\}$。

证明 因为 $\boldsymbol{AB}=\boldsymbol{C}$，知 $\boldsymbol{AX}=\boldsymbol{C}$ 有解 $\boldsymbol{X}=\boldsymbol{B}$，所以 $R(\boldsymbol{A})=R(\boldsymbol{A},\boldsymbol{C})$，而 $R(\boldsymbol{C})\leqslant R(\boldsymbol{A},\boldsymbol{C})$，于是 $R(\boldsymbol{C})\leqslant R(\boldsymbol{A})$，又 $\boldsymbol{B}^{\mathrm{T}}\boldsymbol{A}^{\mathrm{T}}=\boldsymbol{C}^{\mathrm{T}}$，同理可知，$R(\boldsymbol{C}^{\mathrm{T}})\leqslant R(\boldsymbol{B}^{\mathrm{T}})$，即 $R(\boldsymbol{C})\leqslant R(\boldsymbol{B})$，综合可得 $R(\boldsymbol{C})\leqslant\min\{R(\boldsymbol{A}),R(\boldsymbol{B})\}$。

定理 4 和定理 5 的应用，我们在下一章讨论。

3.4 应用举例

本节的数学模型都是线性的，即每个模型都用线性方程组来表示，通常写成向量和矩阵的形式，由于自然现象通常都是线性的，或者当变量取值在合理范围内时近似于线性，因此线性模型的研究非常重要，此外，线性模型比复杂的非线性模型易于用计算机进行计算。

1.网络流模型

网络流模型广泛应用于交通、运输、通信、电力分配、城市规划、任务分派以及计算机辅助计算等众多领域，当科学家、工程师和经济学家研究某种网络中的流量问题时，线性方程组就产生了，例如，城市规划设计人员和交通工程师监控城市道路网络内的交通流量，电器工程师计算电路中流经的电流，经济学家分析产品通过批发商和零售商网络从生产者到消费者的分配等，大多数网络流模型中的方程组都是包含了数百甚至上千个未知量和线性方程。

一个网络由一个点集以及连接部分或全部点的干线或弧线构成，网络中的点称作联结点(或节点)，网络中的连接线称作分支 。每一分支中的流量方向已经指定，并且流量(或流速)已知或者已标为变量。

网络流的基本假设是网络中流入与流出的总量相等，并且每个联结点流入和流出的总量也相等。例如，图 3-1 分别说明了流量从一个或两个分支流入的情况，x_1、x_2 和 x_3 分别表示从其他分支流出的流量，x_4 和 x_5 表示从其他分支流入的流量。因为流量在每个联结点守恒，所以有 $x_1+x_2=60$ 和 $x_4+x_5=x_3+80$，在类似的网络模式中，每个联结点的流量都是可以用一个线性方程组来表示，网络分析要解决的问题就是：在部分信息(如网络的输

入量）已知的情况下，确定每一分支的流量。

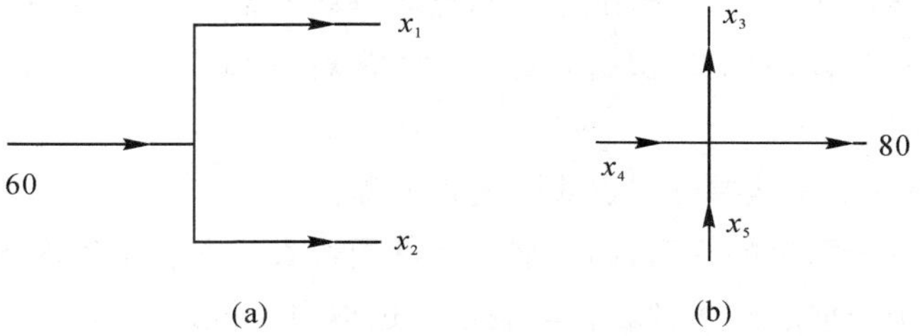

图 3-1

例　图 3-2 中的网络给出了在下午两点钟，某市区部分单行道的交通流量（以每分钟通过的汽车数量来度量），试确定网络的流量模型式。

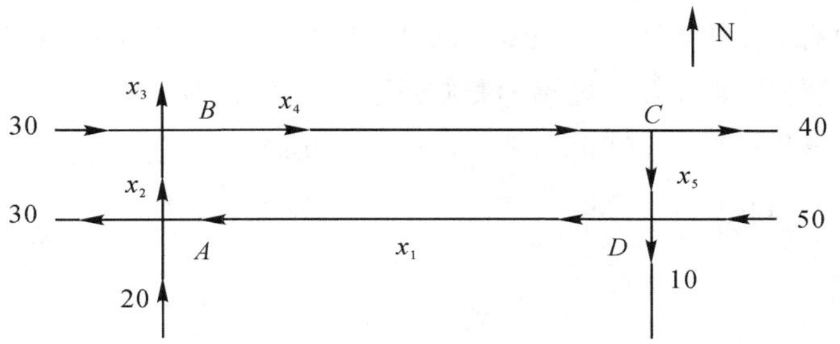

图 3-2

解　根据网络流模型的基本假设，在节点 A、B、C、D 处可以得到下列方程：

$$A: x_1+20=30+x_2$$
$$B: x_2+30=x_3+x_4$$
$$C: x_4=40+x_5$$
$$D: x_5+50=10+x_1$$

此处，该网络的总流入（20＋30＋50）等于网络的总流出（$30+x_3+40+10$），化简得 $x_3=20$，把这个方程与整理后的前 4 个方程联立，得如下方程组：

$$\begin{cases} x_1-x_2=10 \\ x_2-x_3-x_4=-30 \\ x_4-x_5=40 \\ x_1-x_5=40 \\ x_3=20 \end{cases}$$

取 $x_5=c$（c 为任意常数），则网络流量模型式表示为

$$x_1=40+c,\quad x_2=30+c,\quad x_3=20,\quad x_4=40+c,\quad x_5=c$$

网络分支中的负流量表示与模型的方向相反，由于街道是单行道因此变量不能取负值，这致使变量在取正值时也有一定的局限。

2.人口迁移模型

在生态学、经济学和工程学等许多领域中经常需要对随时间变化的动态系统进行数学

建模，此类系统中的某些量常按离散时间间隔来测量，这样就产生了与时间间隔相应的向量序列 $\boldsymbol{x}_0,\boldsymbol{x}_1,\boldsymbol{x}_2,\cdots,\boldsymbol{x}_n$，其中 $\boldsymbol{x}_n$ 表示第 n 次测量时系统状态的有关信息，而 $\boldsymbol{x}_0$ 常被称为初始向量。如果存在矩阵 $\boldsymbol{A}$，并给定初始向量 $\boldsymbol{x}_0$，使得 $\boldsymbol{x}_1=\boldsymbol{A}\boldsymbol{x}_0,\boldsymbol{x}_2=\boldsymbol{A}\boldsymbol{x}_1,\cdots$，即

$$\boldsymbol{x}_{n+1}=\boldsymbol{A}\boldsymbol{x}_n(n=0,1,2,\cdots) \tag{3-11}$$

则称方程(3－11)为一个线性差分方程或者递归方程。

这里我们考查一个简单的模型，即某城市及其周边农村在若干年内的人口变化的情况，该模型用于研究我国当前农村的城镇化与城市化过程中农村人口与城市人口的变迁问题。

设定一个初始年份，比如说2002年，用 r_0、s_0 分别表示这一年城市和农村的人口，设 $\boldsymbol{x}_0$ 为初始人口向量，即 $\boldsymbol{x}_0=\begin{pmatrix}r_0\\s_0\end{pmatrix}$，对2003年及以后的年份，我们用向量 $\boldsymbol{x}_1=\begin{pmatrix}r_1\\s_1\end{pmatrix},\boldsymbol{x}_2=\begin{pmatrix}r_2\\s_2\end{pmatrix},\cdots$，表示。

假设每年大约有5%的城市人口迁移到农村(95%仍然留在城市)，有12%的农村人口迁移到城市，忽略其他因素对人口规模的影响，则一年以后，城市与农村人口的分布为

$$\begin{pmatrix}r_1\\s_1\end{pmatrix}=r_0\begin{pmatrix}0.95\\0.05\end{pmatrix}+s_0\begin{pmatrix}0.12\\0.88\end{pmatrix}=\begin{pmatrix}0.95&0.12\\0.05&0.88\end{pmatrix}\begin{pmatrix}r_0\\s_0\end{pmatrix}$$

即

$$\boldsymbol{x}_1=\boldsymbol{M}\boldsymbol{x}_0$$

其中

$$\boldsymbol{M}=\begin{pmatrix}0.95&0.12\\0.05&0.88\end{pmatrix}$$

如果迁移的百分比保持不变，则可以得到2004年，2005年，……，的人口分布公式：

$$\boldsymbol{x}_2=\boldsymbol{M}\boldsymbol{x}_1,\quad \boldsymbol{x}_3=\boldsymbol{M}\boldsymbol{x}_2,\quad \cdots$$

一般地有

$$\boldsymbol{x}_{n+1}=\boldsymbol{M}\boldsymbol{x}_n\quad(n=0,1,2,\cdots)$$

这里向量列 $\{\boldsymbol{x}_0,\boldsymbol{x}_1,\boldsymbol{x}_2\cdots\}$ 描述了城市与农村人口在若干年内的分布变化。

习题三

1. 把下列矩阵化为行最简形矩阵：

(1) $\begin{pmatrix}1&-1&2&1\\1&1&-1&0\\2&0&1&1\end{pmatrix}$；　　(2) $\begin{pmatrix}0&2&-3&1\\0&3&-4&3\\0&4&-7&-1\end{pmatrix}$。

2. 用矩阵的初等变换把下列矩阵化为标准形：

(1) $\begin{pmatrix}1&2&3\\3&1&2\\2&3&1\end{pmatrix}$；　　(2) $\begin{pmatrix}-2&-1&-4&2&-1\\3&0&6&-1&1\\0&3&0&0&1\end{pmatrix}$。

3. 选择题。

(1) 设矩阵

$$A=\begin{pmatrix} a_{11} & a_{12} & a_{13} & a_{14} \\ a_{21} & a_{22} & a_{23} & a_{24} \\ a_{31} & a_{32} & a_{33} & a_{34} \\ a_{41} & a_{42} & a_{43} & a_{44} \end{pmatrix}, B=\begin{pmatrix} a_{14} & a_{13} & a_{12} & a_{11} \\ a_{24} & a_{23} & a_{22} & a_{21} \\ a_{34} & a_{33} & a_{32} & a_{31} \\ a_{44} & a_{43} & a_{42} & a_{41} \end{pmatrix}, \boldsymbol{p}_1=\begin{pmatrix} 0 & 0 & 0 & 1 \\ 0 & 1 & 0 & 0 \\ 0 & 0 & 1 & 0 \\ 1 & 0 & 0 & 0 \end{pmatrix},$$

$\boldsymbol{p}_2=\begin{pmatrix} 1 & 0 & 0 & 0 \\ 0 & 0 & 1 & 0 \\ 0 & 1 & 0 & 0 \\ 0 & 0 & 0 & 1 \end{pmatrix}$，其中 A 可逆，则 B^{-1} 等于(　　)。

(A) $A^{-1}P_1P_2$　　(B) $P_1A^{-1}P_2$　　(C) $P_1P_2A^{-1}$　　(D) $P_2A^{-1}P_1$

(2) 设矩阵 $A=\begin{pmatrix} a_{11} & a_{12} & a_{13} \\ a_{21} & a_{22} & a_{23} \\ a_{31} & a_{32} & a_{33} \end{pmatrix}$，$B=\begin{pmatrix} a_{21} & a_{22} & a_{23} \\ a_{11} & a_{22} & a_{23} \\ a_{31}+a_{11} & a_{32}+a_{12} & a_{33}+a_{13} \end{pmatrix}$，$\boldsymbol{p}_1=\begin{pmatrix} 0 & 1 & 0 \\ 1 & 0 & 0 \\ 0 & 0 & 1 \end{pmatrix}$，

$P_2=\begin{pmatrix} 1 & 0 & 0 \\ 0 & 1 & 0 \\ 1 & 0 & 1 \end{pmatrix}$ 则必有(　　)。

(A) $AP_1P_2=B$　　(B) $AP_2P_1=B$　　(C) $P_1P_2A=B$　　(D) $P_2P_1A=B$

4. 设 $A=\begin{pmatrix} 1 & 0 & 0 \\ 2 & 1 & 0 \\ 0 & 0 & 1 \end{pmatrix}$，求 A^{100}。

5. 设 $\begin{pmatrix} 0 & 1 & 0 \\ 1 & 0 & 0 \\ 0 & 0 & 1 \end{pmatrix} A \begin{pmatrix} 1 & 0 & 1 \\ 0 & 1 & 0 \\ 0 & 0 & 1 \end{pmatrix} = \begin{pmatrix} 1 & 2 & 3 \\ 4 & 5 & 6 \\ 7 & 8 & 9 \end{pmatrix}$，求 A。

6. 用初等变换求下列矩阵的逆矩阵。

(1) $\begin{pmatrix} 2 & 0 & 1 \\ 1 & -2 & 1 \\ -1 & 3 & 2 \end{pmatrix}$；　　(2) $\begin{pmatrix} 1 & 0 & 0 & 0 \\ 1 & 2 & 0 & 0 \\ 1 & 2 & 3 & 0 \\ 1 & 2 & 3 & 4 \end{pmatrix}$。

7. 解矩阵方程。

(1) 设 $A=\begin{pmatrix} 4 & 1 & -2 \\ 2 & 2 & 1 \\ 3 & 1 & -1 \end{pmatrix}$、$B=\begin{pmatrix} 1 & -3 \\ 2 & 2 \\ 3 & -1 \end{pmatrix}$，求 X 使 $AX=B$。

(2) 设 $A=\begin{pmatrix} 0 & 2 & 1 \\ 2 & -1 & 3 \\ -3 & 3 & -4 \end{pmatrix}$、$B=\begin{pmatrix} 1 & 2 & 3 \\ 2 & -3 & 1 \end{pmatrix}$，求 X 使 $XA=B$。

(3)设 $A=\begin{pmatrix}1 & -1 & 0\\ 0 & 1 & 1\\ -1 & 0 & 1\end{pmatrix}$,$AX=2X+A$,求 X。

8.求下列矩阵的秩,并求一个最高阶非零子式:

(1)$\begin{pmatrix}3 & 1 & 0 & 2\\ 1 & -1 & 2 & -1\\ 1 & 3 & -4 & 4\end{pmatrix}$; (2)$\begin{pmatrix}3 & 2 & -1 & -3 & -2\\ 2 & -1 & 3 & 1 & -3\\ 7 & 0 & 5 & -1 & -8\end{pmatrix}$;

(3)$\begin{pmatrix}1 & -1 & 2 & 1 & 0\\ 2 & -2 & 4 & 2 & 0\\ 3 & 0 & 6 & -1 & 1\\ 0 & 3 & 0 & 0 & 1\end{pmatrix}$。

9.设 $A=\begin{pmatrix}1 & -2 & 3k\\ -1 & 2k & -3\\ k & -2 & 3\end{pmatrix}$,问 k 为何值,可使

(1)$R(A)=1$; (2)$R(A)=2$; (3)$R(A)=3$。

10.设矩阵 $A=\begin{pmatrix}3 & -2 & \lambda & -16\\ 2 & -3 & 0 & 1\\ 1 & -1 & 1 & -3\\ 3 & \mu & 1 & -2\end{pmatrix}$,其中 λ、μ 为参数,求矩阵 A 的秩的最大值和最小值。

11.设 A 为 n 阶矩阵,$R(A)=1$,证明

(1)$A=\begin{pmatrix}a_1\\ a_2\\ \vdots\\ a_n\end{pmatrix}\cdot(b_1,b_2\cdots b_n)$(其中 $a_i,b_i,(i=1,2,\cdots,n)$不全为0);

(2)$A^2=kA$(k 为任意常数)。

12.求解下列齐次线性方程组。

(1)$\begin{cases}x_1+2x_2-x_3-2x_4=0\\ 2x_1-x_2-x_3+x_4=0\\ 3x_1+x_2-2x_3-x_4=0\end{cases}$; (2)$\begin{cases}x_1-x_2+5x_3-x_4=0\\ 3x_1-x_2-9x_3+7x_4=0\\ 2x_1-2x_2+10x_3-2x_4=0\\ 3x_1-x_2+8x_3+x_4=0\end{cases}$。

13.求解下列非齐次方程。

(1)$\begin{cases}x_1-x_2+3x_3-x_4=1\\ 2x_1-x_2-x_3+4x_4=2\\ 3x_1-2x_2+2x_3+3x_4=3\\ x_1-4x_3+5x_4=-1\end{cases}$; (2)$\begin{cases}x_1+2x_2+4x_3=0\\ 3x_1-x_2+5x_3=3\\ 5x_1-2x_2+12x_3=4\\ 2x_1-x_2=3\end{cases}$;

(3) $\begin{cases} x_1-2x_2-x_3-x_4=1 \\ 2x_1-x_2-3x_3=2 \\ x_1-2x_2-x_3-x_4=-1 \end{cases}$。

14. 若齐次线性方程组

$$\begin{cases} \lambda x_1+x_2+\lambda^2 x_3=0 \\ x_1+\lambda x_2+x_3=0 \\ x_1+x_2+\lambda x_3=0 \end{cases}$$

有非零解，求 λ 的值。

15. 当 a 取何值时，线性方程组

$$\begin{cases} x_1+x_2-x_3=1 \\ 2x_1+3x_2+ax_3=3 \\ x_1+ax_2+3x_3=2 \end{cases}$$

无解？有唯一解？有无穷多解？当方程组有无穷多解时，求其通解。

16. 设 $\boldsymbol{A}$ 为 $m\times n$ 矩阵，证明：如果 $\boldsymbol{Ax}=\boldsymbol{Ay}$，$R(\boldsymbol{A})=n$，则 $\boldsymbol{x}=\boldsymbol{y}$。

第 4 章　向量组与线性方程组的解的结构

4.1　向量组及其线性组合

在中学解析几何中，我们利用直角坐标系，使平面上的点与有序实数组(x,y)一一对应，为研究几何问题提供了强有力的手段。在讨论线性方程组解的结构时，也需要利用向量的概念和有关性质，因此我们有必要系统地讨论向量的理论和方法。

1.向量及其线性运算

定义 1　n 个实数组成的有序数组$(a_1,a_2,\cdots,a_n)$称为一个 n 维向量，其中第 i 个数 a_i 称为该向量的第 i 个分量$(i=1,2,\cdots,n)$。

向量一般用 $\boldsymbol{\alpha}$、$\boldsymbol{\beta}$、$\boldsymbol{\gamma}$ 等希腊字母表示，有时也可用 $\boldsymbol{a}$、$\boldsymbol{b}$、$\boldsymbol{c}$ 等小写的拉丁黑体字母表示，而向量的分量则用小写字母 a、b、c 等加下标表示。例如

$$\boldsymbol{\alpha}=(a_1,a_2,\cdots,a_n),\boldsymbol{\beta}=(b_1,b_2,\cdots,b_n)$$

$\boldsymbol{\alpha}$、$\boldsymbol{\beta}$ 都称为 n 维行向量。有时根据问题的需要，向量需用列的形式表示，如

$$\boldsymbol{\alpha}=\begin{pmatrix}a_1\\a_2\\\vdots\\a_n\end{pmatrix},\quad \boldsymbol{\beta}=\begin{pmatrix}b_1\\b_2\\\vdots\\b_n\end{pmatrix}$$

这时 $\boldsymbol{\alpha}$、$\boldsymbol{\beta}$ 都称为 n 维列向量，$\boldsymbol{\alpha}^{\mathrm{T}}$、$\boldsymbol{\beta}^{\mathrm{T}}$ 便是行向量，本书中所讨论的向量在没有指明是行向量时，都当作列向量。

例 1　在经济学中，我们经常用向量描述某些经济行为，例如一个厂商在生产过程中有 n 种可以作为投入或产出的商品，我们可以用 n 维列向量 $\boldsymbol{y}=(y_1,y_2,\cdots,y_n)^{\mathrm{T}}$ 表示该厂商的一个生产方案，其中 y_i 是第 i 种商品的净产出量，当 $y_i<0$ 时，表示第 i 种商品是投入品；$y_i\geqslant 0$ 时，表示第 i 种商品是产出品。

例 2　在计算机成像技术中，像的区域被分划为许多小区域，这些小区域称为像素，对每个像素需用向量将其数字化，以便于计算机处理。例如彩色图像的像素向量是一个五维向量

$$(x,y,r,g,b)^{\mathrm{T}}$$

其中，x，y表示像素的位置(坐标)；而 r，g，b 表示三种基本颜色(红、绿、蓝)的强度。

例3　设矩阵

$$A=\begin{pmatrix} a_{11} & a_{12} & \cdots & a_{1n} \\ a_{21} & a_{22} & \cdots & a_{2n} \\ \vdots & \vdots & & \vdots \\ a_{m1} & a_{m2} & \cdots & a_{mn} \end{pmatrix}$$

$\boldsymbol{A}$ 的每一行$(a_{i1},a_{i2},\cdots,a_{in})(i=1,2,\cdots m)$都是一个 n 维行向量，记作 $\boldsymbol{\alpha}_i$，$\boldsymbol{A}$ 的每一列$(a_{1j},a_{2j},\cdots,a_{mj})^{\mathrm{T}}(j=1,2,\cdots,n)$都是一个 n 维的列向量，记作 $\boldsymbol{\beta}_j$，则 $\boldsymbol{\alpha}_1,\boldsymbol{\alpha}_2,\cdots,\boldsymbol{\alpha}_m$ 称为矩阵 $\boldsymbol{A}$ 的行向量组；$\boldsymbol{\beta}_1,\boldsymbol{\beta}_2,\cdots,\boldsymbol{\beta}_n$ 称为矩阵 $\boldsymbol{A}$ 的列向量组。

一般地，若干个同维行向量(或列向量)所组成的集合称为向量组。若不特别指明，本书中所讨论的向量组均为列向量组。由于 n 维行(列)向量可看作 $1\times n(n\times 1)$矩阵，因此矩阵的各种运算及运算律可适用于向量。

如果 n 维向量 $\boldsymbol{\alpha}=(a_1,a_2,\cdots,a_n)^{\mathrm{T}}$、$\boldsymbol{\beta}=(b_1,b_2,\cdots,b_n)^{\mathrm{T}}$ 的对应分量相等，即 $a_i=b_i(i=1,2,\cdots,n)$，则称这两个向量相等，记作 $\boldsymbol{\alpha}=\boldsymbol{\beta}$。

分量都是零的向量称为零向量，零向量记作 $\mathbf{0}=(0,0,\cdots,0)^{\mathrm{T}}$。

设 $\boldsymbol{\alpha}=(a_1,a_2,\cdots,a_n)^{\mathrm{T}}$、$\boldsymbol{\beta}=(b_1,b_2,\cdots,b_n)^{\mathrm{T}}$，向量 $\boldsymbol{\alpha}$ 与 $\boldsymbol{\beta}$ 的和

$$\boldsymbol{\alpha}+\boldsymbol{\beta}=(a_1+b_1,a_2+b_2,\cdots,a_n+b_n)^{\mathrm{T}}$$

n 维向量 $\boldsymbol{\alpha}=(a_1,a_2,\cdots,a_n)^{\mathrm{T}}$ 的负向量记作 $-\boldsymbol{\alpha}$，

$$-\boldsymbol{\alpha}=(-a_1,-a_2,\cdots,-a_n)^{\mathrm{T}}$$

由向量的加法和负向量的定义，可以得到 $\boldsymbol{\alpha}-\boldsymbol{\beta}$ 为

$$\boldsymbol{\alpha}-\boldsymbol{\beta}=\boldsymbol{\alpha}+(-\boldsymbol{\beta})=(a_1-b_1,a_2-b_2,\cdots,a_n-b_n)^{\mathrm{T}}$$

数 k 与向量 $\boldsymbol{\alpha}=(a_1,a_2,\cdots,a_n)^{\mathrm{T}}$ 的乘积记作 $k\boldsymbol{\alpha}$，

$$k\boldsymbol{\alpha}=(ka_1,ka_2,\cdots,ka_n)^{\mathrm{T}}$$

向量的加法和数乘运算，统称为向量的线性运算。

例4　设 $\boldsymbol{\alpha}=(2,-1,1,1)^{\mathrm{T}}$、$\boldsymbol{\beta}=(1,2,-1,5)^{\mathrm{T}}$、$\boldsymbol{\gamma}=(4,3,-1,11)^{\mathrm{T}}$，数 k 使得 $\boldsymbol{\alpha}+k\boldsymbol{\beta}-\boldsymbol{\gamma}=\mathbf{0}$，其中 $\mathbf{0}=(0,0,0,0)^{\mathrm{T}}$ 是四维零向量，求数 k。

解　由题设条件有

$$\begin{pmatrix} 2 \\ -1 \\ 1 \\ 1 \end{pmatrix}+k\begin{pmatrix} 1 \\ 2 \\ -1 \\ 5 \end{pmatrix}-\begin{pmatrix} 4 \\ 3 \\ -1 \\ 11 \end{pmatrix}=\begin{pmatrix} 0 \\ 0 \\ 0 \\ 0 \end{pmatrix}$$

即

$$\begin{pmatrix} k-2 \\ 2k-4 \\ -k+2 \\ 5k-10 \end{pmatrix}=\begin{pmatrix} 0 \\ 0 \\ 0 \\ 0 \end{pmatrix}$$

于是 $k=2$。

2.向量组的线性组合

定义2　对于向量组 $\boldsymbol{\alpha}_1,\boldsymbol{\alpha}_2,\cdots,\boldsymbol{\alpha}_s$ 和向量 $\boldsymbol{\beta}$，若存在一组数 $k_1,k_2,\cdots,k_s$，使得

$$\boldsymbol{\beta}=k_1\boldsymbol{\alpha}_1+k_2\boldsymbol{\alpha}_2+\cdots+k_s\boldsymbol{\alpha}_s \tag{4-1}$$

则称 $\boldsymbol{\beta}$ 是向量组 $\boldsymbol{\alpha}_1,\boldsymbol{\alpha}_2,\cdots,\boldsymbol{\alpha}_s$ 的线性组合，或称 $\boldsymbol{\beta}$ 可由向量组 $\boldsymbol{\alpha}_1,\boldsymbol{\alpha}_2,\cdots,\boldsymbol{\alpha}_s$ 线性表示。

例 5　n 阶单位矩阵 $\boldsymbol{E}_n$ 的列向量组

$$\boldsymbol{\varepsilon}_1=(1,0,\cdots,0)^{\mathrm{T}},\quad \boldsymbol{\varepsilon}_2=(0,1,\cdots,0)^{\mathrm{T}},\quad \cdots,\quad \boldsymbol{\varepsilon}_n=(0,0,\cdots,1)^{\mathrm{T}}$$

称为初始单位向量组，不难验证，任一 n 维向量 $\boldsymbol{\alpha}=(a_1,a_2,\cdots,a_n)^{\mathrm{T}}$ 可由向量组 $\boldsymbol{\varepsilon}_1,\boldsymbol{\varepsilon}_2,\cdots,\boldsymbol{\varepsilon}_n$ 线性表示：

$$\boldsymbol{\alpha}=a_1\boldsymbol{\varepsilon}_1+a_2\boldsymbol{\varepsilon}_2+\cdots+a_n\boldsymbol{\varepsilon}_n$$

如果向量 $\boldsymbol{\beta}$ 可以由向量组 $\boldsymbol{\alpha}_1,\boldsymbol{\alpha}_2,\cdots,\boldsymbol{\alpha}_s$ 线性表示，则 $x_1,x_2,\cdots,x_s$ 为未知量的线性方程组

$$x_1\boldsymbol{\alpha}_1+x_2\boldsymbol{\alpha}_2+\cdots+x_s\boldsymbol{\alpha}_s=\boldsymbol{\beta} \tag{4-2}$$

一定有解，反之，如果线性方程组(4-2)有解，则 $\boldsymbol{\beta}$ 一定可由 $\boldsymbol{\alpha}_1,\boldsymbol{\alpha}_2,\cdots,\boldsymbol{\alpha}_s$ 线性表示，由 3.3 定理 1 可得到下述结论：

定理 1　向量 $\boldsymbol{\beta}$ 可以由向量组 $\boldsymbol{\alpha}_1,\boldsymbol{\alpha}_2,\cdots,\boldsymbol{\alpha}_s$ 线性表示的充分必要条件是矩阵 $\boldsymbol{A}=(\boldsymbol{\alpha}_1\ \boldsymbol{\alpha}_2\ \cdots\ \boldsymbol{\alpha}_s)$ 的秩等于矩阵 $(\boldsymbol{A}\ \boldsymbol{\beta})=(\boldsymbol{\alpha}_1\ \boldsymbol{\alpha}_2\ \cdots\ \boldsymbol{\alpha}_s\ \boldsymbol{\beta})$ 的秩。

例 6　已知向量组 $\boldsymbol{\alpha}_1=(1,2,4,2)^{\mathrm{T}},\boldsymbol{\alpha}_2=(2,3,3,5)^{\mathrm{T}},\boldsymbol{\alpha}_3=(-3,-5,-9,-8)^{\mathrm{T}}$ 和向量 $\boldsymbol{\beta}=(4,7,9,8)^{\mathrm{T}}$，验证向量 $\boldsymbol{\beta}$ 可由向量组 $\boldsymbol{\alpha}_1,\boldsymbol{\alpha}_2,\boldsymbol{\alpha}_3$ 线性表示，并求表示式。

解　设有数 x_1,x_2,x_3，使得

$$x_1\boldsymbol{\alpha}_1+x_2\boldsymbol{\alpha}_2+x_3\boldsymbol{\alpha}_3=\boldsymbol{\beta}$$

对矩阵 $(\boldsymbol{\alpha}_1\ \ \boldsymbol{\alpha}_2\ \ \boldsymbol{\alpha}_3\ \ \boldsymbol{\beta})$ 施以初等行变换：

$$(\boldsymbol{\alpha}_1\ \ \boldsymbol{\alpha}_2\ \ \boldsymbol{\alpha}_3\ \ \boldsymbol{\beta})=\left(\begin{array}{ccc:c}1&2&-3&4\\2&3&-5&7\\4&3&-9&9\\2&5&-8&8\end{array}\right)\xrightarrow[r_4-2r_1]{\substack{r_2-2r_1\\r_3-4r_1}}\left(\begin{array}{ccc:c}1&2&-3&4\\0&-1&1&-1\\0&-5&3&-7\\0&1&-2&0\end{array}\right)$$

$$\xrightarrow[r_4+r_2]{r_3-5r_2}\left(\begin{array}{ccc:c}1&2&-3&4\\0&-1&1&-1\\0&0&-2&-2\\0&0&-1&-1\end{array}\right)\xrightarrow[(-\frac{1}{2})r_3]{\substack{(-1)r_2\\r_4-\frac{1}{2}r_3}}\left(\begin{array}{ccc:c}1&2&-3&4\\0&1&-1&1\\0&0&1&1\\0&0&0&0\end{array}\right)$$

由此可知，$R(\boldsymbol{\alpha}_1,\boldsymbol{\alpha}_2,\boldsymbol{\alpha}_3)=R(\boldsymbol{\alpha}_1,\boldsymbol{\alpha}_2,\boldsymbol{\alpha}_3,\boldsymbol{\beta})=3$，所以向量 $\boldsymbol{\beta}$ 可由向量组 $\boldsymbol{\alpha}_1,\boldsymbol{\alpha}_2,\boldsymbol{\alpha}_3$ 线性表示。

对上面最后一个矩阵继续施以初等行变换化为行最简形矩阵：

$$\left(\begin{array}{ccc:c}1&2&-3&4\\0&1&-1&1\\0&0&1&1\\0&0&0&0\end{array}\right)\xrightarrow{\substack{r_2+r_3\\r_1+3r_3}}\left(\begin{array}{ccc:c}1&2&0&7\\0&1&0&2\\0&0&1&1\\0&0&0&0\end{array}\right)\xrightarrow{r_1-2r_2}\left(\begin{array}{ccc:c}1&0&0&3\\0&1&0&2\\0&0&1&1\\0&0&0&0\end{array}\right)$$

所以 $x_1=3$、$x_2=2$、$x_3=1$，于是得到

$$\boldsymbol{\beta}=3\boldsymbol{\alpha}_1+2\boldsymbol{\alpha}_2+\boldsymbol{\alpha}_3$$

利用定理 1 判断向量 $\boldsymbol{\beta}$ 可否由向量组 $\boldsymbol{\alpha}_1,\boldsymbol{\alpha}_2,\cdots,\boldsymbol{\alpha}_s$ 线性表示时，可以出现三种情形：

(1)$\boldsymbol{\beta}$ 不可由 $\boldsymbol{\alpha}_1,\boldsymbol{\alpha}_2,\cdots,\boldsymbol{\alpha}_s$ 线性表示；

(2)$\boldsymbol{\beta}$ 可由 $\boldsymbol{\alpha}_1,\boldsymbol{\alpha}_2,\cdots,\boldsymbol{\alpha}_s$ 线性表示，且表示法唯一；

(3)$\boldsymbol{\beta}$ 可由 $\boldsymbol{\alpha}_1,\boldsymbol{\alpha}_2,\cdots,\boldsymbol{\alpha}_s$ 线性表示，但表示法不唯一。

本质上，这就是非齐次线性方程组解的三种情形。

3.向量组等价

定义3 设两个向量组 $A:\boldsymbol{\alpha}_1,\boldsymbol{\alpha}_2,\cdots,\boldsymbol{\alpha}_s$ 及 $B:\boldsymbol{\beta}_1,\boldsymbol{\beta}_2,\cdots,\boldsymbol{\beta}_t$，若 B 组中的每个向量都能由向量组 A 线性表示，则称向量组 B 能由向量组 A 线性表示。若向量组 A 与向量组 B 能相互线性表示，则称这两个向量组等价。

把向量组 A 和 B 所构成的矩阵依次记作 $\boldsymbol{A}=(\boldsymbol{\alpha}_1\ \boldsymbol{\alpha}_2\ \cdots\ \boldsymbol{\alpha}_s)$ 和 $\boldsymbol{B}=(\boldsymbol{\beta}_1\ \boldsymbol{\beta}_2\ \cdots\ \boldsymbol{\beta}_t)$，$B$ 组能由 A 组线性表示，即对每个向量 $\boldsymbol{\beta}_j(j=1,2,\cdots,t)$ 存在数 $k_{1j},k_{2j},\cdots,k_{sj}$，使

$$\boldsymbol{\beta}_j=k_{1j}\boldsymbol{\alpha}_1+k_{2j}\boldsymbol{\alpha}_2+\cdots+k_{sj}\boldsymbol{\alpha}_s=(\boldsymbol{\alpha}_1\ \ \boldsymbol{\alpha}_2\ \ \cdots\ \boldsymbol{\alpha}_s)\begin{pmatrix}k_{1j}\\k_{2j}\\\vdots\\k_{sj}\end{pmatrix}$$

从而

$$(\boldsymbol{\beta}_1\ \ \boldsymbol{\beta}_2\ \ \cdots\ \boldsymbol{\beta}_t)=(\boldsymbol{\alpha}_1\ \ \boldsymbol{\alpha}_2\ \ \cdots\ \boldsymbol{\alpha}_s)\begin{pmatrix}k_{11}&k_{12}&\cdots&k_{1t}\\k_{21}&k_{22}&\cdots&k_{2t}\\\vdots&\vdots&&\vdots\\k_{s1}&k_{s2}&\cdots&k_{st}\end{pmatrix}$$

这里矩阵 $\boldsymbol{K}_{s\times t}=(k_{ij})$ 称为这一线性表示的系数矩阵。

由此可知，若 $\boldsymbol{C}_{m\times n}=\boldsymbol{A}_{m\times s}\boldsymbol{B}_{s\times n}$，则矩阵 $\boldsymbol{C}$ 的列向量组能由矩阵 $\boldsymbol{A}$ 的列向量组线性表示，$\boldsymbol{B}$ 为这一表示的系数矩阵：

$$(\boldsymbol{c}_1\ \ \boldsymbol{c}_2\ \ \cdots\ \boldsymbol{c}_n)=(\boldsymbol{\alpha}_1\ \ \boldsymbol{\alpha}_2\ \ \cdots\ \boldsymbol{\alpha}_s)\begin{pmatrix}b_{11}&b_{12}&\cdots&b_{1n}\\b_{21}&b_{22}&\cdots&b_{2n}\\\vdots&\vdots&&\vdots\\b_{s1}&b_{s2}&\cdots&b_{sn}\end{pmatrix}$$

同时，$\boldsymbol{C}$ 的行向量组能由 $\boldsymbol{B}$ 的行向量组线性表示，$\boldsymbol{A}$ 为这一表示的系数矩阵：

$$\begin{pmatrix}\boldsymbol{\gamma}_1^{\mathrm{T}}\\\boldsymbol{\gamma}_2^{\mathrm{T}}\\\vdots\\\boldsymbol{\gamma}_m^{\mathrm{T}}\end{pmatrix}=\begin{pmatrix}a_{11}&a_{12}&\cdots&a_{1t}\\a_{21}&a_{22}&\cdots&a_{2t}\\\vdots&\vdots&&\vdots\\a_{m1}&a_{m2}&\cdots&a_{mt}\end{pmatrix}\begin{pmatrix}\boldsymbol{\beta}_1^{\mathrm{T}}\\\boldsymbol{\beta}_2^{\mathrm{T}}\\\vdots\\\boldsymbol{\beta}_t^{\mathrm{T}}\end{pmatrix}$$

按定义3，向量组 B：$\boldsymbol{\beta}_1,\boldsymbol{\beta}_2,\cdots,\boldsymbol{\beta}_t$ 能由向量组 A：$\boldsymbol{\alpha}_1,\boldsymbol{\alpha}_2,\cdots,\boldsymbol{\alpha}_s$ 线性表示，其含义是存在矩阵 $\boldsymbol{K}_{s\times t}$，使 $(\boldsymbol{\beta}_1\ \boldsymbol{\beta}_2\ \cdots\ \boldsymbol{\beta}_t)=(\boldsymbol{\alpha}_1\ \boldsymbol{\alpha}_2\ \cdots\ \boldsymbol{\alpha}_s)\boldsymbol{K}$，也就是矩阵方程

$$(\boldsymbol{\alpha}_1\ \ \boldsymbol{\alpha}_2\ \ \cdots\ \boldsymbol{\alpha}_s)\boldsymbol{X}=(\boldsymbol{\beta}_1\ \ \boldsymbol{\beta}_2\ \ \cdots\ \boldsymbol{\beta}_t)$$

有解。由3.3节定理3立即可得：

定理2 向量组 B：$\boldsymbol{\beta}_1,\boldsymbol{\beta}_2,\cdots,\boldsymbol{\beta}_t$ 能由向量组 A：$\boldsymbol{\alpha}_1,\boldsymbol{\alpha}_2,\cdots,\boldsymbol{\alpha}_s$ 线性表示的充分必要条件是矩阵 $\boldsymbol{A}=(\boldsymbol{\alpha}_1\ \boldsymbol{\alpha}_2\ \cdots\ \boldsymbol{\alpha}_s)$ 的秩等于矩阵

$$(\boldsymbol{A}\ \ \boldsymbol{B})=(\boldsymbol{\alpha}_1\ \ \boldsymbol{\alpha}_2\ \ \cdots\ \boldsymbol{\alpha}_s\ \ \boldsymbol{\beta}_1\ \ \boldsymbol{\beta}_2\ \ \cdots\ \boldsymbol{\beta}_t)$$

的秩，即 $R(\boldsymbol{A})=R(\boldsymbol{A},\boldsymbol{B})$。

推论 向量组 A：$\boldsymbol{\alpha}_1,\boldsymbol{\alpha}_2,\cdots,\boldsymbol{\alpha}_s$ 与向量组 B：$\boldsymbol{\beta}_1,\boldsymbol{\beta}_2,\cdots,\boldsymbol{\beta}_t$ 等价的充分必要条件是

$$R(\boldsymbol{A})=R(\boldsymbol{B})=R(\boldsymbol{A},\boldsymbol{B})$$

其中 $\boldsymbol{A}$ 和 $\boldsymbol{B}$ 是向量组 A 和 B 所构成的矩阵。

证明 因向量组 A 与 B 能相互线性表示，依据定理 2，知它们等价的充分必要条件是

$$R(\boldsymbol{A})=R(\boldsymbol{A},\boldsymbol{B}) \quad \text{且} \quad R(\boldsymbol{B})=R(\boldsymbol{B},\boldsymbol{A})$$

而 $R(\boldsymbol{A},\boldsymbol{B})=R(\boldsymbol{B},\boldsymbol{A})$，合起来即得 $R(\boldsymbol{A})=R(\boldsymbol{B})=R(\boldsymbol{A},\boldsymbol{B})$。

例 7 设向量组(Ⅰ)：$\boldsymbol{\alpha}_1=(1,2,3)^{\mathrm{T}},\boldsymbol{\alpha}_2=(1,0,1)^{\mathrm{T}}$；

向量组(Ⅱ)：$\boldsymbol{\beta}_1=(-1,2,t)^{\mathrm{T}},\boldsymbol{\beta}_2=(4,1,5)^{\mathrm{T}}$。

问 t 为何值时向量组(Ⅰ)与(Ⅱ)等价。

解 设矩阵 $\boldsymbol{A}=(\boldsymbol{\alpha}_1\ \ \boldsymbol{\alpha}_2)$、$\boldsymbol{B}=(\boldsymbol{\beta}_1\ \ \boldsymbol{\beta}_2)$，对矩阵 $(\boldsymbol{A}\ \boldsymbol{B})$ 施以初等行变换化为阶梯形矩阵：

$$(\boldsymbol{A}\ \ \boldsymbol{B})=\left(\begin{array}{cc:cc}1&1&-1&4\\2&0&2&1\\3&1&t&5\end{array}\right)\xrightarrow[r_3-3r_1]{r_2-2r_1}\left(\begin{array}{cc:cc}1&1&-1&4\\0&-2&4&-7\\0&-2&t+3&-7\end{array}\right)$$

$$\xrightarrow{r_3-r_2}\left(\begin{array}{cc:cc}1&1&-1&t\\0&-2&4&-7\\0&0&t-1&0\end{array}\right)$$

由此可知 $R(\boldsymbol{A})=2$，当 $t=1$ 时，$R(\boldsymbol{A},\boldsymbol{B})=2$，显然 $R(\boldsymbol{B})=2$，所以当 $t=1$ 时，$R(\boldsymbol{A})=R(\boldsymbol{B})=R(\boldsymbol{A},\boldsymbol{B})=2$，向量组(Ⅰ)与(Ⅱ)等价。

定理 3 设向量组 B：$\boldsymbol{\beta}_1,\boldsymbol{\beta}_2,\cdots,\boldsymbol{\beta}_t$ 能由向量组 A：$\boldsymbol{\alpha}_1,\boldsymbol{\alpha}_2,\cdots,\boldsymbol{\alpha}_s$ 线性表示，则

$$R(\boldsymbol{\beta}_1,\boldsymbol{\beta}_2,\cdots,\boldsymbol{\beta}_t)\leqslant R(\boldsymbol{\alpha}_1,\boldsymbol{\alpha}_2,\cdots,\boldsymbol{\alpha}_s)$$

证明 记 $\boldsymbol{A}=(\boldsymbol{\alpha}_1,\boldsymbol{\alpha}_2,\cdots,\boldsymbol{\alpha}_s)$，$\boldsymbol{B}=(\boldsymbol{\beta}_1,\boldsymbol{\beta}_2,\cdots,\boldsymbol{\beta}_t)$，由条件知，$R(\boldsymbol{A})=R(\boldsymbol{A},\boldsymbol{B})$，而 $R(\boldsymbol{B})\leqslant R(\boldsymbol{A},\boldsymbol{B})$。因此 $R(\boldsymbol{B})\leqslant R(\boldsymbol{A})$。

4.2 向量组的线性相关性

1. 向量组线性相关的概念

定义 1 对于向量组 $\boldsymbol{\alpha}_1,\boldsymbol{\alpha}_2,\cdots,\boldsymbol{\alpha}_s$，如果存在不全为零的数 $k_1,k_2,\cdots,k_s$，使得

$$k_1\boldsymbol{\alpha}_1+k_2\boldsymbol{\alpha}_2+\cdots k_s\boldsymbol{\alpha}_s=\boldsymbol{0} \tag{4-3}$$

则称向量组 $\boldsymbol{\alpha}_1,\boldsymbol{\alpha}_2,\cdots,\boldsymbol{\alpha}_s$ 线性相关，否则，称向量组 $\boldsymbol{\alpha}_1,\boldsymbol{\alpha}_2,\cdots,\boldsymbol{\alpha}_s$ 线性无关。当 $s=1$ 时，向量组只含有一个向量 $\boldsymbol{\alpha}$，当 $\boldsymbol{\alpha}=\boldsymbol{0}$ 时是线性相关的，当 $\boldsymbol{\alpha}\neq\boldsymbol{0}$ 时是线性无关的。对于含两个向量 $\boldsymbol{\alpha}_1$、$\boldsymbol{\alpha}_2$ 的向量组线性相关的充分必要条件是 $\boldsymbol{\alpha}_1$、$\boldsymbol{\alpha}_2$ 互成比例，其几何意义是两向量共线，3 个向量线性相关的几何意义是三向量共面。

向量组 A：$\boldsymbol{\alpha}_1,\boldsymbol{\alpha}_2,\cdots,\boldsymbol{\alpha}_s(s\geqslant2)$ 线性相关，也就是在向量组 A 中至少有一个向量能由其余 $s-1$ 个向量线性表示，这是因为：

如果向量组 A 线性相关，则有不全为 0 的数 $k_1,k_2,\cdots,k_s$ 使

$$k_1\boldsymbol{\alpha}_1+k_2\boldsymbol{\alpha}_2+\cdots+k_s\boldsymbol{\alpha}_s=\boldsymbol{0}$$

因 $k_1,k_2,\cdots,k_s$ 不全为 0，不妨设 $k_1\neq0$，于是便有

$$\boldsymbol{\alpha}_1=-\frac{1}{k_1}(k_2\boldsymbol{\alpha}_2+\cdots+k_s\boldsymbol{\alpha}_s)$$

即 $\boldsymbol{\alpha}_1$ 能由 $k_2\boldsymbol{\alpha}_2+\cdots+k_s\boldsymbol{\alpha}_s$ 线性表示。

如果 A 中有某个向量能由其余 $s-1$ 个向量线性表示，不妨设 $\boldsymbol{\alpha}_s$ 能由 $\boldsymbol{\alpha}_1,\boldsymbol{\alpha}_2,\cdots,\boldsymbol{\alpha}_{s-1}$ 线性表示，则有 $\lambda_1,\lambda_2,\cdots,\lambda_{s-1}$ 使

$$\boldsymbol{\alpha}_s=\lambda_1\boldsymbol{\alpha}_1+\cdots+\lambda_{s-1}\boldsymbol{\alpha}_{s-1}$$

于是

$$\lambda_1\boldsymbol{\alpha}_1+\lambda_2\boldsymbol{\alpha}_2+\cdots+\lambda_{s-1}\boldsymbol{\alpha}_{s-1}+(-1)\boldsymbol{\alpha}_s=\mathbf{0}$$

$\lambda_1,\lambda_2,\cdots,\lambda_{s-1},-1$ 不全为 0，所以向量组 A 线性相关。

由定义 1 可以看出，如果向量组 $\boldsymbol{\alpha}_1,\boldsymbol{\alpha}_2,\cdots,\boldsymbol{\alpha}_s$ 线性相关，则以 $x_1,x_2,\cdots,x_s$ 为未知量的齐次线性方程组

$$x_1\boldsymbol{\alpha}_1+x_2\boldsymbol{\alpha}_2+\cdots+x_s\boldsymbol{\alpha}_s=\mathbf{0}$$

必有非零解，设 $\boldsymbol{A}=(\boldsymbol{\alpha}_1,\boldsymbol{\alpha}_2,\cdots,\boldsymbol{\alpha}_s)$，即 $\boldsymbol{Ax}=\mathbf{0}$ 有非零解，由 3.3 定理 3 可得：

定理 1　向量组 $\boldsymbol{\alpha}_1,\boldsymbol{\alpha}_2,\cdots,\boldsymbol{\alpha}_s$ 线性相关的充分必要条件是它所构成的矩阵 $\boldsymbol{A}=(\boldsymbol{\alpha}_1,\boldsymbol{\alpha}_2,\cdots,\boldsymbol{\alpha}_s)$ 的秩小于向量的个数 s；向量组线性无关的充分必要条件是 $R(\boldsymbol{A})=s$。

例 1　讨论 n 维单位坐标向量组 $\boldsymbol{\varepsilon}_1=(1,0,\cdots,0)^{\mathrm{T}}$，　$\boldsymbol{\varepsilon}_2=(0,1,\cdots,0)^{\mathrm{T}}$，　$\cdots$，　$\boldsymbol{\varepsilon}_n=(0,0,\cdots,1)^{\mathrm{T}}$ 的线性相关性。

解　n 维单位坐标向量组构成的矩阵

$$\boldsymbol{E}=(\boldsymbol{\varepsilon}_1\ \ \boldsymbol{\varepsilon}_2\ \ \cdots\ \boldsymbol{\varepsilon}_n)$$

是 n 阶单位矩阵，由 $|\boldsymbol{E}|=1\neq0$，知 $R(\boldsymbol{E})=n$，即 $R(\boldsymbol{E})$ 等于向量组中向量个数，故 $\boldsymbol{\varepsilon}_1,\boldsymbol{\varepsilon}_2,\cdots,\boldsymbol{\varepsilon}_n$ 线性无关。

例 2　已知

$$\boldsymbol{\alpha}_1=\begin{pmatrix}1\\1\\1\end{pmatrix},\quad \boldsymbol{\alpha}_2=\begin{pmatrix}0\\2\\5\end{pmatrix},\quad \boldsymbol{\alpha}_3=\begin{pmatrix}2\\4\\7\end{pmatrix}$$

讨论向量组 $\boldsymbol{\alpha}_1,\boldsymbol{\alpha}_2,\boldsymbol{\alpha}_3$ 及向量组 $\boldsymbol{\alpha}_1,\boldsymbol{\alpha}_2$ 的线性相关性。

解　对矩阵 $(\boldsymbol{\alpha}_1\ \boldsymbol{\alpha}_2\ \boldsymbol{\alpha}_3)$ 施行初等行变换变成行阶梯形矩阵，

$$(\boldsymbol{\alpha}_1\ \ \boldsymbol{\alpha}_2\ \ \boldsymbol{\alpha}_3)=\begin{pmatrix}1&0&2\\1&2&4\\1&5&7\end{pmatrix}\xrightarrow[r_3-r_1]{r_2-r_1}\begin{pmatrix}1&0&2\\0&2&2\\0&5&5\end{pmatrix}\xrightarrow{r_3-\frac{5}{2}r_2}\begin{pmatrix}1&0&2\\0&2&2\\0&0&0\end{pmatrix}$$

可见 $R(\boldsymbol{\alpha}_1,\boldsymbol{\alpha}_2,\boldsymbol{\alpha}_3)=2$，故向量组 $\boldsymbol{\alpha}_1,\boldsymbol{\alpha}_2,\boldsymbol{\alpha}_3$ 线性相关；同时 $R(\boldsymbol{\alpha}_1,\boldsymbol{\alpha}_2)=2$，故 $\boldsymbol{\alpha}_1,\boldsymbol{\alpha}_2$ 线性无关。

例 3　已知向量组 $\boldsymbol{\alpha}_1,\boldsymbol{\alpha}_2,\boldsymbol{\alpha}_3$ 线性无关，$\boldsymbol{\beta}_1=\boldsymbol{\alpha}_1+\boldsymbol{\alpha}_2$、$\boldsymbol{\beta}_2=\boldsymbol{\alpha}_2+\boldsymbol{\alpha}_3$、$\boldsymbol{\beta}_3=\boldsymbol{\alpha}_3+\boldsymbol{\alpha}_1$，试证向量组 $\boldsymbol{\beta}_1,\boldsymbol{\beta}_2,\boldsymbol{\beta}_3$ 线性无关。

证法一　设有 x_1,x_2,x_3 使得

$$x_1\boldsymbol{\beta}_1+x_2\boldsymbol{\beta}_2+x_3\boldsymbol{\beta}_3=\mathbf{0}$$

即

$$x_1(\boldsymbol{\alpha}_1+\boldsymbol{\alpha}_2)+x_2(\boldsymbol{\alpha}_2+\boldsymbol{\alpha}_3)+x_3(\boldsymbol{\alpha}_3+\boldsymbol{\alpha}_1)=\mathbf{0}$$

整理得

$$(x_1+x_3)\boldsymbol{\alpha}_1+(x_1+x_2)\boldsymbol{\alpha}_2+(x_2+x_3)\boldsymbol{\alpha}_3=\mathbf{0}$$

因为向量组 $\boldsymbol{\alpha}_1,\boldsymbol{\alpha}_2,\boldsymbol{\alpha}_3$ 线性无关，所以有

$$\begin{cases}x_1+x_3=0\\x_1+x_2=0\\x_2+x_3=0\end{cases}$$

由于线性方程组系数行列式

$$\begin{vmatrix}1&0&1\\1&1&0\\0&1&1\end{vmatrix}=2\neq0$$

故线性方程组只有零解 $x_1=0$、$x_2=0$、$x_3=0$，所以向量组 $\boldsymbol{\beta}_1,\boldsymbol{\beta}_2,\boldsymbol{\beta}_3$ 线性无关。

证法二 由已知条件可得

$$(\boldsymbol{\beta}_1\ \ \boldsymbol{\beta}_2\ \ \boldsymbol{\beta}_3)=(\boldsymbol{\alpha}_1\ \ \boldsymbol{\alpha}_2\ \ \boldsymbol{\alpha}_3)\begin{pmatrix}1&0&1\\1&1&0\\0&1&1\end{pmatrix}$$

记作 $\boldsymbol{B}=\boldsymbol{AK}$，由于 $|\boldsymbol{K}|=2\neq0$，所以 $\boldsymbol{K}$ 可逆，故 $R(\boldsymbol{B})=R(\boldsymbol{A})$。因为 $\boldsymbol{A}$ 的列向量组线性无关，$R(\boldsymbol{A})=3$，故 $R(\boldsymbol{B})=3$，于是 $\boldsymbol{B}$ 的 3 个列向量线性无关，即向量组 $\boldsymbol{\beta}_1,\boldsymbol{\beta}_2,\boldsymbol{\beta}_3$ 线性无关。

证法一的关键是把证明向量组线性无关转化为证明齐次线性方程组只有零解。证法二利用了矩阵秩的相关性质。

2.向量组线性相关性的相关结论

定理 2 (1)若向量组 $A:\boldsymbol{\alpha}_1,\boldsymbol{\alpha}_2,\cdots,\boldsymbol{\alpha}_s$ 线性相关，则向量组 $B:\boldsymbol{\alpha}_1,\boldsymbol{\alpha}_2,\cdots,\boldsymbol{\alpha}_s,\boldsymbol{\alpha}_{s+1}$ 也线性相关，反之，若向量组 B 线性无关，则向量组 A 也线性无关；

(2)m 个 n 维向量组，当维数 n 小于向量个数 m 时，该向量组一定线性相关；

(3)设向量组 $A:\boldsymbol{\alpha}_1,\boldsymbol{\alpha}_2,\cdots,\boldsymbol{\alpha}_s$ 线性无关，而向量组 $B:\boldsymbol{\alpha}_1,\boldsymbol{\alpha}_2,\cdots,\boldsymbol{\alpha}_s,\boldsymbol{\beta}$ 线性相关，则向量 $\boldsymbol{\beta}$ 必能由向量组 A 线性表示，并且表示式是唯一的。

证明 (1)记 $\boldsymbol{A}=(\boldsymbol{\alpha}_1\ \boldsymbol{\alpha}_2\ \cdots\ \boldsymbol{\alpha}_s)$，$\boldsymbol{B}=(\boldsymbol{\alpha}_1\ \boldsymbol{\alpha}_2\ \cdots\ \boldsymbol{\alpha}_s\ \boldsymbol{\alpha}_{s+1})$，有 $R(\boldsymbol{B})\leqslant R(\boldsymbol{A})+1$，若向量组 A 线性相关，则 $R(\boldsymbol{A})<s$，从而 $R(\boldsymbol{B})<s+1$，于是向量组 B 线性相关。

结论(1)是对向量组增加一个向量而言，增加多个向量结论仍然成立，即设向量组 A 是向量组 B 的部分组，若向量组 A 线性相关，则向量组 B 也线性相关。反之，一个向量组线性无关，则它的任何部分组也线性无关。

(2)m 个 n 维向量 $\boldsymbol{\alpha}_1,\boldsymbol{\alpha}_2,\cdots,\boldsymbol{\alpha}_m$ 构成矩阵 $\boldsymbol{A}=(\boldsymbol{\alpha}_1\ \boldsymbol{\alpha}_2\ \cdots\ \boldsymbol{\alpha}_m)$，$R(\boldsymbol{A})\leqslant n$，若 $n<m$，则 $R(\boldsymbol{A})<m$，故 m 个向量 $\boldsymbol{\alpha}_1,\boldsymbol{\alpha}_2,\cdots,\boldsymbol{\alpha}_m$ 线性相关。

(3)记 $\boldsymbol{A}=(\boldsymbol{\alpha}_1\ \boldsymbol{\alpha}_2\ \cdots\ \boldsymbol{\alpha}_s)$，$\boldsymbol{B}=(\boldsymbol{\alpha}_1\ \boldsymbol{\alpha}_2\ \cdots\ \boldsymbol{\alpha}_s,\boldsymbol{\beta})$，有 $R(\boldsymbol{A})\leqslant R(\boldsymbol{B})$，因为向量组 A 线性无关，故 $R(\boldsymbol{A})=s$，因为向量组 B 线性相关，即 $R(\boldsymbol{B})<s+1$，所以 $s\leqslant R(\boldsymbol{B})<s+1$，故 $R(\boldsymbol{B})=s$。

由于 $R(\boldsymbol{A})=R(\boldsymbol{B})=s$，根据 3.4 定理 3 知线性方程组

$$(\boldsymbol{\alpha}_1\ \ \boldsymbol{\alpha}_2\ \ \cdots\ \boldsymbol{\alpha}_s)\boldsymbol{x}=\boldsymbol{\beta}$$

有唯一解，即向量 $\boldsymbol{\beta}$ 必能由向量组 A 线性表示，并且表示式是唯一的。

例 4 向量组 $\boldsymbol{\alpha}_1,\boldsymbol{\alpha}_2,\boldsymbol{\alpha}_3$ 线性相关，向量组 $\boldsymbol{\alpha}_2,\boldsymbol{\alpha}_3,\boldsymbol{\alpha}_4$ 线性无关，证明：(1)向量 $\boldsymbol{\alpha}_1$ 能由向量 $\boldsymbol{\alpha}_2,\boldsymbol{\alpha}_3$ 线性表示；(2)向量 $\boldsymbol{\alpha}_4$ 不能由向量 $\boldsymbol{\alpha}_1,\boldsymbol{\alpha}_2,\boldsymbol{\alpha}_3$ 线性表示。

证明 (1)因为向量组 $\boldsymbol{\alpha}_2,\boldsymbol{\alpha}_3,\boldsymbol{\alpha}_4$ 线性无关，则向量组 $\boldsymbol{\alpha}_2,\boldsymbol{\alpha}_3$ 也线性无关，而向量组 $\boldsymbol{\alpha}_1$,

$\boldsymbol{\alpha}_2,\boldsymbol{\alpha}_3$ 线性相关，故向量 $\boldsymbol{\alpha}_1$ 能由向量 $\boldsymbol{\alpha}_2,\boldsymbol{\alpha}_3$ 线性表示。

(2)用反证法。假设向量 $\boldsymbol{\alpha}_4$ 能由向量 $\boldsymbol{\alpha}_1,\boldsymbol{\alpha}_2,\boldsymbol{\alpha}_3$ 线性表示，由(1)可知向量 $\boldsymbol{\alpha}_1$ 能由向量 $\boldsymbol{\alpha}_2,\boldsymbol{\alpha}_3$ 线性表示，因此向量 $\boldsymbol{\alpha}_4$ 能由向量 $\boldsymbol{\alpha}_2,\boldsymbol{\alpha}_3$ 线性表示，这与向量组 $\boldsymbol{\alpha}_2,\boldsymbol{\alpha}_3,\boldsymbol{\alpha}_4$ 线性无关相矛盾。

4.3 向量组的秩

1.向量组的极大线性无关组和秩

一个向量组可能线性相关，也可能线性无关。当向量组线性相关时，我们关注其线性无关的部分组中最多含有多少个向量。

定义 1 如果向量组 $\boldsymbol{\alpha}_1,\boldsymbol{\alpha}_2,\cdots,\boldsymbol{\alpha}_s$ 的一个部分组 $\boldsymbol{\alpha}_{j_1},\boldsymbol{\alpha}_{j_2},\cdots,\boldsymbol{\alpha}_{j_r}$ 满足条件：

(1) $\boldsymbol{\alpha}_{j_1},\boldsymbol{\alpha}_{j_2},\cdots,\boldsymbol{\alpha}_{j_r}(r\leqslant s)$ 线性无关；

(2)向量组 $\boldsymbol{\alpha}_1,\boldsymbol{\alpha}_2,\cdots,\boldsymbol{\alpha}_s$ 中的任意一个向量都可以由此部分组 $\boldsymbol{\alpha}_{j_1},\boldsymbol{\alpha}_{j_2},\cdots,\boldsymbol{\alpha}_{j_r}$ 线性表示，则部分组 $\boldsymbol{\alpha}_{j_1},\boldsymbol{\alpha}_{j_2},\cdots,\boldsymbol{\alpha}_{j_r}$ 称为此向量组的一个极大线性无关组，简称极大无关组。

定义 1 中的条件(2)可以用下述条件代替：

(2)′任取向量组 $\boldsymbol{\alpha}_1,\boldsymbol{\alpha}_2,\cdots,\boldsymbol{\alpha}_s$ 中一个向量 $\boldsymbol{\alpha}_i(1\leqslant i\leqslant s)$ 添加到部分组 $\boldsymbol{\alpha}_{j_1},\boldsymbol{\alpha}_{j_2},\cdots,\boldsymbol{\alpha}_{j_r}$ 中，则 $\boldsymbol{\alpha}_{j_1},\boldsymbol{\alpha}_{j_2},\cdots,\boldsymbol{\alpha}_{j_r},\boldsymbol{\alpha}_i$ 线性相关。

由定义 1 可以看出，一个向量组的极大线性无关组是它的线性无关部分组中含有向量个数最多的那一个，即如果向量组 $\boldsymbol{\alpha}_1,\boldsymbol{\alpha}_2,\cdots,\boldsymbol{\alpha}_s$ 的一个极大线性无关组为 $\boldsymbol{\alpha}_{j_1},\boldsymbol{\alpha}_{j_2},\cdots,\boldsymbol{\alpha}_{j_r}$，则向量组 $\boldsymbol{\alpha}_1,\boldsymbol{\alpha}_2,\cdots,\boldsymbol{\alpha}_s$ 中任意 $r+1$ 个向量(如果有的话)所构成的部分组一定线性相关。

例 1 设向量组 $\boldsymbol{\alpha}_1=(1,0,0)^{\mathrm{T}},\boldsymbol{\alpha}_2=(0,1,0)^{\mathrm{T}},\boldsymbol{\alpha}_3=(1,1,0)^{\mathrm{T}}$，可以看出，部分组 $\boldsymbol{\alpha}_1,\boldsymbol{\alpha}_2$ 线性无关，而向量组 $\boldsymbol{\alpha}_1,\boldsymbol{\alpha}_2,\boldsymbol{\alpha}_3$ 线性相关，且向量组中任一向量都可以由部分组 $\boldsymbol{\alpha}_1,\boldsymbol{\alpha}_2$ 线性表示：

$$\boldsymbol{\alpha}_1=\boldsymbol{\alpha}_1+0\cdot\boldsymbol{\alpha}_2,\quad \boldsymbol{\alpha}_2=0\cdot\boldsymbol{\alpha}_1+\boldsymbol{\alpha}_2,\quad \boldsymbol{\alpha}_3=\boldsymbol{\alpha}_1+\boldsymbol{\alpha}_2$$

所以 $\boldsymbol{\alpha}_1,\boldsymbol{\alpha}_2$ 是向量组 $\boldsymbol{\alpha}_1,\boldsymbol{\alpha}_2,\boldsymbol{\alpha}_3$ 的一个极大线性无关组。

类似可以验证，$\boldsymbol{\alpha}_1,\boldsymbol{\alpha}_3$ 和 $\boldsymbol{\alpha}_2,\boldsymbol{\alpha}_3$ 也是向量组 $\boldsymbol{\alpha}_1,\boldsymbol{\alpha}_2,\boldsymbol{\alpha}_3$ 的极大线性无关组，即一个向量组的极大线性无关组有可能不是唯一的。

特别地，如果一个向量组线性无关，则其极大线性无关组就是自身；如果一个向量组仅含零向量，则该向量组不存在极大线性无关组。

由定义 1 可以直接得到：

定理 1 向量组 $\boldsymbol{\alpha}_1,\boldsymbol{\alpha}_2,\cdots,\boldsymbol{\alpha}_s$ 与其极大线性无关组等价。

证明 设向量组 $\boldsymbol{\alpha}_1,\boldsymbol{\alpha}_2,\cdots,\boldsymbol{\alpha}_s$ 的一个极大线性无关组为 $\boldsymbol{\alpha}_{j_1},\boldsymbol{\alpha}_{j_2},\cdots,\boldsymbol{\alpha}_{j_r}$，则 $\boldsymbol{\alpha}_1,\boldsymbol{\alpha}_2,\cdots,\boldsymbol{\alpha}_s$ 中的每一个向量都可以由 $\boldsymbol{\alpha}_{j_1},\boldsymbol{\alpha}_{j_2},\cdots,\boldsymbol{\alpha}_{j_r}$ 线性表示，而任一 $\boldsymbol{\alpha}_{j_k}(1\leqslant k\leqslant r)$ 也可以由 $\boldsymbol{\alpha}_1,\boldsymbol{\alpha}_2,\cdots,\boldsymbol{\alpha}_s$ 线性表示，所以 $\boldsymbol{\alpha}_1,\boldsymbol{\alpha}_2,\cdots,\boldsymbol{\alpha}_s$ 与 $\boldsymbol{\alpha}_{j_1},\boldsymbol{\alpha}_{j_2},\cdots,\boldsymbol{\alpha}_{j_r}$ 等价。

推论 1 向量组 $\boldsymbol{\alpha}_1,\boldsymbol{\alpha}_2,\cdots,\boldsymbol{\alpha}_s$ 的任意两个极大线性无关组等价。

推论 2 向量组 $\boldsymbol{\alpha}_1,\boldsymbol{\alpha}_2,\cdots,\boldsymbol{\alpha}_s$ 的任意两个极大线性无关组所含向量个数相同。

(请读者自己证明推论 1 和 2。)

推论 2 说明了同一个向量组的不同极大线性无关组所含向量个数相同。因此,我们引入向量组秩的定义。

定义 2 向量组 $\boldsymbol{\alpha}_1,\boldsymbol{\alpha}_2,\cdots,\boldsymbol{\alpha}_s$ 的极大线性无关组所含向量的个数,称为该向量组的秩,记作 $R(\boldsymbol{\alpha}_1,\boldsymbol{\alpha}_2,\cdots,\boldsymbol{\alpha}_s)$。

在例 1 中,向量组 $\boldsymbol{\alpha}_1,\boldsymbol{\alpha}_2,\boldsymbol{\alpha}_3$ 的秩为 2,即 $R(\boldsymbol{\alpha}_1,\boldsymbol{\alpha}_2,\boldsymbol{\alpha}_3)=2$。

若一个向量组仅含零向量,规定其秩为零。若向量组 $\boldsymbol{\alpha}_1,\boldsymbol{\alpha}_2,\cdots,\boldsymbol{\alpha}_s$ 线性无关,则$R(\boldsymbol{\alpha}_1,\boldsymbol{\alpha}_2,\cdots,\boldsymbol{\alpha}_s)=s$;反之,若 $R(\boldsymbol{\alpha}_1,\boldsymbol{\alpha}_2,\cdots,\boldsymbol{\alpha}_s)=s$,则向量组 $\boldsymbol{\alpha}_1,\boldsymbol{\alpha}_2,\cdots,\boldsymbol{\alpha}_s$ 线性无关。

2.矩阵的秩与向量组的秩的关系

定理 2 矩阵的秩等于它的列向量组的秩,也等于它行向量组的秩。

证明 设 $\boldsymbol{A}=(\boldsymbol{\alpha}_1\ \boldsymbol{\alpha}_2\ \cdots\ \boldsymbol{\alpha}_m)$,$R(\boldsymbol{A})=r$,并设 r 阶子式 $D_r\neq 0$,则 D_r 所在的 r 列线性无关;又由 $\boldsymbol{A}$ 中所有 $r+1$ 阶子式均为零,知 $\boldsymbol{A}$ 中任意 $r+1$ 个列向量都线性相关,因此,D_r 所在的 r 列是 $\boldsymbol{A}$ 的列向量组的一个极大线性无关组,所以列向量组的秩等于 r。

类似可证矩阵 $\boldsymbol{A}$ 的行向量组的秩等于 $R(\boldsymbol{A})=r$。

今后,向量组的秩也记作 $R(\boldsymbol{\alpha}_1,\boldsymbol{\alpha}_2,\cdots,\boldsymbol{\alpha}_m)$。

由定理 2 可知,前面 4.1 里介绍的定理 1,2,3 中出现的矩阵的秩都可改为向量组的秩,例如 4.1 里定理 2 可叙述为:

定理 3 向量组 $\boldsymbol{\beta}_1,\boldsymbol{\beta}_2,\cdots,\boldsymbol{\beta}_t$ 能由向量组 $\boldsymbol{\alpha}_1,\boldsymbol{\alpha}_2,\cdots,\boldsymbol{\alpha}_s$ 线性表示的充分必要条件是

$$R(\boldsymbol{\alpha}_1,\boldsymbol{\alpha}_2,\cdots,\boldsymbol{\alpha}_s)=R(\boldsymbol{\alpha}_1,\boldsymbol{\alpha}_2,\cdots,\boldsymbol{\alpha}_s,\boldsymbol{\beta}_1,\boldsymbol{\beta}_2,\cdots,\boldsymbol{\beta}_t)$$

例 2 设矩阵

$$\boldsymbol{A}=\begin{pmatrix}2 & -1 & -1 & 1 & 2\\ 1 & 1 & -2 & 1 & 4\\ 4 & -6 & 2 & -2 & 4\\ 3 & 6 & -9 & 7 & 9\end{pmatrix}$$

求矩阵 $\boldsymbol{A}$ 的列向量组的一个极大无关组,并把不属于极大无关组的列向量用极大无关组线性表示。

解 对 $\boldsymbol{A}$ 施行初等行变换变为行阶梯形矩阵

$$\boldsymbol{A}\xrightarrow{r}\begin{pmatrix}1 & 1 & -2 & 1 & 4\\ 0 & 1 & -1 & 1 & 0\\ 0 & 0 & 0 & 1 & -3\\ 0 & 0 & 0 & 0 & 0\end{pmatrix}$$

知 $R(\boldsymbol{A})=3$,故列向量组的极大无关组含 3 个向量,而 3 个非零行的非零首元在 1、2、4 列,故 $\boldsymbol{\alpha}_1,\boldsymbol{\alpha}_2,\boldsymbol{\alpha}_4$ 为列向量组的一个极大无关组。这是因为

$$(\boldsymbol{\alpha}_1\ \ \boldsymbol{\alpha}_2\ \ \boldsymbol{\alpha}_4)\xrightarrow{r}\begin{pmatrix}1 & 1 & 1\\ 0 & 1 & 1\\ 0 & 0 & 1\\ 0 & 0 & 0\end{pmatrix}$$

故 $R(\boldsymbol{\alpha}_1,\boldsymbol{\alpha}_2,\boldsymbol{\alpha}_4)=3$,故 $\boldsymbol{\alpha}_1,\boldsymbol{\alpha}_2,\boldsymbol{\alpha}_4$ 线性无关。

为把 $\boldsymbol{\alpha}_3,\boldsymbol{\alpha}_5$ 用 $\boldsymbol{\alpha}_1,\boldsymbol{\alpha}_2,\boldsymbol{\alpha}_4$ 线性表示,把 $\boldsymbol{A}$ 再通过初等行变换变成行最简形矩阵

$$A \xrightarrow{r} \begin{pmatrix} 1 & 0 & -1 & 0 & 4 \\ 0 & 1 & -1 & 0 & 3 \\ 0 & 0 & 0 & 1 & -3 \\ 0 & 0 & 0 & 0 & 0 \end{pmatrix}$$

把上面最简形矩阵记为 $\boldsymbol{B}=(\boldsymbol{\beta}_1\ \ \boldsymbol{\beta}_2\ \ \boldsymbol{\beta}_3\ \ \boldsymbol{\beta}_4\ \ \boldsymbol{\beta}_5)$，由于方程 $\boldsymbol{Ax}=\boldsymbol{0}$ 与 $\boldsymbol{Bx}=\boldsymbol{0}$ 同解，即方程

$$x_1\boldsymbol{\alpha}_1+x_2\boldsymbol{\alpha}_2+x_3\boldsymbol{\alpha}_3+x_4\boldsymbol{\alpha}_4+x_5\boldsymbol{\alpha}_5=\boldsymbol{0}$$

与

$$x_1\boldsymbol{\beta}_1+x_2\boldsymbol{\beta}_2+x_3\boldsymbol{\beta}_3+x_4\boldsymbol{\beta}_4+x_5\boldsymbol{\beta}_5=\boldsymbol{0}$$

同解，因此向量 $\boldsymbol{\alpha}_1,\boldsymbol{\alpha}_2,\boldsymbol{\alpha}_3,\boldsymbol{\alpha}_4,\boldsymbol{\alpha}_5$ 之间与 $\boldsymbol{\beta}_1,\boldsymbol{\beta}_2,\boldsymbol{\beta}_3,\boldsymbol{\beta}_4,\boldsymbol{\beta}_5$ 之间有相同的线性关系，现在

$$\boldsymbol{\beta}_3=\begin{pmatrix} -1 \\ -1 \\ 0 \\ 0 \end{pmatrix}=(-1)\begin{pmatrix} 1 \\ 0 \\ 0 \\ 0 \end{pmatrix}+(-1)\begin{pmatrix} 0 \\ 1 \\ 0 \\ 0 \end{pmatrix}=-\boldsymbol{\beta}_1-\boldsymbol{\beta}_2$$

$$\boldsymbol{\beta}_5=4\boldsymbol{\beta}_1+3\boldsymbol{\beta}_2-3\boldsymbol{\beta}_4$$

因此

$$\boldsymbol{\alpha}_3=-\boldsymbol{\alpha}_1-\boldsymbol{\alpha}_2,\quad \boldsymbol{\alpha}_5=4\boldsymbol{\alpha}_1+3\boldsymbol{\alpha}_2-3\boldsymbol{\alpha}_4$$

本例的解法表明：如果矩阵 $\boldsymbol{A}_{m\times n}$ 与 $\boldsymbol{B}_{l\times n}$ 的行向量组等价，则方程 $\boldsymbol{Ax}=\boldsymbol{0}$ 与 $\boldsymbol{Bx}=\boldsymbol{0}$ 同解，从而 $\boldsymbol{A}$ 的列向量组各向量之间与 $\boldsymbol{B}$ 的列向量组各向量之间有相同的线性关系。如果 $\boldsymbol{B}$ 是个行最简形矩阵，则容易看出 $\boldsymbol{B}$ 的列向量组各向量之间的线性关系，从而也就得到 $\boldsymbol{A}$ 的列向量组各向量之间的线性关系。（一个向量组的这种线性关系一般很多，但只要求出这个向量组的极大无关组及不属于极大无关组的向量用极大无关组线性表示的表达式，就能推知其余的线性关系）

4.4 线性方程组的解的结构

线性方程组 $\boldsymbol{Ax}=\boldsymbol{b}$ 在有无穷多解时，能否用有限个解来表示这无穷多解，这正是本节要讨论的问题。

1.齐次线性方程组解的结构

齐次线性方程组的矩阵形式为

$$\boldsymbol{Ax}=\boldsymbol{0} \tag{4-4}$$

其中，矩阵 $\boldsymbol{A}=(a_{ij})_{m\times n}$；$\boldsymbol{x}=(x_1,x_2,\cdots,x_n)^{\mathrm{T}}$。

如果齐次线性方程组 $\boldsymbol{Ax}=\boldsymbol{0}$ 的解为 $x_1=k_1,x_2=k_2,\cdots,x_n=k_n$。

记 $\boldsymbol{\xi}=(k_1,k_2,\cdots,k_n)^{\mathrm{T}}$，则 $\boldsymbol{x}=\boldsymbol{\xi}$ 就是方程组 $\boldsymbol{Ax}=\boldsymbol{0}$ 的一个解。它也称为方程组 $\boldsymbol{Ax}=\boldsymbol{0}$ 的一个解向量。全体解向量的集合，称为方程组 $\boldsymbol{Ax}=\boldsymbol{0}$ 的解集。

为了深入讨论方程组 $\boldsymbol{Ax}=\boldsymbol{0}$ 的解的结构，我们先讨论方程组 $\boldsymbol{Ax}=\boldsymbol{0}$ 的解的性质。

性质1 若 $\boldsymbol{\xi}_1$、$\boldsymbol{\xi}_2$ 是方程组 $\boldsymbol{Ax}=\boldsymbol{0}$ 的解，则 $\boldsymbol{\xi}_1+\boldsymbol{\xi}_2$ 也是方程组 $\boldsymbol{Ax}=\boldsymbol{0}$ 的解。

证明 因为 $\boldsymbol{A\xi}_1=\boldsymbol{0}$、$\boldsymbol{A\xi}_2=\boldsymbol{0}$，所以

$$\boldsymbol{A}(\boldsymbol{\xi}_1+\boldsymbol{\xi}_2)=\boldsymbol{A}\boldsymbol{\xi}_1+\boldsymbol{A}\boldsymbol{\xi}_2=\boldsymbol{0}+\boldsymbol{0}=\boldsymbol{0}$$

即 $\boldsymbol{\xi}_1+\boldsymbol{\xi}_2$ 也是方程组 $\boldsymbol{Ax}=\boldsymbol{0}$ 的解。

性质 2 若 $\boldsymbol{\xi}$ 是方程组 $\boldsymbol{Ax}=\boldsymbol{0}$ 的解，则对任意常数 k，$\boldsymbol{x}=k\boldsymbol{\xi}$ 也是方程组 $\boldsymbol{Ax}=\boldsymbol{0}$ 的解。

证明 因为 $\boldsymbol{A\xi}=\boldsymbol{0}$，所以

$$\boldsymbol{A}(k\boldsymbol{\xi})=k\boldsymbol{A\xi}=k\boldsymbol{0}=\boldsymbol{0}$$

即 $k\boldsymbol{\xi}$ 也是 $\boldsymbol{Ax}=\boldsymbol{0}$ 的解。

根据性质 1 和性质 2，立刻得到：若 $\boldsymbol{\xi}_i(i=1,2,\cdots,s)$ 都是方程组 $\boldsymbol{Ax}=\boldsymbol{0}$ 的解，则

$$x=k_1\boldsymbol{\xi}_1+k_2\boldsymbol{\xi}_2+\cdots+k_s\boldsymbol{\xi}_s \quad (k_1,k_2,\cdots,k_s \text{ 为任意常数}) \tag{4-5}$$

也是方程组 $\boldsymbol{Ax}=\boldsymbol{0}$ 的解。

上述性质提示我们：当方程组 $\boldsymbol{Ax}=\boldsymbol{0}$ 有无穷多解时，从这无穷多解中是否可以求出有限个解 $\boldsymbol{\xi}_1,\boldsymbol{\xi}_2,\cdots,\boldsymbol{\xi}_s$，使方程组的任意一个解都可以由 $\boldsymbol{\xi}_1,\boldsymbol{\xi}_2,\cdots,\boldsymbol{\xi}_s$ 线性表示。为解决这一问题，先引入下列定义。

定义 1 齐次线性方程组 $\boldsymbol{Ax}=\boldsymbol{0}$ 的解集的一个极大无关组 $\boldsymbol{\xi}_1,\boldsymbol{\xi}_2,\cdots,\boldsymbol{\xi}_s$ 称为该方程组的一个基础解系。

由极大无关组的定义，方程组 $\boldsymbol{Ax}=\boldsymbol{0}$ 的基础解系 $\boldsymbol{\xi}_1,\boldsymbol{\xi}_2,\cdots,\boldsymbol{\xi}_s$ 一定线性无关，且方程组的任意一个解都可以由 $\boldsymbol{\xi}_1,\boldsymbol{\xi}_2,\cdots,\boldsymbol{\xi}_s$ 线性表示为式(4－5)的形式，此时式(4－5)称为 $\boldsymbol{Ax}=\boldsymbol{0}$ 的通解。

定理 1 对于齐次线性方程组 $\boldsymbol{Ax}=\boldsymbol{0}$，若 $R(\boldsymbol{A})=r<n$，则该方程组的基础解系一定存在，且每个基础解系中所含解向量的个数均为 $n-r$，其中 n 是方程组所含未知量的个数。

证明 不妨设 $\boldsymbol{A}$ 的前 r 列线性无关，对矩阵 $\boldsymbol{A}$ 施行初等行变换，将 $\boldsymbol{A}$ 化为行最简形矩阵

$$\boldsymbol{A}\to\begin{pmatrix}1 & 0 & \cdots & 0 & b_{11} & b_{12} & \cdots & b_{1,n-r}\\ 0 & 1 & \cdots & 0 & b_{21} & b_{22} & \cdots & b_{2,n-r}\\ \vdots & \vdots & & \vdots & \vdots & \vdots & & \vdots\\ 0 & 0 & \cdots & 1 & b_{r1} & b_{r2} & \cdots & b_{r,n-r}\\ 0 & 0 & \cdots & 0 & 0 & 0 & \cdots & 0\\ \vdots & \vdots & & \vdots & \vdots & \vdots & & \vdots\\ 0 & 0 & \cdots & 0 & 0 & 0 & \cdots & 0\end{pmatrix}$$

即 $\boldsymbol{Ax}=\boldsymbol{0}$ 与下列方程组同解：

$$\begin{cases}x_1=-b_{11}x_{r+1}-b_{12}x_{r+2}-\cdots-b_{1,n-r}x_n\\ x_2=-b_{21}x_{r+1}-b_{22}x_{r+2}-\cdots-b_{2,n-r}x_n\\ \cdots\cdots\cdots\cdots\\ x_r=-b_{r1}x_{r+1}-b_{r2}x_{r+2}-\cdots-b_{r,n-r}x_n\end{cases} \tag{4-6}$$

其中，$x_{r+1},x_{r+2},\cdots,x_n$ 为自由未知量。分别取

$$\begin{pmatrix}x_{r+1}\\ x_{r+2}\\ \vdots\\ x_n\end{pmatrix}=\begin{pmatrix}1\\ 0\\ \vdots\\ 0\end{pmatrix},\begin{pmatrix}x_{r+1}\\ x_{r+2}\\ \vdots\\ x_n\end{pmatrix}=\begin{pmatrix}0\\ 1\\ \vdots\\ 0\end{pmatrix},\cdots,\begin{pmatrix}x_{r+1}\\ x_{r+2}\\ \vdots\\ x_n\end{pmatrix}=\begin{pmatrix}0\\ 0\\ \vdots\\ 1\end{pmatrix}$$

代入式(4－6)即可得到 $\boldsymbol{Ax}=\boldsymbol{0}$ 的 $n-r$ 个解

$$\boldsymbol{\xi}_1=\begin{pmatrix}-b_{11}\\ \vdots\\ -b_{r1}\\ 1\\ 0\\ \vdots\\ 0\end{pmatrix},\quad \boldsymbol{\xi}_2=\begin{pmatrix}-b_{12}\\ \vdots\\ -b_{r2}\\ 0\\ 1\\ \vdots\\ 0\end{pmatrix},\quad \cdots,\quad \boldsymbol{\xi}_{n-r}=\begin{pmatrix}-b_{1,n-r}\\ \vdots\\ -b_{r,n-r}\\ 0\\ 0\\ \vdots\\ 1\end{pmatrix}$$

现证明 $\boldsymbol{\xi}_1,\boldsymbol{\xi}_2,\cdots,\boldsymbol{\xi}_{n-r}$ 就是方程组 $\boldsymbol{Ax}=\boldsymbol{0}$ 的一个基础解系。

(1)证明 $\boldsymbol{\xi}_1,\boldsymbol{\xi}_2,\cdots,\boldsymbol{\xi}_{n-r}$ 线性无关。

因为矩阵 $(\boldsymbol{\xi}_1\ \boldsymbol{\xi}_2\ \cdots\ \boldsymbol{\xi}_{n-r})$ 中有 $n-r$ 阶子式 $|\boldsymbol{E}_{n-r}|\neq 0$,故 $R(\boldsymbol{\xi}_1,\boldsymbol{\xi}_2,\cdots,\boldsymbol{\xi}_{n-r})=n-r$,所以 $\boldsymbol{\xi}_1,\boldsymbol{\xi}_2,\cdots,\boldsymbol{\xi}_{n-r}$ 线性无关。

(2)证明方程组 $\boldsymbol{Ax}=\boldsymbol{0}$ 的任一解都可以由 $\boldsymbol{\xi}_1,\boldsymbol{\xi}_2,\cdots,\boldsymbol{\xi}_{n-r}$ 线性表示。

事实上,在式(4-6)中,取 $x_{r+1},\cdots,x_n$ 分别为 $c_1,\cdots,c_{n-r}$,可得方程组 $\boldsymbol{Ax}=\boldsymbol{0}$ 的通解

$$\begin{pmatrix}x_1\\ \vdots\\ x_r\\ x_{r+1}\\ x_{r+2}\\ \vdots\\ x_n\end{pmatrix}=c_1\begin{pmatrix}-b_{11}\\ \vdots\\ -b_{r1}\\ 1\\ 0\\ \vdots\\ 0\end{pmatrix}+c_2\begin{pmatrix}-b_{12}\\ \vdots\\ -b_{r2}\\ 0\\ 1\\ \vdots\\ 0\end{pmatrix}+\cdots+c_{n-r}\begin{pmatrix}-b_{1,n-r}\\ \vdots\\ -b_{r,n-r}\\ 0\\ 0\\ \vdots\\ 1\end{pmatrix}$$

即

$$\boldsymbol{x}=c_1\boldsymbol{\xi}_1+c_2\boldsymbol{\xi}_2+\cdots+c_{n-r}\boldsymbol{\xi}_{n-r}$$

可知任一解 $\boldsymbol{x}$ 可以由 $\boldsymbol{\xi}_1,\boldsymbol{\xi}_2,\cdots,\boldsymbol{\xi}_{n-r}$ 线性表示。

综合(1)、(2),知 $\boldsymbol{\xi}_1,\boldsymbol{\xi}_2,\cdots,\boldsymbol{\xi}_{n-r}$ 是 $\boldsymbol{Ax}=\boldsymbol{0}$ 的一个基础解系。

定理1的证明过程实际上已给出了求齐次线性方程组基础解系的方法。

例1 求齐次线性方程组

$$\begin{cases}x_1+x_2-x_3-x_4=0\\ 2x_1-5x_2+3x_3+2x_4=0\\ 7x_1-7x_2+3x_3+x_4=0\end{cases}$$

的基础解系与通解。

解 对系数矩阵 $\boldsymbol{A}$ 作初等行变换,变为行最简形矩阵

$$\boldsymbol{A}=\begin{pmatrix}1&1&-1&-1\\ 2&-5&3&2\\ 7&-7&3&1\end{pmatrix}\xrightarrow[r_3-7r_1]{r_2-2r_1}\begin{pmatrix}1&1&-1&-1\\ 0&-7&5&4\\ 0&-14&10&8\end{pmatrix}$$

$$\xrightarrow{r_3-2r_2}\begin{pmatrix}1&1&-1&-1\\ 0&-7&5&4\\ 0&0&0&0\end{pmatrix}\xrightarrow[r_1-r_2]{r_2\div(-7)}\begin{pmatrix}1&0&-\frac{2}{7}&-\frac{3}{7}\\ 0&1&-\frac{5}{7}&-\frac{4}{7}\\ 0&0&0&0\end{pmatrix}$$

使得

$$\begin{cases} x_1=\dfrac{2}{7}x_3+\dfrac{3}{7}x_4 \\ x_2=\dfrac{5}{7}x_3+\dfrac{4}{7}x_4 \end{cases} \tag{*}$$

令 $\begin{pmatrix} x_3 \\ x_4 \end{pmatrix}=\begin{pmatrix} 1 \\ 0 \end{pmatrix}$ 及 $\begin{pmatrix} 0 \\ 1 \end{pmatrix}$，则对应 $\begin{pmatrix} x_1 \\ x_2 \end{pmatrix}=\begin{pmatrix} \frac{2}{7} \\ \frac{5}{7} \end{pmatrix}$ 及 $\begin{pmatrix} \frac{3}{7} \\ \frac{4}{7} \end{pmatrix}$，即可得基础解系

$$\boldsymbol{\xi}_1=\begin{pmatrix} \frac{2}{7} \\ \frac{5}{7} \\ 1 \\ 0 \end{pmatrix},\quad \boldsymbol{\xi}_2=\begin{pmatrix} \frac{3}{7} \\ \frac{4}{7} \\ 0 \\ 1 \end{pmatrix}$$

并由此写出通解

$$\begin{pmatrix} x_1 \\ x_2 \\ x_3 \\ x_4 \end{pmatrix}=c_1\begin{pmatrix} \frac{2}{7} \\ \frac{5}{7} \\ 1 \\ 0 \end{pmatrix}+c_2\begin{pmatrix} \frac{3}{7} \\ \frac{4}{7} \\ 0 \\ 1 \end{pmatrix} \quad (c_1,c_2 \text{ 为任意常数})$$

第 3 章中线性方程组的解法是从式(*)写出通解，现在从式(*)先求基础解系，再写通解，两种解法其实没有多少区别。

例 2 设 $\boldsymbol{A}$ 是 $m\times n$ 矩阵，B 是 $n\times l$ 矩阵，且 $\boldsymbol{AB}=\boldsymbol{O}$。证明：$R(\boldsymbol{A})+R(\boldsymbol{B})\leqslant n$。

证明 把矩阵 $\boldsymbol{B}$ 按列分块，设 $\boldsymbol{B}=(\boldsymbol{\beta}_1\ \boldsymbol{\beta}_2\ \cdots\ \boldsymbol{\beta}_l)$，则

$$\boldsymbol{A}(\boldsymbol{\beta}_1\ \boldsymbol{\beta}_2\ \cdots\ \boldsymbol{\beta}_l)=(\boldsymbol{0}\ \boldsymbol{0}\ \cdots\ \boldsymbol{0})$$

即 $\boldsymbol{A\beta}_i=\boldsymbol{0}(i=1,2,\cdots,l)$，这表明矩阵 $\boldsymbol{B}$ 的 l 个列向量都可由齐次线性方程组 $\boldsymbol{Ax}=\boldsymbol{0}$ 的基础解系线性表示，所以矩阵 $\boldsymbol{B}$ 的秩不会超过基础解系中解向量的个数 $n-R(\boldsymbol{A})$，即 $R(\boldsymbol{B})\leqslant n-R(\boldsymbol{A})$，也就是 $R(\boldsymbol{A})+R(\boldsymbol{B})\leqslant n$。

例 3 证明：矩阵 $\boldsymbol{A}_{m\times n}$ 与 $\boldsymbol{B}_{l\times n}$ 的行向量组等价的充分必要条件是齐次方程 $\boldsymbol{Ax}=\boldsymbol{0}$ 与 $\boldsymbol{Bx}=\boldsymbol{0}$ 同解。

证明 条件的必要性是显然的，下面证明条件的充分性。

设方程组 $\boldsymbol{Ax}=\boldsymbol{0}$ 与 $\boldsymbol{Bx}=\boldsymbol{0}$ 同解，从而它们与方程组

$$\begin{cases} \boldsymbol{Ax}=\boldsymbol{0} \\ \boldsymbol{Bx}=\boldsymbol{0} \end{cases}$$

即

$$\begin{pmatrix} \boldsymbol{A} \\ \boldsymbol{B} \end{pmatrix}\boldsymbol{x}=\boldsymbol{0}$$

同解，设解集的秩为 t，则 3 个系数矩阵的秩都为 $n-t$，故

$$R(\boldsymbol{A})=R(\boldsymbol{B})=R\begin{pmatrix}\boldsymbol{A}\\ \boldsymbol{B}\end{pmatrix}$$

即

$$R(\boldsymbol{A}^{\mathrm{T}})=R(\boldsymbol{B}^{\mathrm{T}})=R(\boldsymbol{A}^{\mathrm{T}},\boldsymbol{B}^{\mathrm{T}})$$

由向量组等价的充要条件可得，$\boldsymbol{A}^{\mathrm{T}}$ 与 $\boldsymbol{B}^{\mathrm{T}}$ 的列向量组等价，即 $\boldsymbol{A}$ 与 $\boldsymbol{B}$ 的行向量组等价。

例 4　证明：$R(\boldsymbol{A}^{\mathrm{T}}\boldsymbol{A})=R(\boldsymbol{A})$。

证明　设 $\boldsymbol{A}$ 为 $m\times n$ 矩阵，$\boldsymbol{x}$ 为 n 维列向量。若 $\boldsymbol{x}$ 满足 $\boldsymbol{Ax}=\boldsymbol{0}$，则有 $\boldsymbol{A}^{\mathrm{T}}(\boldsymbol{Ax})=\boldsymbol{0}$，即 $(\boldsymbol{A}^{\mathrm{T}}\boldsymbol{A})\boldsymbol{x}=\boldsymbol{0}$。若 $\boldsymbol{x}$ 满足 $(\boldsymbol{A}^{\mathrm{T}}\boldsymbol{A})\boldsymbol{x}=\boldsymbol{0}$，则 $\boldsymbol{x}^{\mathrm{T}}(\boldsymbol{A}^{\mathrm{T}}\boldsymbol{A})\boldsymbol{x}=\boldsymbol{0}$，即 $(\boldsymbol{Ax})^{\mathrm{T}}\boldsymbol{Ax}=\boldsymbol{0}$，从而推知 $\boldsymbol{Ax}=\boldsymbol{0}$。

综上可知方程组 $\boldsymbol{Ax}=\boldsymbol{0}$ 与 $(\boldsymbol{A}^{\mathrm{T}}\boldsymbol{A})\boldsymbol{x}=\boldsymbol{0}$ 同解，因此 $R(\boldsymbol{A}^{\mathrm{T}}\boldsymbol{A})=R(\boldsymbol{A})$。

2.非齐次线性方程组解的结构

设有非齐次线性方程组

$$\begin{cases}a_{11}x_1+a_{12}x_2+\cdots+a_{1n}x_n=b_1\\ a_{11}x_1+a_{22}x_2+\cdots+a_{2n}x_n=b_2\\ \cdots\cdots\cdots\cdots\\ a_{m1}x_1+a_{m2}x_2+\cdots+a_{mn}x_n=b_m\end{cases}\tag{4-7}$$

它也可写作矩阵形式

$$\boldsymbol{Ax}=\boldsymbol{b}\tag{4-8}$$

性质 3　设 $\boldsymbol{\eta}_1$ 及 $\boldsymbol{\eta}_2$ 都是方程组(4-8)的解，则 $\boldsymbol{x}=\boldsymbol{\eta}_1-\boldsymbol{\eta}_2$ 为对应的齐次线性方程组 $\boldsymbol{Ax}=\boldsymbol{0}$ 的解。

性质 4　设 $\boldsymbol{\eta}$ 是方程组(4-8)的解，$\boldsymbol{\xi}$ 是 $\boldsymbol{Ax}=\boldsymbol{0}$ 的解，则 $\boldsymbol{x}=\boldsymbol{\xi}+\boldsymbol{\eta}$ 仍是方程组(4-8)的解。

证明　$\boldsymbol{A}(\boldsymbol{\xi}+\boldsymbol{\eta})=\boldsymbol{A\xi}+\boldsymbol{A\eta}=\boldsymbol{0}+\boldsymbol{b}=\boldsymbol{b}$，即 $\boldsymbol{\xi}+\boldsymbol{\eta}$ 是 $\boldsymbol{Ax}=\boldsymbol{b}$ 的解。

由性质 3 可知，若求得方程组(4-8)的一个解 $\boldsymbol{\eta}^*$，则方程组(4-8)的任一解总可表示为 $\boldsymbol{x}=\boldsymbol{\xi}+\boldsymbol{\eta}^*$，其中 $\boldsymbol{x}=\boldsymbol{\xi}$ 为方程 $\boldsymbol{Ax}=\boldsymbol{0}$ 的解，又若齐次线性方程组 $\boldsymbol{Ax}=\boldsymbol{0}$ 的通解为

$$\boldsymbol{x}=k_1\boldsymbol{\xi}_1+k_2\boldsymbol{\xi}_2+\cdots+k_{n-r}\boldsymbol{\xi}_{n-r}$$

则方程组(4-8)的任一解总可表示为

$$\boldsymbol{x}=k_1\boldsymbol{\xi}_1+k_2\boldsymbol{\xi}_2+\cdots+k_{n-r}\boldsymbol{\xi}_{n-r}+\boldsymbol{\eta}^*$$

由性质 4 可知，对任何实数 $k_1,k_2,\cdots,k_{n-r}$，上式总是方程组(4-8)的解。于是方程(4-8)的通解为

$$\boldsymbol{x}=k_1\boldsymbol{\xi}_1+k_2\boldsymbol{\xi}_2+\cdots+k_{n-r}\boldsymbol{\xi}_{n-r}+\boldsymbol{\eta}^*\quad(k_1,\cdots,k_{n-r}\text{为任意常数})$$

其中 $\boldsymbol{\xi}_1,\cdots,\boldsymbol{\xi}_{n-r}$ 是 $\boldsymbol{Ax}=\boldsymbol{0}$ 的基础解系。

例 5　求解方程组

$$\begin{cases}x_1-x_2-x_3+x_4=0\\ x_1-x_2+x_3-3x_4=1\\ x_1-x_2-2x_3+3x_4=-\dfrac{1}{2}\end{cases}$$

解　对增广矩阵 $\boldsymbol{B}$ 施行初等行变换

$$\boldsymbol{B}=\begin{pmatrix}1&-1&-1&1&0\\1&-1&1&-3&1\\1&-1&-2&3&-\frac{1}{2}\end{pmatrix}\xrightarrow[r_3-r_1]{r_2-r_1}\begin{pmatrix}1&-1&-1&1&0\\0&0&2&-4&1\\0&0&-1&2&-\frac{1}{2}\end{pmatrix}$$

$$\xrightarrow[r_3+r_2]{\substack{r_1-r_3\\r_2\div 2}}\begin{pmatrix}1&-1&0&-1&\frac{1}{2}\\0&0&1&-2&\frac{1}{2}\\0&0&0&0&0\end{pmatrix}$$

可见 $R(\boldsymbol{A})=R(\boldsymbol{B})=2$，故方程组有无穷多解。

$$\begin{cases}x_1=x_2+x_4+\frac{1}{2}\\x_3=\quad 2x_4+\frac{1}{2}\end{cases}$$

令 $x_2=x_4=0$，则 $x_1=x_3=\frac{1}{2}$，即可得方程组的一个解

$$\begin{pmatrix}x_2\\x_4\end{pmatrix}=\begin{pmatrix}1\\0\end{pmatrix}及\begin{pmatrix}0\\1\end{pmatrix}\quad 则\quad\begin{pmatrix}x_1\\x_3\end{pmatrix}=\begin{pmatrix}1\\0\end{pmatrix}及\begin{pmatrix}1\\2\end{pmatrix}$$

即得对应的齐次线性方程组的基础解系

$$\boldsymbol{\xi}_1=\begin{pmatrix}1\\1\\0\\0\end{pmatrix},\quad\boldsymbol{\xi}_2=\begin{pmatrix}1\\0\\2\\1\end{pmatrix}$$

于是所求通解为

$$\begin{pmatrix}x_1\\x_2\\x_3\\x_4\end{pmatrix}=c_1\begin{pmatrix}1\\1\\0\\0\end{pmatrix}+c_2\begin{pmatrix}1\\0\\2\\1\end{pmatrix}+\begin{pmatrix}\frac{1}{2}\\0\\\frac{1}{2}\\0\end{pmatrix}\quad(c_1,c_2\text{ 为任意常数})$$

4.5 向量空间

1.向量空间与子空间

定义 1 设 V 为 n 维向量的集合，若集合 V 非空，且集合 V 对于 n 维向量的加法及数乘两种运算封闭，即

(1)若 $\boldsymbol{\alpha}\in V$、$\boldsymbol{\beta}\in V$，则 $\boldsymbol{\alpha}+\boldsymbol{\beta}\in V$；

(2)若 $\boldsymbol{\alpha}\in V$、$\lambda\in\mathbf{R}$，则 $\lambda\boldsymbol{\alpha}\in V$。

则称集合 V 为 $\mathbf{R}$ 上的向量空间。

记所有 n 维向量的集合为 $\mathbf{R}^n$，由 n 维向量的线性运算规律，容易验证集合 $\mathbf{R}^n$ 对于加法

和数乘两种运算封闭，因而集合 $\mathbf{R}^n$ 构成向量空间，称 $\mathbf{R}^n$ 为 n 维向量空间。

注：$n=1$ 时，一维向量空间 $\mathbf{R}^1$ 表示数轴；$n=2$ 时，二维向量空间 $\mathbf{R}^2$ 表示平面；$n=3$ 时，三维向量空间 $\mathbf{R}^3$ 表示实体空间；$n>3$ 时，$\mathbf{R}^n$ 没有直观的几何形象。

例 1 判断下列集合是否为向量空间：

$$V_1=\{\boldsymbol{x}=(0,x_2,\cdots,x_n)^{\mathrm{T}}\mid x_2,\cdots,x_n\in\mathbf{R}\}$$
$$V_2=\{\boldsymbol{x}=(1,x_2,\cdots,x_n)^{\mathrm{T}}\mid x_2,\cdots,x_n\in\mathbf{R}\}$$

解 V_1 是向量空间，因为对于 V_1 的任意两个元素

$$\boldsymbol{\alpha}=(0,a_2,\cdots,a_n)^{\mathrm{T}}\in V_1,\quad \boldsymbol{\beta}=(0,b_2,\cdots,b_n)^{\mathrm{T}}\in V_1,\quad \lambda\in\mathbf{R}$$

都有

$$\boldsymbol{\alpha}+\boldsymbol{\beta}=(0,a_2+b_2,\cdots,a_n+b_n)^{\mathrm{T}}\in V_1,\quad \lambda\boldsymbol{\alpha}=(0,\lambda a_2,\cdots,\lambda a_n)^{\mathrm{T}}\in V_1$$

V_2 不是向量空间，因为若 $\boldsymbol{\alpha}=(1,a_2,\cdots,a_n)^{\mathrm{T}}\in V_2$，则 $2\boldsymbol{\alpha}=(2,2a_2,\cdots,2a_n)^{\mathrm{T}}\notin V_2$。

例 2 设 $\boldsymbol{\alpha}$、$\boldsymbol{\beta}$ 为两个已知的 n 维向量，集合

$$V=\{\boldsymbol{\xi}=\lambda\boldsymbol{\alpha}+\mu\boldsymbol{\beta}\mid\lambda,\mu\in\mathbf{R}\}$$

试判断集合 V 是否为向量空间。

解 V 是一个向量空间，因为若

$$\boldsymbol{\xi}_1=\lambda_1\boldsymbol{\alpha}+\mu_1\boldsymbol{\beta},\quad \boldsymbol{\xi}_2=\lambda_2\boldsymbol{\alpha}+\mu_2\boldsymbol{\beta}$$

则有

$$\boldsymbol{\xi}_1+\boldsymbol{\xi}_2=(\lambda_1+\lambda_2)\boldsymbol{\alpha}+(\mu_1+\mu_2)\boldsymbol{\beta}\in V,\quad k\boldsymbol{\xi}_1=(k\lambda_1)\boldsymbol{\alpha}+(k\mu_1)\boldsymbol{\beta}\in V$$

即 V 对于向量的线性运算封闭。

这个向量空间称为由向量 $\boldsymbol{\alpha}$、$\boldsymbol{\beta}$ 所生成的向量空间。

一般地，由向量 $\boldsymbol{\alpha}_1,\boldsymbol{\alpha}_2,\cdots,\boldsymbol{\alpha}_m$ 所生成的向量空间记为

$$V=\{\boldsymbol{\xi}=\lambda_1\boldsymbol{\alpha}_1+\lambda_2\boldsymbol{\alpha}_2+\cdots+\lambda_m\boldsymbol{\alpha}_m\mid\lambda_1,\cdots,\lambda_m\in\mathbf{R}\}$$

例 3 考虑齐次线性方程组 $\boldsymbol{Ax}=\mathbf{0}$，其全体解的集合为 $S=\{\boldsymbol{\alpha}\mid\boldsymbol{A\alpha}=\mathbf{0}\}$，显然，$S$ 非空，任取 $\boldsymbol{\alpha},\boldsymbol{\beta}\in S$，$k$ 为任一常数，则

$$\boldsymbol{A}(\boldsymbol{\alpha}+\boldsymbol{\beta})=\boldsymbol{A\alpha}+\boldsymbol{A\beta}=\mathbf{0}$$

即

$$\boldsymbol{\alpha}+\boldsymbol{\beta}\in S$$
$$\boldsymbol{A}(k\boldsymbol{\alpha})=k\boldsymbol{A\alpha}=k\mathbf{0}=\mathbf{0}$$

即

$$k\boldsymbol{\alpha}\in S$$

故 S 是向量空间，称 S 为齐次线性方程组 $\boldsymbol{Ax}=\mathbf{0}$ 的解空间。

定义 2 设有向量空间 V_1 和 V_2，若向量空间 $V_1\subset V_2$，则称 V_1 是 V_2 的子空间。

2.向量空间的基与维数

定义 3 设 V 是向量空间，若有 r 个向量 $\boldsymbol{\alpha}_1,\boldsymbol{\alpha}_2,\cdots,\boldsymbol{\alpha}_r\in V$，且满足

(1)$\boldsymbol{\alpha}_1,\boldsymbol{\alpha}_2,\cdots,\boldsymbol{\alpha}_r$ 线性无关；

(2)V 中任一向量都可由 $\boldsymbol{\alpha}_1,\boldsymbol{\alpha}_2,\cdots,\boldsymbol{\alpha}_r$ 线性表示。

则称向量组 $\boldsymbol{\alpha}_1,\boldsymbol{\alpha}_2,\cdots,\boldsymbol{\alpha}_r$ 为向量空间 V 的一个基，数 r 称为向量空间 V 的维数，记为 $\dim V=r$，并称 V 为 r 维向量空间。

注:(1)只含零向量的向量空间为 0 维向量空间,它没有基;

(2)若把向量空间 V 看作向量组,则 V 的基就是向量组的最大无关组,V 的维数就是向量组的秩;

(3)若向量组 $\boldsymbol{\alpha}_1,\boldsymbol{\alpha}_2,\cdots,\boldsymbol{\alpha}_r$ 是向量空间 V 的一个基,则 V 可表示为

$$V=\{\boldsymbol{x}\mid \boldsymbol{x}=\lambda_1\boldsymbol{\alpha}_1+\cdots+\lambda_r\boldsymbol{\alpha}_r,\lambda_1,\cdots,\lambda_r\in\mathbf{R}\}$$

此时,V 又称为由基 $\boldsymbol{\alpha}_1,\boldsymbol{\alpha}_2,\cdots,\boldsymbol{\alpha}_r$ 所生成的向量空间。

例 4 证明单位向量组

$$\boldsymbol{\varepsilon}_1=(1,0,0,\cdots,0)^{\mathrm{T}},\quad \boldsymbol{\varepsilon}_2=(0,1,0,\cdots,0)^{\mathrm{T}},\quad \boldsymbol{\varepsilon}_3=(0,0,0,\cdots,1)^{\mathrm{T}}$$

是 n 维向量空间 $\mathbf{R}^n$ 的一个基。

证明 (1)易见 n 维向量组 $\boldsymbol{\varepsilon}_1,\boldsymbol{\varepsilon}_2,\cdots,\boldsymbol{\varepsilon}_n$ 线性无关;

(2)对 n 维向量空间 $\mathbf{R}^n$ 中任意一个向量 $\boldsymbol{\alpha}=(a_1,a_2,\cdots,a_n)^{\mathrm{T}}$,由于

$$\boldsymbol{\alpha}=a_1\boldsymbol{\varepsilon}_1+a_2\boldsymbol{\varepsilon}_2+\cdots+a_n\boldsymbol{\varepsilon}_n$$

因此,向量组 $\boldsymbol{\varepsilon}_1,\boldsymbol{\varepsilon}_2,\cdots,\boldsymbol{\varepsilon}_n$ 是 n 维向量空间 $\mathbf{R}^n$ 的一个基。

如果在向量空间 V 中取定一个基 $\boldsymbol{\alpha}_1,\boldsymbol{\alpha}_2,\cdots,\boldsymbol{\alpha}_r$,那么 V 中任一向量 $\boldsymbol{x}$ 可唯一地表示为

$$\boldsymbol{x}=\lambda_1\boldsymbol{\alpha}_1+\lambda_2\boldsymbol{\alpha}_2+\cdots+\lambda_r\boldsymbol{\alpha}_r$$

数组 $\lambda_1,\lambda_2,\cdots,\lambda_r$ 称为向量 $\boldsymbol{x}$ 在基 $\boldsymbol{\alpha}_1,\boldsymbol{\alpha}_2,\cdots,\boldsymbol{\alpha}_r$ 的坐标。

例 5 给定向量组

$$\boldsymbol{\alpha}_1=(-2,4,1)^{\mathrm{T}},\quad \boldsymbol{\alpha}_2=(-1,3,5)^{\mathrm{T}},\quad \boldsymbol{\alpha}_3=(2,-3,1)^{\mathrm{T}},\quad \boldsymbol{\beta}=(1,1,3)^{\mathrm{T}}$$

试证明:$\boldsymbol{\alpha}_1,\boldsymbol{\alpha}_2,\boldsymbol{\alpha}_3$ 是三维向量空间 $\mathbf{R}^3$ 的一个基,并求 $\boldsymbol{\beta}$ 在此基下的坐标。

证明 只须证 $\boldsymbol{\alpha}_1,\boldsymbol{\alpha}_2,\boldsymbol{\alpha}_3$ 线性无关即可,即 $\boldsymbol{A}=(\boldsymbol{\alpha}_1\ \boldsymbol{\alpha}_2\ \boldsymbol{\alpha}_3)\sim\boldsymbol{E}$。设

$$\boldsymbol{\beta}=x_1\boldsymbol{\alpha}_1+x_2\boldsymbol{\alpha}_2+x_3\boldsymbol{\alpha}_3,\text{或 }\boldsymbol{A}\boldsymbol{x}=\boldsymbol{\beta}$$

对$(\boldsymbol{A}\ \boldsymbol{\beta})$进行初等行变换,当将 $\boldsymbol{A}$ 化为 $\boldsymbol{E}$ 时,说明 $\boldsymbol{\alpha}_1,\boldsymbol{\alpha}_2,\boldsymbol{\alpha}_3$ 是 $\mathbf{R}^3$ 的一个基,并且同时将得到向量 $\boldsymbol{\beta}$ 的坐标,由

$$(\boldsymbol{A}\ \ \boldsymbol{\beta})=\begin{pmatrix}-2 & -1 & 2 & 1\\ 4 & 3 & -3 & 1\\ 1 & 5 & 1 & 3\end{pmatrix}\xrightarrow{r}\begin{pmatrix}1 & 0 & 0 & 4\\ 0 & 1 & 0 & -1\\ 0 & 0 & 1 & 4\end{pmatrix}$$

故向量组 $\boldsymbol{\alpha}_1,\boldsymbol{\alpha}_2,\boldsymbol{\alpha}_3$ 是 $\mathbf{R}^3$ 的一个基,且 $\boldsymbol{\beta}=4\boldsymbol{\alpha}_1-\boldsymbol{\alpha}_2+4\boldsymbol{\alpha}_3$。

例 6 在 $\mathbf{R}^3$ 中取定一个基 $\boldsymbol{\alpha}_1,\boldsymbol{\alpha}_2,\boldsymbol{\alpha}_3$,再取一个新基 $\boldsymbol{\beta}_1,\boldsymbol{\beta}_2,\boldsymbol{\beta}_3$,设 $\boldsymbol{A}=(\boldsymbol{\alpha}_1\ \boldsymbol{\alpha}_2\ \boldsymbol{\alpha}_3)$,$\boldsymbol{B}=(\boldsymbol{\beta}_1\ \boldsymbol{\beta}_2\ \boldsymbol{\beta}_3)$,求用 $\boldsymbol{\alpha}_1,\boldsymbol{\alpha}_2,\boldsymbol{\alpha}_3$ 表示 $\boldsymbol{\beta}_1,\boldsymbol{\beta}_2,\boldsymbol{\beta}_3$ 的表示式(基变换公式)。并求向量在两个基中的坐标之间的关系式(坐标变换公式)。

解 $(\boldsymbol{\alpha}_1\ \boldsymbol{\alpha}_2\ \boldsymbol{\alpha}_3)=(\boldsymbol{\varepsilon}_1\ \boldsymbol{\varepsilon}_2\ \boldsymbol{\varepsilon}_3)\boldsymbol{A}$, $(\boldsymbol{\varepsilon}_1\ \boldsymbol{\varepsilon}_2\ \boldsymbol{\varepsilon}_3)=(\boldsymbol{\alpha}_1\ \boldsymbol{\alpha}_2\ \boldsymbol{\alpha}_3)\boldsymbol{A}^{-1}$

故

$$(\boldsymbol{\beta}_1\ \ \boldsymbol{\beta}_2\ \ \boldsymbol{\beta}_3)=(\boldsymbol{\varepsilon}_1\ \ \boldsymbol{\varepsilon}_2\ \ \boldsymbol{\varepsilon}_3)\boldsymbol{B}=(\boldsymbol{\alpha}_1\ \ \boldsymbol{\alpha}_2\ \ \boldsymbol{\alpha}_3)\boldsymbol{A}^{-1}\boldsymbol{B}$$

即基变换公式为

$$(\boldsymbol{\beta}_1\ \ \boldsymbol{\beta}_2\ \ \boldsymbol{\beta}_3)=(\boldsymbol{\alpha}_1\ \ \boldsymbol{\alpha}_2\ \ \boldsymbol{\alpha}_3)\boldsymbol{P}$$

其中,表示式的系数矩阵 $\boldsymbol{P}=\boldsymbol{A}^{-1}\boldsymbol{B}$ 称为从旧基到新基的过渡矩阵。

设向量 $\boldsymbol{x}$ 在旧基和新基中的坐标分别为 y_1、y_2、y_3 和 z_1、z_2、z_3,即

$$\boldsymbol{x}=(\boldsymbol{\alpha}_1\ \ \boldsymbol{\alpha}_2\ \ \boldsymbol{\alpha}_3)\begin{pmatrix}y_1\\ y_2\\ y_3\end{pmatrix},\quad \boldsymbol{x}=(\boldsymbol{\beta}_1\ \ \boldsymbol{\beta}_2\ \ \boldsymbol{\beta}_3)\begin{pmatrix}z_1\\ z_2\\ z_3\end{pmatrix}$$

故

$$\begin{pmatrix} z_1 \\ z_2 \\ z_3 \end{pmatrix} = \boldsymbol{B}^{-1}\boldsymbol{A}\begin{pmatrix} y_1 \\ y_2 \\ y_3 \end{pmatrix} = \boldsymbol{P}^{-1}\begin{pmatrix} y_1 \\ y_2 \\ y_3 \end{pmatrix}$$

这就是从旧坐标到新坐标的坐标变换公式。

习题四

1. 设 $\boldsymbol{\alpha}_1=(1,1,0)^{\mathrm{T}}$、$\boldsymbol{\alpha}_2=(0,1,1)^{\mathrm{T}}$、$\boldsymbol{\alpha}_3=(3,4,0)^{\mathrm{T}}$，求 $\boldsymbol{\alpha}_1-\boldsymbol{\alpha}_2$ 及 $3\boldsymbol{\alpha}_1+2\boldsymbol{\alpha}_2-\boldsymbol{\alpha}_3$。

2. 设有向量组 $\boldsymbol{\alpha}_1=\begin{pmatrix} 1+\lambda \\ 1 \\ 1 \end{pmatrix}$，$\boldsymbol{\alpha}_2=\begin{pmatrix} 1 \\ 1+\lambda \\ 1 \end{pmatrix}$，$\boldsymbol{\alpha}_3=\begin{pmatrix} 1 \\ 1 \\ 1+\lambda \end{pmatrix}$，$\boldsymbol{\beta}=\begin{pmatrix} 0 \\ \lambda \\ \lambda^2 \end{pmatrix}$，试问当 λ 取何值时

(1) $\boldsymbol{\beta}$ 可由 $\boldsymbol{\alpha}_1,\boldsymbol{\alpha}_2,\boldsymbol{\alpha}_3$ 线性表示，且表达式唯一？

(2) $\boldsymbol{\beta}$ 可由 $\boldsymbol{\alpha}_1,\boldsymbol{\alpha}_2,\boldsymbol{\alpha}_3$ 线性表示，但表达式不唯一？

(3) $\boldsymbol{\beta}$ 不能由 $\boldsymbol{\alpha}_1,\boldsymbol{\alpha}_2,\boldsymbol{\alpha}_3$ 线性表示？

3. 已知向量组 A：$\boldsymbol{\alpha}_1=\begin{pmatrix} 0 \\ 1 \\ 1 \end{pmatrix}$，$\boldsymbol{\alpha}_2=\begin{pmatrix} 1 \\ 1 \\ 0 \end{pmatrix}$；向量组 B：$\boldsymbol{\beta}_1=\begin{pmatrix} -1 \\ 0 \\ 1 \end{pmatrix}$，$\boldsymbol{\beta}_2=\begin{pmatrix} 1 \\ 2 \\ 1 \end{pmatrix}$，$\boldsymbol{\beta}_3=\begin{pmatrix} 3 \\ 2 \\ -1 \end{pmatrix}$。证明向量组 A 与向量组 B 等价。

4. 设有向量组 $\boldsymbol{\alpha}_1=\begin{pmatrix} 1 \\ 1 \\ 0 \end{pmatrix}$，$\boldsymbol{\alpha}_2=\begin{pmatrix} 5 \\ 3 \\ 2 \end{pmatrix}$，$\boldsymbol{\alpha}_3=\begin{pmatrix} 1 \\ 3 \\ -1 \end{pmatrix}$，$\boldsymbol{\alpha}_4=\begin{pmatrix} -2 \\ 2 \\ -3 \end{pmatrix}$，$\boldsymbol{A}$ 是三阶矩阵，且有 $\boldsymbol{A}\boldsymbol{\alpha}_1=\boldsymbol{\alpha}_2$，$\boldsymbol{A}\boldsymbol{\alpha}_2=\boldsymbol{\alpha}_3$，$\boldsymbol{A}\boldsymbol{\alpha}_3=\boldsymbol{\alpha}_4$，求 $\boldsymbol{A}\boldsymbol{\alpha}_4$。

5. 已知 $R(\boldsymbol{\alpha}_1,\boldsymbol{\alpha}_2,\boldsymbol{\alpha}_3)=2$、$R(\boldsymbol{\alpha}_2,\boldsymbol{\alpha}_3,\boldsymbol{\alpha}_4)=3$。证明

(1) $\boldsymbol{\alpha}_1$ 能由 $\boldsymbol{\alpha}_2,\boldsymbol{\alpha}_3$ 线性表示；

(2) $\boldsymbol{\alpha}_4$ 不能由 $\boldsymbol{\alpha}_1,\boldsymbol{\alpha}_2,\boldsymbol{\alpha}_3$ 线性表示。

6. 判定下列向量组是线性相关还是线性无关：

(1) $\boldsymbol{\alpha}_1=(1,0,-1)^{\mathrm{T}}$，$\boldsymbol{\alpha}_2=(-2,2,0)^{\mathrm{T}}$，$\boldsymbol{\alpha}_3=(3,-5,2)^{\mathrm{T}}$；

(2) $\boldsymbol{\alpha}_1=(1,1,3,1)^{\mathrm{T}}$，$\boldsymbol{\alpha}_2=(3,-1,2,4)^{\mathrm{T}}$，$\boldsymbol{\alpha}_3=(2,2,7,-1)^{\mathrm{T}}$；

(3) $\boldsymbol{\alpha}_1=(1,0,0,1)^{\mathrm{T}}$，$\boldsymbol{\alpha}_2=(1,2,3,4)^{\mathrm{T}}$，$\boldsymbol{\alpha}_3=(-1,-1,2,1)^{\mathrm{T}}$，$\boldsymbol{\alpha}_4=(0,2,1,5)^{\mathrm{T}}$，$\boldsymbol{\alpha}_5=(2,1,2,1)^{\mathrm{T}}$。

7. 已知向量组 $\boldsymbol{\alpha}_1=(a,1,1)^{\mathrm{T}}$，$\boldsymbol{\alpha}_2=(1,a,-1)^{\mathrm{T}}$，$\boldsymbol{\alpha}_3=(1,-1,a)^{\mathrm{T}}$ 线性相关，求 a。

8. 设 $\boldsymbol{\alpha}_1,\boldsymbol{\alpha}_2$ 线性相关，$\boldsymbol{\beta}_1,\boldsymbol{\beta}_2$ 也线性相关，问 $\boldsymbol{\alpha}_1+\boldsymbol{\beta}_1,\boldsymbol{\alpha}_2+\boldsymbol{\beta}_2$ 是否一定线性相关？试举例说明之。

9. 设 $\boldsymbol{\beta}_1=\boldsymbol{\alpha}_1$，$\boldsymbol{\beta}_2=\boldsymbol{\alpha}_1+\boldsymbol{\alpha}_2$，$\cdots$，$\boldsymbol{\beta}_r=\boldsymbol{\alpha}_1+\boldsymbol{\alpha}_2+\cdots+\boldsymbol{\alpha}_r$，且向量组 $\boldsymbol{\alpha}_1,\boldsymbol{\alpha}_2,\cdots,\boldsymbol{\alpha}_r$ 线性无关，证明向量组 $\boldsymbol{\beta}_1,\boldsymbol{\beta}_2,\cdots,\boldsymbol{\beta}_r$ 线性无关。

10. 设 $\boldsymbol{A}$ 是 $n\times m$ 矩阵、$\boldsymbol{B}$ 是 $m\times n$ 矩阵，其中 $n<m$，$\boldsymbol{E}$ 为 n 阶单位矩阵，$\boldsymbol{AB}=\boldsymbol{E}$。证明：$\boldsymbol{B}$ 的列向量组线性无关。

11. 求下列向量组的秩，并求一个极大无关组：

(1)$\boldsymbol{\alpha}_1=\begin{pmatrix}1\\2\\-1\\4\end{pmatrix},\boldsymbol{\alpha}_2=\begin{pmatrix}9\\100\\10\\4\end{pmatrix},\boldsymbol{\alpha}_3=\begin{pmatrix}-2\\-4\\2\\-8\end{pmatrix}$；

(2)$\boldsymbol{\alpha}_1=(1,2,1,3)^{\mathrm{T}},\boldsymbol{\alpha}_2=(4,-1,-5,-6)^{\mathrm{T}},\boldsymbol{\alpha}_3=(1,-3,-4,7)^{\mathrm{T}}$。

12.利用初等行变换求下列向量组的一个极大无关组，并把其余向量用极大无关组线性表示。

$$\boldsymbol{\alpha}_1=\begin{pmatrix}1\\0\\2\\1\end{pmatrix},\quad \boldsymbol{\alpha}_2=\begin{pmatrix}1\\2\\0\\1\end{pmatrix},\quad \boldsymbol{\alpha}_3=\begin{pmatrix}2\\1\\3\\0\end{pmatrix},\quad \boldsymbol{\alpha}_4=\begin{pmatrix}2\\5\\-1\\4\end{pmatrix},\quad \boldsymbol{\alpha}_5=\begin{pmatrix}1\\-1\\3\\-1\end{pmatrix}$$

13.设向量组 $B:\boldsymbol{\beta}_1,\cdots,\boldsymbol{\beta}_r$ 能由向量组 $A:\boldsymbol{\alpha}_1,\cdots,\boldsymbol{\alpha}_s$ 线性表示为

$$(\boldsymbol{\beta}_1,\cdots,\boldsymbol{\beta}_r)=(\boldsymbol{\alpha}_1,\cdots,\boldsymbol{\alpha}_s)\boldsymbol{K}$$

其中 $\boldsymbol{K}$ 为 $s\times r$ 矩阵，且向量组 A 线性无关。证明向量组 B 线性无关的充分必要条件是矩阵 $\boldsymbol{K}$ 的秩 $R(\boldsymbol{K})=r$。

14.设 $\begin{cases}\boldsymbol{\beta}_1=\boldsymbol{\alpha}_2+\boldsymbol{\alpha}_3+\cdots+\boldsymbol{\alpha}_n\\ \boldsymbol{\beta}_2=\boldsymbol{\alpha}_1+\boldsymbol{\alpha}_3+\cdots+\boldsymbol{\alpha}_n\\ \cdots\cdots\cdots\cdots\\ \boldsymbol{\beta}_n=\boldsymbol{\alpha}_1+\boldsymbol{\alpha}_2+\cdots+\boldsymbol{\alpha}_{n-1}\end{cases}$，证明：向量组 $\boldsymbol{\alpha}_1,\boldsymbol{\alpha}_2,\cdots,\boldsymbol{\alpha}_n$ 与向量组 $\boldsymbol{\beta}_1,\boldsymbol{\beta}_2,\cdots,\boldsymbol{\beta}_n$ 等价。

15.设向量组 $A:\boldsymbol{\alpha}_1,\boldsymbol{\alpha}_2,\boldsymbol{\alpha}_3$，向量组 $B:\boldsymbol{\alpha}_1,\boldsymbol{\alpha}_2,\boldsymbol{\alpha}_3,\boldsymbol{\alpha}_4$，向量组 $C:\boldsymbol{\alpha}_1,\boldsymbol{\alpha}_2,\boldsymbol{\alpha}_3,\boldsymbol{\alpha}_5$，且有

$$R(\boldsymbol{\alpha}_1,\boldsymbol{\alpha}_2,\boldsymbol{\alpha}_3)=R(\boldsymbol{\alpha}_1,\boldsymbol{\alpha}_2,\boldsymbol{\alpha}_3,\boldsymbol{\alpha}_4)=3,\quad R(\boldsymbol{\alpha}_1,\boldsymbol{\alpha}_2,\boldsymbol{\alpha}_3,\boldsymbol{\alpha}_5)=4$$

求 $R(\boldsymbol{\alpha}_1,\boldsymbol{\alpha}_2,\boldsymbol{\alpha}_3,\boldsymbol{\alpha}_5-\boldsymbol{\alpha}_4)$。

16.已知三阶矩阵 $\boldsymbol{A}$ 与三维列向量 $\boldsymbol{x}$ 满足 $\boldsymbol{A}^3\boldsymbol{x}=3\boldsymbol{A}\boldsymbol{x}-\boldsymbol{A}^2\boldsymbol{x}$，且向量组 $\boldsymbol{x},\boldsymbol{A}\boldsymbol{x},\boldsymbol{A}^2\boldsymbol{x}$ 线性无关。

(1)证明：$\boldsymbol{P}=(\boldsymbol{x}\ \boldsymbol{A}\boldsymbol{x}\ \boldsymbol{A}^2\boldsymbol{x})$，求三阶矩阵 $\boldsymbol{B}$，使 $\boldsymbol{AP}=\boldsymbol{PB}$；

(2)求 $|\boldsymbol{A}|$。

17.求下列齐次线性方程组的通解：

(1)$\begin{cases}x_1-8x_2+10x_3+2x_4=0\\2x_1+4x_2+5x_3-x_4=0\\3x_1+8x_2+6x_3-2x_4=0\end{cases}$；　　(2)$\begin{cases}2x_1-3x_2-2x_3+x_4=0\\3x_1+5x_2+4x_3-2x_4=0\\8x_1+7x_2+6x_3-3x_4=0\end{cases}$；

(3)$x_1+x_2+x_3+\cdots+x_n=0$。

18.设 $\boldsymbol{A}=\begin{pmatrix}2&-2&1&3\\9&-5&2&8\end{pmatrix}$，求一个 4×2 矩阵 $\boldsymbol{B}$，使 $\boldsymbol{AB}=\boldsymbol{O}$，且 $R(\boldsymbol{B})=2$。

19.$\boldsymbol{A}$ 是 n 阶矩阵，对于齐次线性方程组 $\boldsymbol{Ax}=\boldsymbol{0}$，

(1)如 $\boldsymbol{A}$ 中每行元素之和均为 0，且 $R(\boldsymbol{A})=n-1$，则方程组的通解是________；

(2)如每个 n 维向量都是方程组的解，则 $R(\boldsymbol{A})=$________。

20.设 $\boldsymbol{A}$ 为 n 阶矩阵 $(n\geqslant2)$，$\boldsymbol{A}^*$ 为 $\boldsymbol{A}$ 的伴随矩阵，证明

$$R(\boldsymbol{A}^*)=\begin{cases} n, & R(\boldsymbol{A})=n \\ 1, & R(\boldsymbol{A})=n-1 \\ 0, & R(\boldsymbol{A})\leqslant n-2 \end{cases}$$

21.设四元齐次线性方程组

$$(\text{Ⅰ})\begin{cases} x_1+x_2=0 \\ x_2-x_4=0 \end{cases} \quad (\text{Ⅱ})\begin{cases} x_1-x_2+x_3=0 \\ x_2-x_3+x_4=0 \end{cases}$$

求:(1)方程组(Ⅰ)与(Ⅱ)的基础解系;(2)(Ⅰ)与(Ⅱ)的公共解。

22.设方程组(Ⅰ)$\begin{cases} x_1+2x_2-x_3+x_4=r \\ 3x_1+px_2+3x_3+2x_4=-11 \\ 2x_1+2x_2+qx_3+x_4=-4 \end{cases}$与方程组(Ⅱ)$\begin{cases} x_1+3x_2=-2 \\ x_2-2x_3=5 \\ x_4=-10 \end{cases}$是同解方程组,试确定方程组(Ⅰ)中的 p,q,r 的值。

23.求解下列非齐次方程组

(1)$\begin{cases} x_1+x_2=5 \\ 2x_1+x_2+x_3+2x_4=1; \\ 5x_1+3x_2+2x_3+2x_4=3 \end{cases}$　　(2)$\begin{cases} x_1-5x_2+2x_3-3x_4=11 \\ 5x_1+3x_2+6x_3-x_4=-1。 \\ 2x_1+4x_2+2x_3+x_4=-6 \end{cases}$

24.设 $\boldsymbol{A}$ 是秩为 3 的 5×4 矩阵,$\boldsymbol{\alpha}_1$、$\boldsymbol{\alpha}_2$、$\boldsymbol{\alpha}_3$ 是非齐次线性方程组 $\boldsymbol{Ax}=\boldsymbol{b}$ 的 3 个不同的解,若 $\boldsymbol{\alpha}_1+\boldsymbol{\alpha}_2+2\boldsymbol{\alpha}_3=(2,0,0,0)^{\mathrm{T}}$、$3\boldsymbol{\alpha}_1+\boldsymbol{\alpha}_2=(2,4,6,8)^{\mathrm{T}}$,则方程组 $\boldsymbol{Ax}=\boldsymbol{b}$ 的通解是________。

25.设矩阵 $\boldsymbol{A}=(\boldsymbol{\alpha}_1\ \ \boldsymbol{\alpha}_2\ \ \boldsymbol{\alpha}_3\ \ \boldsymbol{\alpha}_4)$,其中 $\boldsymbol{\alpha}_2$、$\boldsymbol{\alpha}_3$、$\boldsymbol{\alpha}_4$ 线性无关,$\boldsymbol{\alpha}_1=2\boldsymbol{\alpha}_2-\boldsymbol{\alpha}_3$,向量 $\boldsymbol{\beta}=\boldsymbol{\alpha}_1+\boldsymbol{\alpha}_2+\boldsymbol{\alpha}_3+\boldsymbol{\alpha}_4$,求方程组 $\boldsymbol{Ax}=\boldsymbol{\beta}$ 的通解。

26.设 $\boldsymbol{A}=\begin{pmatrix} 2 & 1 & 1 & 2 \\ 0 & 1 & 3 & 1 \\ 1 & \lambda & \mu & 1 \end{pmatrix}$,$\boldsymbol{b}=\begin{pmatrix} 0 \\ 1 \\ 0 \end{pmatrix}$,$\boldsymbol{\eta}=\begin{pmatrix} 1 \\ -1 \\ 1 \\ -1 \end{pmatrix}$,如果 $\boldsymbol{\eta}$ 是方程组 $\boldsymbol{Ax}=\boldsymbol{b}$ 的一个解,试求方程组 $\boldsymbol{Ax}=\boldsymbol{b}$ 的全部解。

27.设 $\boldsymbol{\xi}_0,\boldsymbol{\xi}_1,\cdots,\boldsymbol{\xi}_{n-r}$ 为 $\boldsymbol{Ax}=\boldsymbol{b}(\boldsymbol{b}\neq\boldsymbol{0})$ 的 $n-r+1$ 个线性无关的解向量,$R(\boldsymbol{A})=r$,证明:$\boldsymbol{\xi}_1-\boldsymbol{\xi}_0,\boldsymbol{\xi}_2-\boldsymbol{\xi}_0,\cdots,\boldsymbol{\xi}_{n-r}-\boldsymbol{\xi}_0$ 是对应的齐次线性方程组 $\boldsymbol{Ax}=\boldsymbol{0}$ 的基础解系。

28.设 $\boldsymbol{\eta}^*$ 是非齐次线性方程组 $\boldsymbol{Ax}=\boldsymbol{b}$ 的一个解,$\boldsymbol{\xi}_1,\cdots,\boldsymbol{\xi}_{n-r}$ 是对应的齐次线性方程组的一个基础解系,证明

(1)$\boldsymbol{\eta}^*,\boldsymbol{\xi}_1,\cdots,\boldsymbol{\xi}_{n-r}$ 线性无关;

(2)$\boldsymbol{\eta}^*,\boldsymbol{\eta}^*+\boldsymbol{\xi}_1,\cdots,\boldsymbol{\eta}^*+\boldsymbol{\xi}_{n-r}$ 线性无关。

29.$\boldsymbol{A}$ 是 $m\times n$ 矩阵,$m<n$,且 $\boldsymbol{A}$ 的行向量组线性无关,$\boldsymbol{B}$ 是 $n\times(n-m)$ 矩阵,$\boldsymbol{B}$ 的列向量组线性无关,且 $\boldsymbol{AB}=\boldsymbol{O}$。证明:若 $\boldsymbol{\eta}$ 是齐次方程组 $\boldsymbol{Ax}=\boldsymbol{0}$ 解,则 $\boldsymbol{Bx}=\boldsymbol{\eta}$ 有唯一解。

30.设 $V_1=\{\boldsymbol{x}=(x_1,x_2,\cdots,x_n)^{\mathrm{T}}\mid x_1,\cdots,x_n\in\mathbf{R}$,满足 $x_1+x_2+\cdots+x_n=0\}$,

$V_2=\{\boldsymbol{x}=(x_1,x_2,\cdots,x_n)^{\mathrm{T}}\mid x_1,\cdots,x_n\in\mathbf{R}$,满足 $x_1+x_2+\cdots+x_n=1\}$

问 V_1,V_2 是不是向量空间?为什么?

31.由 $\boldsymbol{\alpha}_1=(1,1,0,0)^{\mathrm{T}}$,$\boldsymbol{\alpha}_2=(1,0,1,1)^{\mathrm{T}}$ 所组成的向量空间记作 L_1,由 $\boldsymbol{\beta}_1=(2,-1,3,3)^{\mathrm{T}}$,$\boldsymbol{\beta}_2=(0,1,-1,-1)^{\mathrm{T}}$ 所组成的向量空间记作 L_2,试证 $L_1=L_2$。

32.验证 $\boldsymbol{\alpha}_1=(1,-1,0)^{\mathrm{T}}$,$\boldsymbol{\alpha}_2=(2,1,3)^{\mathrm{T}}$,$\boldsymbol{\alpha}_3=(3,1,2)^{\mathrm{T}}$ 为 $\mathbf{R}^3$ 的一个基。并把 $\boldsymbol{\beta}_1=$

$(5,0,7)^T$，$\boldsymbol{\beta}_2=(-9,-8,-13)^T$ 用这个基线性表示。

33.已知 $\mathbf{R}^3$ 的两个基为

$$\boldsymbol{\alpha}_1=\begin{pmatrix}1\\1\\1\end{pmatrix},\boldsymbol{\alpha}_2=\begin{pmatrix}1\\0\\-1\end{pmatrix},\boldsymbol{\alpha}_3=\begin{pmatrix}1\\0\\1\end{pmatrix} \quad 及 \quad \boldsymbol{\beta}_1=\begin{pmatrix}1\\2\\1\end{pmatrix},\boldsymbol{\beta}_2=\begin{pmatrix}2\\3\\4\end{pmatrix},\boldsymbol{\beta}_3=\begin{pmatrix}3\\4\\3\end{pmatrix}$$

求由基 $\boldsymbol{\alpha}_1,\boldsymbol{\alpha}_2,\boldsymbol{\alpha}_3$ 到基 $\boldsymbol{\beta}_1,\boldsymbol{\beta}_2,\boldsymbol{\beta}_3$ 的过渡矩阵 $\boldsymbol{P}$。

第 5 章　相似矩阵及二次型

本章主要讨论方阵的特征值与特征向量、方阵的相似对角化、二次型的标准形及二次型的正定性。方阵的特征值与特征向量是线性代数中非常重要的概念，应用也非常广泛，在微分方程组的求解、线性系统稳定性分析、振动系统、电力系统、经济金融模型、人口模型、化学工程等的研究中都会用到相关理论与性质。

为了加强生态保护，数学家们建立的种群动力学模型 $x_{k+1}=A_{x_k}$ 是一个差分方程，我们可以通过矩阵的特征值和特征向量来求解差分方程。

5.1　向量的内积、长度及正交性

在三维向量空间 $\mathbf{R}^3$ 中，两个向量 $\boldsymbol{x}=(x_1,x_2,x_3)^{\mathrm{T}}$ 及 $\boldsymbol{y}=(y_1,y_2,y_3)^{\mathrm{T}}$ 的数量积为

$$\boldsymbol{x}\cdot\boldsymbol{y}=\|\boldsymbol{x}\|\ \|\boldsymbol{y}\|\cos\theta=x_1y_1+x_2y_2+x_3y_3$$

其中，θ 为 $\boldsymbol{x}$ 与 $\boldsymbol{y}$ 的夹角；$\|\boldsymbol{x}\|$ 与 $\|\boldsymbol{y}\|$ 是 $\boldsymbol{x}$ 与 $\boldsymbol{y}$ 的长度。数量积有以下不等式

$$\|\boldsymbol{x}\cdot\boldsymbol{y}\|\leqslant\|\boldsymbol{x}\|\ \|\boldsymbol{y}\|$$

利用数量积可以表示向量的长度和夹角：

$$\|\boldsymbol{x}\|=\sqrt{x_1^2+x_2^2+x_3^2}=\sqrt{(\boldsymbol{x}\cdot\boldsymbol{x})}$$

$$\cos\theta=\frac{\boldsymbol{x}\cdot\boldsymbol{y}}{\|\boldsymbol{x}\|\ \|\boldsymbol{y}\|}(设\ \boldsymbol{x}\neq\boldsymbol{0},\boldsymbol{y}\neq\boldsymbol{0})$$

$$\boldsymbol{x}\perp\boldsymbol{y}\Leftrightarrow\boldsymbol{x}\cdot\boldsymbol{y}=\boldsymbol{0}$$

以上这些三维空间中向量的性质，可以推广到 n 维向量空间 $\mathbf{R}^n$ 中去，关键是将三维空间中的数量积推广到 n 维空间。

定义 1　设有 n 维向量

$$\boldsymbol{x}=\begin{pmatrix}x_1\\x_2\\\vdots\\x_n\end{pmatrix},\quad \boldsymbol{y}=\begin{pmatrix}y_1\\y_2\\\vdots\\y_n\end{pmatrix}$$

令

$$[\boldsymbol{x},\boldsymbol{y}]=x_1y_1+x_2y_2+\cdots+x_ny_n$$

$[\boldsymbol{x},\boldsymbol{y}]$称为 $\boldsymbol{x}$ 与 $\boldsymbol{y}$ 的内积。显然

$$[\boldsymbol{x},\boldsymbol{y}]=x_1y_1+x_2y_2+\cdots+x_ny_n=\boldsymbol{x}^{\mathrm{T}}\boldsymbol{y}=\boldsymbol{y}^{\mathrm{T}}\boldsymbol{x}$$

容易验证内积有以下性质(其中 $\boldsymbol{x}$、$\boldsymbol{y}$、$\boldsymbol{z}$ 为 n 维向量，k 为数)：

(1) $[\boldsymbol{x},\boldsymbol{y}]=[\boldsymbol{x},\boldsymbol{y}]$；

(2) $[k\boldsymbol{x},\boldsymbol{y}]=k[\boldsymbol{x},\boldsymbol{y}]$;

(3) $[\boldsymbol{x}+\boldsymbol{y},\boldsymbol{z}]=[\boldsymbol{x},\boldsymbol{z}]+[\boldsymbol{y},\boldsymbol{z}]$;

(4) 当 $\boldsymbol{x}=\boldsymbol{0}$ 时,$[\boldsymbol{x},\boldsymbol{x}]=0$;当 $\boldsymbol{x}\neq\boldsymbol{0}$ 时,$[\boldsymbol{x},\boldsymbol{x}]>0$。

这些性质为内积定义的直接推论,由(1)(2)(3)直接可得

$$[\boldsymbol{x},k\boldsymbol{y}]=k[\boldsymbol{x},\boldsymbol{y}]$$
$$[\boldsymbol{x},\boldsymbol{y}+\boldsymbol{z}]=[\boldsymbol{x},\boldsymbol{y}]+[\boldsymbol{x},\boldsymbol{z}]$$

并且利用这些性质可以证明施瓦茨(Schwarz)不等式:

$$[\boldsymbol{x},\boldsymbol{y}]^2\leqslant[\boldsymbol{x},\boldsymbol{x}][\boldsymbol{y},\boldsymbol{y}] \quad 或 \quad |[\boldsymbol{x},\boldsymbol{y}]|\leqslant\sqrt{[\boldsymbol{x},\boldsymbol{x}]}\sqrt{[\boldsymbol{y},\boldsymbol{y}]}$$

定义 2 设 $\boldsymbol{x}=(x_1,x_2,\cdots,x_n)^{\mathrm{T}}$,定义 $\boldsymbol{x}$ 的长度(或称范数)为

$$\|\boldsymbol{x}\|=\sqrt{[\boldsymbol{x},\boldsymbol{x}]}=\sqrt{x_1^2+x_2^2+\cdots+x_n^2}$$

当长度 $\|\boldsymbol{x}\|=1$ 时,称 $\boldsymbol{x}$ 为单位向量。

利用长度概念,施瓦茨不等式可以写成 $|[\boldsymbol{x},\boldsymbol{y}]|\leqslant\|\boldsymbol{x}\|\|\boldsymbol{y}\|$。

向量的长度具有下列性质($\boldsymbol{x}$、$\boldsymbol{y}$ 为向量,k 为数):

(1)非负性 $\|\boldsymbol{x}\|\geqslant0$,当且仅当 $\boldsymbol{x}=\boldsymbol{0}$ 时,$\|\boldsymbol{x}\|=0$;

(2)齐次性:$\|k\boldsymbol{x}\|=|k|\|\boldsymbol{x}\|$;

(3)三角不等式 $\|\boldsymbol{x}+\boldsymbol{y}\|\leqslant\|\boldsymbol{x}\|+\|\boldsymbol{y}\|$。

证明 (1),(2)容易验证。下面证明(3)。由于

$$\begin{aligned}\|\boldsymbol{x}+\boldsymbol{y}\|^2&=[\boldsymbol{x}+\boldsymbol{y},\boldsymbol{x}+\boldsymbol{y}]=[\boldsymbol{x},\boldsymbol{x}+\boldsymbol{y}]+[\boldsymbol{y},\boldsymbol{x}+\boldsymbol{y}]\\&=[\boldsymbol{x},\boldsymbol{x}]+[\boldsymbol{x},\boldsymbol{y}]+[\boldsymbol{y},\boldsymbol{x}]+[\boldsymbol{y},\boldsymbol{y}]\\&=\|\boldsymbol{x}\|^2+2[\boldsymbol{x},\boldsymbol{y}]+\|\boldsymbol{y}\|^2\\&\leqslant\|\boldsymbol{x}\|^2+2\|\boldsymbol{x}\|\|\boldsymbol{y}\|+\|\boldsymbol{y}\|^2=(\|\boldsymbol{x}\|+\|\boldsymbol{y}\|)^2\end{aligned}$$

故有

$$\|\boldsymbol{x}+\boldsymbol{y}\|\leqslant\|\boldsymbol{x}\|+\|\boldsymbol{y}\|$$

当 $\boldsymbol{x}\neq\boldsymbol{0},\boldsymbol{y}\neq\boldsymbol{0}$ 时,由施瓦茨不等式,有 $\left|\dfrac{[\boldsymbol{x},\boldsymbol{y}]}{\|\boldsymbol{x}\|\|\boldsymbol{y}\|}\right|\leqslant1$,因此,由下面的等式

$$\cos\theta=\left|\frac{[\boldsymbol{x},\boldsymbol{y}]}{\|\boldsymbol{x}\|\|\boldsymbol{y}\|}\right|$$

可以定义两向量 $\boldsymbol{x}$ 与 $\boldsymbol{y}$ 的夹角 θ:

$$\theta=\arccos\frac{[\boldsymbol{x},\boldsymbol{y}]}{\|\boldsymbol{x}\|\|\boldsymbol{y}\|}$$

特别地,有

$$\theta=\frac{\pi}{2}\Leftrightarrow[\boldsymbol{x},\boldsymbol{y}]=0$$

定义 3 若 $[\boldsymbol{x},\boldsymbol{y}]=0$,则称向量 $\boldsymbol{x}$ 与 $\boldsymbol{y}$ 正交。

显然零向量与任何向量都正交。

例 1 在 $\mathbf{R}^5$ 中,设 $\boldsymbol{x}=(1,2,0,-2,4)^{\mathrm{T}}$、$\boldsymbol{y}=(4,3,2,3,-1)^{\mathrm{T}}$,则有

$$\begin{aligned}[\boldsymbol{x},\boldsymbol{y}]&=1\times4+2\times3+0\times2+(-2)\times3+4\times(-1)\\&=4+6+0-6-4=0\end{aligned}$$

故 $\boldsymbol{x}$ 与 $\boldsymbol{y}$ 正交。又有 $\|\boldsymbol{x}\|^2=[\boldsymbol{x},\boldsymbol{x}]=4+1+0+16+4=25$,故 $\boldsymbol{x}$ 的长度为 $\|\boldsymbol{x}\|=5$。

对任意 $\boldsymbol{x}\neq\boldsymbol{0}$,有 $\left\|\dfrac{\boldsymbol{x}}{\|\boldsymbol{x}\|}\right\|=\dfrac{1}{\|\boldsymbol{x}\|}\|\boldsymbol{x}\|=1$,故 $\dfrac{\boldsymbol{x}}{\|\boldsymbol{x}\|}$ 为单位向量。

定义 4 若向量组 $\boldsymbol{x}_1,\boldsymbol{x}_2,\cdots,\boldsymbol{x}_m$ 两两正交，则称其为正交向量组。

若向量 $\boldsymbol{x}_1,\boldsymbol{x}_2,\cdots,\boldsymbol{x}_m$ 两两正交且都是单位向量时，则称其为规范正交组。即，

$$\boldsymbol{x}_1,\boldsymbol{x}_2,\cdots,\boldsymbol{x}_m \text{ 为规范正交组} \Leftrightarrow [\boldsymbol{x}_i,\boldsymbol{x}_j]=\begin{cases}0, & i\neq j\\ 1, & i=j\end{cases}, i,j=1,2,\cdots,m$$

例 2 在 $\mathbf{R}^n$ 中，以下 n 个单位向量是规范正交组：

$$\boldsymbol{\varepsilon}_1=(1,0,\cdots,0)^{\mathrm{T}},\quad \boldsymbol{\varepsilon}_2=(0,1,\cdots,0)^{\mathrm{T}},\quad \cdots,\quad \boldsymbol{\varepsilon}_n=(0,0,\cdots,1)^{\mathrm{T}}$$

因为这个向量组又是 $\mathbf{R}^n$ 中的基，因此又称为 $\mathbf{R}^n$ 中的规范正交基。

在 $\mathbf{R}^3$ 中，通常记 $\boldsymbol{i}=(1,0,0)^{\mathrm{T}}$、$\boldsymbol{j}=(0,1,0)^{\mathrm{T}}$、$\boldsymbol{k}=(0,0,1)^{\mathrm{T}}$，它们是三坐标轴上的单位向量，它们构成 $\mathbf{R}^3$ 中一个规范正交基。向量组

$$\boldsymbol{\alpha}_1=(1,0,0)^{\mathrm{T}},\quad \boldsymbol{\alpha}_2=\left(0,\frac{1}{\sqrt{2}},\frac{1}{\sqrt{2}}\right)^{\mathrm{T}},\quad \boldsymbol{\alpha}_3=\left(0,\frac{1}{\sqrt{2}},-\frac{1}{\sqrt{2}}\right)^{\mathrm{T}}$$

容易验证它是规范正交组，也是 $\mathbf{R}^3$ 的规范正交基。

定理 1 若 $\boldsymbol{\alpha}_1,\boldsymbol{\alpha}_2,\cdots,\boldsymbol{\alpha}_m$ 是由非零向量组成的正交组，则它们必定线性无关。

证明 设数 $k_1,k_2,\cdots,k_m$ 使

$$k_1\boldsymbol{\alpha}_1+k_2\boldsymbol{\alpha}_2+\cdots+k_m\boldsymbol{\alpha}_m=\mathbf{0}$$

用 $\boldsymbol{\alpha}_i(i=1,2,\cdots,m)$ 与上式两边分别作内积，有

$$[k_1\boldsymbol{\alpha}_1+k_2\boldsymbol{\alpha}_2+\cdots+k_m\boldsymbol{\alpha}_m,\boldsymbol{\alpha}_i]=0\quad(i=1,2,\cdots,m)$$

根据内积性质，可得

$$k_1[\boldsymbol{\alpha}_1,\boldsymbol{\alpha}_i]+\cdots+k_i[\boldsymbol{\alpha}_i,\boldsymbol{\alpha}_i]+\cdots+k_m[\boldsymbol{\alpha}_m,\boldsymbol{\alpha}_i]=0\quad(i=1,2,\cdots,m)$$

因为 $j\neq i$ 时，$[\boldsymbol{\alpha}_j,\boldsymbol{\alpha}_i]=0$，上式成为

$$k_i[\boldsymbol{\alpha}_i,\boldsymbol{\alpha}_i]=0\quad(i=1,2,\cdots,m)$$

因为 $\boldsymbol{\alpha}_i\neq\mathbf{0}$，所以 $[\boldsymbol{\alpha}_i,\boldsymbol{\alpha}_i]>0$，故有

$$k_i=0\quad(i=1,2,\cdots,m)$$

因此，$\boldsymbol{\alpha}_1,\boldsymbol{\alpha}_2,\cdots,\boldsymbol{\alpha}_m$ 线性无关。

由此可知，规范正交组必是线性无关组。但要注意反之不成立。

有时需要由一个线性无关向量组

$$\boldsymbol{\alpha}_1,\boldsymbol{\alpha}_2,\cdots,\boldsymbol{\alpha}_m$$

构造出一个与之等价的规范正交组

$$\boldsymbol{e}_1,\boldsymbol{e}_2,\cdots,\boldsymbol{e}_m$$

这个问题称为将向量组 $\boldsymbol{\alpha}_1,\boldsymbol{\alpha}_2,\cdots,\boldsymbol{\alpha}_m$ 规范正交化。**施密特**(Schimidt)**正交化**的方法如下：

取

$$\boldsymbol{\beta}_1=\boldsymbol{\alpha}_1$$

$$\boldsymbol{\beta}_2=\boldsymbol{\alpha}_2-\frac{[\boldsymbol{\alpha}_2,\boldsymbol{\beta}_1]}{[\boldsymbol{\beta}_1,\boldsymbol{\beta}_1]}\boldsymbol{\beta}_1$$

$$\boldsymbol{\beta}_3=\boldsymbol{\alpha}_3-\frac{[\boldsymbol{\alpha}_3,\boldsymbol{\beta}_1]}{[\boldsymbol{\beta}_1,\boldsymbol{\beta}_1]}\boldsymbol{\beta}_1-\frac{[\boldsymbol{\alpha}_3,\boldsymbol{\beta}_2]}{[\boldsymbol{\beta}_2,\boldsymbol{\beta}_2]}\boldsymbol{\beta}_2$$

…………

$$\boldsymbol{\beta}_m=\boldsymbol{\alpha}_m-\frac{[\boldsymbol{\alpha}_m,\boldsymbol{\beta}_1]}{[\boldsymbol{\beta}_1,\boldsymbol{\beta}_1]}\boldsymbol{\beta}_1-\cdots-\frac{[\boldsymbol{\alpha}_m,\boldsymbol{\beta}_{m-1}]}{[\boldsymbol{\beta}_{m-1},\boldsymbol{\beta}_{m-1}]}\boldsymbol{\beta}_{m-1}$$

容易验证 $\boldsymbol{\beta}_1,\cdots,\boldsymbol{\beta}_m$ 两两正交，且与向量组 $\boldsymbol{\alpha}_1,\cdots,\boldsymbol{\alpha}_m$ 等价。

再把它们单位化，即取

$$\boldsymbol{e}_1=\frac{\boldsymbol{\beta}_1}{\|\boldsymbol{\beta}_1\|},\quad \boldsymbol{e}_2=\frac{\boldsymbol{\beta}_2}{\|\boldsymbol{\beta}_2\|},\quad \cdots,\quad \boldsymbol{e}_m=\frac{\boldsymbol{\beta}_m}{\|\boldsymbol{\beta}_m\|}$$

则 $\boldsymbol{e}_1,\boldsymbol{e}_2,\cdots,\boldsymbol{e}_m$ 为规范正交组，并且与 $\boldsymbol{\alpha}_1,\boldsymbol{\alpha}_2,\cdots,\boldsymbol{\alpha}_m$ 等价。

例 3 在 $\mathbf{R}^3$ 中，设

$$\boldsymbol{\alpha}_1=(1,1,1)^{\mathrm{T}},\quad \boldsymbol{\alpha}_2=(1,2,3)^{\mathrm{T}},\quad \boldsymbol{\alpha}_3=(1,4,9)^{\mathrm{T}}$$

试用施密特正交化法，将其规范正交化。

解 取 $\boldsymbol{\beta}_1=\boldsymbol{\alpha}_1=(1,1,1)^{\mathrm{T}}$

$$\boldsymbol{\beta}_2=\boldsymbol{\alpha}_2-\frac{[\boldsymbol{\alpha}_2,\boldsymbol{\beta}_1]}{[\boldsymbol{\beta}_1,\boldsymbol{\beta}_1]}\boldsymbol{\beta}_1=(1,2,3)^{\mathrm{T}}-2(1,1,1)^{\mathrm{T}}=(-1,0,1)^{\mathrm{T}}$$

$$\begin{aligned}\boldsymbol{\beta}_3&=\boldsymbol{\alpha}_3-\frac{[\boldsymbol{\alpha}_3,\boldsymbol{\beta}_1]}{[\boldsymbol{\beta}_1,\boldsymbol{\beta}_1]}\boldsymbol{\beta}_1-\frac{[\boldsymbol{\alpha}_3,\boldsymbol{\beta}_2]}{[\boldsymbol{\beta}_2,\boldsymbol{\beta}_2]}\boldsymbol{\beta}_2\\&=(1,4,9)^{\mathrm{T}}-\frac{14}{3}(1,1,1)^{\mathrm{T}}-4(-1,0,1)^{\mathrm{T}}=\frac{1}{3}(1,-2,1)^{\mathrm{T}}\end{aligned}$$

计算得 $\|\boldsymbol{\beta}_1\|=\sqrt{3}$、$\|\boldsymbol{\beta}_2\|=\sqrt{2}$、$\|\boldsymbol{\beta}_3\|=\frac{1}{3}\sqrt{6}$，将 $\boldsymbol{\beta}_1$、$\boldsymbol{\beta}_2$、$\boldsymbol{\beta}_3$ 单位化，得

$$\boldsymbol{e}_1=\frac{\boldsymbol{\beta}_1}{\|\boldsymbol{\beta}_1\|}=\begin{pmatrix}\frac{1}{\sqrt{3}}\\\frac{1}{\sqrt{3}}\\\frac{1}{\sqrt{3}}\end{pmatrix},\quad \boldsymbol{e}_2=\frac{\boldsymbol{\beta}_2}{\|\boldsymbol{\beta}_2\|}=\begin{pmatrix}-\frac{1}{\sqrt{2}}\\0\\\frac{1}{\sqrt{2}}\end{pmatrix},\quad \boldsymbol{e}_3=\frac{\boldsymbol{\beta}_3}{\|\boldsymbol{\beta}_3\|}=\begin{pmatrix}\frac{1}{\sqrt{6}}\\-\frac{2}{\sqrt{6}}\\\frac{1}{\sqrt{6}}\end{pmatrix}$$

$\boldsymbol{e}_1,\boldsymbol{e}_2,\boldsymbol{e}_3$ 即为所求的规范正交组。

定义 5 若 n 阶实矩阵 $\boldsymbol{A}$ 满足

$$\boldsymbol{A}^{\mathrm{T}}\boldsymbol{A}=\boldsymbol{E}\text{（即 }\boldsymbol{A}^{-1}=\boldsymbol{A}^{\mathrm{T}}\text{）}$$

则称 $\boldsymbol{A}$ 为正交矩阵，简称正交阵。

设 $\boldsymbol{A}$ 的列向量组为 $\boldsymbol{\beta}_1,\boldsymbol{\beta}_2,\cdots,\boldsymbol{\beta}_n$，则

$\boldsymbol{A}$ 为正交阵 $\Leftrightarrow \boldsymbol{A}\boldsymbol{A}^{\mathrm{T}}=\boldsymbol{E}$

$$\Leftrightarrow\begin{pmatrix}\boldsymbol{\beta}_1^{\mathrm{T}}\\\boldsymbol{\beta}_2^{\mathrm{T}}\\\vdots\\\boldsymbol{\beta}_n^{\mathrm{T}}\end{pmatrix}(\boldsymbol{\beta}_1\ \boldsymbol{\beta}_2\ \cdots\ \boldsymbol{\beta}_n)=\boldsymbol{E}$$

$$\Leftrightarrow\begin{pmatrix}\boldsymbol{\beta}_1^{\mathrm{T}}\boldsymbol{\beta}_1&\boldsymbol{\beta}_1^{\mathrm{T}}\boldsymbol{\beta}_2&\cdots&\boldsymbol{\beta}_1^{\mathrm{T}}\boldsymbol{\beta}_n\\\boldsymbol{\beta}_2^{\mathrm{T}}\boldsymbol{\beta}_1&\boldsymbol{\beta}_2^{\mathrm{T}}\boldsymbol{\beta}_2&\cdots&\boldsymbol{\beta}_2^{\mathrm{T}}\boldsymbol{\beta}_n\\\vdots&\vdots&&\vdots\\\boldsymbol{\beta}_n^{\mathrm{T}}\boldsymbol{\beta}_1&\boldsymbol{\beta}_n^{\mathrm{T}}\boldsymbol{\beta}_2&\cdots&\boldsymbol{\beta}_n^{\mathrm{T}}\boldsymbol{\beta}_n\end{pmatrix}=\begin{pmatrix}1&0&\cdots&0\\0&1&\cdots&0\\\vdots&\vdots&&\vdots\\0&0&\cdots&1\end{pmatrix}$$

$$\Leftrightarrow[\boldsymbol{\beta}_i,\boldsymbol{\beta}_j]=\boldsymbol{\beta}_i^{\mathrm{T}}\boldsymbol{\beta}_j=\begin{cases}0,i\neq j\\1,i=j\end{cases},(i,j=1,2,\cdots,n)$$

$\Leftrightarrow \boldsymbol{A}$ 的列向量组为规范正交组

由定义有 $\boldsymbol{A}\boldsymbol{A}^{\mathrm{T}}=\boldsymbol{E}$，同理可证 $\boldsymbol{A}$ 为正交阵$\Leftrightarrow \boldsymbol{A}$ 的行向量组为规范正交组。

例 4　设

$$\boldsymbol{A}=\begin{pmatrix} \cos\theta & \sin\theta \\ -\sin\theta & \cos\theta \end{pmatrix},\quad \boldsymbol{B}=\begin{pmatrix} \frac{1}{\sqrt{2}} & 0 & \frac{1}{\sqrt{2}} \\ 0 & 1 & 0 \\ \frac{1}{\sqrt{2}} & 0 & -\frac{1}{\sqrt{2}} \end{pmatrix},\quad \boldsymbol{E}=\begin{pmatrix} 1 & 0 & 0 \\ 0 & 1 & 0 \\ 0 & 0 & 1 \end{pmatrix}$$

容易验证 $\boldsymbol{A},\boldsymbol{B},\boldsymbol{E}$ 都是正交矩阵。

正交矩阵有下列性质：

(1)若 $\boldsymbol{A}$ 为正交矩阵，则 $\boldsymbol{A}^{-1}$ 也是正交阵，且 $|\boldsymbol{A}|=1$ 或 -1；

(2)若 $\boldsymbol{A},\boldsymbol{B}$ 为正交阵，则 $\boldsymbol{AB}$ 是正交阵。

证明　(1)$\boldsymbol{A}$ 为正交阵，则 $\boldsymbol{A}\boldsymbol{A}^{\mathrm{T}}=\boldsymbol{E}$，两边取行列式，得

$$|\boldsymbol{A}|\,|\boldsymbol{A}^{\mathrm{T}}|=|\boldsymbol{E}|=1，即 |\boldsymbol{A}|^2=1，故 |\boldsymbol{A}|=1 或 -1。$$

同时也说明矩阵 $\boldsymbol{A}$、$\boldsymbol{A}^{\mathrm{T}}$ 均可逆，则有

$$(\boldsymbol{A}^{-1})(\boldsymbol{A}^{-1})^{\mathrm{T}}=(\boldsymbol{A}^{-1})(\boldsymbol{A}^{\mathrm{T}})^{-1}=(\boldsymbol{A}^{\mathrm{T}}\boldsymbol{A})^{-1}=\boldsymbol{E}^{-1}=\boldsymbol{E}$$

故 $\boldsymbol{A}^{-1}$ 是正交阵。

(2)$(\boldsymbol{AB})(\boldsymbol{AB})^{\mathrm{T}}=(\boldsymbol{AB})(\boldsymbol{B}^{\mathrm{T}}\boldsymbol{A}^{\mathrm{T}})=(\boldsymbol{AB})(\boldsymbol{B}^{-1}\boldsymbol{A}^{-1})=\boldsymbol{A}(\boldsymbol{B}\boldsymbol{B}^{-1})\boldsymbol{A}^{-1}=\boldsymbol{AEA}^{-1}=\boldsymbol{AA}^{-1}=\boldsymbol{E}$

故 $\boldsymbol{AB}$ 是正交阵。

定义 6　设 $\boldsymbol{P}$ 为 n 阶正交矩阵，$\boldsymbol{x}$、$\boldsymbol{y}$ 为 n 维列向量，则 $\boldsymbol{y}=\boldsymbol{Px}$ 称为正交变换。

设 $\boldsymbol{y}=\boldsymbol{Px}$ 为正交变换，则

$$\|\boldsymbol{y}\|^2=\boldsymbol{y}^{\mathrm{T}}\boldsymbol{y}=(\boldsymbol{Px})^{\mathrm{T}}(\boldsymbol{Px})=\boldsymbol{x}^{\mathrm{T}}\boldsymbol{P}^{\mathrm{T}}\boldsymbol{Px}=\boldsymbol{x}^{\mathrm{T}}\boldsymbol{Ex}=\boldsymbol{x}^{\mathrm{T}}\boldsymbol{x}=\|\boldsymbol{x}\|^2$$

故有 $\|\boldsymbol{y}\|=\|\boldsymbol{x}\|$。

由于 $\|\boldsymbol{x}\|$、$\|\boldsymbol{y}\|$ 分别表示向量变换前后的长度，所以可以说，正交变换保持向量的长度不变。

5.2　方阵的特征值与特征向量

在工程技术中有很多问题，例如线性系统稳定性分析、振动系统、电力系统，或者经济金融模型、人口模型等，都归结为求一个方阵的特征值和特征向量的问题。在数学中诸如方阵的对角化、求解微分方程组等问题，也都要使用特征值理论。

定义　设 $\boldsymbol{A}$ 为 n 阶方阵，如果有数 λ 及 n 维非零列向量 $\boldsymbol{x}(\boldsymbol{x}\neq\boldsymbol{0})$，使得关系式

$$\boldsymbol{Ax}=\lambda\boldsymbol{x} \tag{5-1}$$

成立，则称 λ 为 $\boldsymbol{A}$ 为特征值，非零向量 $\boldsymbol{x}$ 称为 $\boldsymbol{A}$ 的对应于特征值 λ 的特征向量。

式(5-1)也可写成

$$(\boldsymbol{A}-\lambda\boldsymbol{E})\boldsymbol{x}=\boldsymbol{0} \tag{5-2}$$

这是 n 个方程 n 个未知数的齐次线性方程组，同时注意到向量 $\boldsymbol{x}\neq\boldsymbol{0}$，由前面的知识可知，齐次线性方程组有非零解的充分必要条件是其系数行列式等于 0，即

$$|\boldsymbol{A}-\lambda\boldsymbol{E}|=0 \tag{5-3}$$

设 $\boldsymbol{A}=(a_{ij})_{n\times n}$，则式(5-3)成为

$$\begin{vmatrix} a_{11}-\lambda & a_{12} & \cdots & a_{1n} \\ a_{21} & a_{22}-\lambda & \cdots & a_{2n} \\ \vdots & \vdots & & \vdots \\ a_{n1} & a_{n2} & \cdots & a_{nn}-\lambda \end{vmatrix}=0$$

式(5-3)可看成关于 λ 的一元 n 次方程，称为方阵 $\boldsymbol{A}$ 的特征方程，方程左边 $|\boldsymbol{A}-\lambda\boldsymbol{E}|$ 是 λ 的 n 次多项式，记为 $f(\lambda)$，也称为方阵 $\boldsymbol{A}$ 的特征多项式。特征值 λ 是特征方程(5-3)的根，在复数范围内，n 次方程有 n 个根(重根按重数计算)。因此，n 阶矩阵在复数范围内有 n 个特征值。

由以上讨论，得到求 n 阶方阵 $\boldsymbol{A}$ 的特征值和特征向量的方法如下：

(1)求解特征方程 $|\boldsymbol{A}-\lambda\boldsymbol{E}|=0$，得到 $\boldsymbol{A}$ 的 n 个特征值 $\lambda_1,\lambda_2,\cdots,\lambda_n$($k$ 重根重复为 k 次)；

(2)对每个特征值 λ_i，解齐次线性方程组 $(\boldsymbol{A}-\lambda_i\boldsymbol{E})\boldsymbol{x}=\boldsymbol{0}$，其非零解就是属于 λ_i 的特征向量。

例 1 求矩阵 $\boldsymbol{A}=\begin{pmatrix}1 & 2\\ 2 & 1\end{pmatrix}$ 的特征值和特征向量。

解 $\boldsymbol{A}$ 的特征多项式为

$$|\boldsymbol{A}-\lambda\boldsymbol{E}|=\begin{vmatrix}1-\lambda & 2\\ 2 & 1-\lambda\end{vmatrix}=(1-\lambda)^2-4$$
$$=\lambda^2-2\lambda-3=(\lambda-3)(\lambda+1)$$

所以，$\boldsymbol{A}$ 的特征值为 $\lambda_1=3$、$\lambda_2=-1$。

当 $\lambda_1=3$ 时，对应的特征向量 $\boldsymbol{x}$ 应满足方程 $(\boldsymbol{A}-3\boldsymbol{E})\boldsymbol{x}=\boldsymbol{0}$，即

$$\begin{pmatrix}1-3 & 2\\ 2 & 1-3\end{pmatrix}\begin{bmatrix}x_1\\ x_2\end{bmatrix}=\begin{pmatrix}0\\ 0\end{pmatrix}$$

将其系数矩阵化为行最简形矩阵如下：

$$\begin{pmatrix}-2 & 2\\ 2 & -2\end{pmatrix}\longrightarrow\begin{pmatrix}1 & -1\\ 0 & 0\end{pmatrix}$$

即 $x_1-x_2=0$，所以对应的特征向量可取为

$$\boldsymbol{p}_1=\begin{pmatrix}1\\ 1\end{pmatrix}$$

当 $\lambda_2=-1$ 时，对应的特征向量 $\boldsymbol{x}$ 应满足

$$\begin{pmatrix}1+1 & 2\\ 2 & 1+1\end{pmatrix}\begin{bmatrix}x_1\\ x_2\end{bmatrix}=\begin{pmatrix}0\\ 0\end{pmatrix}$$

将其系数矩阵化为行最简形矩阵如下：

$$\begin{pmatrix}2 & 2\\ 2 & 2\end{pmatrix}\longrightarrow\begin{pmatrix}1 & 1\\ 0 & 0\end{pmatrix}$$

即 $x_1+x_2=0$，所以对应的特征向量可取为

$$\boldsymbol{p}_2=\begin{pmatrix}-1\\ 1\end{pmatrix}$$

显然，若 p_i 为矩阵 A 的属于特征值 λ_i 的特征向量，则 $kp_i(k\neq 0)$ 也是对应于特征值 λ_i 的特征向量。

例2 求矩阵 $A=\begin{pmatrix}-2 & 1 & 1\\ 0 & 2 & 0\\ -4 & 1 & 3\end{pmatrix}$ 的特征值和特征向量。

解 A 的特征多项式为

$$|A-\lambda E|=\begin{vmatrix}-2-\lambda & 1 & 1\\ 0 & 2-\lambda & 0\\ -4 & 1 & 3-\lambda\end{vmatrix}=(2-\lambda)\begin{vmatrix}-2-\lambda & 1\\ -4 & 3-\lambda\end{vmatrix}$$

$$=(2-\lambda)(\lambda^2-\lambda-2)=-(\lambda+1)(\lambda-2)^2$$

所以，矩阵 A 的特征值为 $\lambda_1=-1$、$\lambda_2=\lambda_3=2$(二重根)。

对于 $\lambda_1=-1$，解方程组 $(A-(-1)E)x=\mathbf{0}$，即 $(A+E)x=\mathbf{0}$，将其系数矩阵化为行最简形矩阵如下：

$$(A+E)=\begin{pmatrix}-1 & 1 & 1\\ 0 & 3 & 0\\ -4 & 1 & 4\end{pmatrix}\longrightarrow\begin{pmatrix}1 & -1 & -1\\ 0 & 3 & 0\\ 0 & -3 & 0\end{pmatrix}\longrightarrow\begin{pmatrix}1 & 0 & -1\\ 0 & 1 & 0\\ 0 & 0 & 0\end{pmatrix}$$

所以其同解方程组为

$$\begin{cases}x_1-x_3=0\\ x_2=0\end{cases}$$

取自由未知量为 x_3，且令 $x_3=1$，得基础解系为

$$p_1=\begin{pmatrix}1\\ 0\\ 1\end{pmatrix}$$

故对应于 $\lambda_1=-1$ 的全部特征向量为 $kp_1(k\neq 0)$。

对于 $\lambda_2=\lambda_3=2$，解方程组 $(A-2E)x=\mathbf{0}$，将其系数矩阵化为行最简形矩阵如下：

$$(A-2E)=\begin{pmatrix}-4 & 1 & 1\\ 0 & 0 & 0\\ -4 & 1 & 1\end{pmatrix}\longrightarrow\begin{pmatrix}1 & -1/4 & -1/4\\ 0 & 0 & 0\\ 0 & 0 & 0\end{pmatrix}$$

所以其同解方程组为

$$x_1-\frac{1}{4}x_2-\frac{1}{4}x_3=0$$

取自由未知量为 x_2、x_3，且分别令 $x_2=1$、$x_3=0$ 和 $x_2=0$、$x_3=1$，得到基础解系为

$$p_2=\begin{pmatrix}1/4\\ 1\\ 0\end{pmatrix},p_3=\begin{pmatrix}1/4\\ 0\\ 1\end{pmatrix}$$

故相应于 $\lambda_2=\lambda_3=2$ 的所有特征向量为 $k_2p_2+k_3p_3$(k_2、k_3 不同时为0)。

例3 求矩阵 $A=\begin{pmatrix}2 & 1 & 2\\ 0 & 2 & 1\\ 0 & 0 & 2\end{pmatrix}$ 的特征值和特征向量。

解 $\boldsymbol{A}$ 的特征多项式为

$$|\boldsymbol{A}-\lambda\boldsymbol{E}|=\begin{vmatrix}2-\lambda & 1 & 2\\ 0 & 2-\lambda & 1\\ 0 & 0 & 2-\lambda\end{vmatrix}=(2-\lambda)^3$$

所以，矩阵 $\boldsymbol{A}$ 的特征值为 $\lambda_1=\lambda_2=\lambda_3=2$（三重）。

对于 $\lambda=2$，解方程组

$$(\boldsymbol{A}-2\boldsymbol{E})\boldsymbol{x}=\boldsymbol{0}$$

将其系数矩阵化为行最简形矩阵如下：

$$(\boldsymbol{A}-2\boldsymbol{E})=\begin{pmatrix}0 & 1 & 2\\ 0 & 0 & 1\\ 0 & 0 & 0\end{pmatrix}\longrightarrow\begin{pmatrix}0 & 1 & 0\\ 0 & 0 & 1\\ 0 & 0 & 0\end{pmatrix}$$

所以其同解方程组为

$$\begin{cases}x_2=0\\ x_3=0\end{cases}$$

取自由未知量为 x_1，并令 $x_1=1$，得基础解系为

$$\boldsymbol{p}_1=\begin{pmatrix}1\\0\\0\end{pmatrix}$$

故矩阵 $\boldsymbol{A}$ 的所有特征向量为 $k\boldsymbol{p}_1(k\neq0)$。

这里需要提醒读者注意的是，在例 2 中，对于矩阵 $\boldsymbol{A}$ 的二重特征值 $\lambda_2=\lambda_3=2$，相应地有两个线性无关的特征向量；而在例 3 中，对于矩阵 $\boldsymbol{A}$ 的三重特征值 $\lambda_1=\lambda_2=\lambda_3=2$，相应地却只有一个线性无关的特征向量，即该例中矩阵 $\boldsymbol{A}$ 的属于重特征值的线性无关的特征向量个数小于特征值的重数。一般地，对于矩阵的 k 重特征值是否存在 k 个线性无关的特征向量是一个非常重要的指标，这一点我们将在矩阵的对角化中介绍。

不难证明方阵的特征值有下面的和与积的性质：

设 n 阶方阵 $\boldsymbol{A}=(a_{ij})$ 有特征值为 $\lambda_1,\lambda_2,\cdots,\lambda_n$，则

$$\lambda_1+\lambda_2+\cdots+\lambda_n=a_{11}+a_{22}+\cdots+a_{nn}$$
$$\lambda_1\lambda_2\cdots\lambda_n=|\boldsymbol{A}|$$

这是因为，特征方程 $|\boldsymbol{A}-\lambda\boldsymbol{E}|=0$ 的所有根为 $\lambda_1,\lambda_2,\cdots,\lambda_n$，根据多项式理论，特征多项式 $|\boldsymbol{A}-\lambda\boldsymbol{E}|$ 可分解因子为 $a(\lambda-\lambda_1)(\lambda-\lambda_2)\cdots(\lambda-\lambda_n)$，即

$$\begin{vmatrix}a_{11}-\lambda & a_{12} & \cdots & a_{1n}\\ a_{21} & a_{22}-\lambda & \cdots & a_{2n}\\ \vdots & \vdots & & \vdots\\ a_{n1} & a_{n2} & \cdots & a_{nn}-\lambda\end{vmatrix}=a(\lambda-\lambda_1)(\lambda-\lambda_2)\cdots(\lambda-\lambda_n)$$

比较等式两边 λ^n 的系数，得 $a=(-1)^n$；比较两边 λ^{n-1} 的系数，可得

$$\lambda_1+\lambda_2+\cdots+\lambda_n=a_{11}+a_{22}+\cdots+a_{nn}$$

两边令 $\lambda=0$，可得 $\lambda_1\lambda_2\cdots\lambda_n=|\boldsymbol{A}|$。

由特征值的积的性质可以看出，n 阶方阵 $\boldsymbol{A}$ 可逆的充分必要条件是 $\boldsymbol{A}$ 的 n 个特征值都不等于零。换句话说，如果方阵有特征值为零，那么方阵必不可逆，也即方阵的秩必小于 n。

例4 设方阵 $\boldsymbol{A}$ 有特征值 λ 及相应的特征向量为 $\boldsymbol{\alpha}$，证明：

(1)$\boldsymbol{A}^k$ 有特征值 λ^k 及相应的特征向量为 $\boldsymbol{\alpha}$（k 为正整数）；

(2)$\boldsymbol{A}^2+3\boldsymbol{A}-2\boldsymbol{E}$ 有特征值为 $\lambda^2+3\lambda-2$ 及相应的特征向量为 $\boldsymbol{\alpha}$；

(3)若 $\boldsymbol{A}$ 可逆，则 $\boldsymbol{A}^{-1}$ 有特征值 $\dfrac{1}{\lambda}$ 及相应的特征向量 $\boldsymbol{\alpha}$。

证明 已知 $\boldsymbol{A\alpha}=\lambda\boldsymbol{\alpha}$，故有

(1)
$$\boldsymbol{A}^2\boldsymbol{\alpha}=\boldsymbol{A}(\boldsymbol{A\alpha})=\boldsymbol{A}(\lambda\boldsymbol{\alpha})=\lambda\boldsymbol{A\alpha}=\lambda^2\boldsymbol{\alpha}$$
$$\boldsymbol{A}^3\boldsymbol{\alpha}=\boldsymbol{A}(\boldsymbol{A}^2\boldsymbol{\alpha})=\boldsymbol{A}(\lambda^2\boldsymbol{\alpha})=\lambda^2\boldsymbol{A\alpha}=\lambda^3\boldsymbol{\alpha}$$
依此类推，可得 $\boldsymbol{A}^k\boldsymbol{\alpha}=\lambda^k\boldsymbol{\alpha}$，故 $\boldsymbol{A}^k$ 有特征值 λ^k 及相应的特征向量 $\boldsymbol{\alpha}$。

(2)因为
$$\begin{aligned}(\boldsymbol{A}^2+3\boldsymbol{A}-2\boldsymbol{E})\boldsymbol{\alpha}&=\boldsymbol{A}^2\boldsymbol{\alpha}+3\boldsymbol{A\alpha}-2\boldsymbol{E\alpha}\\&=\lambda^2\boldsymbol{\alpha}+3\lambda\boldsymbol{\alpha}-2\boldsymbol{\alpha}=(\lambda^2+3\lambda-2)\boldsymbol{\alpha}\end{aligned}$$
所以，$\boldsymbol{A}^2+3\boldsymbol{A}-2\boldsymbol{E}$ 有特征值为 $\lambda^2+3\lambda-2$ 及相应的特征向量为 $\boldsymbol{\alpha}$。

一般地，设矩阵多项式 $\varphi(\boldsymbol{A})=a_0\boldsymbol{A}^m+a_1\boldsymbol{A}^{m-1}+\cdots+a_{m-1}\boldsymbol{A}+a_m\boldsymbol{E}$，则 $\varphi(\boldsymbol{A})$ 有特征值为
$$\varphi(\lambda)=a_0\lambda^m+a_1\lambda^{m-1}+\cdots+a_{m-1}\lambda+a_m$$
及相应的特征向量为 $\boldsymbol{\alpha}$（其中 $\boldsymbol{A}_0,\boldsymbol{A}_1,\cdots,\boldsymbol{A}_m$ 为数，$\boldsymbol{E}$ 为单位矩阵，可认为 $\boldsymbol{E}=\boldsymbol{A}^0$）。

(3)若 $\boldsymbol{A}$ 可逆，由 $\lambda\neq0$，故 $\boldsymbol{\alpha}=\dfrac{1}{\lambda}\boldsymbol{A\alpha}$，两边左乘 $\boldsymbol{A}^{-1}$，有
$$\boldsymbol{A}^{-1}\boldsymbol{\alpha}=\boldsymbol{A}^{-1}\left(\frac{1}{\lambda}\boldsymbol{A\alpha}\right)=\frac{1}{\lambda}\boldsymbol{A}^{-1}\boldsymbol{A\alpha}=\frac{1}{\lambda}\boldsymbol{\alpha}$$
故 $\boldsymbol{A}^{-1}$ 有特征值 $\dfrac{1}{\lambda}$ 及相应的特征向量 $\boldsymbol{\alpha}$。

例5 设三阶矩阵 $\boldsymbol{A}$ 的特征值为 1、−1、2，求 $\boldsymbol{A}^*+3\boldsymbol{A}-2\boldsymbol{E}$ 特征值。

解 $\boldsymbol{A}$ 的全部特征值为 1、−1、2，由于特征值都不为零，所以 $\boldsymbol{A}$ 可逆。又由于
$$\boldsymbol{A}^*=|\boldsymbol{A}|\boldsymbol{A}^{-1}=-2\boldsymbol{A}^{-1}$$
记
$$\varphi(\boldsymbol{A})=\boldsymbol{A}^*+3\boldsymbol{A}-2\boldsymbol{E}=-2\boldsymbol{A}^{-1}+3\boldsymbol{A}-2\boldsymbol{E}$$
所以 $\varphi(\boldsymbol{A})$ 有特征值为
$$\varphi(\lambda)=-2\lambda^{-1}+3\lambda-2$$
于是 $\varphi(\boldsymbol{A})$ 的特征值为 $\varphi(1)=-1$、$\varphi(-1)=-3$、$\varphi(2)=3$。

同时，由特征值的积的性质，也可求得 $\varphi(\boldsymbol{A})$ 的行列式值为
$$|\boldsymbol{A}^*+3\boldsymbol{A}-2\boldsymbol{E}|=(-1)\times(-3)\times3=9$$

例6 设方阵 $\boldsymbol{A}$ 满足 $\boldsymbol{A}^2=\boldsymbol{A}$，求 $\boldsymbol{A}$ 的特征值。

解 设 $\boldsymbol{A}$ 的特征值为 λ，则 $\boldsymbol{A}^2-\boldsymbol{A}$ 有特征值 $\lambda^2-\lambda$，因为 $\boldsymbol{A}^2-\boldsymbol{A}=\boldsymbol{O}$，而零方阵的特征值为 0，故有 $\lambda^2-\lambda=0$，求得 $\lambda=0$ 或 1。

定理 设 $\lambda_1,\lambda_2,\cdots,\lambda_m$ 为 n 阶方阵 $\boldsymbol{A}$ 的 m 个互不相等的特征值，$\boldsymbol{p}_1,\boldsymbol{p}_2,\cdots,\boldsymbol{p}_m$ 是与之对应的特征向量，则 $\boldsymbol{p}_1,\boldsymbol{p}_2,\cdots,\boldsymbol{p}_m$ 线性无关。

证明 根据已知条件有
$$\boldsymbol{Ap}_1=\lambda_1\boldsymbol{p}_1,\quad \boldsymbol{Ap}_2=\lambda_2\boldsymbol{p}_2,\quad \cdots,\quad \boldsymbol{Ap}_m=\lambda_m\boldsymbol{p}_m$$

设有数 $x_1,x_2,\cdots,x_m$ 使得

$$x_1\boldsymbol{p}_1+x_2\boldsymbol{p}_2+\cdots+x_m\boldsymbol{p}_m=\boldsymbol{0}$$

依次用 $\boldsymbol{A},\boldsymbol{A}^2,\cdots,\boldsymbol{A}^{m-1}$ 左乘上式两边，且注意到 $\boldsymbol{A}^k\boldsymbol{p}_i=\lambda_i^k\boldsymbol{p}_i\ (i=1,\cdots,m;k=1,\cdots,m-1)$，得

$$\begin{cases} x_1\boldsymbol{p}_1+\quad x_2\boldsymbol{p}_2+\cdots+\quad x_m\boldsymbol{p}_m=\boldsymbol{0} \\ \lambda_1x_1\boldsymbol{p}_1+\lambda_2x_2\boldsymbol{p}_2+\cdots+\lambda_mx_m\boldsymbol{p}_m=\boldsymbol{0} \\ \lambda_1^2x_1\boldsymbol{p}_1+\lambda_2^2x_2\boldsymbol{p}_2+\cdots+\lambda_m^2x_m\boldsymbol{p}_m=\boldsymbol{0} \\ \cdots\cdots\cdots\cdots \\ \lambda_1^{m-1}x_1\boldsymbol{p}_1+\lambda_2^{m-1}x_2\boldsymbol{p}_2+\cdots+\lambda_m^{m-1}x_m\boldsymbol{p}_m=\boldsymbol{0} \end{cases}$$

将上面 m 个等式写成矩阵形式，得

$$(x_1\boldsymbol{p}_1\ \ x_2\boldsymbol{p}_2\ \ \cdots\ \ x_m\boldsymbol{p}_m)\begin{pmatrix} 1 & \lambda_1 & \lambda_1^2 & \cdots & \lambda_1^{m-1} \\ 1 & \lambda_2 & \lambda_2^2 & \cdots & \lambda_2^{m-1} \\ \vdots & \vdots & \vdots & & \vdots \\ 1 & \lambda_m & \lambda_m^2 & \cdots & \lambda_m^{m-1} \end{pmatrix}=(\boldsymbol{0}\ \ \boldsymbol{0}\ \ \cdots\ \ \boldsymbol{0})_{(n\times m)}$$

等式左边第二个矩阵的行列式是范德蒙行列式，因为 $\lambda_1,\lambda_2,\cdots,\lambda_m$ 互不相等，所以范德蒙行列式不等于零，因此该矩阵可逆，以其逆矩阵右乘等式两边，得

$$(x_1\boldsymbol{p}_1\ \ x_2\boldsymbol{p}_2\ \ \cdots\ \ x_m\boldsymbol{p}_m)=(\boldsymbol{0}\ \ \boldsymbol{0}\ \ \cdots\ \ \boldsymbol{0})_{(n\times m)}$$

即 $x_i\boldsymbol{p}_i=\boldsymbol{0}(i=1,2,\cdots,m)$，因为 $\boldsymbol{p}_i\neq\boldsymbol{0}$，故 $x_i=0(i=1,2,\cdots,m)$。

所以 $\boldsymbol{p}_1,\boldsymbol{p}_2,\cdots,\boldsymbol{p}_m$ 线性无关。

例 7 设 λ_1、λ_2 为 $\boldsymbol{A}$ 的两个不同的特征值，$\boldsymbol{p}_1$、$\boldsymbol{p}_2$ 依次为其对应的特征向量。试证 $\boldsymbol{p}_1+\boldsymbol{p}_2$ 不是 $\boldsymbol{A}$ 的特征向量。

证明 已知 $\boldsymbol{A}\boldsymbol{p}_1=\lambda_1\boldsymbol{p}_1$、$\boldsymbol{A}\boldsymbol{p}_2=\lambda_2\boldsymbol{p}_2$、$\lambda_1\neq\lambda_2$。

用反证法：设 $\boldsymbol{p}_1+\boldsymbol{p}_2$ 是 $\boldsymbol{A}$ 的特征向量，相应的特征值为 λ，则有

$$\boldsymbol{A}(\boldsymbol{p}_1+\boldsymbol{p}_2)=\lambda(\boldsymbol{p}_1+\boldsymbol{p}_2)$$

又 $\boldsymbol{A}(\boldsymbol{p}_1+\boldsymbol{p}_2)=\boldsymbol{A}\boldsymbol{p}_1+\boldsymbol{A}\boldsymbol{p}_2=\lambda_1\boldsymbol{p}_1+\lambda_2\boldsymbol{p}_2$，故得

$$\lambda_1\boldsymbol{p}_1+\lambda_2\boldsymbol{p}_2=\lambda(\boldsymbol{p}_1+\boldsymbol{p}_2)$$

移项得

$$(\lambda_1-\lambda)\boldsymbol{p}_1+(\lambda_2-\lambda)\boldsymbol{p}_2=0$$

由于已知 $\boldsymbol{p}_1$、$\boldsymbol{p}_2$ 线性无关，因此应有 $\lambda_1-\lambda=0$、$\lambda_2-\lambda=0$，即 $\lambda_1=\lambda_2=\lambda$，与题设矛盾。故 $\boldsymbol{p}_1+\boldsymbol{p}_2$ 不是 $\boldsymbol{A}$ 的特征向量。

5.3 相似矩阵

定义 设 $\boldsymbol{A}$、$\boldsymbol{B}$ 为 n 阶矩阵，若存在可逆矩阵 $\boldsymbol{P}$，使

$$\boldsymbol{P}^{-1}\boldsymbol{A}\boldsymbol{P}=\boldsymbol{B} \tag{5-4}$$

则称 $\boldsymbol{A}$ 与 $\boldsymbol{B}$ 相似(或称 $\boldsymbol{B}$ 是 $\boldsymbol{A}$ 的相似矩阵)，式(5-4)称为由 $\boldsymbol{A}$ 到 $\boldsymbol{B}$ 的相似变换，$\boldsymbol{P}$ 称为相似变换矩阵。

若 $\boldsymbol{A}$ 相似于对角矩阵，则称 $\boldsymbol{A}$ **可对角化**。

由第 3 章的知识可知，式(5-4)表明 $\boldsymbol{A}$ 与 $\boldsymbol{B}$ 是等价的关系，因此若 $\boldsymbol{A}$ 与 $\boldsymbol{B}$ 相似，则必满

足反身性、对称性和传递性，即

(1)n 阶矩阵 $\boldsymbol{A}$ 与自身相似，即 $\boldsymbol{A}$ 与 $\boldsymbol{A}$ 相似；

(2)若 $\boldsymbol{A}$ 与 $\boldsymbol{B}$ 相似，则 $\boldsymbol{B}$ 与 $\boldsymbol{A}$ 相似；

(3)若 $\boldsymbol{A}$ 与 $\boldsymbol{B}$ 相似，$\boldsymbol{B}$ 与 $\boldsymbol{C}$ 相似，则 $\boldsymbol{A}$ 与 $\boldsymbol{C}$ 相似。

定理1 若 n 阶矩阵 $\boldsymbol{A}$ 与 $\boldsymbol{B}$ 相似，则 $\boldsymbol{A}$ 与 $\boldsymbol{B}$ 的特征多项式相同，从而 $\boldsymbol{A}$ 与 $\boldsymbol{B}$ 的特征值相同。

证明 若 $\boldsymbol{A}$ 与 $\boldsymbol{B}$ 相似，则存在可逆矩阵 $\boldsymbol{P}$，使 $\boldsymbol{P}^{-1}\boldsymbol{AP}=\boldsymbol{B}$，故

$$\begin{aligned}|\boldsymbol{B}-\lambda\boldsymbol{E}|&=|\boldsymbol{P}^{-1}\boldsymbol{AP}-\boldsymbol{P}^{-1}(\lambda\boldsymbol{E})\boldsymbol{P}|=|\boldsymbol{P}^{-1}(\boldsymbol{A}-\lambda\boldsymbol{E})\boldsymbol{P}|\\&=|\boldsymbol{P}^{-1}||\boldsymbol{A}-\lambda\boldsymbol{E}||\boldsymbol{P}|=|\boldsymbol{A}-\lambda\boldsymbol{E}|\end{aligned}$$

即 $\boldsymbol{B}$ 与 $\boldsymbol{A}$ 有相同的特征多项式，因而有相同的特征值。

在这个定理的基础上，因为 $\boldsymbol{P}$ 可逆，还可以得到，$\boldsymbol{B}$ 与 $\boldsymbol{A}$ 有相同的秩。

以及由于 $|\boldsymbol{B}|=|\boldsymbol{P}^{-1}\boldsymbol{AP}|=|\boldsymbol{P}^{-1}||\boldsymbol{A}||\boldsymbol{P}|=|\boldsymbol{A}|$，所以 $\boldsymbol{B}$ 与 $\boldsymbol{A}$ 有相同的行列式值。

若 $\boldsymbol{A}$ 相似于对角矩阵，即若存在可逆矩阵 $\boldsymbol{P}$，使 $\boldsymbol{P}^{-1}\boldsymbol{AP}=\boldsymbol{\Lambda}$，则 $\boldsymbol{A}=\boldsymbol{P\Lambda P}^{-1}$，从而有

$$\boldsymbol{A}^k=(\boldsymbol{P\Lambda P}^{-1})(\boldsymbol{P\Lambda P}^{-1})\cdots(\boldsymbol{P\Lambda P}^{-1})=\boldsymbol{P\Lambda}^k\boldsymbol{P}^{-1}$$

此时，计算 $\boldsymbol{A}^k$ 就可以转化成计算对角矩阵 $\boldsymbol{\Lambda}^k$，这样就会使计算变得简便。

定理2 n 阶方阵 $\boldsymbol{A}$ 相似于对角矩阵(即可对角化)的充分必要条件是 $\boldsymbol{A}$ 具有 n 个线性无关的特征向量，并且当

$$\boldsymbol{P}^{-1}\boldsymbol{AP}=\begin{pmatrix}\lambda_1&0&\cdots&0\\0&\lambda_2&\cdots&0\\\vdots&\vdots&&\vdots\\0&0&\cdots&\lambda_n\end{pmatrix}$$

时，对角阵的对角元素 $\lambda_1,\lambda_2,\cdots,\lambda_n$ 就是 $\boldsymbol{A}$ 的全部特征值，可逆矩阵 $\boldsymbol{P}$ 的列向量组 $\boldsymbol{p}_1,\boldsymbol{p}_2,\cdots,\boldsymbol{p}_n$ 就是与特征值 $\lambda_1,\lambda_2,\cdots,\lambda_n$ 相应于 $\boldsymbol{A}$ 的线性无关特征向量。

证明 设 n 阶方阵 $\boldsymbol{A}$ 相似于对角矩阵，即存在可逆阵 $\boldsymbol{P}$，使

$$\boldsymbol{P}^{-1}\boldsymbol{AP}=\begin{pmatrix}\lambda_1&0&\cdots&0\\0&\lambda_2&\cdots&0\\\vdots&\vdots&&\vdots\\0&0&\cdots&\lambda_n\end{pmatrix}\text{，即 }\boldsymbol{AP}=\boldsymbol{P}\begin{pmatrix}\lambda_1&0&\cdots&0\\0&\lambda_2&\cdots&0\\\vdots&\vdots&&\vdots\\0&0&\cdots&\lambda_n\end{pmatrix}$$

记 $\boldsymbol{P}=(\boldsymbol{p}_1\ \boldsymbol{p}_2\ \cdots\ \boldsymbol{p}_n)$，即 $\boldsymbol{p}_1,\boldsymbol{p}_2,\cdots,\boldsymbol{p}_n$ 为 $\boldsymbol{P}$ 的列向量组，上式即为

$$\boldsymbol{A}(\boldsymbol{p}_1\ \ \boldsymbol{p}_2\ \ \cdots\ \ \boldsymbol{p}_n)=(\boldsymbol{p}_1\ \ \boldsymbol{p}_2\ \ \cdots\ \ \boldsymbol{p}_n)\begin{pmatrix}\lambda_1&0&\cdots&0\\0&\lambda_2&\cdots&0\\\vdots&\vdots&&\vdots\\0&0&\cdots&\lambda_n\end{pmatrix}$$

即 $$(\boldsymbol{Ap}_1\ \ \boldsymbol{Ap}_2\ \ \cdots\ \ \boldsymbol{Ap}_n)=(\lambda_1\boldsymbol{p}_1\ \ \lambda_2\boldsymbol{p}_2\ \ \cdots\ \ \lambda_n\boldsymbol{p}_n)$$

也就是 $$\boldsymbol{Ap}_1=\lambda_1\boldsymbol{p}_1,\boldsymbol{Ap}_2=\lambda_2\boldsymbol{p}_2,\cdots,\boldsymbol{Ap}_n=\lambda_n\boldsymbol{p}_n$$

所以，$\lambda_1,\lambda_2,\cdots,\lambda_n$ 是 $\boldsymbol{A}$ 的特征值，$\boldsymbol{p}_1,\boldsymbol{p}_2,\cdots,\boldsymbol{p}_n$ 依次是其对应的特征向量，由于 $\boldsymbol{p}_1,\boldsymbol{p}_2,\cdots,\boldsymbol{p}_n$ 为可逆矩阵 $\boldsymbol{P}$ 的列向量组，因此是线性无关向量组。

反之，依然成立。

由定理可知，n 阶矩阵 $\boldsymbol{A}$ 对角化的问题关键是找出其 n 个线性无关的特征向量。

推论 若 n 阶矩阵 $\boldsymbol{A}$ 有 n 个互不相等的特征值，则 $\boldsymbol{A}$ 相似于对角阵。

证明 由 5.2 节的定理，$\boldsymbol{A}$ 的与 n 个互不相等的特征值相对应的 n 个特征向量线性无关，故 $\boldsymbol{A}$ 相似于对角阵。

由定理和推理可知，n 阶矩阵 $\boldsymbol{A}$ 可对角化问题的关键是对于有重根的特征值，能否求出与其重数相同个数的线性无关特征向量。即若特征值 λ_0 是特征方程的 k 重根，若 $R(\boldsymbol{A}-\lambda_0\boldsymbol{E})=n-k$，这时方程组 $(\boldsymbol{A}-\lambda_0\boldsymbol{E})\boldsymbol{x}=\boldsymbol{0}$ 的基础解系就含有 $n-(n-k)=k$ 个向量，因而得到与 λ_0 相应的 k 个线性无关的特征向量。若 $R(\boldsymbol{A}-\lambda_0\boldsymbol{E})>n-k$，则相应于 λ_0 的线性无关特征向量将小于 k 个，$\boldsymbol{A}$ 就不可对角化。例如，对 5.2 节例 2 的三阶矩阵 $\boldsymbol{A}$，它的二重特征值 $\lambda_2=\lambda_3=2$，相应地有两个线性无关的特征向量，对单根 $\lambda_1=-1$，求出 1 个特征向量，因为相应于不同特征值的特征向量线性无关，因此，$\boldsymbol{A}$ 有 3 个线性无关特征向量，故 $\boldsymbol{A}$ 可对角化。对 5.2 节中例 3 的三阶矩阵 $\boldsymbol{A}$，它的三重特征值 $\lambda_1=\lambda_2=\lambda_3=2$，只能求出 1 个线性无关特征向量，故 $\boldsymbol{A}$ 不可对角化。

若 $\boldsymbol{A}$ 可对角化，定理还给出求对角阵及相似变换矩阵 $\boldsymbol{P}$ 的方法。即

(1)求出 $\boldsymbol{A}$ 的全部特征值 $\lambda_1,\lambda_2,\cdots,\lambda_n$，得到对角阵的主对角线上的元素；

(2)求出 $\boldsymbol{A}$ 的与 $\lambda_1,\lambda_2,\cdots,\lambda_n$ 相应的线性无关特征向量 $\boldsymbol{p}_1,\boldsymbol{p}_2,\cdots,\boldsymbol{p}_n$，则 $\boldsymbol{P}=(\boldsymbol{p}_1\ \boldsymbol{p}_2\ \cdots\ \boldsymbol{p}_n)$ 就是相似变换矩阵，并且有

$$\boldsymbol{P}^{-1}\boldsymbol{A}\boldsymbol{P}=\begin{pmatrix}\lambda_1 & 0 & \cdots & 0\\ 0 & \lambda_2 & \cdots & 0\\ \vdots & \vdots & & \vdots\\ 0 & 0 & \cdots & \lambda_n\end{pmatrix}$$

应当注意：特征值在对角阵中排列的顺序与相应的特征向量在 $\boldsymbol{P}$ 中的位置要相对应，即对角阵中第 i 行第 i 列的特征值 λ_i 相应的特征向量 $\boldsymbol{p}_i$ 应位于 $\boldsymbol{P}$ 中的第 i 列。

例 1 设矩阵

$$\boldsymbol{A}=\begin{pmatrix}0 & 0 & 1\\ x & 1 & y\\ 1 & 0 & 0\end{pmatrix}$$

问 x、y 满足什么条件时，$\boldsymbol{A}$ 可对角化？

解 先求 $\boldsymbol{A}$ 的特征值，由

$$|\boldsymbol{A}-\lambda\boldsymbol{E}|=\begin{vmatrix}-\lambda & 0 & 1\\ x & 1-\lambda & y\\ 1 & 0 & -\lambda\end{vmatrix}=-(\lambda-1)^2(\lambda+1)$$

可得特征值为 $\lambda_1=-1,\lambda_2=\lambda_3=1$。

因为对特征值 $\lambda=-1$，必有一个线性无关的特征向量。因此 $\boldsymbol{A}$ 可对角化的充分必要条件是二重特征值 $\lambda=1$ 存在两个线性无关的特征向量，即方程组 $(\boldsymbol{A}-\boldsymbol{E})\boldsymbol{x}=\boldsymbol{0}$ 有两个线性无关的解向量，也就是系数矩阵 $\boldsymbol{A}-\boldsymbol{E}$ 的秩为 1，因为

$$\boldsymbol{A}-\boldsymbol{E}=\begin{pmatrix}-1 & 0 & 1\\ x & 0 & y\\ 1 & 0 & -1\end{pmatrix}\longrightarrow\begin{pmatrix}1 & 0 & -1\\ 0 & 0 & x+y\\ 0 & 0 & 0\end{pmatrix}$$

要使 $R(\boldsymbol{A}-\boldsymbol{E})=1$，则 $x+y=0$，因此，当 $x+y=0$ 时，$\boldsymbol{A}$ 可对角化。

注：系数矩阵 $A-E$ 的秩为 1，即当 $x+y=0$ 时，对应的同解方程组为 $x_1-x_3=0$，取 x_2、x_3 为自由未知量，因为自由未知量有两个，所以基础解系有两个线性无关的解向量。

例 2　设矩阵 A 与 B 相似，且

$$A=\begin{pmatrix}-2&0&0\\2&x&2\\3&1&1\end{pmatrix},B=\begin{pmatrix}-1&&\\&2&\\&&y\end{pmatrix}$$

(1)求 x 和 y；(2) 求相似变换矩阵 P，使 $P^{-1}AP=B$；(3) 求 A^k。

解　(1) 因为矩阵 A 与 B 相似，所以 A 与 B 有相同的特征值为 -1、2、y，由特征值和的性质有

$$x-1=y+1$$

其次，由于 A 有特征值为 -1，所以 $|A+E|=0$，即

$$|A+E|=\begin{vmatrix}-1&0&0\\2&x+1&2\\3&1&2\end{vmatrix}=-2x=0$$

故 $x=0,y=-2$。

(2)对应 $\lambda_1=-1$，解方程组 $(A+E)x=0$，将其系数矩阵化为行最简形矩阵如下：

$$(A+E)=\begin{pmatrix}-1&0&0\\2&1&2\\3&1&2\end{pmatrix}\longrightarrow\begin{pmatrix}1&0&0\\0&1&2\\0&0&0\end{pmatrix}$$

所以其同解方程组为

$$\begin{cases}x_1&=0\\x_2+2x_3&=0\end{cases}$$

取自由未知量为 x_3，且令 $x_3=1$，得基础解系为

$$p_1=\begin{pmatrix}0\\-2\\1\end{pmatrix}$$

对应 $\lambda_2=2$，解方程组 $(A-2E)x=0$，将其系数矩阵化为行最简形矩阵如下：

$$(A-2E)=\begin{pmatrix}-4&0&0\\2&-2&2\\3&1&-1\end{pmatrix}\longrightarrow\begin{pmatrix}1&0&0\\0&1&-1\\0&0&0\end{pmatrix}$$

所以其同解方程组为

$$\begin{cases}x_1&=0\\x_2-x_3&=0\end{cases}$$

取自由未知量为 x_3，且令 $x_3=1$，得基础解系为

$$p_2=\begin{pmatrix}0\\1\\1\end{pmatrix}$$

对应 $\lambda_3=-2$，解方程组 $(A+2E)x=0$，将其系数矩阵化为行最简形矩阵如下：

$$(\boldsymbol{A}+2\boldsymbol{E})=\begin{pmatrix}0&0&0\\2&2&2\\3&1&3\end{pmatrix}\to\begin{pmatrix}1&1&1\\0&1&0\\0&0&0\end{pmatrix}$$

所以其同解方程组为

$$\begin{cases}x_1+x_2+x_3=0\\ \quad\; x_2 \qquad\;\; =0\end{cases}$$

取自由未知量为 x_3，且令 $x_3=1$，得基础解系为

$$\boldsymbol{p}_3=\begin{pmatrix}-1\\0\\1\end{pmatrix}$$

令 $\boldsymbol{P}=(\boldsymbol{p}_1\ \ \boldsymbol{p}_2\ \ \boldsymbol{p}_3)$，即

$$\boldsymbol{P}=\begin{pmatrix}0&0&-1\\-2&1&0\\1&1&1\end{pmatrix}$$

可使得 $\boldsymbol{P}^{-1}\boldsymbol{A}\boldsymbol{P}=\boldsymbol{B}$。

(3)将 $\boldsymbol{P}^{-1}\boldsymbol{A}\boldsymbol{P}=\boldsymbol{B}$ 整理成为 $\boldsymbol{A}=\boldsymbol{P}\boldsymbol{B}\boldsymbol{P}^{-1}$，可以得到

$$\boldsymbol{A}^k=(\boldsymbol{P}\boldsymbol{B}\boldsymbol{P}^{-1})^k=(\boldsymbol{P}\boldsymbol{B}\boldsymbol{P}^{-1})(\boldsymbol{P}\boldsymbol{B}\boldsymbol{P}^{-1})\cdots(\boldsymbol{P}\boldsymbol{B}\boldsymbol{P}^{-1})=\boldsymbol{P}\boldsymbol{B}^k\boldsymbol{P}^{-1}$$

即

$$\begin{pmatrix}-2&0&0\\2&0&2\\3&1&1\end{pmatrix}^k=\boldsymbol{P}\begin{pmatrix}-1&&\\&2&\\&&-2\end{pmatrix}^k\boldsymbol{P}^{-1}=\boldsymbol{P}\begin{pmatrix}(-1)^k&&\\&2^k&\\&&(-2)^k\end{pmatrix}\boldsymbol{P}^{-1}$$

容易求得其中的

$$\boldsymbol{P}^{-1}=\begin{pmatrix}1/3&-1/3&1/3\\2/3&1/3&2/3\\-1&0&0\end{pmatrix}$$

从而可得

$$\boldsymbol{A}^k=\begin{bmatrix}(-2)^k&0&0\\ \dfrac{-2\cdot(-1)^k+2^{k+1}}{3}&\dfrac{2\cdot(-1)^k+2^k}{3}&\dfrac{(-2)\cdot(-1)^k+2^{k+1}}{3}\\ \dfrac{(-1)^k+2^{k+1}-3\cdot(-2)^k}{3}&\dfrac{(-1)^{k+1}+2^k}{3}&\dfrac{(-1)^k+2^{k+1}}{3}\end{bmatrix}$$

5.4 实对称矩阵的对角化

一般地，一个 n 阶矩阵不一定具有 n 个线性无关的特征向量，因而不一定可对角化。本节只讨论实对称矩阵的对角化问题，将证明实对称矩阵总是可以对角化的，且相似变换矩阵可取为正交矩阵，并结合上节的讨论给出具体相似变换矩阵的求法。

定理 1 n 阶实对称矩阵的特征值为实数。

证明略。

显然，当特征值 λ_i 为实数时，齐次方程组

$$(\boldsymbol{A}-\lambda_i\boldsymbol{E})\boldsymbol{x}=\boldsymbol{0}$$

是实系数方程组，由系数矩阵行列式为 0，即 $|\boldsymbol{A}-\lambda_i\boldsymbol{E}|=0$，知必有实的基础解系，所以，对应的特征向量可以取实向量。

推论 1　n 阶实对称矩阵必有 n 个实特征值，重根按重数计。

定理 2　设 λ_1,λ_2 是实对称矩阵 $\boldsymbol{A}$ 的两个特征值，$\boldsymbol{p}_1,\boldsymbol{p}_2$ 是对应的特征向量。若 $\lambda_1\neq\lambda_2$，则 $\boldsymbol{p}_1$ 与 $\boldsymbol{p}_2$ 正交。

证明　由题设有

$$\boldsymbol{A}\boldsymbol{p}_1=\lambda_1\boldsymbol{p}_1,\quad \boldsymbol{A}\boldsymbol{p}_2=\lambda_2\boldsymbol{p}_2$$

对第一个等式两边取转置，再右乘 $\boldsymbol{p}_2$，得

$$(\boldsymbol{A}\boldsymbol{p}_1)^{\mathrm{T}}\boldsymbol{p}_2=(\lambda_1\boldsymbol{p}_1)^{\mathrm{T}}\boldsymbol{p}_2=\lambda_1\boldsymbol{p}_1^{\mathrm{T}}\boldsymbol{p}_2$$

上式左端

$$(\boldsymbol{A}\boldsymbol{p}_1)^{\mathrm{T}}\boldsymbol{p}_2=\boldsymbol{p}_1^{\mathrm{T}}\boldsymbol{A}^{\mathrm{T}}\boldsymbol{p}_2=\boldsymbol{p}_1^{\mathrm{T}}\boldsymbol{A}\boldsymbol{p}_2=\boldsymbol{p}_1^{\mathrm{T}}\lambda_2\boldsymbol{p}_2=\lambda_2\boldsymbol{p}_1^{\mathrm{T}}\boldsymbol{p}_2$$

于是得到

$$\lambda_1\boldsymbol{p}_1^{\mathrm{T}}\boldsymbol{p}_2=\lambda_2\boldsymbol{p}_1^{\mathrm{T}}\boldsymbol{p}_2$$

移项得

$$(\lambda_1-\lambda_2)\boldsymbol{p}_1^{\mathrm{T}}\boldsymbol{p}_2=0$$

因为 $\lambda_1-\lambda_2\neq0$，故 $\boldsymbol{p}_1^{\mathrm{T}}\boldsymbol{p}_2=0$，即内积 $[\boldsymbol{p}_1,\boldsymbol{p}_2]=0$，故 $\boldsymbol{p}_1$ 与 $\boldsymbol{p}_2$ 正交。

定理 3　设 $\boldsymbol{A}$ 是 n 阶实对称矩阵，则存在 n 阶正交矩阵 $\boldsymbol{P}$，使得

$$\boldsymbol{P}^{-1}\boldsymbol{A}\boldsymbol{P}=\boldsymbol{P}^{\mathrm{T}}\boldsymbol{A}\boldsymbol{P}=\begin{pmatrix}\lambda_1 & 0 & \cdots & 0\\ 0 & \lambda_2 & \cdots & 0\\ \vdots & \vdots & & \vdots\\ 0 & 0 & \cdots & \lambda_n\end{pmatrix}$$

其中 $\lambda_1,\lambda_2,\cdots,\lambda_n$ 是 $\boldsymbol{A}$ 的全部特征值，$\boldsymbol{P}=(\boldsymbol{p}_1\ \boldsymbol{p}_2\ \cdots\ \boldsymbol{p}_n)$ 的列向量 $\boldsymbol{p}_1,\boldsymbol{p}_2,\cdots,\boldsymbol{p}_n$ 是相应的规范正交特征向量。

证明略。

推论 2　设 $\boldsymbol{A}$ 为 n 阶实对称矩阵，λ 是特征方程 $|\boldsymbol{A}-\lambda\boldsymbol{E}|=0$ 的 k 重根，则对应特征值 λ 恰有 k 个线性无关的特征向量。

证明　由定理 3，对称矩阵 $\boldsymbol{A}$ 与对角矩阵 $\boldsymbol{\Lambda}=\mathrm{diag}(\lambda_1,\lambda_2,\cdots,\lambda_n)$ 相似，从而 $\boldsymbol{A}-\lambda\boldsymbol{E}$ 与对角矩阵 $\boldsymbol{\Lambda}-\lambda\boldsymbol{E}=\mathrm{diag}(\lambda_1-\lambda,\lambda_2-\lambda,\cdots,\lambda_n-\lambda)$ 相似。当 λ 是 $\boldsymbol{A}$ 的 k 重特征值时，$\lambda_1,\lambda_2,\cdots,\lambda_n$ 这 n 个特征值中有 k 个等于 λ，有 $n-k$ 个不等于 λ。从而对角矩阵 $\boldsymbol{\Lambda}-\lambda\boldsymbol{E}$ 恰有 k 个对角元为 0，于是 $R(\boldsymbol{\Lambda}-\lambda\boldsymbol{E})=n-k$，而 $R(\boldsymbol{\Lambda}-\lambda\boldsymbol{E})=R(\boldsymbol{A}-\lambda\boldsymbol{E})$，所以，$R(\boldsymbol{A}-\lambda\boldsymbol{E})=n-k$，从而对应特征值 λ 恰有 k 个线性无关的特征向量。

由定理 3 及其推论可知，将实对称矩阵 $\boldsymbol{A}$ 对角化的步骤如下：

(1)求出 $\boldsymbol{A}$ 的全部特征值 $\lambda_1,\lambda_2,\cdots,\lambda_n$（$k$ 重根重复 k 次），得到对角阵的对角元素；

(2)对于单重特征值，求出相应的 1 个线性无关特征向量，将其单位化。对于 k 重特征值，求其 k 个线性无关特征向量，再按施密特正交化方法，将其规范正交化，得到 k 个相互

正交的单位特征向量，从而得到 n 个规范正交的特征向量 $\boldsymbol{p}_1,\boldsymbol{p}_2,\cdots,\boldsymbol{p}_n$；

(3)令 $\boldsymbol{P}=(\boldsymbol{p}_1\ \ \boldsymbol{p}_2\ \ \cdots\ \ \boldsymbol{p}_n)$，它是正交矩阵，并且有

$$\boldsymbol{P}^{-1}\boldsymbol{AP}=\begin{pmatrix}\lambda_1 & 0 & \cdots & 0\\ 0 & \lambda_2 & \cdots & 0\\ \vdots & \vdots & & \vdots\\ 0 & 0 & \cdots & \lambda_n\end{pmatrix}$$

例 1 设

$$\boldsymbol{A}=\begin{pmatrix}2 & 2 & -2\\ 2 & 5 & -4\\ -2 & -4 & 5\end{pmatrix}$$

求正交矩阵 $\boldsymbol{P}$，使 $\boldsymbol{P}^{-1}\boldsymbol{AP}$ 为对角阵。

解 $\boldsymbol{A}$ 为实对称矩阵，由定理 3，所求的正交矩阵 $\boldsymbol{P}$ 存在。

$$|\boldsymbol{A}-\lambda\boldsymbol{E}|=\begin{vmatrix}2-\lambda & 2 & -2\\ 2 & 5-\lambda & -4\\ -2 & -4 & 5-\lambda\end{vmatrix}\xlongequal{r_3+r_2}\begin{vmatrix}2-\lambda & 2 & -2\\ 2 & 5-\lambda & -4\\ 0 & 1-\lambda & 1-\lambda\end{vmatrix}$$

$$=(1-\lambda)\begin{vmatrix}2-\lambda & 2 & -2\\ 2 & 5-\lambda & -4\\ 0 & 1 & 1\end{vmatrix}\xlongequal{c_2-c_3}(1-\lambda)\begin{vmatrix}2-\lambda & 4 & -2\\ 2 & 9-\lambda & -4\\ 0 & 0 & 1\end{vmatrix}$$

$$=(1-\lambda)\begin{vmatrix}2-\lambda & 4\\ 2 & 9-\lambda\end{vmatrix}=(1-\lambda)(\lambda^2-11\lambda+10)=-(\lambda-1)^2(\lambda-10)$$

$\boldsymbol{A}$ 的特征值为 $\lambda_1=\lambda_2=1$、$\lambda_3=10$。

对 $\lambda_1=\lambda_2=1$，解方程组 $(\boldsymbol{A}-\boldsymbol{E})\boldsymbol{x}=\boldsymbol{0}$：

$$(\boldsymbol{A}-\boldsymbol{E})=\begin{pmatrix}1 & 2 & -2\\ 2 & 4 & -4\\ -2 & -4 & 4\end{pmatrix}\longrightarrow\begin{pmatrix}1 & 2 & -2\\ 0 & 0 & 0\\ 0 & 0 & 0\end{pmatrix}$$

同解方程组为 $x_1+2x_2-2x_3=0$，可得基础解系为

$$\boldsymbol{\xi}_1=(-2,1,0)^{\mathrm{T}},\quad \boldsymbol{\xi}_2=(2,0,1)^{\mathrm{T}}$$

按施密特正交化方法，得

$$\boldsymbol{\eta}_1=\boldsymbol{\xi}_1=(-2,1,0)^{\mathrm{T}}$$

$$\boldsymbol{\eta}_2=\boldsymbol{\xi}_2-\frac{[\boldsymbol{\xi}_2,\boldsymbol{\eta}_1]}{[\boldsymbol{\eta}_1,\boldsymbol{\eta}_1]}\boldsymbol{\eta}_1=\boldsymbol{\xi}_2+\frac{4}{5}\boldsymbol{\eta}_1=\frac{1}{5}(2,4,5)^{\mathrm{T}}$$

再单位化，得规范正交特征向量：

$$\boldsymbol{p}_1=\frac{\boldsymbol{\eta}_1}{\|\boldsymbol{\eta}_1\|}=\left(\frac{-2}{\sqrt{5}},\frac{1}{\sqrt{5}},0\right)^{\mathrm{T}},\quad \boldsymbol{p}_2=\frac{\boldsymbol{\eta}_2}{\|\boldsymbol{\eta}_2\|}=\left(\frac{2}{\sqrt{45}},\frac{4}{\sqrt{45}},\frac{5}{\sqrt{45}}\right)^{\mathrm{T}}$$

对 $\lambda_3=10$，解方程组 $(\boldsymbol{A}-10\boldsymbol{E})\boldsymbol{x}=\boldsymbol{0}$：

$$(\boldsymbol{A}-10\boldsymbol{E})=\begin{pmatrix}-8 & 2 & -2\\ 2 & -5 & -4\\ -2 & -4 & -5\end{pmatrix}\longrightarrow\begin{pmatrix}2 & -5 & -4\\ -8 & 2 & -2\\ -2 & -4 & -5\end{pmatrix}$$

$$\longrightarrow\begin{pmatrix}2&-5&-4\\0&-18&-18\\0&-9&-9\end{pmatrix}\longrightarrow\begin{pmatrix}2&-5&-4\\0&1&1\\0&0&0\end{pmatrix}\longrightarrow\begin{pmatrix}1&0&1/2\\0&1&1\\0&0&0\end{pmatrix}$$

同解方程组为 $\begin{cases}x_1+\dfrac{x_3}{2}=0\\x_2+x_3=0\end{cases}$，基础解系为 $\boldsymbol{\xi}_3=(-1/2,-1,1)^{\mathrm{T}}$，单位化得 $\boldsymbol{p}_3=\left(-\dfrac{1}{3},-\dfrac{2}{3},\dfrac{2}{3}\right)^{\mathrm{T}}$。

令 $\boldsymbol{P}=(\boldsymbol{p}_1\ \ \boldsymbol{p}_2\ \ \boldsymbol{p}_3)=\begin{pmatrix}\dfrac{-2}{\sqrt5}&\dfrac{2}{\sqrt{45}}&-\dfrac{1}{3}\\\dfrac{1}{\sqrt5}&\dfrac{4}{\sqrt{45}}&-\dfrac{2}{3}\\0&\dfrac{5}{\sqrt{45}}&\dfrac{2}{3}\end{pmatrix}$，则 $\boldsymbol{P}$ 为正交矩阵，使得 $\boldsymbol{P}^{-1}\boldsymbol{AP}=\begin{pmatrix}1&0&0\\0&1&0\\0&0&10\end{pmatrix}$。

例 2　设 $\boldsymbol{A}$、$\boldsymbol{B}$ 为 n 阶实对称矩阵，证明 $\boldsymbol{A}$ 与 $\boldsymbol{B}$ 相似的充分必要条件为 $\boldsymbol{A}$ 与 $\boldsymbol{B}$ 有相同的特征值。并举例说明若 $\boldsymbol{A}$、$\boldsymbol{B}$ 不都是实对称矩阵，则充分性不成立。

证明　必要性已在证明相似矩阵的性质时证过。现证充分性。

设 $\boldsymbol{A}$ 与 $\boldsymbol{B}$ 有相同的特征值 $\lambda_1,\lambda_2,\cdots,\lambda_n$，因为 $\boldsymbol{A}$、$\boldsymbol{B}$ 为实对称矩阵，由定理 3，存在正交矩阵 $\boldsymbol{P}$，$\boldsymbol{Q}$，使

$$\boldsymbol{P}^{-1}\boldsymbol{AP}=\begin{pmatrix}\lambda_1&0&\cdots&0\\0&\lambda_2&\cdots&0\\\vdots&\vdots&&\vdots\\0&0&\cdots&\lambda_n\end{pmatrix},\quad \boldsymbol{Q}^{-1}\boldsymbol{BQ}=\begin{pmatrix}\lambda_1&0&\cdots&0\\0&\lambda_2&\cdots&0\\\vdots&\vdots&&\vdots\\0&0&\cdots&\lambda_n\end{pmatrix}$$

由此得 $\boldsymbol{P}^{-1}\boldsymbol{AP}=\boldsymbol{Q}^{-1}\boldsymbol{BQ}$，$\boldsymbol{B}=\boldsymbol{QP}^{-1}\boldsymbol{APQ}^{-1}=(\boldsymbol{PQ}^{-1})^{-1}\boldsymbol{A}(\boldsymbol{PQ}^{-1})$，故 $\boldsymbol{A}$ 与 $\boldsymbol{B}$ 相似。

若 $\boldsymbol{A}$、$\boldsymbol{B}$ 不都是实对称矩阵，例如 $\boldsymbol{A}=\begin{pmatrix}0&0\\0&0\end{pmatrix}$，$\boldsymbol{B}=\begin{pmatrix}0&1\\0&0\end{pmatrix}$，则 $\boldsymbol{A}$、$\boldsymbol{B}$ 有相同的特征值 0，0，但 $\boldsymbol{A}$ 与 $\boldsymbol{B}$ 不相似。这是因为若相似则应有相同的秩，但 $R(\boldsymbol{A})=0$，$R(\boldsymbol{B})=1$，$R(\boldsymbol{A})\neq R(\boldsymbol{B})$，故 $\boldsymbol{A}$ 与 $\boldsymbol{B}$ 不相似。

5.5　二次型及其标准形

在解析几何中，为了研究二次曲线

$$ax^2+bxy+cy^2=1$$

所属的类型及几何性质，可选择适当的坐标旋转变换

$$\begin{cases}x=x'\cos\theta-y'\sin\theta\\y=x'\sin\theta+y'\cos\theta\end{cases}\tag{5-5}$$

将在旧坐标 (x,y) 下的方程，化为新坐标 (x',y') 下只含平方项的标准形的方程 $\lambda_1x'^2+\lambda_2y'^2=1$。从代数上讲，这一问题就是对二次齐次多项式 $ax^2+bxy+cy^2$ 选择适当的线性变换(5-5)，将其化为标准形 $\lambda_1x'^2+\lambda_2y'^2$ 的问题。

本节将这一问题一般化，讨论将 n 个变量的二次齐次多项式化为标准形问题，它在其他许多理论和实际问题中都有重要应用。

定义 1 n 个变量 $x_1,x_2,\cdots,x_n$ 的二次齐次多项式

$$f(x_1,\cdots x_n)=a_{11}x_1^2+a_{22}x_2^2+\cdots+a_{nn}x_n^2 \\ +2a_{12}x_1x_2+\cdots+2a_{1n}x_1x_n+2a_{23}x_2x_3+\cdots+2a_{n-1,n}x_{n-1}x_n$$

称为 n 元二次型,简称二次型。

取 $a_{ji}=a_{ij}$,则 $2a_{ij}x_ix_j=a_{ij}x_ix_j+a_{ji}x_jx_i$,于是上式的二次型 f 可写成

$$\begin{aligned}f&=\sum_{i,j=1}^{n}a_{ij}x_ix_j\\&=a_{11}x_1^2+a_{12}x_1x_2+\cdots+a_{1n}x_1x_n\\&\quad+a_{21}x_2x_1+a_{22}x_2^2+\cdots+a_{2n}x_2x_n\\&\quad+\cdots\\&\quad+a_{n1}x_nx_1+a_{n2}x_nx_2+\cdots+a_{nn}x_n^2\\&=x_1(a_{11}x_1+a_{12}x_2+\cdots+a_{1n}x_n)\\&\quad+x_2(a_{21}x_1+a_{22}x_2+\cdots+a_{2n}x_n)\\&\quad+\cdots\\&\quad+x_n(a_{n1}x_1+a_{n2}x_2+\cdots+a_{nn}x_n)\\&=(x_1,x_2,\cdots,x_n)\begin{pmatrix}a_{11}x_1+a_{12}x_2+\cdots+a_{1n}x_n\\a_{21}x_1+a_{22}x_2+\cdots+a_{2n}x_n\\\vdots\\a_{n1}x_1+a_{n2}x_2+\cdots+a_{nn}x_n\end{pmatrix}\\&=(x_1,x_2,\cdots,x_n)\begin{pmatrix}a_{11}&a_{12}&\cdots&a_{1n}\\a_{21}&a_{22}&\cdots&a_{2n}\\\vdots&\vdots&&\vdots\\a_{n1}&a_{n2}&\cdots&a_{nn}\end{pmatrix}\begin{pmatrix}x_1\\x_2\\\vdots\\x_n\end{pmatrix}=\boldsymbol{x}^{\mathrm{T}}\boldsymbol{A}\boldsymbol{x}\end{aligned}$$

其中 $$\boldsymbol{x}=\begin{pmatrix}x_1\\x_2\\\vdots\\x_n\end{pmatrix},\quad \boldsymbol{A}=\begin{pmatrix}a_{11}&a_{12}&\cdots&a_{1n}\\a_{21}&a_{22}&\cdots&a_{2n}\\\vdots&\vdots&&\vdots\\a_{n1}&a_{n2}&\cdots&a_{nn}\end{pmatrix},\quad a_{ij}=a_{ji}$$

$\boldsymbol{A}$ 称为二次型 f 的矩阵,它是对称矩阵。$\boldsymbol{A}$ 的秩称为二次型 f 的秩。

本书只讨论系数为实数的实二次型,实二次型的矩阵是实对称矩阵,全体 n 元实二次型与全体 n 阶实对称矩阵是一一对应的。

例如,将二次型 $f(x_1,x_2,x_3)=2x_1^2+x_2^2-x_3^2+4x_1x_2-6x_2x_3$ 写成矩阵形式为

$$f(x_1,x_2,x_3)=(x_1,x_2,x_3)\begin{pmatrix}2&2&0\\2&1&-3\\0&-3&-1\end{pmatrix}\begin{pmatrix}x_1\\x_2\\x_3\end{pmatrix}$$

定义 2 只含平方项的形如

$$f(y_1,\cdots,y_n)=k_1y_1^2+k_2y_2^2+\cdots+k_ny_n^2$$

的二次型称为标准形。若系数都是 ±1,且系数为 1 的项排在前面,即形如

$$f=z_1^2+\cdots+z_p^2-z_{p+1}^2-\cdots-z_r^2$$

的标准形称为规范形。

标准形的矩阵形式为

$$f=(y_1,y_2,\cdots,y_n)\begin{pmatrix}k_1&0&\cdots&0\\0&k_2&\cdots&0\\\vdots&\vdots&&\vdots\\0&0&\cdots&k_n\end{pmatrix}\begin{pmatrix}y_1\\y_2\\\vdots\\y_n\end{pmatrix}=\boldsymbol{y}^{\mathrm{T}}\boldsymbol{\Lambda}\boldsymbol{y},\quad \text{其中 } \boldsymbol{y}=\begin{pmatrix}y_1\\y_2\\\vdots\\y_n\end{pmatrix}$$

标准形的矩阵 $\boldsymbol{\Lambda}$ 为对角矩阵。

定义 3 从变量 $x_1,\cdots,x_n$ 到变量 $y_1,\cdots,y_n$ 的变换

$$\begin{cases}x_1=p_{11}y_1+p_{12}y_2+\cdots+p_{1n}y_n\\x_2=p_{21}y_1+p_{22}y_2+\cdots+p_{2n}y_n\\\cdots\cdots\cdots\cdots\\x_n=p_{n1}y_1+p_{n2}y_2+\cdots+p_{nn}y_n\end{cases}$$

称为线性变换,它可以写成矩阵形式

$$\begin{pmatrix}x_1\\x_2\\\vdots\\x_n\end{pmatrix}=\begin{pmatrix}p_{11}&p_{12}&\cdots&p_{1n}\\p_{21}&p_{22}&\cdots&p_{2n}\\\vdots&\vdots&&\vdots\\p_{n1}&p_{n2}&\cdots&p_{nn}\end{pmatrix}\begin{pmatrix}y_1\\y_2\\\vdots\\y_n\end{pmatrix},\text{简记为 } \boldsymbol{x}=\boldsymbol{P}\boldsymbol{y}$$

其中,$\boldsymbol{P}=(p_{ij})_{n\times n}$ 为系数矩阵;$\boldsymbol{x}=(x_1,x_2,\cdots,x_n)^{\mathrm{T}}$;$\boldsymbol{y}=(y_1,y_2,\cdots,y_n)^{\mathrm{T}}$。

若系数矩阵 $\boldsymbol{P}$ 为可逆矩阵,则称 $\boldsymbol{x}=\boldsymbol{P}\boldsymbol{y}$ 为可逆线性变换。若系数矩阵 $\boldsymbol{P}$ 为正交矩阵,则称 $\boldsymbol{x}=\boldsymbol{P}\boldsymbol{y}$ 为正交变换。

本节的主要问题是:对给定的二次型 $f(\boldsymbol{x})=\boldsymbol{x}^{\mathrm{T}}\boldsymbol{A}\boldsymbol{x}$,求一个可逆的线性变换 $\boldsymbol{x}=\boldsymbol{P}\boldsymbol{y}$,使 f 化为标准形 $f(\boldsymbol{P}\boldsymbol{y})=\boldsymbol{y}^{\mathrm{T}}\boldsymbol{\Lambda}\boldsymbol{y}=k_1y_1^2+k_2y_2^2+\cdots+k_ny_n^2$。

先考查一下,二次型经过可逆线性变换后,其矩阵是怎样变化的。

设 $f(\boldsymbol{x})=\boldsymbol{x}^{\mathrm{T}}\boldsymbol{A}\boldsymbol{x}$,令 $\boldsymbol{x}=\boldsymbol{P}\boldsymbol{y}$,则

$$f(\boldsymbol{P}\boldsymbol{y})=(\boldsymbol{P}\boldsymbol{y})^{\mathrm{T}}\boldsymbol{A}(\boldsymbol{P}\boldsymbol{y})=\boldsymbol{y}^{\mathrm{T}}(\boldsymbol{P}^{\mathrm{T}}\boldsymbol{A}\boldsymbol{P})\boldsymbol{y}=\boldsymbol{y}^{\mathrm{T}}\boldsymbol{B}\boldsymbol{y}$$

显然,当 $\boldsymbol{P}^{\mathrm{T}}\boldsymbol{A}\boldsymbol{P}=\boldsymbol{B}$ 为对角阵时,$\boldsymbol{y}^{\mathrm{T}}\boldsymbol{B}\boldsymbol{y}$ 就是标准形。因此,求可逆线性变换 $\boldsymbol{x}=\boldsymbol{P}\boldsymbol{y}$ 将二次型 $f(\boldsymbol{x})=\boldsymbol{x}^{\mathrm{T}}\boldsymbol{A}\boldsymbol{x}$ 化为标准形:

$$f(\boldsymbol{P}\boldsymbol{y})=\boldsymbol{y}^{\mathrm{T}}\boldsymbol{\Lambda}\boldsymbol{y}=k_1y_1^2+k_2y_2^2+\cdots+k_ny_n^2$$

等价于求可逆矩阵 $\boldsymbol{P}$,使

$$\boldsymbol{P}^{\mathrm{T}}\boldsymbol{A}\boldsymbol{P}=\boldsymbol{\Lambda}$$

为对角矩阵。

定义 4 设 $\boldsymbol{A}$、$\boldsymbol{B}$ 为 n 阶矩阵,若有 n 阶可逆矩阵 $\boldsymbol{P}$,使

$$\boldsymbol{P}^{\mathrm{T}}\boldsymbol{A}\boldsymbol{P}=\boldsymbol{B}$$

则称 $\boldsymbol{A}$ 与 $\boldsymbol{B}$ 合同。上式称为由 $\boldsymbol{A}$ 到 $\boldsymbol{B}$ 的合同变换,$\boldsymbol{P}$ 称为合同变换矩阵。

因此,可逆线性变换 $\boldsymbol{x}=\boldsymbol{P}\boldsymbol{y}$ 将二次型 $f(\boldsymbol{x})=\boldsymbol{x}^{\mathrm{T}}\boldsymbol{A}\boldsymbol{x}$ 化为标准形,等价于二次型的矩阵 $\boldsymbol{A}$ 合同于对角阵,而合同变换矩阵就是可逆线性变换的系数矩阵 $\boldsymbol{P}$。

因为合同变换矩阵 $\boldsymbol{P}$ 为可逆矩阵,所以若 $\boldsymbol{A}$ 与 $\boldsymbol{B}$ 合同,则 $\boldsymbol{A}$ 与 $\boldsymbol{B}$ 的秩相等,特别地,若 $\boldsymbol{A}$ 合同于对角阵 $\boldsymbol{\Lambda}$,则对角阵 $\boldsymbol{\Lambda}$ 中主对角线上非零元素的个数就等于 $\boldsymbol{A}$ 的秩,因此,二次型 $f(\boldsymbol{x})=\boldsymbol{x}^{\mathrm{T}}\boldsymbol{A}\boldsymbol{x}$ 的标准形 $f(\boldsymbol{P}\boldsymbol{y})=\boldsymbol{y}^{\mathrm{T}}\boldsymbol{\Lambda}\boldsymbol{y}=k_1y_1^2+k_2y_2^2+\cdots+k_ry_r^2$ 中不等于零的项数 r 等于

$\boldsymbol{A}$ 的秩。

实二次型 $f(\boldsymbol{x})=\boldsymbol{x}^{\mathrm{T}}\boldsymbol{A}\boldsymbol{x}$ 的矩阵 $\boldsymbol{A}$ 为实对称矩阵，因而由 5.4 节定理 3，存在正交矩阵 $\boldsymbol{P}$（满足 $\boldsymbol{P}^{-1}=\boldsymbol{P}^{\mathrm{T}}$），使

$$\boldsymbol{P}^{-1}\boldsymbol{A}\boldsymbol{P}=\begin{pmatrix}\lambda_1 & 0 & \cdots & 0\\ 0 & \lambda_2 & \cdots & 0\\ \vdots & \vdots & & \vdots\\ 0 & 0 & \cdots & \lambda_n\end{pmatrix},\quad 即\ \boldsymbol{P}^{\mathrm{T}}\boldsymbol{A}\boldsymbol{P}=\begin{pmatrix}\lambda_1 & 0 & \cdots & 0\\ 0 & \lambda_2 & \cdots & 0\\ \vdots & \vdots & & \vdots\\ 0 & 0 & \cdots & \lambda_n\end{pmatrix}$$

因而有以下定理。

定理 对于实二次型 $f(\boldsymbol{x})=\boldsymbol{x}^{\mathrm{T}}\boldsymbol{A}\boldsymbol{x}$，总存在正交变换 $\boldsymbol{x}=\boldsymbol{P}\boldsymbol{y}$，将二次型 f 化为标准形

$$f(\boldsymbol{P}\boldsymbol{y})=\lambda_1y_1^2+\lambda_2y_2^2+\cdots+\lambda_ny_n^2$$

其中，标准形的系数 $\lambda_1,\lambda_2,\cdots,\lambda_n$ 是二次型 f 的矩阵 $\boldsymbol{A}$ 的全部特征值；正交变换矩阵 $\boldsymbol{P}=(\boldsymbol{p}_1\ \boldsymbol{p}_2\ \cdots\ \boldsymbol{p}_n)$ 的列向量 $\boldsymbol{p}_1,\boldsymbol{p}_2,\cdots,\boldsymbol{p}_n$ 是 $\boldsymbol{A}$ 的相应于特征值 $\lambda_1,\lambda_2,\cdots,\lambda_n$ 的规范正交特征向量。

由定理可知，求正交变换 $\boldsymbol{x}=\boldsymbol{P}\boldsymbol{y}$，将 $f(\boldsymbol{x})=\boldsymbol{x}^{\mathrm{T}}\boldsymbol{A}\boldsymbol{x}$ 化为标准形的步骤如下：

(1)求出二次型 f 的矩阵 $\boldsymbol{A}$；

(2)求 $\boldsymbol{A}$ 的全部特征值 $\lambda_1,\lambda_2,\cdots,\lambda_n$ 及相应的规范正交特征向量 $\boldsymbol{p}_1,\boldsymbol{p}_2,\cdots,\boldsymbol{p}_n$；

(3)作正交变换矩阵 $\boldsymbol{P}=(\boldsymbol{p}_1\ \boldsymbol{p}_2\ \cdots\ \boldsymbol{p}_n)$，则正交变换 $\boldsymbol{x}=\boldsymbol{P}\boldsymbol{y}$ 将二次型 f 化为标准形

$$f(\boldsymbol{P}\boldsymbol{y})=\lambda_1y_1^2+\lambda_2y_2^2+\cdots+\lambda_ny_n^2$$

例 1 已知二次型

$$f(x_1,x_2,x_3)=2x_1^2+5x_2^2+5x_3^2+4x_1x_2-4x_1x_3-8x_2x_3$$

求正交变换 $\boldsymbol{x}=\boldsymbol{P}\boldsymbol{y}$，将二次型 f 化为标准形。

解 二次型 f 的矩阵为

$$\boldsymbol{A}=\begin{pmatrix}2 & 2 & -2\\ 2 & 5 & -4\\ -2 & -4 & 5\end{pmatrix}$$

这与上一节的例 1 所给的矩阵相同。按照其结果，有正交矩阵

$$\boldsymbol{P}=(\boldsymbol{p}_1\ \ \boldsymbol{p}_2\ \ \boldsymbol{p}_3)=\begin{pmatrix}\frac{-2}{\sqrt{5}} & \frac{2}{\sqrt{45}} & -\frac{1}{3}\\ \frac{1}{\sqrt{5}} & \frac{4}{\sqrt{45}} & -\frac{2}{3}\\ 0 & \frac{5}{\sqrt{45}} & \frac{2}{3}\end{pmatrix},使得\ \boldsymbol{P}^{-1}\boldsymbol{A}\boldsymbol{P}=\boldsymbol{\Lambda}=\begin{pmatrix}1 & 0 & 0\\ 0 & 1 & 0\\ 0 & 0 & 10\end{pmatrix}$$

则经正交变换 $\boldsymbol{x}=\boldsymbol{P}\boldsymbol{y}$，即令

$$\begin{pmatrix}x_1\\ x_2\\ x_3\end{pmatrix}=\begin{pmatrix}\frac{-2}{\sqrt{5}} & \frac{2}{\sqrt{45}} & -\frac{1}{3}\\ \frac{1}{\sqrt{5}} & \frac{4}{\sqrt{45}} & -\frac{2}{3}\\ 0 & \frac{5}{\sqrt{45}} & \frac{2}{3}\end{pmatrix}\begin{pmatrix}y_1\\ y_2\\ y_3\end{pmatrix}$$

后，可将二次型 f 化为标准形 $f=y_1^2+y_2^2+10y_3^2$。

如果要将二次型 f 化为规范形，只需令

$$\begin{cases} y_1=z_1 \\ y_2=z_2 \\ y_3=z_3/\sqrt{10} \end{cases}$$

即得二次型 f 的规范形

$$f=z_1^2+z_2^2+z_3^2$$

例 2　已知二次型 $f(x_1,x_2,x_3)=2x_1^2+3x_2^2+3x_3^2+2ax_2x_3(a>0)$经过正交变换 $\boldsymbol{x}=\boldsymbol{P}\boldsymbol{y}$ 后可化为 $f=2y_1^2+6y_2^2$，求参数 a 及此正交变换。

解　记二次型 f 的矩阵为 $\boldsymbol{A}$，经正交变换后二次型的矩阵为 $\boldsymbol{\Lambda}$，则

$$\boldsymbol{A}=\begin{pmatrix} 2 & 0 & 0 \\ 0 & 3 & a \\ 0 & a & 3 \end{pmatrix},\quad \boldsymbol{\Lambda}=\begin{pmatrix} 2 & & \\ & 6 & \\ & & 0 \end{pmatrix}$$

由特征值积的性质，有 $|\boldsymbol{A}|=2\times6\times0=0$，即 $2(9-a^2)=0$，又 $a>0$，可得 $a=3$。

对应 $\lambda_1=2$，解方程组$(\boldsymbol{A}-2\boldsymbol{E})\boldsymbol{x}=\boldsymbol{0}$，将其增广矩阵化为行最简形矩阵如下：

$$(\boldsymbol{A}-2\boldsymbol{E})=\begin{pmatrix} 0 & 0 & 0 \\ 0 & 1 & 3 \\ 0 & 3 & 1 \end{pmatrix}\longrightarrow\begin{pmatrix} 0 & 1 & 0 \\ 0 & 0 & 1 \\ 0 & 0 & 0 \end{pmatrix}$$

所以其同解方程组为

$$\begin{cases} x_2=0 \\ x_3=0 \end{cases}$$

取自由未知量为 x_1，且令 $x_1=1$，得基础解系为

$$\boldsymbol{p}_1=\begin{pmatrix} 1 \\ 0 \\ 0 \end{pmatrix}$$

对应 $\lambda_2=6$，解方程组$(\boldsymbol{A}-6\boldsymbol{E})\boldsymbol{x}=\boldsymbol{0}$，将其增广矩阵化为行最简形矩阵如下：

$$(\boldsymbol{A}-6\boldsymbol{E})=\begin{pmatrix} -4 & 0 & 0 \\ 0 & -3 & 3 \\ 0 & 3 & -3 \end{pmatrix}\rightarrow\begin{pmatrix} 1 & 0 & 0 \\ 0 & 1 & -1 \\ 0 & 0 & 0 \end{pmatrix}$$

所以其同解方程组为

$$\begin{cases} x_1 \qquad\quad =0 \\ \qquad x_2-x_3=0 \end{cases}$$

取自由未知量为 x_3，且令 $x_3=1$，得基础解系为

$$\boldsymbol{p}_2=\begin{pmatrix} 0 \\ 1 \\ 1 \end{pmatrix}$$

对应 $\lambda_3=0$，解方程组 $\boldsymbol{A}\boldsymbol{x}=\boldsymbol{0}$，将其增广矩阵化为行最简形矩阵如下：

$$(\boldsymbol{A})=\begin{pmatrix}2&0&0\\0&3&3\\0&3&3\end{pmatrix}\longrightarrow\begin{pmatrix}1&0&0\\0&1&1\\0&0&0\end{pmatrix}$$

所以其同解方程组为

$$\begin{cases}x_1\qquad\quad=0\\ \quad x_2+x_3=0\end{cases}$$

取自由未知量为 x_3，且令 $x_3=1$，得基础解系为

$$\boldsymbol{p}_3=\begin{pmatrix}0\\-1\\1\end{pmatrix}$$

容易验证，$\boldsymbol{p}_1$、$\boldsymbol{p}_2$、$\boldsymbol{p}_3$ 两两正交，只需再将 $\boldsymbol{p}_1$、$\boldsymbol{p}_2$、$\boldsymbol{p}_3$ 单位化，得

$$\boldsymbol{\xi}_1=\frac{\boldsymbol{p}_1}{\|\boldsymbol{p}_1\|}=\begin{pmatrix}1\\0\\0\end{pmatrix},\quad \boldsymbol{\xi}_2=\frac{\boldsymbol{p}_2}{\|\boldsymbol{p}_2\|}=\begin{pmatrix}0\\\frac{1}{\sqrt{2}}\\\frac{1}{\sqrt{2}}\end{pmatrix},\quad \boldsymbol{\xi}_3=\frac{\boldsymbol{p}_3}{\|\boldsymbol{p}_3\|}=\begin{pmatrix}0\\\frac{-1}{\sqrt{2}}\\\frac{1}{\sqrt{2}}\end{pmatrix}$$

则有正交矩阵

$$\boldsymbol{P}=(\boldsymbol{\xi}_1\ \ \boldsymbol{\xi}_2\ \ \boldsymbol{\xi}_3)=\begin{pmatrix}1&0&0\\0&\frac{1}{\sqrt{2}}&\frac{-1}{\sqrt{2}}\\0&\frac{1}{\sqrt{2}}&\frac{1}{\sqrt{2}}\end{pmatrix}\text{，使得 }\boldsymbol{P}^{\mathrm{T}}\boldsymbol{A}\boldsymbol{P}=\boldsymbol{\Lambda}=\begin{pmatrix}2&&\\&6&\\&&0\end{pmatrix}$$

因此所求的正交变换为 $\boldsymbol{x}=\boldsymbol{P}\boldsymbol{y}$。

5.6　用配方法将二次型化为标准形

用正交变换化二次型为标准形，具有保持几何形状不变的优点。如果不限于使用正交变换，那么就有多个可逆的线性变换，都可以将二次型化为标准形，本节只介绍配方法，可以较快地化二次型为标准形。下面举例说明。

例 1　已知二次型

$$f(x_1,x_2,x_3)=2x_1^2+x_2^2+4x_3^2+2x_1x_2-2x_2x_3$$

求可逆线性变换 $\boldsymbol{x}=\boldsymbol{P}\boldsymbol{y}$，将二次型 f 化为标准形。

解　由于 f 中有变量 x_1 的平方项，因此将所有含 x_1 的项放在一起，进行配方，可得

$$\begin{aligned}f&=(2x_1^2+2x_1x_2)+x_2^2+4x_3^2-2x_2x_3\\&=2(x_1+\frac{1}{2}x_2)^2+\frac{1}{2}x_2^2-2x_2x_3+4x_3^2\end{aligned}$$

上式右端除第一项外，已不再含有 x_1，而又含有变量 x_2 的平方项，因此将所有含 x_2 的项放在一起，继续进行配方，可得

$$f=2(x_1+\frac{1}{2}x_2)^2+(\frac{1}{2}x_2^2-2x_2x_3)+4x_3^2$$
$$=2(x_1+\frac{1}{2}x_2)^2+\frac{1}{2}(x_2-2x_3)^2+2x_3^2$$

于是可以令

$$\begin{cases}y_1=x_1+\frac{1}{2}x_2\\ y_2=\qquad x_2-2x_3\\ y_3=\qquad\qquad x_3\end{cases},\text{即}\begin{cases}x_1=y_1-\frac{1}{2}y_2-\ y_3\\ x_2=\qquad y_2+2y_3\\ x_3=\qquad\qquad y_3\end{cases}$$

就可以把二次型 f 化为标准形 $f=2y_1^2+\frac{1}{2}y_2^2+2y_3^2$，所用的变换为 $\boldsymbol{x}=\boldsymbol{P}\boldsymbol{y}$，其中

$$\boldsymbol{P}=\begin{pmatrix}1&-1/2&-1\\0&1&2\\0&0&1\end{pmatrix}$$

若再令

$$\begin{cases}z_1=\sqrt{2}\,y_1\\ z_2=\sqrt{1/2}\,y_2,\\ z_3=\sqrt{2}\,y_3\end{cases}\quad\text{即}\quad\begin{cases}y_1=\frac{\sqrt{2}}{2}z_1\\ y_2=\sqrt{2}\,z_2\\ y_3=\frac{\sqrt{2}}{2}z_3\end{cases}$$

就把二次型 f 化为规范形 $f=z_1^2+z_2^2+z_3^2$，所用的变换为 $\boldsymbol{y}=\boldsymbol{C}\boldsymbol{z}$，其中

$$\boldsymbol{C}=\begin{pmatrix}\frac{\sqrt{2}}{2}&0&0\\0&\sqrt{2}&0\\0&0&\frac{\sqrt{2}}{2}\end{pmatrix}$$

依次作的两个可逆线性变换 $\boldsymbol{x}=\boldsymbol{P}\boldsymbol{y}$ 和 $\boldsymbol{y}=\boldsymbol{C}\boldsymbol{z}$，可写成一个可逆线性变换 $\boldsymbol{x}=(\boldsymbol{P}\boldsymbol{C})\boldsymbol{z}$，其中

$$\boldsymbol{P}\boldsymbol{C}=\begin{pmatrix}1&-1/2&-1\\0&1&2\\0&0&1\end{pmatrix}\begin{pmatrix}\frac{\sqrt{2}}{2}&0&0\\0&\sqrt{2}&0\\0&0&\frac{\sqrt{2}}{2}\end{pmatrix}=\begin{pmatrix}\frac{\sqrt{2}}{2}&-\frac{\sqrt{2}}{2}&-\frac{\sqrt{2}}{2}\\0&\sqrt{2}&\sqrt{2}\\0&0&\frac{\sqrt{2}}{2}\end{pmatrix}$$

例 2 将二次型 $f(x_1,x_2,x_3)=x_1x_2+2x_2x_3+3x_1x_3$ 化为标准形，并求出所作的可逆线性变换。

解 由于在二次型 f 中不含平方项，而含有交叉项 x_1x_2，因此可以先根据此交叉项，作可逆线性变换，使其含有平方项，再按照例 1 的方法进行配方。

令

$$\begin{cases} x_1=y_1+y_2 \\ x_2=y_1-y_2, \\ x_3=y_3 \end{cases} \quad 即 \quad \begin{pmatrix} x_1 \\ x_2 \\ x_3 \end{pmatrix}=\begin{pmatrix} 1 & 1 & 0 \\ 1 & -1 & 0 \\ 0 & 0 & 1 \end{pmatrix}\begin{pmatrix} y_1 \\ y_2 \\ y_3 \end{pmatrix}$$

可将二次型化为 $f=y_1^2-y_2^2+5y_1y_3+y_2y_3$，再利用例 1 的方法，按照含 y_1 的项进行配方，得

$$\begin{aligned} f &= y_1^2+5y_1y_3-y_2^2+y_2y_3 \\ &= \left(y_1+\frac{5}{2}y_3\right)^2-\frac{25}{4}y_3^2-y_2^2+y_2y_3 \\ &= \left(y_1+\frac{5}{2}y_3\right)^2-\left(y_2-\frac{1}{2}y_3\right)^2-6y_3^2 \end{aligned}$$

令

$$\begin{cases} z_1=y_1+\dfrac{5}{2}y_3 \\ z_2=y_2-\dfrac{1}{2}y_3, \\ z_3=y_3 \end{cases} \quad 即 \quad \begin{pmatrix} y_1 \\ y_2 \\ y_3 \end{pmatrix}=\begin{pmatrix} 1 & 0 & -5/2 \\ 0 & 1 & 1/2 \\ 0 & 0 & 1 \end{pmatrix}\begin{pmatrix} z_1 \\ z_2 \\ z_3 \end{pmatrix}$$

则二次型 f 化为标准形 $f=z_1^2-z_2^2-6z_3^2$，所作的可逆线性变换为

$$\begin{pmatrix} x_1 \\ x_2 \\ x_3 \end{pmatrix}=\begin{pmatrix} 1 & 1 & 0 \\ 1 & -1 & 0 \\ 0 & 0 & 1 \end{pmatrix}\begin{pmatrix} 1 & 0 & -5/2 \\ 0 & 1 & 1/2 \\ 0 & 0 & 1 \end{pmatrix}\begin{pmatrix} z_1 \\ z_2 \\ z_3 \end{pmatrix}=\begin{pmatrix} 1 & 1 & -2 \\ 1 & -1 & -3 \\ 0 & 0 & 1 \end{pmatrix}\begin{pmatrix} z_1 \\ z_2 \\ z_3 \end{pmatrix}$$

若再作可逆线性变换

$$\begin{cases} z_1=w_1 \\ z_2=w_2 \\ z_3=w_3/\sqrt{6} \end{cases}, 即 \quad \begin{pmatrix} z_1 \\ z_2 \\ z_3 \end{pmatrix}=\begin{pmatrix} 1 & & \\ & 1 & \\ & & 1/\sqrt{6} \end{pmatrix}\begin{pmatrix} w_1 \\ w_2 \\ w_3 \end{pmatrix}$$

则 f 化为规范形 $f=w_1^2-w_2^2-w_3^2$，合并所作的可逆线性变换，可得

$$\begin{pmatrix} x_1 \\ x_2 \\ x_3 \end{pmatrix}=\begin{pmatrix} 1 & 1 & -2 \\ 1 & -1 & -3 \\ 0 & 0 & 1 \end{pmatrix}\begin{pmatrix} 1 & & \\ & 1 & \\ & & 1/\sqrt{6} \end{pmatrix}\begin{pmatrix} w_1 \\ w_2 \\ w_3 \end{pmatrix}=\begin{pmatrix} 1 & 1 & -2/\sqrt{6} \\ 1 & -1 & -3/\sqrt{6} \\ & & 1/\sqrt{6} \end{pmatrix}\begin{pmatrix} w_1 \\ w_2 \\ w_3 \end{pmatrix}$$

5.7 正定二次型

由前面几节的内容可以看出，二次型的标准形并不是唯一的。但是标准形中的项数是确定的，项数即是二次型的秩，也就是二次型的矩阵的秩。不仅如此，如果限定变换为实变换，那么标准形中正系数的个数是不变的，从而负系数的个数也是不变的，这个性质即是下面的惯性定理。

定理 1 设有实二次型 $f(\boldsymbol{x})=\boldsymbol{x}^{\mathrm{T}}\boldsymbol{A}\boldsymbol{x}$，它的秩为 r，有两个可逆线性变换

$$\boldsymbol{x}=\boldsymbol{P}\boldsymbol{y} \text{ 及 } \boldsymbol{x}=\boldsymbol{Q}\boldsymbol{z}$$

将 f 化为标准形

$$f(\boldsymbol{Py})=k_1y_1^2+k_2y_2^2+\cdots+k_ry_r^2(k_i\neq 0)$$

及
$$f(\boldsymbol{Qz})=l_1z_1^2+l_2z_2^2+\cdots+l_rz_r^2(l_i\neq 0)$$

则 $k_1,k_2,\cdots,k_r$ 中正数的个数与 $l_1,l_2,\cdots,l_r$ 中正数的个数相等。

这个定理称为惯性定理，这里不予证明。

二次型的标准形中正系数的个数称为二次型的正惯性指数，负系数的个数称为负惯性指数，若二次型 f 的正惯性指数为 p，秩为 r，则负惯性指数为 $r-p$，二次型 f 的规范形为

$$f=y_1^2+y_2^2+\cdots+y_p^2-y_{p+1}^2-\cdots-y_r^2$$

因为 p 及 r 由二次型 f 唯一确定，故每个二次型 f 的规范形是唯一的。

科学技术上用得较多的二次型是正惯性指数为 n 或负惯性指数为 n 的二次型，我们有以下定义。

定义 设 $f(\boldsymbol{x})=\boldsymbol{x}^{\mathrm{T}}\boldsymbol{Ax}$ 为实二次型，若当 $\boldsymbol{x}\neq\boldsymbol{0}$ 时，有 $f(\boldsymbol{x})=\boldsymbol{x}^{\mathrm{T}}\boldsymbol{Ax}>0$，则称 f 为正定二次型，并称实对称矩阵 $\boldsymbol{A}$ 为正定矩阵。若当 $\boldsymbol{x}\neq\boldsymbol{0}$ 时，有 $f(\boldsymbol{x})=\boldsymbol{x}^{\mathrm{T}}\boldsymbol{Ax}<0$，则称 f 为负定二次型，并称实对称矩阵 $\boldsymbol{A}$ 为负定矩阵。

定理2 n 元二次型 $f(\boldsymbol{x})=\boldsymbol{x}^{\mathrm{T}}\boldsymbol{Ax}$ 正定的充分必要条件是它的标准形的 n 个系数全为正数，即它的正惯性指数为 n。

证明 设 n 元二次型 $f(\boldsymbol{x})=\boldsymbol{x}^{\mathrm{T}}\boldsymbol{Ax}$ 经可逆线性变换 $\boldsymbol{x}=\boldsymbol{Py}$ 化为标准形

$$f(\boldsymbol{Py})=k_1y_1^2+k_2y_2^2+\cdots+k_ny_n^2$$

充分性：设 $k_i>0(i=1,2,\cdots,n)$，因为 $\boldsymbol{x}=\boldsymbol{Py}$ 可逆，故当 $\boldsymbol{x}\neq\boldsymbol{0}$ 时，也有 $\boldsymbol{y}\neq\boldsymbol{0}$，于是

$$f(\boldsymbol{x})=f(\boldsymbol{Py})=k_1y_1^2+\cdots+k_ny_n^2>0$$

必要性：用反证法，设 f 正定，但有某个 $k_i\leqslant 0$，取 $\boldsymbol{y}_0=(0,\cdots,1,\cdots,0)^{\mathrm{T}}\neq\boldsymbol{0}$（$y_0$ 的第 i 个分量为1，其余分量为0），则 $\boldsymbol{x}_0=\boldsymbol{Py}_0\neq 0$，于是

$$f(\boldsymbol{x}_0)=f(\boldsymbol{Py}_0)=k_i\leqslant 0$$

这与 f 正定矛盾。这就证明了 $k_i>0(i=1,2,\cdots,n)$。

推论：实对称矩阵 $\boldsymbol{A}$ 正定的充分必要条件是 $\boldsymbol{A}$ 的全部特征值都是正数。

定理3 实对称矩阵 $\boldsymbol{A}$ 正定的充分必要条件是：$\boldsymbol{A}$ 的各阶顺序主子式都为正，即

$$a_{11}>0,\quad \begin{vmatrix} a_{11} & a_{12} \\ a_{21} & a_{22} \end{vmatrix}>0,\quad \cdots,\quad |\boldsymbol{A}|=\begin{vmatrix} a_{11} & a_{12} & \cdots & a_{1n} \\ a_{21} & a_{22} & \cdots & a_{2n} \\ \vdots & \vdots & & \vdots \\ a_{n1} & a_{n2} & \cdots & a_{nn} \end{vmatrix}>0$$

实对称矩阵 $\boldsymbol{A}$ 负定的充分必要条件是：$\boldsymbol{A}$ 的奇数阶顺序主子式为负，而偶数阶顺序主子式为正，即

$$(-1)^r\begin{vmatrix} a_{11} & a_{12} & \cdots & a_{1r} \\ a_{21} & a_{22} & \cdots & a_{2a} \\ \vdots & \vdots & & \vdots \\ a_{r1} & a_{r2} & \cdots & a_{rr} \end{vmatrix}>0(r=1,2,\cdots,n)$$

这个定理称为赫尔维茨(Hurwitz)定理，这里不予证明。

例1 设二次型

$$f(x_1,x_2,x_3)=2x_1^2+tx_2^2+tx_3^2+4x_1x_2-4x_1x_3$$

为正定二次型，求 t 的取值范围。

解 f 的矩阵为

$$A=\begin{pmatrix} 2 & 2 & -2 \\ 2 & t & 0 \\ -2 & 0 & t \end{pmatrix}$$

f 正定的充分必要条件是 A 的各阶顺序主子式大于零，即

$$2>0,\quad \begin{vmatrix} 2 & 2 \\ 2 & t \end{vmatrix}=2t-4>0,\quad \begin{vmatrix} 2 & 2 & -2 \\ 2 & t & 0 \\ -2 & 0 & t \end{vmatrix}=2t(t-4)>0$$

解得 $t>4$。

例 2 设 A 是 $m\times n$ 阶实矩阵，已知 $B=\lambda E+A^{\mathrm{T}}A$。试证：当 $\lambda>0$ 时，B 是正定矩阵。

证明 由于

$$\begin{aligned} B^{\mathrm{T}} &=(\lambda E+A^{\mathrm{T}}A)^{\mathrm{T}}=(\lambda E)^{\mathrm{T}}+(A^{\mathrm{T}}A)^{\mathrm{T}} \\ &=\lambda E+A^{\mathrm{T}}(A^{\mathrm{T}})^{\mathrm{T}}=\lambda E+A^{\mathrm{T}}A=B \end{aligned}$$

故 B 为实对称矩阵。

设 x 为任意的 n 维列向量，考虑矩阵 B 对应的二次型 $f(x)=x^{\mathrm{T}}Bx$，因为

$$\begin{aligned} f(x) &=x^{\mathrm{T}}Bx=x^{\mathrm{T}}(\lambda E+A^{\mathrm{T}}A)x=\lambda x^{\mathrm{T}}x+x^{\mathrm{T}}A^{\mathrm{T}}Ax \\ &=\lambda x^{\mathrm{T}}x+(Ax)^{\mathrm{T}}Ax=\lambda\|x\|^2+\|Ax\|^2 \end{aligned}$$

故对任意的 n 维列向量 $x\neq 0$，有 $\lambda\|x\|^2+\|Ax\|^2>0$，即 $f(x)=x^{\mathrm{T}}Bx>0$，则 B 是正定矩阵。

例 3 证明：若 A 与 B 为 n 阶实对称矩阵，则 A 与 B 合同的充分必要条件为 A 与 B 有相同个数的正特征值和相同个数的负特征值。

证明 A 与 B 合同

$\Leftrightarrow$ 存在可逆矩阵 P，使 $P^{\mathrm{T}}AP=B$

$\Leftrightarrow$ 存在可逆线性变换 $x=Py$，使二次型 $x^{\mathrm{T}}Ax=y^{\mathrm{T}}(P^{\mathrm{T}}AP)y=y^{\mathrm{T}}By$

$\Leftrightarrow$ 二次型 $x^{\mathrm{T}}Ax$ 与 $y^{\mathrm{T}}By$ 有相同的规范形

$\Leftrightarrow$ 二次型 $x^{\mathrm{T}}Ax$ 与 $y^{\mathrm{T}}By$ 有相同的正惯性指数和相同的负惯性指数

$\Leftrightarrow$ A 与 B 有相同个数的正特征值和相同个数的负特征值

习题五

1.试用施密特正交化法把下列向量组正交化：

(1)$\alpha_1=\begin{pmatrix}1\\1\\1\end{pmatrix}$，$\alpha_2=\begin{pmatrix}1\\2\\3\end{pmatrix}$，$\alpha_3=\begin{pmatrix}1\\4\\9\end{pmatrix}$；

(2)$\alpha_1=\begin{pmatrix}1\\0\\-1\\1\end{pmatrix}$，$\alpha_2=\begin{pmatrix}1\\-1\\0\\1\end{pmatrix}$，$\alpha_3=\begin{pmatrix}-1\\1\\1\\0\end{pmatrix}$。

2. 下列矩阵是不是正交矩阵？并说明理由。

(1) $\begin{pmatrix} 1 & -\frac{1}{2} & \frac{1}{3} \\ -\frac{1}{2} & 1 & \frac{1}{2} \\ \frac{1}{3} & \frac{1}{2} & -1 \end{pmatrix}$；　(2) $\begin{pmatrix} \frac{1}{9} & -\frac{8}{9} & -\frac{4}{9} \\ -\frac{8}{9} & \frac{1}{9} & -\frac{4}{9} \\ -\frac{4}{9} & -\frac{4}{9} & \frac{7}{9} \end{pmatrix}$。

3. 设 $\boldsymbol{x}$ 是 n 维列向量，$\boldsymbol{x}^{\mathrm{T}}\boldsymbol{x}=1$，令 $\boldsymbol{H}=\boldsymbol{E}-2\boldsymbol{x}\boldsymbol{x}^{\mathrm{T}}$。证明：$\boldsymbol{H}$ 是对称的正交阵。

4. 求下列矩阵的特征值和特征向量：

(1) $\begin{pmatrix} 2 & 0 & 0 \\ 0 & 3 & 2 \\ 0 & 2 & 3 \end{pmatrix}$；　(2) $\begin{pmatrix} 1 & -2 & 2 \\ -2 & 4 & -4 \\ 2 & -4 & 4 \end{pmatrix}$；　(3) $\begin{pmatrix} 0 & 0 & 0 & 1 \\ 0 & 0 & 1 & 0 \\ 0 & 1 & 0 & 0 \\ 1 & 0 & 0 & 0 \end{pmatrix}$。

5. 设 $\boldsymbol{A}$ 为 n 阶矩阵，证明 $\boldsymbol{A}^{\mathrm{T}}$ 与 $\boldsymbol{A}$ 的特征值相同。

6. 设 $\boldsymbol{A}$ 为正交阵，且 $|\boldsymbol{A}|=-1$，证明 $\lambda=-1$ 是 $\boldsymbol{A}$ 的特征值。

7. 已知三阶矩阵 $\boldsymbol{A}$ 的特征值为 1、2、3，求 $|\boldsymbol{A}^3-5\boldsymbol{A}^2+7\boldsymbol{A}|$。

8. 已知三阶矩阵 $\boldsymbol{A}$ 的特征值为 1、2、−3，求 $|\boldsymbol{A}^*+3\boldsymbol{A}+2\boldsymbol{E}|$。

9. 设矩阵 $\boldsymbol{A}=\begin{pmatrix} 2 & 0 & 1 \\ 3 & 1 & x \\ 4 & 0 & 5 \end{pmatrix}$ 能相似对角化，求 x。

10. 已知 $\boldsymbol{p}=\begin{pmatrix} 1 \\ 1 \\ -1 \end{pmatrix}$ 是矩阵 $\boldsymbol{A}=\begin{pmatrix} 2 & -1 & 2 \\ 5 & a & 3 \\ -1 & b & -2 \end{pmatrix}$ 的一个特征向量：

(1) 求参数 a、b 及特征向量 $\boldsymbol{p}$ 所对应的特征值；

(2) 问 $\boldsymbol{A}$ 能不能相似对角化？并说明理由。

11. 设 $\boldsymbol{A}=\begin{pmatrix} 2 & 1 \\ 1 & 2 \end{pmatrix}$，求 $\boldsymbol{A}^{100}$。

12. 试求一个正交的相似变换矩阵，将对称矩阵 $\boldsymbol{A}$ 化为对角阵，其中

$$\boldsymbol{A}=\begin{pmatrix} 2 & -2 & 0 \\ -2 & 1 & -2 \\ 0 & -2 & 0 \end{pmatrix}$$

13. 设方阵 $\boldsymbol{A}=\begin{pmatrix} 1 & -2 & -4 \\ -2 & x & -2 \\ -4 & -2 & 1 \end{pmatrix}$ 与 $\boldsymbol{\Lambda}=\begin{pmatrix} 5 & 0 & 0 \\ 0 & -4 & 0 \\ 0 & 0 & y \end{pmatrix}$ 相似，求 x、y，并求一个正交矩阵 $\boldsymbol{P}$，使 $\boldsymbol{P}^{-1}\boldsymbol{A}\boldsymbol{P}=\boldsymbol{\Lambda}$。

14. 设三阶实对称矩阵 $\boldsymbol{A}$ 的特征值为 $\lambda_1=-1$、$\lambda_2=\lambda_3=1$，对应于 λ_1 的特征向量为 $\boldsymbol{\xi}_1=(0,1,1)^{\mathrm{T}}$，求 $\boldsymbol{A}$。

15. 用矩阵记号表示下列二次型：

(1) $f=x^2+4xy+4y^2+2xz+z^2+4yz$；

(2) $f=x^2+y^2-7z^2-2xy-4xz-4yz$；

(3) $f=x_1^2+x_2^2+x_3^2+x_4^2-2x_1x_2+4x_1x_3-2x_1x_4+6x_2x_3-4x_2x_4$。

16. 求一个正交变换，化二次型 $f=2x_1^2+3x_2^2+3x_3^2+4x_2x_3$ 为标准形。

17. 用配方法化下列二次型为标准形，写出可逆变换 $\boldsymbol{C}$ 和相应的对角矩阵 $\boldsymbol{\Lambda}$：

(1) $f(x_1,x_2,x_3)=x_1^2+2x_2^2+5x_3^2+2x_1x_2+2x_1x_3+8x_2x_3$；

(2) $f(x_1,x_2,x_3)=x_1x_2+2x_1x_3+4x_2x_3$。

18. 设二次型 $f=2x_1^2+x_2^2+3x_3^2+2tx_1x_2+2x_1x_3$ 正定，求 t。

19. 判定下列二次型的正定性：

(1) $f=-2x_1^2-6x_2^2-4x_3^2+2x_1x_2+2x_1x_3$；

(2) $f=x_1^2+3x_2^2+9x_3^2+19x_4^2-2x_1x_2+4x_1x_3+2x_1x_4-6x_2x_4-12x_3x_4$。

20. 证明：二次型 $f=\boldsymbol{x}^{\mathrm{T}}\boldsymbol{A}\boldsymbol{x}$ 在 $\|\boldsymbol{x}\|=1$ 时的最大值为矩阵 $\boldsymbol{A}$ 的最大特征值。

第 6 章　线性空间与线性变换

向量空间又称线性空间，是线性代数中最基本的概念之一。前面我们学习了向量，介绍了向量空间的概念。在这一章中，我们将把这些概念进行推广，给出线性空间的定义，介绍线性变换及其性质，同时给出线性变换的矩阵表示。

6.1　线性空间的定义与性质

1.线性空间的定义

定义　设 V 是一个非空集合，$\mathbf{R}$ 为实数域。如果对于任意两个元素 $\boldsymbol{\alpha},\boldsymbol{\beta}\in V$，总有唯一的一个元素 $\boldsymbol{\gamma}\in V$ 与之对应，称之为 $\boldsymbol{\alpha}$ 与 $\boldsymbol{\beta}$ 的和，记作 $\boldsymbol{\gamma}=\boldsymbol{\alpha}+\boldsymbol{\beta}$；若对于任一数 $k\in\mathbf{R}$ 与任一元素 $\boldsymbol{\alpha}\in V$，总有唯一的一个元素 $\boldsymbol{\delta}\in V$ 与之对应，称之为 k 与 $\boldsymbol{\alpha}$ 的积，记作 $\boldsymbol{\delta}=k\boldsymbol{\alpha}$。若上述两种运算满足以下八条运算规律，那么 V 就称为实数域 $\mathbf{R}$ 上的线性空间：

设 $\boldsymbol{\alpha},\boldsymbol{\beta},\boldsymbol{\gamma}\in V;k,l\in\mathbf{R}$。

(1) $\boldsymbol{\alpha}+\boldsymbol{\beta}=\boldsymbol{\beta}+\boldsymbol{\alpha}$；

(2) $(\boldsymbol{\alpha}+\boldsymbol{\beta})+\boldsymbol{\gamma}=\boldsymbol{\alpha}+(\boldsymbol{\beta}+\boldsymbol{\gamma})$；

(3) 在 V 中存在零元素 $\mathbf{0}$，对任何 $\boldsymbol{\alpha}\in V$，都有 $\boldsymbol{\alpha}+\mathbf{0}=\boldsymbol{\alpha}$；

(4) 对任何 $\boldsymbol{\alpha}\in V$，都有 $\boldsymbol{\alpha}$ 的负元素 $\boldsymbol{\beta}\in V$，使 $\boldsymbol{\alpha}+\boldsymbol{\beta}=\mathbf{0}$；

(5) $1\boldsymbol{\alpha}=\boldsymbol{\alpha}$；

(6) $k(l\boldsymbol{\alpha})=(kl)\boldsymbol{\alpha}$；

(7) $(k+l)\boldsymbol{\alpha}=k\boldsymbol{\alpha}+l\boldsymbol{\alpha}$；

(8) $k(\boldsymbol{\alpha}+\boldsymbol{\beta})=k\boldsymbol{\alpha}+k\boldsymbol{\beta}$。

非空集合 V 中的元素统称为向量，这里的向量不一定是有序数组。线性空间中的运算只要求满足上述八条运算规律，只要满足这八条运算规律的加法及数乘运算，就称为 V 上的线性运算，线性空间也称为向量空间。

在一个非空集合上，若对于所定义的加法和数乘运算不封闭，或者运算不满足八条性质的某一条，则此集合就不能构成线性空间。

例 1　n 个有序实数组成的 n 维数组的全体

$$\mathbf{R}^n=\{\boldsymbol{x}=(x_1,x_2,\cdots,x_n)^{\mathrm{T}}\mid x_1,x_2,\cdots,x_n\in\mathbf{R}\}$$

对于通常意义下的有序数组的加法和数量乘法，构成 $\mathbf{R}$ 上的一个线性空间，称此线性空间为 n 维线性空间$\mathbf{R}^n$。

例 2 实数域 $\mathbf{R}$ 上的 n 元齐次线性方程组 $\boldsymbol{AX}=\mathbf{0}$ 的所有解向量，对于向量的加法和数量乘法，构成 $\mathbf{R}$ 上的一个线性空间，称此线性空间为该方程组的一个解空间。

实数域 $\mathbf{R}$ 上的 n 元非齐次线性方程组 $\boldsymbol{AX}=\boldsymbol{b}$ 的所有解向量，在加法和数量乘法运算下不能构成 $\mathbf{R}$ 上的线性空间，因为两个解的和不再是该方程的解，即关于加法运算不封闭。同样的，对乘法运算也不封闭。

例 3 记次数不超过 n 的多项式的全体为 $P[x]_n$，即

$$P[x]_n=\{p_n(x)\mid p_n(x)=a_nx^n+a_{n-1}x^{n-1}+\cdots+a_1x+a_0,a_n,a_{n-1},\cdots,a_1,a_0\in\mathbf{R}\}$$

其对通常的多项式的加法与数乘运算构成线性空间。这是因为：通常的多项式的加法与数乘显然满足线性运算规律，只要验证 $P[x]_n$ 对加法与数乘的封闭性即可：

$$\begin{aligned}&(a_nx^n+\cdots+a_1x+a_0)+(b_nx^n+\cdots+b_1x+b_0)\\&=(a_n+b_n)x^n+\cdots+(a_1+b_1)x+(a_0+b_0)\in P[x]_n\end{aligned}$$

并且

$$k(a_nx^n+\cdots+a_1x+a_0)=(ka_n)x^n+\cdots+(ka_1)x+(ka_0)\in P[x]_n$$

所以 $P[x]_n$ 是一个线性空间。

例 4 次数等于 n 的多项式的全体为 $Q[x]_n$，即

$$Q[x]_n=\{q_n(x)\mid q_n(x)=a_nx^n+\cdots+a_1x+a_0,a_n,a_{n-1},\cdots,a_1,a_0\in\mathbf{R},\text{且 }a_n\neq0\}$$

其对通常的多项式的加法与数乘运算不能构成线性空间，这是因为

$$0q_n(x)=0(a_0+a_1x+\cdots+a_nx^n)=0\notin Q[x]_n$$

即 $Q[x]_n$ 对数乘运算不封闭。

检验一个集合是否构成线性空间，当然不能只验证它对运算的封闭性，如果在这个集合上所定义的加法和数乘不是实数间普通的加法和数乘，那就要仔细检验这些运算是否满足八条线性运算规律。为了对线性运算的理解更具有一般性，请看下例。

例 5 所有正实数组成的数集记为$\mathbf{R}^+$，在$\mathbf{R}^+$上加法和数乘运算分别定义为

$$a\oplus b=ab\quad(a,b\in\mathbf{R}^+)$$
$$k\circ a=a^k\quad(k\in\mathbf{R},a\in\mathbf{R}^+)$$

验证$\mathbf{R}^+$对上述加法与数乘运算构成线性空间。

证明 需要验证对加法和数乘的封闭性以及八条线性运算规律。

加法封闭性：对任意的 $a,b\in\mathbf{R}^+$，有 $a\oplus b=ab\in\mathbf{R}^+$；

数乘封闭性：对任意 $k\in\mathbf{R},a\in\mathbf{R}^+$，有 $k\circ a=a^k\in\mathbf{R}^+$。

(1)$a\oplus b=ab=ba=b\oplus a$；

(2)$(a\oplus b)\oplus l=(ab)\oplus l=(ab)l=a(bl)=a\oplus(b\oplus l)$；

(3)$\mathbf{R}^+$ 中存在“零”元素 1，对任何 $a\in\mathbf{R}^+$，有 $a\oplus1=a\cdot1=a$；

(4)对任何 $a\in\mathbf{R}^+$，有负元素 $a^{-1}\in\mathbf{R}^+$，使得 $a\oplus a^{-1}=a\cdot a^{-1}=1$；

(5)$1\circ a=a^1=a$；

(6)$k\circ(s\circ a)=k\circ a^s=(a^s)^k=a^{ks}=(ks)\circ a$；

(7)$(k+s)\circ a=a^{k+s}=a^ka^s=a^k\oplus a^s=k\circ a\oplus s\circ a$；

(8)$k\circ(a\oplus b)=k\circ(ab)=(ab)^k=a^kb^k=a^k\oplus b^k=k\circ a\oplus k\circ b$。

因此，$\mathbf{R}^+$ 对所定义的加法与数乘运算构成 $\mathbf{R}$ 上的线性空间。

例 6 n 个有序实数组成的 n 维数组的全体

$$S^n=\{x=(x_1,x_2,\cdots,x_n)^{\mathrm{T}}\mid x_1,x_2,\cdots,x_n\in\mathbf{R}\}$$

对于通常意义下的有序数组的加法及如下定义的数乘：

$$k\circ(x_1,\cdots,x_n)^{\mathrm{T}}=(0,\cdots,0)^{\mathrm{T}},\quad k\in\mathbf{R},\boldsymbol{x}\in S^n$$

不构成线性空间。这是因为虽然 S^n 对加法和上述定义的数乘运算是封闭的，但是 $1\circ\boldsymbol{x}=\mathbf{0}\neq\boldsymbol{x}$，因此不满足运算规律(5)，所以 S^n 不是线性空间。

比较例1和例6中的集合$\mathbf{R}^n$ 和 S^n，可以看出作为集合它们是一样的，但由于在其中定义的运算不同，使得$\mathbf{R}^n$ 构成线性空间而 S^n 不是线性空间。由此可见，线性空间是集合和线性运算二者的结合。一般说来，对同一集合若定义两种不同的线性运算，就构成不同的线性空间；若定义的不是线性运算，肯定构不成线性空间，所以，线性运算是线性空间的本质，而线性空间中的元素是什么并不重要。

2.线性空间的性质

(1)零元素是唯一的。

证明 设$\mathbf{0}_1$ 和$\mathbf{0}_2$ 是线性空间 V 中两个零元素，即对任何 $\boldsymbol{\alpha}\in V$，有

$$\boldsymbol{\alpha}+\mathbf{0}_1=\boldsymbol{\alpha},\quad \boldsymbol{\alpha}+\mathbf{0}_2=\boldsymbol{\alpha}$$

于是特别地有

$$\mathbf{0}_2+\mathbf{0}_1=\mathbf{0}_2,\quad \mathbf{0}_1+\mathbf{0}_2=\mathbf{0}_1$$

所以

$$\mathbf{0}_1=\mathbf{0}_1+\mathbf{0}_2=\mathbf{0}_2+\mathbf{0}_1=\mathbf{0}_2$$

(2)任一元素的负元素是唯一的，$\boldsymbol{\alpha}$ 的负元素记为$-\boldsymbol{\alpha}$。

证明 设元素 $\boldsymbol{\alpha}$ 有两个负元素$\boldsymbol{\beta}$ 和 $\boldsymbol{\gamma}$，即 $\boldsymbol{\alpha}+\boldsymbol{\beta}=\mathbf{0}$、$\boldsymbol{\alpha}+\boldsymbol{\gamma}=\mathbf{0}$，于是

$$\boldsymbol{\beta}=\boldsymbol{\beta}+\mathbf{0}=\boldsymbol{\beta}+(\boldsymbol{\alpha}+\boldsymbol{\gamma})=(\boldsymbol{\alpha}+\boldsymbol{\beta})+\boldsymbol{\gamma}=\mathbf{0}+\boldsymbol{\gamma}=\boldsymbol{\gamma}$$

(3)$0\boldsymbol{\alpha}=\mathbf{0}$，$(-1)\boldsymbol{\alpha}=-\boldsymbol{\alpha}$，$k\mathbf{0}=\mathbf{0}$。

证明 因为

$$\boldsymbol{\alpha}+0\boldsymbol{\alpha}=1\boldsymbol{\alpha}+0\boldsymbol{\alpha}=(1+0)\boldsymbol{\alpha}=1\boldsymbol{\alpha}=\boldsymbol{\alpha}$$

所以

$$0\boldsymbol{\alpha}=\mathbf{0}$$

又因为

$$\boldsymbol{\alpha}+(-1)\boldsymbol{\alpha}=1\boldsymbol{\alpha}+(-1)\boldsymbol{\alpha}=[1+(-1)]\boldsymbol{\alpha}=0\boldsymbol{\alpha}=\mathbf{0}$$

所以

$$(-1)\boldsymbol{\alpha}=-\boldsymbol{\alpha}$$

$$k\mathbf{0}=k[\boldsymbol{\alpha}+(-1)\boldsymbol{\alpha}]=k\boldsymbol{\alpha}+(-k)\boldsymbol{\alpha}=[k+(-k)]\boldsymbol{\alpha}=0\boldsymbol{\alpha}=\mathbf{0}$$

(4)若 $k\boldsymbol{\alpha}=\mathbf{0}$，则 $k=0$ 或 $\boldsymbol{\alpha}=\mathbf{0}$。

证明 若 $k\neq0$，在 $k\boldsymbol{\alpha}=\mathbf{0}$ 两边同乘以$\dfrac{1}{k}$，一方面

$$\frac{1}{k}\mathbf{0}=\mathbf{0}$$

另一方面

$$\frac{1}{k}(k\boldsymbol{\alpha})=(\frac{1}{k}k)\boldsymbol{\alpha}=\boldsymbol{\alpha}$$

所以

$$\boldsymbol{\alpha}=\mathbf{0}$$

6.2 线性空间的维数、基与坐标

在第 4 章中，我们用线性运算来讨论 n 维数组向量之间的关系，介绍了如线性组合、线性表示、线性相关和线性无关等概念。这些概念和相关的性质都只涉及了线性运算。于是这些内容，包括第 4 章中的基与维数的概念，对于线性空间中的元素仍然适用。基与维数是线性空间中的主要特性，故在此再叙述如下：

定义 1 在线性空间 V 中，如果存在 n 个向量 $\boldsymbol{\alpha}_1,\boldsymbol{\alpha}_2,\cdots,\boldsymbol{\alpha}_n$ 满足：

(1) $\boldsymbol{\alpha}_1,\boldsymbol{\alpha}_2,\cdots,\boldsymbol{\alpha}_n$ 线性无关；

(2) V 中任一元素总可以由 $\boldsymbol{\alpha}_1,\boldsymbol{\alpha}_2,\cdots,\boldsymbol{\alpha}_n$ 线性表示。

那么，$\boldsymbol{\alpha}_1,\boldsymbol{\alpha}_2,\cdots,\boldsymbol{\alpha}_n$ 就称为线性空间 V 的一个基，n 称为线性空间 V 的维数。只含一个零向量的线性空间没有基，规定它的维数为零。

维数为 n 的线性空间称为 n 维线性空间，记为 V_n。当 n 为有限正整数时，线性空间称为有限维线性空间；当 $n=+\infty$ 时，线性空间称为无穷维线性空间。本章只讨论有限维线性空间。

对于 n 维线性空间 V_n，若已知 $\boldsymbol{\alpha}_1,\boldsymbol{\alpha}_2,\cdots,\boldsymbol{\alpha}_n$ 为 V_n 的一个基，则 V_n 可以表示为

$$V_n=\{\boldsymbol{\alpha}=x_1\boldsymbol{\alpha}_1+x_2\boldsymbol{\alpha}_2+\cdots+x_n\boldsymbol{\alpha}_n \mid x_1,x_2,\cdots,x_n\in\mathbf{R}\}$$

即 V_n 中的每一个元素都是基 $\boldsymbol{\alpha}_1,\boldsymbol{\alpha}_2,\cdots,\boldsymbol{\alpha}_n$ 的唯一的线性组合，有时我们也称 V_n 是由基 $\boldsymbol{\alpha}_1,\boldsymbol{\alpha}_2,\cdots,\boldsymbol{\alpha}_n$ 所生成的线性空间。

若 $\boldsymbol{\alpha}_1,\boldsymbol{\alpha}_2,\cdots,\boldsymbol{\alpha}_n$ 是 V_n 的一个基，则对任何 $\boldsymbol{\alpha}\in V_n$，都存在唯一的一组有序数 $x_1,x_2,\cdots,x_n$，使得

$$\boldsymbol{\alpha}=x_1\boldsymbol{\alpha}_1+x_2\boldsymbol{\alpha}_2+\cdots+x_n\boldsymbol{\alpha}_n$$

反之，任给一组有序数 $x_1,x_2,\cdots,x_n$，总有唯一的元素 $\boldsymbol{\alpha}\in V_n$，使得

$$\boldsymbol{\alpha}=x_1\boldsymbol{\alpha}_1+x_2\boldsymbol{\alpha}_2+\cdots+x_n\boldsymbol{\alpha}_n\in V_n$$

这样，线性空间 V_n 中的元素 $\boldsymbol{\alpha}$ 通过基 $\boldsymbol{\alpha}_1,\boldsymbol{\alpha}_2,\cdots,\boldsymbol{\alpha}_n$ 和有序数组之间建立了一一对应关系。因此在基给定的条件下，可以用有序数组来表示 V_n 中的元素 $\boldsymbol{\alpha}$。

定义 2 设 $\boldsymbol{\alpha}_1,\boldsymbol{\alpha}_2,\cdots,\boldsymbol{\alpha}_n$ 是线性空间 V_n 的一个基，对于任一元素 $\boldsymbol{\alpha}\in V_n$，有且仅有一组有序数 $x_1,x_2,\cdots,x_n$，使得

$$\boldsymbol{\alpha}=x_1\boldsymbol{\alpha}_1+x_2\boldsymbol{\alpha}_2+\cdots+x_n\boldsymbol{\alpha}_n$$

有序数 $x_1,x_2,\cdots,x_n$ 称为元素 $\boldsymbol{\alpha}$ 在基 $\boldsymbol{\alpha}_1,\boldsymbol{\alpha}_2,\cdots,\boldsymbol{\alpha}_n$ 下的坐标，记为

$$\boldsymbol{\alpha}=(x_1,x_2,\cdots,x_n)^{\mathrm{T}}$$

例 1 在线性空间 $\mathbf{R}^3$ 中，$\boldsymbol{\alpha}_1=(1,1,0)^{\mathrm{T}},\boldsymbol{\alpha}_2=(0,1,1)^{\mathrm{T}},\boldsymbol{\alpha}_3=(1,0,1)^{\mathrm{T}}$ 是它的一个基，取一个向量 $\boldsymbol{\alpha}=(1,2,3)^{\mathrm{T}}\in\mathbf{R}^3$，可以表示为

$$\boldsymbol{\alpha}=2\boldsymbol{\alpha}_2+\boldsymbol{\alpha}_3$$

因此，向量 $\boldsymbol{\alpha}$ 在基 $\boldsymbol{\alpha}_1=(1,1,0)^{\mathrm{T}},\boldsymbol{\alpha}_2=(0,1,1)^{\mathrm{T}},\boldsymbol{\alpha}_3=(1,0,1)^{\mathrm{T}}$ 下的坐标为 $(0,2,1)^{\mathrm{T}}$。

若在线性空间 $\mathbf{R}^3$ 中另取一个基 $\boldsymbol{\beta}_1=(1,0,0)^{\mathrm{T}},\boldsymbol{\beta}_2=(1,1,0)^{\mathrm{T}},\boldsymbol{\beta}_3=(1,1,1)^{\mathrm{T}}$，则向量 $\boldsymbol{\alpha}=(1,2,3)^{\mathrm{T}}\in\mathbf{R}^3$ 可由 $\boldsymbol{\beta}_1,\boldsymbol{\beta}_2,\boldsymbol{\beta}_3$ 表示为

$$\boldsymbol{\alpha}=-\boldsymbol{\beta}_1-\boldsymbol{\beta}_2+3\boldsymbol{\beta}_3$$

故向量 $\boldsymbol{\alpha}=(1,2,3)^{\mathrm{T}}$ 在这个基下的坐标为$(-1,-1,3)^{\mathrm{T}}$。

例 2 在线性空间 $P[x]_4$ 中，$\boldsymbol{\alpha}_1=1,\boldsymbol{\alpha}_2=x,\boldsymbol{\alpha}_3=x^2,\boldsymbol{\alpha}_4=x^3,\boldsymbol{\alpha}_5=x^4$ 是它的一个基，任意一个四次多项式都可以表示为

$$p_4(x)=a_0+a_1x+a_2x^2+a_3x^3+a_4x^4$$

因此，$p_4(x)$在基$\boldsymbol{\alpha}_1=1,\boldsymbol{\alpha}_2=x,\boldsymbol{\alpha}_3=x^2,\boldsymbol{\alpha}_4=x^3,\boldsymbol{\alpha}_5=x^4$ 下的坐标为$(a_0,a_1,a_2,a_3,a_4)^{\mathrm{T}}$。

若另取一个基$\boldsymbol{\beta}_1=1,\boldsymbol{\beta}_2=1-x,\boldsymbol{\beta}_3=1-3x^2,\boldsymbol{\beta}_4=4x^3,\boldsymbol{\beta}_5=x^4$，则 $p_4(x)$可用基$\boldsymbol{\beta}_1,\boldsymbol{\beta}_2,\boldsymbol{\beta}_3,\boldsymbol{\beta}_4,\boldsymbol{\beta}_5$ 表示为

$$\begin{aligned}p_4(x)&=a_0+a_1x+a_2x^2+a_3x^3+a_4x^4\\&=a_0+a_1+\frac{1}{3}a_2-a_1(1-x)-\frac{1}{3}a_2(1-3x^2)+\frac{1}{4}a_3(4x^3)+a_4x^4\\&=(a_0+a_1+\frac{1}{3}a_2)\boldsymbol{\beta}_1-a_1\boldsymbol{\beta}_2-\frac{1}{3}a_2\boldsymbol{\beta}_3+\frac{1}{4}a_3\boldsymbol{\beta}_4+a_4\boldsymbol{\beta}_5\end{aligned}$$

因此，多项式 $p_4(x)$在基$\boldsymbol{\beta}_1=1,\boldsymbol{\beta}_2=1-x,\boldsymbol{\beta}_3=1-3x^2,\boldsymbol{\beta}_4=4x^3,\boldsymbol{\beta}_5=x^4$ 下的坐标为$(a_0+a_1+\frac{1}{3}a_2,-a_1,-\frac{1}{3}a_2,\frac{1}{4}a_3,a_4)^{\mathrm{T}}$。

在线性空间选择了基以后，向量通过基就与坐标建立了一一对应的关系，这样就把抽象的向量 $\boldsymbol{\alpha}$ 和与具体的数组向量$(x_1,x_2,\cdots,x_n)^{\mathrm{T}}$ 联系了起来，同时把 V_n 中抽象的线性运算与数组向量的线性运算联系了起来。

设 $\boldsymbol{\alpha},\boldsymbol{\beta}\in V_n$，有 $\boldsymbol{\alpha}=x_1\boldsymbol{\alpha}_1+x_2\boldsymbol{\alpha}_2+\cdots+x_n\boldsymbol{\alpha}_n,\boldsymbol{\beta}=y_1\boldsymbol{\alpha}_1+y_2\boldsymbol{\alpha}_2+\cdots+y_n\boldsymbol{\alpha}_n$，于是

$$\boldsymbol{\alpha}+\boldsymbol{\beta}=(x_1+y_1)\boldsymbol{\alpha}_1+(x_2+y_2)\boldsymbol{\alpha}_2+\cdots+(x_n+y_n)\boldsymbol{\alpha}_n$$

$$k\boldsymbol{\alpha}=(kx_1)\boldsymbol{\alpha}_1+(kx_2)\boldsymbol{\alpha}_2+\cdots+(kx_n)\boldsymbol{\alpha}_n$$

即 $\boldsymbol{\alpha}+\boldsymbol{\beta}$ 的坐标是$(x_1+y_1,x_2+y_2,\cdots,x_n+y_n)^{\mathrm{T}}=(x_1,x_2,\cdots,x_n)^{\mathrm{T}}+(y_1,y_2,\cdots,y_n)^{\mathrm{T}}$，$k\boldsymbol{\alpha}$ 的坐标是$(kx_1,kx_2,\cdots,kx_n)^{\mathrm{T}}=k(x_1,x_2,\cdots,x_n)^{\mathrm{T}}$。

6.3 基变换与坐标变换

由 6.2 节例 1 和例 2 可以看出，在同一线性空间中，由于选择的基不同，同一向量在不同基下有不同的坐标。那么，不同的基与不同的坐标之间有怎样的关系？

设$\boldsymbol{\alpha}_1,\boldsymbol{\alpha}_2,\cdots,\boldsymbol{\alpha}_n$ 和$\boldsymbol{\beta}_1,\boldsymbol{\beta}_2,\cdots,\boldsymbol{\beta}_n$ 是线性空间 V_n 的两个基，那么，$\boldsymbol{\beta}_1,\boldsymbol{\beta}_2,\cdots,\boldsymbol{\beta}_n$ 中的每一个向量均可由基$\boldsymbol{\alpha}_1,\boldsymbol{\alpha}_2,\cdots,\boldsymbol{\alpha}_n$ 线性表示，即

$$\begin{cases}\boldsymbol{\beta}_1=g_{11}\boldsymbol{\alpha}_1+g_{21}\boldsymbol{\alpha}_2+\cdots+g_{n1}\boldsymbol{\alpha}_n\\\boldsymbol{\beta}_2=g_{12}\boldsymbol{\alpha}_1+g_{22}\boldsymbol{\alpha}_2+\cdots+g_{n2}\boldsymbol{\alpha}_n\\\cdots\cdots\cdots\cdots\\\boldsymbol{\beta}_n=g_{1n}\boldsymbol{\alpha}_1+g_{2n}\boldsymbol{\alpha}_2+\cdots+g_{nn}\boldsymbol{\alpha}_n\end{cases}\tag{6-1}$$

若记

$$\boldsymbol{G}=\begin{pmatrix}g_{11}&g_{12}&\cdots&g_{1n}\\g_{21}&g_{22}&\cdots&g_{2n}\\\vdots&\vdots&&\vdots\\g_{n1}&g_{n2}&\cdots&g_{nn}\end{pmatrix}$$

把 n 个列向量 $\boldsymbol{\alpha}_1,\boldsymbol{\alpha}_2,\cdots,\boldsymbol{\alpha}_n$ 用分块矩阵表示为 $(\boldsymbol{\alpha}_1\ \ \boldsymbol{\alpha}_2\ \cdots\ \boldsymbol{\alpha}_n)$，利用分块矩阵的乘法，式(6-1)可以写成

$$\begin{pmatrix}\boldsymbol{\beta}_1^{\mathrm{T}}\\ \boldsymbol{\beta}_2^{\mathrm{T}}\\ \vdots\\ \boldsymbol{\beta}_n^{\mathrm{T}}\end{pmatrix}=\begin{pmatrix}g_{11} & g_{21} & \cdots & g_{n1}\\ g_{12} & g_{22} & \cdots & g_{n2}\\ \vdots & \vdots & & \vdots\\ g_{1n} & g_{2n} & \cdots & g_{nn}\end{pmatrix}\begin{pmatrix}\boldsymbol{\alpha}_1^{\mathrm{T}}\\ \boldsymbol{\alpha}_2^{\mathrm{T}}\\ \vdots\\ \boldsymbol{\alpha}_n^{\mathrm{T}}\end{pmatrix}=\boldsymbol{G}^{\mathrm{T}}\begin{pmatrix}\boldsymbol{\alpha}_1^{\mathrm{T}}\\ \boldsymbol{\alpha}_2^{\mathrm{T}}\\ \vdots\\ \boldsymbol{\alpha}_n^{\mathrm{T}}\end{pmatrix}$$

或

$$(\boldsymbol{\beta}_1\ \ \boldsymbol{\beta}_2\ \cdots\ \boldsymbol{\beta}_n)=(\boldsymbol{\alpha}_1\ \ \boldsymbol{\alpha}_2\ \cdots\ \boldsymbol{\alpha}_n)\boldsymbol{G} \tag{6-2}$$

式(6-1)或者式(6-2)称为基变换公式，矩阵 $\boldsymbol{G}$ 称为由基 $\boldsymbol{\alpha}_1,\boldsymbol{\alpha}_2,\cdots,\boldsymbol{\alpha}_n$ 到基 $\boldsymbol{\beta}_1,\boldsymbol{\beta}_2,\cdots,\boldsymbol{\beta}_n$ 的过渡矩阵，由于基是线性无关的，所以过渡矩阵 $\boldsymbol{G}$ 可逆。

根据基变换公式(6-1)，可以得到坐标变换公式。

定理 设 V_n 中的元素 $\boldsymbol{\alpha}$ 在基 $\boldsymbol{\alpha}_1,\boldsymbol{\alpha}_2,\cdots,\boldsymbol{\alpha}_n$ 下的坐标为 $(x_1,x_2,\cdots,x_n)^{\mathrm{T}}$，在基 $\boldsymbol{\beta}_1,\boldsymbol{\beta}_2,\cdots,\boldsymbol{\beta}_n$ 下的坐标为 $(y_1,y_2,\cdots,y_n)^{\mathrm{T}}$，若两个基满足关系式(6-1)，则有坐标变换公式：

$$\begin{pmatrix}x_1\\ x_2\\ \vdots\\ x_n\end{pmatrix}=\boldsymbol{G}\begin{pmatrix}y_1\\ y_2\\ \vdots\\ y_n\end{pmatrix},\quad 或\quad \begin{pmatrix}y_1\\ y_2\\ \vdots\\ y_n\end{pmatrix}=\boldsymbol{G}^{-1}\begin{pmatrix}x_1\\ x_2\\ \vdots\\ x_n\end{pmatrix} \tag{6-3}$$

证明 因为

$$(\boldsymbol{\alpha}_1\ \ \boldsymbol{\alpha}_2\ \cdots\ \boldsymbol{\alpha}_n)\begin{pmatrix}x_1\\ x_2\\ \vdots\\ x_n\end{pmatrix}=\boldsymbol{\alpha}=(\boldsymbol{\beta}_1\ \ \boldsymbol{\beta}_2\ \cdots\ \boldsymbol{\beta}_n)\begin{pmatrix}y_1\\ y_2\\ \vdots\\ y_n\end{pmatrix}=(\boldsymbol{\alpha}_1\ \ \boldsymbol{\alpha}_2\ \cdots\ \boldsymbol{\alpha}_n)\boldsymbol{G}\begin{pmatrix}y_1\\ y_2\\ \vdots\\ y_n\end{pmatrix}$$

且 $\boldsymbol{\alpha}_1,\boldsymbol{\alpha}_2,\cdots,\boldsymbol{\alpha}_n$ 线性无关，所以有式(6-3)成立。

例 在 $P[x]_3$ 中取两个基

$$\boldsymbol{\alpha}_1=x^3+2x^2-x,\quad \boldsymbol{\alpha}_2=x^3-x^2+x+1$$
$$\boldsymbol{\alpha}_3=-x^3+2x^2+x+1,\quad \boldsymbol{\alpha}_4=-x^3-x^2+1$$

及

$$\boldsymbol{\beta}_1=2x^3+x^2+1,\quad \boldsymbol{\beta}_2=x^2+2x+2$$
$$\boldsymbol{\beta}_3=-2x^3+x^2+x+2,\quad \boldsymbol{\beta}_4=x^3+3x^2+x+2$$

求坐标变换公式。

解 将 $\boldsymbol{\beta}_1,\boldsymbol{\beta}_2,\boldsymbol{\beta}_3,\boldsymbol{\beta}_4$ 用 $\boldsymbol{\alpha}_1,\boldsymbol{\alpha}_2,\boldsymbol{\alpha}_3,\boldsymbol{\alpha}_4$ 表示。由

$$(\boldsymbol{\alpha}_1\ \ \boldsymbol{\alpha}_2\ \ \boldsymbol{\alpha}_3\ \ \boldsymbol{\alpha}_4)=(x^3,x^2,x,1)\boldsymbol{A}$$
$$(\boldsymbol{\beta}_1\ \ \boldsymbol{\beta}_2\ \ \boldsymbol{\beta}_3\ \ \boldsymbol{\beta}_4)=(x^3,x^2,x,1)\boldsymbol{B}$$

其中

$$\boldsymbol{A}=\begin{pmatrix}1 & 1 & -1 & -1\\ 2 & -1 & 2 & -1\\ -1 & 1 & 1 & 0\\ 0 & 1 & 1 & 1\end{pmatrix},\boldsymbol{B}=\begin{pmatrix}2 & 0 & -2 & 1\\ 1 & 1 & 1 & 3\\ 0 & 2 & 1 & 1\\ 1 & 2 & 2 & 2\end{pmatrix}$$

得

$$(\boldsymbol{\beta}_1\ \ \boldsymbol{\beta}_2\ \ \boldsymbol{\beta}_3\ \ \boldsymbol{\beta}_4)=(\boldsymbol{\alpha}_1\ \ \boldsymbol{\alpha}_2\ \ \boldsymbol{\alpha}_3\ \ \boldsymbol{\alpha}_4)\boldsymbol{A}^{-1}\boldsymbol{B}$$

故坐标变换公式为

$$\begin{pmatrix} x_1' \\ x_2' \\ x_3' \\ x_4' \end{pmatrix} = \boldsymbol{B}^{-1}\boldsymbol{A} \begin{pmatrix} x_1 \\ x_2 \\ x_3 \\ x_4 \end{pmatrix}$$

用矩阵的初等行变换可以求得

$$\boldsymbol{B}^{-1}\boldsymbol{A} = \begin{pmatrix} 0 & 1 & -1 & 1 \\ -1 & 1 & 0 & 0 \\ 0 & 0 & 0 & 1 \\ 1 & -1 & 1 & -1 \end{pmatrix}$$

即有

$$\begin{pmatrix} x_1' \\ x_2' \\ x_3' \\ x_4' \end{pmatrix} = \begin{pmatrix} 0 & 1 & -1 & 1 \\ -1 & 1 & 0 & 0 \\ 0 & 0 & 0 & 1 \\ 1 & -1 & 1 & -1 \end{pmatrix} \begin{pmatrix} x_1 \\ x_2 \\ x_3 \\ x_4 \end{pmatrix}$$

6.4 线性变换及其矩阵表示

1.线性变换的定义及性质

线性空间是某类客观事物从量方面的一个抽象，线性变换研究的是线性空间中元素之间的基本关系。本节介绍线性变换的基本概念。

定义 1 设 V_n、U_m 分别是 n 维和 m 维线性空间，σ 是一个从 V_n 到 U_m 的映射，如果映射 σ 满足：

(1) 对任意 $\boldsymbol{\alpha}_1, \boldsymbol{\alpha}_2 \in V_n$（当然有 $\boldsymbol{\alpha}_1 + \boldsymbol{\alpha}_2 \in V_n$），有

$$\sigma(\boldsymbol{\alpha}_1 + \boldsymbol{\alpha}_2) = \sigma(\boldsymbol{\alpha}_1) + \sigma(\boldsymbol{\alpha}_2)$$

(2)对任意 $\boldsymbol{\alpha} \in V_n$（当然有 $k\boldsymbol{\alpha} \in V_n$），有

$$\sigma(k\boldsymbol{\alpha}) = k\sigma(\boldsymbol{\alpha})$$

那么 σ 就称为从 V_n 到 U_m 的线性映射，或称为线性变换。

依据定义可以这样说，线性变换就是保持对应线性组合的变换。在定义 1 中，如果 $V_n = U_m$，那么 σ 就是一个从线性空间 V_n 到其自身的线性映射，称为线性空间 V_n 中的线性变换。

线性变换具有下列基本性质：

(1)$\sigma(\mathbf{0}) = \mathbf{0}$，$\sigma(-\boldsymbol{\alpha}) = -\boldsymbol{\alpha}$。

只要在定义 1 的(1)中取 $\boldsymbol{\alpha}_1 = \mathbf{0}$、$\boldsymbol{\alpha}_2 = \mathbf{0}$，可得

$$\sigma(\mathbf{0}) = \sigma(\mathbf{0} + \mathbf{0}) = \sigma(\mathbf{0}) + \sigma(\mathbf{0}) = 2\sigma(\mathbf{0})$$

即

$$\sigma(\mathbf{0}) = \mathbf{0}$$

在定义 1 的(2)中取 $k = -1$ 可得

$$\sigma(-\boldsymbol{\alpha})=-\sigma(\boldsymbol{\alpha})$$

(2)若 $\boldsymbol{\beta}=k_1\boldsymbol{\alpha}_1+k_2\boldsymbol{\alpha}_2+\cdots+k_m\boldsymbol{\alpha}_m$，则

$$\sigma(\boldsymbol{\beta})=k_1\sigma(\boldsymbol{\alpha}_1)+k_2\sigma(\boldsymbol{\alpha}_2)+\cdots+k_m\sigma(\boldsymbol{\alpha}_m)$$

只要依次应用定义 1 中的(1)、(2)就可以证明本性质。

(3)若$\boldsymbol{\alpha}_1,\boldsymbol{\alpha}_2,\cdots,\boldsymbol{\alpha}_m$ 线性相关，则 $\sigma(\boldsymbol{\alpha}_1),\sigma(\boldsymbol{\alpha}_2),\cdots,\sigma(\boldsymbol{\alpha}_m)$也线性相关。

这是因为，如果存在一组不全为零的数 $k_1,k_2,\cdots,k_m$，使得

$$k_1\boldsymbol{\alpha}_1+k_2\boldsymbol{\alpha}_2+\cdots+k_m\boldsymbol{\alpha}_m=\mathbf{0}$$

则有

$$k_1\sigma(\boldsymbol{\alpha}_1)+k_2\sigma(\boldsymbol{\alpha}_2)+\cdots+k_m\sigma(\boldsymbol{\alpha}_m)=\sigma(\mathbf{0})=\mathbf{0}$$

故 $\sigma(\boldsymbol{\alpha}_1),\sigma(\boldsymbol{\alpha}_2),\cdots,\sigma(\boldsymbol{\alpha}_m)$也线性相关。

性质(3)的逆命题不成立。即若$\boldsymbol{\alpha}_1,\boldsymbol{\alpha}_2,\cdots,\boldsymbol{\alpha}_m$ 线性无关，则 $\sigma(\boldsymbol{\alpha}_1),\sigma(\boldsymbol{\alpha}_2),\cdots,\sigma(\boldsymbol{\alpha}_m)$不一定线性无关。

(4)线性变换 σ 的像集 $\sigma(V_n)$(即线性变换 σ 的值域)是一个线性空间，称为线性变换 σ 的像空间。

证明 设$\boldsymbol{\beta}_1,\boldsymbol{\beta}_2\in\sigma(V_n)$，则有$\boldsymbol{\alpha}_1,\boldsymbol{\alpha}_2\in V_n$，使得 $\sigma(\boldsymbol{\alpha}_1)=\boldsymbol{\beta}_1,\sigma(\boldsymbol{\alpha}_2)=\boldsymbol{\beta}_2$，从而

$$\boldsymbol{\beta}_1+\boldsymbol{\beta}_2=\sigma(\boldsymbol{\alpha}_1)+\sigma(\boldsymbol{\alpha}_2)=\sigma(\boldsymbol{\alpha}_1+\boldsymbol{\alpha}_2)\in\sigma(V_n)\text{(因为}\boldsymbol{\alpha}_1+\boldsymbol{\alpha}_2\in V_n\text{)}$$

$$k\,\boldsymbol{\beta}_1=k\sigma(\boldsymbol{\alpha}_1)=\sigma(k\,\boldsymbol{\alpha}_1)\in V_n\text{(因为 }k\,\boldsymbol{\alpha}_1\in V_n\text{)}$$

由上述证明知，在 $\sigma(V_n)$中加法和数乘线性运算是封闭的，故它是一个线性空间。

(5)使 $\sigma(\boldsymbol{\alpha})=\mathbf{0}$ 的 $\boldsymbol{\alpha}$ 的全体

$$M_\sigma=\{\boldsymbol{\alpha}\,|\,\boldsymbol{\alpha}\in V_n,\sigma(\boldsymbol{\alpha})=\mathbf{0}\}$$

也是一个线性空间，M_σ 称为线性变换 σ 的核。

证明 显然 $M_\sigma\subset V_n$，且若$\boldsymbol{\alpha}_1,\boldsymbol{\alpha}_2\in M_\sigma$，则 $\sigma\,\boldsymbol{\alpha}_1=\mathbf{0}$、$\sigma\,\boldsymbol{\alpha}_2=\mathbf{0}$，故 $\sigma(\boldsymbol{\alpha}_1+\boldsymbol{\alpha}_2)=\sigma(\boldsymbol{\alpha}_1)+\sigma(\boldsymbol{\alpha}_2)=\mathbf{0}$，因此，$\boldsymbol{\alpha}_1+\boldsymbol{\alpha}_2\in M_\sigma$；又若$\boldsymbol{\alpha}_1\in M_\sigma,k\in\mathbf{R}$，则 $\sigma(k\,\boldsymbol{\alpha}_1)=k\sigma(\boldsymbol{\alpha}_1)=k\mathbf{0}=\mathbf{0}$，因此，$k\,\boldsymbol{\alpha}_1\in M_\sigma$。由以上证明可知 M_σ 对线性运算封闭，所以，M_σ 是一个线性空间。

例 1 在线性空间 $P[x]_4$ 中，微分运算 D 是一个线性变换。这是因为，任取

$$p_4(x)=a_0+a_1x+a_2x^2+a_3x^3+a_4x^4\in P[x]_4$$

$$D(p_4(x))=a_1+2a_2x+3a_3x^2+4a_4x^3$$

$$q_4(x)=b_0+b_1x+b_2x^2+b_3x^3+b_4x^4\in P[x]_4$$

$$D(q_4(x))=b_1+2b_2x+3b_3x^2+4b_4x^3$$

有

$$\begin{aligned}D(p_4(x)+q_4(x))&=D((a_0+b_0)+(a_1+b_1)x+(a_2+b_2)x^2+(a_3+b_3)x^3+(a_4+b_4)x^4)\\&=a_1+b_1+2(a_2+b_2)x+3(a_3+b_3)x^2+4(a_4+b_4)x^3\\&=(a_1+2a_2x+3a_3x^2+4a_4x^3)+(b_1+2b_2x+3b_3x^2+4b_4x^3)\\&=D(p_4(x))+D(q_4(x))\end{aligned}$$

$$\begin{aligned}D(kp_4(x))&=D(ka_0+ka_1x+ka_2x^2+ka_3x^3+ka_4x^4)\\&=k(a_1+2a_2x+3a_3x^2+4a_4x^3)=kD(p_4(x))\end{aligned}$$

例 2 在 XOY 平面中，由关系式

$$\sigma\begin{pmatrix}x\\y\end{pmatrix}=\begin{pmatrix}\cos\varphi&-\sin\varphi\\\sin\varphi&\cos\varphi\end{pmatrix}\begin{pmatrix}x\\y\end{pmatrix}$$

确定了一个变换 σ，证明变换 σ 是线性变换，并说明其几何意义。

证明　因为

$$\begin{aligned}\sigma\left(\begin{pmatrix}x\\y\end{pmatrix}+\begin{pmatrix}\xi\\\eta\end{pmatrix}\right)&=\sigma\begin{pmatrix}x+\xi\\y+\eta\end{pmatrix}=\begin{pmatrix}\cos\varphi & -\sin\varphi\\\sin\varphi & \cos\varphi\end{pmatrix}\begin{pmatrix}x+\xi\\y+\eta\end{pmatrix}\\&=\begin{pmatrix}(x+\xi)\cos\varphi-(y+\eta)\sin\varphi\\(x+\xi)\sin\varphi+(y+\eta)\cos\varphi\end{pmatrix}\\&=\begin{pmatrix}x\cos\varphi+\xi\cos\varphi-y\sin\varphi-\eta\sin\varphi\\x\sin\varphi+\xi\sin\varphi+y\cos\varphi+\eta\cos\varphi\end{pmatrix}\\&=\begin{pmatrix}x\cos\varphi-y\sin\varphi\\x\sin\varphi+y\cos\varphi\end{pmatrix}+\begin{pmatrix}\xi\cos\varphi-\eta\sin\varphi\\\xi\sin\varphi+\eta\cos\varphi\end{pmatrix}\\&=\begin{pmatrix}\cos\varphi & -\sin\varphi\\\sin\varphi & \cos\varphi\end{pmatrix}\begin{pmatrix}x\\y\end{pmatrix}+\begin{pmatrix}\cos\varphi & -\sin\varphi\\\sin\varphi & \cos\varphi\end{pmatrix}\begin{pmatrix}\xi\\\eta\end{pmatrix}\\&=\sigma\begin{pmatrix}x\\y\end{pmatrix}+\sigma\begin{pmatrix}\xi\\\eta\end{pmatrix}\end{aligned}$$

$$\begin{aligned}\sigma\left(k\begin{pmatrix}x\\y\end{pmatrix}\right)&=\sigma\begin{pmatrix}kx\\ky\end{pmatrix}=\begin{pmatrix}\cos\varphi & -\sin\varphi\\\sin\varphi & \cos\varphi\end{pmatrix}\begin{pmatrix}kx\\ky\end{pmatrix}\\&=\begin{pmatrix}kx\cos\varphi-ky\sin\varphi\\kx\sin\varphi+ky\cos\varphi\end{pmatrix}=k\begin{pmatrix}x\cos\varphi-y\sin\varphi\\x\sin\varphi+y\cos\varphi\end{pmatrix}=k\sigma\begin{pmatrix}x\\y\end{pmatrix}\end{aligned}$$

所以，变换 σ 是线性变换。

记 $\begin{cases}x=r\cos\theta\\y=r\sin\theta\end{cases}$，则

$$\begin{aligned}\sigma\begin{pmatrix}x\\y\end{pmatrix}&=\begin{pmatrix}\cos\varphi & -\sin\varphi\\\sin\varphi & \cos\varphi\end{pmatrix}\begin{pmatrix}x\\y\end{pmatrix}=\begin{pmatrix}x\cos\varphi-y\sin\varphi\\x\sin\varphi+y\cos\varphi\end{pmatrix}\\&=\begin{pmatrix}r\cos\theta\cos\varphi-r\sin\theta\sin\varphi\\r\cos\theta\sin\varphi+r\sin\theta\cos\varphi\end{pmatrix}=\begin{pmatrix}r\cos(\theta+\varphi)\\r\sin(\theta+\varphi)\end{pmatrix}\end{aligned}$$

这表示变换 σ 把任一平面向量按逆时针方向旋转 φ 角。

例 3　设有 n 阶矩阵

$$\boldsymbol{A}=\begin{bmatrix}a_{11} & a_{12} & \cdots & a_{1n}\\a_{21} & a_{22} & \cdots & a_{2n}\\\vdots & \vdots & & \vdots\\a_{n1} & a_{n2} & \cdots & a_{nn}\end{bmatrix}=(\boldsymbol{\alpha}_1\ \ \boldsymbol{\alpha}_2\ \ \cdots\ \ \boldsymbol{\alpha}_n)$$

其中

$$\boldsymbol{\alpha}_i=\begin{bmatrix}a_{1i}\\a_{2i}\\\vdots\\a_{ni}\end{bmatrix}\quad(i=1,2,\cdots,n)$$

定义 $\mathbf{R}^n$ 中的变换 $\boldsymbol{y}=\sigma(\boldsymbol{x})$ 为

$$\sigma(\boldsymbol{x})=\boldsymbol{A}\boldsymbol{x}\quad(\boldsymbol{x}\in\mathbf{R}^n)$$

则 σ 为线性变换。这是因为设 $\boldsymbol{x},\boldsymbol{z}\in\mathbf{R}^n,k\in\mathbf{R}$，则

$$\sigma(\boldsymbol{x}+\boldsymbol{z})=\mathbf{A}(\boldsymbol{x}+\boldsymbol{z})=\mathbf{A}\boldsymbol{x}+\mathbf{A}\boldsymbol{z}=\sigma(\boldsymbol{x})+\sigma(\boldsymbol{z})$$

$$\sigma(k\boldsymbol{x})=\mathbf{A}(k\boldsymbol{x})=k\mathbf{A}\boldsymbol{x}=k\sigma(\boldsymbol{x})$$

又由线性变换的像空间和核的定义可知，线性变换 σ 的像空间是由向量$\boldsymbol{\alpha}_1,\boldsymbol{\alpha}_2,\cdots,\boldsymbol{\alpha}_n$ 所生成的线性空间：

$$\sigma(\mathbf{R}^n)=\{\boldsymbol{y}=x_1\boldsymbol{\alpha}_1+x_2\boldsymbol{\alpha}_2+\cdots+x_n\boldsymbol{\alpha}_n \mid x_1,x_2,\cdots,x_n\in\mathbf{R}\}$$

线性变换 σ 的核 M_σ 就是齐次线性代数方程组 $\mathbf{A}\boldsymbol{x}=\mathbf{0}$ 的解空间，即

$$M_\sigma=\{\boldsymbol{x}\mid\mathbf{A}\boldsymbol{x}=\mathbf{0},x\in\mathbf{R}^n\}$$

2.线性变换的矩阵表示

有限维线性空间中的向量可以用坐标表示出来，进一步，我们将通过坐标把线性变换用矩阵表示出来，从而把比较抽象的线性变换转换为具体的矩阵来处理。

根据线性变换的定义，要确定一个线性变换 σ，似乎需要把线性空间 V_n 中所有向量在线性变换 σ 下的像全部找出来才行。事实上，不必如此，因为 σ 是线性变换，而 V_n 中任一向量都可由基向量唯一线性表示出来，所以只要能够确定出线性空间 V_n 的基向量的像，则 V_n 中任何向量的像也就完全确定了。

设 σ 是线性空间 V_n 的线性变换，$\boldsymbol{\alpha}_1,\boldsymbol{\alpha}_2,\cdots,\boldsymbol{\alpha}_n$ 是 V_n 的一个基向量，向量 $x\in V_n$，则有

$$\boldsymbol{x}=x_1\boldsymbol{\alpha}_1+x_2\boldsymbol{\alpha}_2+\cdots+x_n\boldsymbol{\alpha}_n$$

$$\sigma(\boldsymbol{x})=x_1\sigma(\boldsymbol{\alpha}_1)+x_2\sigma(\boldsymbol{\alpha}_2)+\cdots+x_n\sigma(\boldsymbol{\alpha}_n)$$

由此可得，V_n 中任一向量 $\boldsymbol{x}$ 的像 $\sigma(\boldsymbol{x})$ 完全由基向量的像组 $\sigma(\boldsymbol{\alpha}_1),\sigma(\boldsymbol{\alpha}_2),\cdots,\sigma(\boldsymbol{\alpha}_n)$ 唯一确定。因为基向量的像组仍然属于 V_n，所以

$$\begin{cases}\sigma(\boldsymbol{\alpha}_1)=a_{11}\boldsymbol{\alpha}_1+a_{21}\boldsymbol{\alpha}_2+\cdots+a_{n1}\boldsymbol{\alpha}_n\\ \sigma(\boldsymbol{\alpha}_2)=a_{12}\boldsymbol{\alpha}_1+a_{22}\boldsymbol{\alpha}_2+\cdots+a_{n2}\boldsymbol{\alpha}_n\\ \cdots\cdots\cdots\cdots\\ \sigma(\boldsymbol{\alpha}_n)=a_{1n}\boldsymbol{\alpha}_1+a_{2n}\boldsymbol{\alpha}_2+\cdots+a_{nn}\boldsymbol{\alpha}_n\end{cases}$$

即

$$\sigma(\boldsymbol{\alpha}_i)=\sum_{j=1}^{n}a_{ji}\boldsymbol{\alpha}_j\ (i=1,2,\cdots,n)$$

写成矩阵的运算形式，可以表示为

$$\sigma(\boldsymbol{\alpha}_1\ \ \boldsymbol{\alpha}_2\ \ \cdots\ \boldsymbol{\alpha}_n)=(\sigma(\boldsymbol{\alpha}_1)\ \sigma(\boldsymbol{\alpha}_2)\ \cdots\ \sigma(\boldsymbol{\alpha}_n))=(\boldsymbol{\alpha}_1\ \ \boldsymbol{\alpha}_2\ \ \cdots\ \boldsymbol{\alpha}_n)\mathbf{A}$$

其中

$$\mathbf{A}=\begin{pmatrix}a_{11}&a_{12}&\cdots&a_{1n}\\a_{21}&a_{22}&\cdots&a_{2n}\\\vdots&\vdots&&\vdots\\a_{n1}&a_{n2}&\cdots&a_{nn}\end{pmatrix}$$

矩阵 $\mathbf{A}$ 的第 i 列恰是基像 $\sigma(\boldsymbol{\alpha}_i)(i=1,2,\cdots,n)$ 的坐标。

定义 2 设 σ 是线性空间 V_n 的线性变换，在 V_n 中取一个基 $\boldsymbol{\alpha}_1,\boldsymbol{\alpha}_2,\cdots,\boldsymbol{\alpha}_n$，如果这个基在线性变换 σ 下的像(用这个基线性表示)为

$$\begin{cases}\sigma(\boldsymbol{\alpha}_1)=a_{11}\boldsymbol{\alpha}_1+a_{21}\boldsymbol{\alpha}_2+\cdots+a_{n1}\boldsymbol{\alpha}_n\\ \sigma(\boldsymbol{\alpha}_2)=a_{12}\boldsymbol{\alpha}_1+a_{22}\boldsymbol{\alpha}_2+\cdots+a_{n2}\boldsymbol{\alpha}_n\\ \cdots\cdots\cdots\cdots\\ \sigma(\boldsymbol{\alpha}_n)=a_{1n}\boldsymbol{\alpha}_1+a_{2n}\boldsymbol{\alpha}_2+\cdots+a_{nn}\boldsymbol{\alpha}_n\end{cases}$$

记 $\sigma(\boldsymbol{\alpha}_1,\boldsymbol{\alpha}_2,\cdots,\boldsymbol{\alpha}_n)=(\sigma(\boldsymbol{\alpha}_1),\sigma(\boldsymbol{\alpha}_2),\cdots,\sigma(\boldsymbol{\alpha}_n))$，上式可以表示为

$$\sigma(\boldsymbol{\alpha}_1\ \boldsymbol{\alpha}_2\ \cdots\ \boldsymbol{\alpha}_n)=(\boldsymbol{\alpha}_1\ \boldsymbol{\alpha}_2\ \cdots\ \boldsymbol{\alpha}_n)\boldsymbol{A} \tag{6-4}$$

其中

$$\boldsymbol{A}=\begin{pmatrix} a_{11} & a_{12} & \cdots & a_{1n} \\ a_{21} & a_{22} & \cdots & a_{2n} \\ \vdots & \vdots & & \vdots \\ a_{n1} & a_{n2} & \cdots & a_{nn} \end{pmatrix}$$

那么，称 $\boldsymbol{A}$ 就是线性变换 σ 在基 $\boldsymbol{\alpha}_1,\boldsymbol{\alpha}_2,\cdots,\boldsymbol{\alpha}_n$ 下的矩阵。

显然，当基 $\boldsymbol{\alpha}_1,\boldsymbol{\alpha}_2,\cdots,\boldsymbol{\alpha}_n$ 给定时，矩阵 $\boldsymbol{A}$ 由基的像 $\sigma(\boldsymbol{\alpha}_1),\sigma(\boldsymbol{\alpha}_2),\cdots,\sigma(\boldsymbol{\alpha}_n)$ 唯一确定，这也就是说，一个线性变换确定了一个矩阵。

反之，如果给定一个矩阵 $\boldsymbol{A}$，能否唯一确定一个线性变换？回答是可以。这是因为对于矩阵 $\boldsymbol{A}$，把它作为线性变换 σ 在基 $\boldsymbol{\alpha}_1,\boldsymbol{\alpha}_2,\cdots,\boldsymbol{\alpha}_n$ 下的矩阵，也就是给出了这个基在线性变换 σ 下的像，那么，根据线性变换 σ 保持线性关系的特征，我们推导出线性变换 σ 必须满足的关系式。

对于 V_n 中任意元素 $\boldsymbol{x}=\sum\limits_{i=1}^{n}x_i\boldsymbol{\alpha}_i$，有

$$\begin{aligned}\sigma(\boldsymbol{x})&=\sigma\left(\sum_{i=1}^{n}x_i\boldsymbol{\alpha}_i\right)=\sum_{i=1}^{n}x_i\sigma(\boldsymbol{\alpha}_i)\\ &=(\sigma(\boldsymbol{\alpha}_1)\ \sigma(\boldsymbol{\alpha}_2)\ \cdots\ \sigma(\boldsymbol{\alpha}_n))\begin{pmatrix}x_1\\x_2\\\vdots\\x_n\end{pmatrix}\\ &=(\boldsymbol{\alpha}_1\ \boldsymbol{\alpha}_2\ \cdots\ \boldsymbol{\alpha}_n)\boldsymbol{A}\begin{pmatrix}x_1\\x_2\\\vdots\\x_n\end{pmatrix}\end{aligned}$$

即

$$\sigma\left((\boldsymbol{\alpha}_1\ \boldsymbol{\alpha}_2\ \cdots\ \boldsymbol{\alpha}_n)\begin{pmatrix}x_1\\x_2\\\vdots\\x_n\end{pmatrix}\right)=(\boldsymbol{\alpha}_1\ \boldsymbol{\alpha}_2\ \cdots\ \boldsymbol{\alpha}_n)\boldsymbol{A}\begin{pmatrix}x_1\\x_2\\\vdots\\x_n\end{pmatrix} \tag{6-5}$$

这个关系式唯一确定了一个线性变换 σ，可以验证这样确定的线性变换 σ 是以 $\boldsymbol{A}$ 为矩阵的线性变换。

由以上定义及讨论知道，在 V_n 中取定一个基以后，由线性变换 σ 可以唯一地确定一个矩阵 $\boldsymbol{A}$，由一个矩阵 $\boldsymbol{A}$ 也可以唯一地确定一个线性变换 σ，这样线性变换 σ 和矩阵 $\boldsymbol{A}$ 之间建立了一一对应关系。

由关系式(6-4)可知，$\boldsymbol{x}$ 与 $\sigma(\boldsymbol{x})$ 在基 $\boldsymbol{\alpha}_1,\boldsymbol{\alpha}_2,\cdots,\boldsymbol{\alpha}_n$ 下的坐标分别是

$$\boldsymbol{x}=\begin{pmatrix}x_1\\x_2\\\vdots\\x_n\end{pmatrix},\quad \sigma(\boldsymbol{x})=\boldsymbol{A}\begin{pmatrix}x_1\\x_2\\\vdots\\x_n\end{pmatrix}$$

按坐标表示有

$$\sigma(\boldsymbol{x})=\boldsymbol{A}\boldsymbol{x}$$

例 4 在四维线性空间 $P[x]_3$ 中，取基 $p_0(x)=1,p_1(x)=x,p_2(x)=x^2$，$p_3(x)=x^3$，令 σ 是求导线性运算。(1)求 σ 在这个基下的矩阵；(2)求元素 $\alpha(x)=1-x+x^2-x^3$ 在线性变换 σ 下的像的坐标。

解 (1)
$$\begin{cases}\sigma(p_0(x))=0 \quad =0p_0(x)+0p_1(x)+0p_2(x)+0p_3(x)\\ \sigma(p_1(x))=1 \quad =1p_0(x)+0p_1(x)+0p_2(x)+0p_3(x)\\ \sigma(p_2(x))=2x \ =0p_0(x)+2p_1(x)+0p_2(x)+0p_3(x)\\ \sigma(p_3(x))=3x^2=0p_0(x)+0p_1(x)+3p_2(x)+0p_3(x)\end{cases}$$

故

$$\sigma(p_0(x),p_1(x),p_2(x),p_3(x))=(p_0(x),p_1(x),p_2(x),p_3(x))\begin{pmatrix}0&1&0&0\\0&0&2&0\\0&0&0&3\\0&0&0&0\end{pmatrix}$$

所以 σ 在该基下的矩阵

$$\boldsymbol{A}=\begin{pmatrix}0&1&0&0\\0&0&2&0\\0&0&0&3\\0&0&0&0\end{pmatrix}$$

(2)

$$\begin{aligned}\sigma(\alpha(x))&=\sigma(1-x+x^2-x^3)=-1+2x-3x^2\\&=(p_0(x),p_1(x),p_2(x),p_3(x))\begin{pmatrix}-1\\2\\-3\\0\end{pmatrix}\end{aligned}$$

因此元素 $\alpha(x)=1-x+x^2-x^3$ 在线性变换 σ 下的像的坐标为 $(-1,2,-3,0)^{\mathrm{T}}$。

我们知道元素 $\alpha(x)=1-x+x^2-x^3$ 在基 $p_0(x)=1,p_1(x)=x,p_2(x)=x^2$，$p_3(x)=x^3$ 下的坐标为 $(1,-1,1,-1)^{\mathrm{T}}$，容易验证

$$\begin{pmatrix}-1\\2\\-3\\0\end{pmatrix}=\begin{pmatrix}0&1&0&0\\0&0&2&0\\0&0&0&3\\0&0&0&0\end{pmatrix}\begin{pmatrix}1\\-1\\1\\-1\end{pmatrix}$$

即在同一基下，一个元素经线性变换的像的坐标等于线性变换的矩阵与元素的原坐标的乘积。对一般情形也是正确的，我们有如下结论：

定理 1 设线性变换 σ 在基 $\boldsymbol{\alpha}_1,\boldsymbol{\alpha}_2,\cdots,\boldsymbol{\alpha}_n$ 下的矩阵为 $\boldsymbol{A}$，元素 $\boldsymbol{x}$ 在该基下的坐标为 $(\xi_1,\xi_2,\cdots,\xi_n)^{\mathrm{T}}$，则像 $\sigma(\boldsymbol{x})$ 在该基下的坐标 $(\eta_1,\eta_2,\cdots,\eta_n)^{\mathrm{T}}$ 可按下述公式计算：

$$\begin{pmatrix}\eta_1\\\eta_2\\\vdots\\\eta_n\end{pmatrix}=\boldsymbol{A}\begin{pmatrix}\xi_1\\\xi_2\\\vdots\\\xi_n\end{pmatrix} \tag{6-6}$$

证明 因为

$$x=(\boldsymbol{\alpha}_1\ \ \boldsymbol{\alpha}_2\ \ \cdots\ \ \boldsymbol{\alpha}_n)\begin{pmatrix}\xi_1\\ \xi_2\\ \vdots\\ \xi_n\end{pmatrix}$$

而一方面

$$\sigma(\boldsymbol{x})=\sigma\left((\boldsymbol{\alpha}_1\ \ \boldsymbol{\alpha}_2\ \ \cdots\ \ \boldsymbol{\alpha}_n)\begin{pmatrix}\xi_1\\ \xi_2\\ \vdots\\ \xi_n\end{pmatrix}\right)=(\boldsymbol{\alpha}_1\ \ \boldsymbol{\alpha}_2\ \ \cdots\ \ \boldsymbol{\alpha}_n)\boldsymbol{A}\begin{pmatrix}\xi_1\\ \xi_2\\ \vdots\\ \xi_n\end{pmatrix}$$

另一方面

$$\sigma(\boldsymbol{x})=(\boldsymbol{\alpha}_1\ \ \boldsymbol{\alpha}_2\ \ \cdots\ \ \boldsymbol{\alpha}_n)\begin{pmatrix}\eta_1\\ \eta_2\\ \vdots\\ \eta_n\end{pmatrix}$$

由于基$\boldsymbol{\alpha}_1,\boldsymbol{\alpha}_2,\cdots,\boldsymbol{\alpha}_n$线性无关，故式(6-6)成立。

例5 在三维线性空间$\mathbf{R}^3$中，σ表示把向量$\boldsymbol{\alpha}=(x,y,z)$投影到$XOY$平面的线性变换，即$\sigma(x,y,z)=(x,y,0)$。

(1)在$\mathbf{R}^3$中取基为$\boldsymbol{\varepsilon}_1=(1,0,0)$，$\boldsymbol{\varepsilon}_2=(0,1,0)$，$\boldsymbol{\varepsilon}_3=(0,0,1)$，求$\sigma$的矩阵；

(2)在$\mathbf{R}^3$中取基为$\boldsymbol{\eta}_1=(1,0,0)$，$\boldsymbol{\eta}_2=(1,1,0)$，$\boldsymbol{\eta}_3=(1,1,1)$，求$\sigma$的矩阵。

解 (1)根据变换σ的定义有

$$\begin{cases}\sigma(\boldsymbol{\varepsilon}_1)=\boldsymbol{\varepsilon}_1\\ \sigma(\boldsymbol{\varepsilon}_2)=\boldsymbol{\varepsilon}_2\\ \sigma(\boldsymbol{\varepsilon}_3)=\mathbf{0}\end{cases}$$

即

$$\sigma(\boldsymbol{\varepsilon}_1\ \ \boldsymbol{\varepsilon}_2\ \ \boldsymbol{\varepsilon}_3)=(\boldsymbol{\varepsilon}_1\ \ \boldsymbol{\varepsilon}_2\ \ \boldsymbol{\varepsilon}_3)\begin{pmatrix}1&0&0\\0&1&0\\0&0&0\end{pmatrix}$$

故线性变换σ的矩阵为

$$\boldsymbol{A}=\begin{pmatrix}1&0&0\\0&1&0\\0&0&0\end{pmatrix}$$

(2)根据变换σ的定义有

$$\begin{cases}\sigma(\boldsymbol{\eta}_1)=\boldsymbol{\eta}_1\\ \sigma(\boldsymbol{\eta}_2)=\boldsymbol{\eta}_2\\ \sigma(\boldsymbol{\eta}_3)=\boldsymbol{\eta}_2\end{cases}$$

即

$$\sigma(\boldsymbol{\eta}_1\ \ \boldsymbol{\eta}_2\ \ \boldsymbol{\eta}_3)=(\boldsymbol{\eta}_1\ \ \boldsymbol{\eta}_2\ \ \boldsymbol{\eta}_3)\begin{pmatrix}1&0&0\\0&1&1\\0&0&0\end{pmatrix}$$

故线性变换 σ 的矩阵为

$$\boldsymbol{B}=\begin{pmatrix}1&0&0\\0&1&1\\0&0&0\end{pmatrix}$$

由此例可见,同一个线性变换在不同的基下有不同的矩阵。我们有如下一般结论:

定理 2 在线性空间 V_n 中取定两个基

$$\boldsymbol{\alpha}_1,\boldsymbol{\alpha}_2,\cdots,\boldsymbol{\alpha}_n$$

$$\boldsymbol{\beta}_1,\boldsymbol{\beta}_2,\cdots,\boldsymbol{\beta}_n$$

由基$\boldsymbol{\alpha}_1,\boldsymbol{\alpha}_2,\cdots,\boldsymbol{\alpha}_n$ 到基$\boldsymbol{\beta}_1,\boldsymbol{\beta}_2,\cdots,\boldsymbol{\beta}_n$ 的过渡矩阵为$\boldsymbol{G}$,V_n 中线性变换 σ 在这两个基下的矩阵依次为$\boldsymbol{A}$ 和$\boldsymbol{B}$,那么 $\boldsymbol{B}=\boldsymbol{G}^{-1}\boldsymbol{A}\boldsymbol{G}$。

证明 因为

$$(\boldsymbol{\beta}_1\ \ \boldsymbol{\beta}_2\ \ \cdots\ \boldsymbol{\beta}_n)=(\boldsymbol{\alpha}_1\ \ \boldsymbol{\alpha}_2\ \ \cdots\ \boldsymbol{\alpha}_n)\boldsymbol{G}\quad(\boldsymbol{G}\text{ 可逆})$$

$$\sigma(\boldsymbol{\alpha}_1\ \ \boldsymbol{\alpha}_2\ \ \cdots\ \boldsymbol{\alpha}_n)=(\boldsymbol{\alpha}_1\ \ \boldsymbol{\alpha}_2\ \ \cdots\ \boldsymbol{\alpha}_n)\boldsymbol{A}$$

$$\sigma(\boldsymbol{\beta}_1\ \ \boldsymbol{\beta}_2\ \ \cdots\ \boldsymbol{\beta}_n)=(\boldsymbol{\beta}_1\ \ \boldsymbol{\beta}_2\ \ \cdots\ \boldsymbol{\beta}_n)\boldsymbol{B}$$

所以

$$\begin{aligned}(\boldsymbol{\beta}_1\ \ \boldsymbol{\beta}_2\ \ \cdots\ \boldsymbol{\beta}_n)\boldsymbol{B}&=\sigma(\boldsymbol{\beta}_1\ \ \boldsymbol{\beta}_2\ \ \cdots\ \boldsymbol{\beta}_n)=\sigma((\boldsymbol{\alpha}_1\ \ \boldsymbol{\alpha}_2\ \ \cdots\ \boldsymbol{\alpha}_n)\boldsymbol{G})\\&=\sigma(\boldsymbol{\alpha}_1\ \ \boldsymbol{\alpha}_2\ \ \cdots\ \boldsymbol{\alpha}_n)\boldsymbol{G}=(\boldsymbol{\alpha}_1\ \ \boldsymbol{\alpha}_2\ \ \cdots\ \boldsymbol{\alpha}_n)\boldsymbol{A}\boldsymbol{G}\\&=(\boldsymbol{\beta}_1\ \ \boldsymbol{\beta}_2\ \ \cdots\ \boldsymbol{\beta}_n)\boldsymbol{G}^{-1}\boldsymbol{A}\boldsymbol{G}\end{aligned}$$

由于$\boldsymbol{\beta}_1,\boldsymbol{\beta}_2,\cdots,\boldsymbol{\beta}_n$ 线性无关,故

$$\boldsymbol{B}=\boldsymbol{G}^{-1}\boldsymbol{A}\boldsymbol{G}$$

这个定理表明矩阵 $\boldsymbol{B}$ 和 $\boldsymbol{A}$ 相似,且两个基之间的过渡矩阵就是相似变换矩阵。

例 6 设 V_3 中线性变换 σ 在基$\boldsymbol{\alpha}_1,\boldsymbol{\alpha}_2,\boldsymbol{\alpha}_3$ 下的矩阵为

$$\boldsymbol{A}=\begin{pmatrix}a_{11}&a_{12}&a_{13}\\a_{21}&a_{22}&a_{23}\\a_{31}&a_{32}&a_{33}\end{pmatrix}$$

求 σ 在基$\boldsymbol{\alpha}_2,\boldsymbol{\alpha}_1,\boldsymbol{\alpha}_3$ 下的矩阵。

解
$$(\boldsymbol{\alpha}_2\ \ \boldsymbol{\alpha}_1\ \ \boldsymbol{\alpha}_3)=(\boldsymbol{\alpha}_1\ \ \boldsymbol{\alpha}_2\ \ \boldsymbol{\alpha}_3)\begin{pmatrix}0&1&0\\1&0&0\\0&0&1\end{pmatrix}$$

即 $\boldsymbol{G}=\begin{pmatrix}0&1&0\\1&0&0\\0&0&1\end{pmatrix}$,求得 $\boldsymbol{G}^{-1}=\begin{pmatrix}0&1&0\\1&0&0\\0&0&1\end{pmatrix}$,于是 σ 在基$\boldsymbol{\alpha}_2,\boldsymbol{\alpha}_1,\boldsymbol{\alpha}_3$ 下的矩阵为

$$\boldsymbol{B}=\boldsymbol{G}^{-1}\boldsymbol{A}\boldsymbol{G}=\begin{pmatrix}0&1&0\\1&0&0\\0&0&1\end{pmatrix}\begin{pmatrix}a_{11}&a_{12}&a_{13}\\a_{21}&a_{22}&a_{23}\\a_{31}&a_{32}&a_{33}\end{pmatrix}\begin{pmatrix}0&1&0\\1&0&0\\0&0&1\end{pmatrix}$$

$$=\begin{pmatrix}a_{21}&a_{22}&a_{23}\\a_{11}&a_{12}&a_{13}\\a_{31}&a_{32}&a_{33}\end{pmatrix}\begin{pmatrix}0&1&0\\1&0&0\\0&0&1\end{pmatrix}=\begin{pmatrix}a_{22}&a_{21}&a_{23}\\a_{12}&a_{11}&a_{13}\\a_{32}&a_{31}&a_{33}\end{pmatrix}$$

习题六

1.验证：与向量 $\boldsymbol{\alpha}=(1,0,0)^{\mathrm{T}}$ 不平行的全体三维向量，对于数组向量的加法和数乘运算不构成线性空间。

2.下列向量中，哪一个是$\mathbf{R}^3$ 的一个基，为什么？

(1)$\boldsymbol{\alpha}_1=(1,1,0)^{\mathrm{T}},\boldsymbol{\alpha}_2=(0,1,1)^{\mathrm{T}},\boldsymbol{\alpha}_3=(1,0,1)^{\mathrm{T}}$；

(2)$\boldsymbol{\alpha}_1=(1,-1,0)^{\mathrm{T}},\boldsymbol{\alpha}_2=(0,1,-1)^{\mathrm{T}},\boldsymbol{\alpha}_3=(-1,0,1)^{\mathrm{T}}$；

(3)$\boldsymbol{\alpha}_1=(1,1,0)^{\mathrm{T}},\boldsymbol{\alpha}_2=(0,1,1)^{\mathrm{T}},\boldsymbol{\alpha}_3=(-1,0,1)^{\mathrm{T}}$；

(4)$\boldsymbol{\alpha}_1=(1,2,0)^{\mathrm{T}},\boldsymbol{\alpha}_2=(0,2,1)^{\mathrm{T}},\boldsymbol{\alpha}_3=(-1,0,1)^{\mathrm{T}}$。

3.在线性空间$\mathbf{R}^3$ 中，求向量 $\boldsymbol{\alpha}=(5,2,-2)^{\mathrm{T}}$ 在基

$$\boldsymbol{\alpha}_1=(1,0,0)^{\mathrm{T}},\boldsymbol{\alpha}_2=(1,1,0)^{\mathrm{T}},\boldsymbol{\alpha}_3=(1,1,1)^{\mathrm{T}}$$

下的坐标。

4.在线性空间$\mathbf{R}^3$ 中，取两个基：

$$(\text{Ⅰ})\boldsymbol{\alpha}_1=(1,2,1)^{\mathrm{T}},\boldsymbol{\alpha}_2=(2,3,3)^{\mathrm{T}},\boldsymbol{\alpha}_3=(3,7,1)^{\mathrm{T}}$$

$$(\text{Ⅱ})\boldsymbol{\beta}_1=(1,1,1)^{\mathrm{T}},\boldsymbol{\beta}_2=(0,2,-1)^{\mathrm{T}},\boldsymbol{\beta}_3=(1,0,2)^{\mathrm{T}}$$

求由基(Ⅰ)到基(Ⅱ)的过渡矩阵。

5.在线性空间$\mathbf{R}^4$ 中，取两个基：

$$(\text{Ⅰ})\boldsymbol{\varepsilon}_1=(1,0,0,0)^{\mathrm{T}},\boldsymbol{\varepsilon}_2=(0,1,0,0)^{\mathrm{T}},\boldsymbol{\varepsilon}_3=(0,0,1,0)^{\mathrm{T}},\boldsymbol{\varepsilon}_4=(0,0,0,1)^{\mathrm{T}}$$

$$(\text{Ⅱ})\boldsymbol{\alpha}_1=(2,1,-1,1)^{\mathrm{T}},\boldsymbol{\alpha}_2=(0,3,1,0)^{\mathrm{T}},\boldsymbol{\alpha}_3=(5,3,2,1)^{\mathrm{T}},\boldsymbol{\alpha}_4=(6,6,1,3)^{\mathrm{T}}$$

(1)求由基(Ⅰ)到基(Ⅱ)的过渡矩阵；

(2)求向量 $\boldsymbol{\alpha}=(x_1,x_2,x_3,x_4)^{\mathrm{T}}$ 在基(Ⅱ)下的坐标；

(3)求在基(Ⅰ)和基(Ⅱ)下有相同坐标的向量。

6.在$\mathbf{R}^3$ 中给定两个基：

$$(\text{Ⅰ})\boldsymbol{\alpha}_1=(1,0,1)^{\mathrm{T}},\boldsymbol{\alpha}_2=(2,1,0)^{\mathrm{T}},\boldsymbol{\alpha}_3=(1,1,1)^{\mathrm{T}}$$

$$(\text{Ⅱ})\boldsymbol{\beta}_1=(1,2,-1)^{\mathrm{T}},\boldsymbol{\beta}_2=(2,2,-1)^{\mathrm{T}},\boldsymbol{\beta}_3=(2,-1,-1)^{\mathrm{T}}$$

定义线性变换 $\sigma(\boldsymbol{\alpha}_i)=\boldsymbol{\beta}_i(i=1,2,3)$。

(1)写出由基(Ⅰ)到基(Ⅱ)的过渡矩阵；

(2)写出 σ 在基(Ⅰ)下的矩阵；

(3)写出 σ 在基(Ⅱ)下的矩阵。

附录一　近十年(2011—2020)研究生招生考试线性代数试题

2011 年全国硕士研究生招生考试线性代数试题

一、选择、填空题

1.设 $\boldsymbol{A}$ 为三阶矩阵,将 $\boldsymbol{A}$ 的第 2 列加到第 1 列的矩阵 $\boldsymbol{B}$,再交换 $\boldsymbol{B}$ 的第 2 行与第 3 行得单位矩阵,记为 $\boldsymbol{P}_1=\begin{pmatrix}1&0&0\\1&1&0\\0&0&1\end{pmatrix}$,$\boldsymbol{P}_2=\begin{pmatrix}1&0&0\\0&0&1\\0&1&0\end{pmatrix}$,则 $\boldsymbol{A}=$________。

A.$\boldsymbol{P}_1\boldsymbol{P}_2$　　B.$\boldsymbol{P}_1^{-1}\boldsymbol{P}_2$　　C.$\boldsymbol{P}_2\boldsymbol{P}_1$　　D.$\boldsymbol{P}_2\boldsymbol{P}_1^{-1}$

2.设 $\boldsymbol{A}$ 为 4×3 矩阵,$\boldsymbol{\eta}_1$、$\boldsymbol{\eta}_2$、$\boldsymbol{\eta}_3$ 是非齐次线性方程组 $\boldsymbol{Ax}=\boldsymbol{\beta}$ 的 3 个线性无关的解,k_1、k_2 为任意常数,则 $\boldsymbol{Ax}=\boldsymbol{\beta}$ 的通解为

(A)$\dfrac{\boldsymbol{\eta}_2+\boldsymbol{\eta}_3}{2}+k_1(\boldsymbol{\eta}_2-\boldsymbol{\eta}_1)$　　(B)$\dfrac{\boldsymbol{\eta}_2-\boldsymbol{\eta}_3}{2}+k_2(\boldsymbol{\eta}_2-\boldsymbol{\eta}_1)$

(C)$\dfrac{\boldsymbol{\eta}_2+\boldsymbol{\eta}_3}{2}+k_1(\boldsymbol{\eta}_3-\boldsymbol{\eta}_1)+k_2(\boldsymbol{\eta}_2-\boldsymbol{\eta}_1)$　　(D)$\dfrac{\boldsymbol{\eta}_2-\boldsymbol{\eta}_3}{2}+k_2(\boldsymbol{\eta}_2-\boldsymbol{\eta}_1)+k_3(\boldsymbol{\eta}_3-\boldsymbol{\eta}_1)$

3.设二次型 $f(x_1,x_2,x_3)=\boldsymbol{x}^{\mathrm{T}}\boldsymbol{Ax}$ 的秩为 1,$\boldsymbol{A}$ 中行元素之和为 3,则 f 在正交变换 $\boldsymbol{x}=\boldsymbol{Oy}$ 下的标准形为________。

二、解答题

4.设三维向量组 $\boldsymbol{\alpha}_1=(1,0,1)^{\mathrm{T}}$,$\boldsymbol{\alpha}_2=(0,1,1)^{\mathrm{T}}$,$\boldsymbol{\alpha}_3=(1,3,5)^{\mathrm{T}}$ 不能由 $\boldsymbol{\beta}_1=(1,1,1)^{\mathrm{T}}$,$\boldsymbol{\beta}_2=(1,2,3)^{\mathrm{T}}$,$\boldsymbol{\beta}_3=(3,4,a)^{\mathrm{T}}$ 线性表出。

(1)求 a;

(2)将 $\boldsymbol{\beta}_1,\boldsymbol{\beta}_2,\boldsymbol{\beta}_3$ 由 $\boldsymbol{\alpha}_1,\boldsymbol{\alpha}_2,\boldsymbol{\alpha}_3$ 线性表出。

5.已知 $\mathbf{A}$ 为三阶实矩阵,$R(\mathbf{A})=2$,且 $\mathbf{A}\begin{pmatrix}1&1\\0&0\\-1&1\end{pmatrix}=\begin{pmatrix}-1&1\\0&0\\1&1\end{pmatrix}$。

(1)求 $\mathbf{A}$ 的特征值与特征向量;

(2)求 $\mathbf{A}$。

2012 年全国硕士研究生招生考试线性代数试题

一、选择、填空题

1.设 $\boldsymbol{\alpha}_1=\begin{bmatrix}0\\0\\c_1\end{bmatrix}$、$\boldsymbol{\alpha}_2=\begin{bmatrix}0\\1\\c_2\end{bmatrix}$、$\boldsymbol{\alpha}_3=\begin{bmatrix}1\\-1\\c_3\end{bmatrix}$、$\boldsymbol{\alpha}_4=\begin{bmatrix}-1\\1\\c_4\end{bmatrix}$，其中 c_1、c_2、c_3、c_4 为任意常数，则下列向量组线性相关的为

(A)$\boldsymbol{\alpha}_1\ \boldsymbol{\alpha}_2\ \boldsymbol{\alpha}_3$ (B)$\boldsymbol{\alpha}_1\ \boldsymbol{\alpha}_2\ \boldsymbol{\alpha}_4$ (C)$\boldsymbol{\alpha}_1\ \boldsymbol{\alpha}_3\ \boldsymbol{\alpha}_4$ (D)$\boldsymbol{\alpha}_2\ \boldsymbol{\alpha}_3\ \boldsymbol{\alpha}_4$

2.设 $\boldsymbol{A}$ 为三阶矩阵，$\boldsymbol{P}$ 为三阶可逆矩阵，且 $\boldsymbol{P}^{-1}\boldsymbol{AP}=\begin{pmatrix}1&0&0\\0&1&0\\0&0&2\end{pmatrix}$。若 $\boldsymbol{P}=(\boldsymbol{\alpha}_1\ \boldsymbol{\alpha}_2\ \boldsymbol{\alpha}_3)$，$\boldsymbol{Q}=(\boldsymbol{\alpha}_1+\boldsymbol{\alpha}_2\ \boldsymbol{\alpha}_2\ \boldsymbol{\alpha}_3)$，则 $\boldsymbol{Q}^{-1}\boldsymbol{AQ}=$ ________。

(A)$\begin{pmatrix}1&0&0\\0&2&0\\0&0&1\end{pmatrix}$ (B)$\begin{pmatrix}1&0&0\\0&1&0\\0&0&2\end{pmatrix}$ (C)$\begin{pmatrix}2&0&0\\0&1&0\\0&0&2\end{pmatrix}$ (D)$\begin{pmatrix}2&0&0\\0&2&0\\0&0&1\end{pmatrix}$

3.设 $\boldsymbol{A}$ 为三阶矩阵，$|\boldsymbol{A}|=3$，$\boldsymbol{A}^*$ 为 $\boldsymbol{A}$ 的伴随矩阵。若交换 $\boldsymbol{A}$ 的第 1 行与第 2 行得矩阵 $\boldsymbol{B}$，则 $|\boldsymbol{BA}^*|=$ ________。

二、解答题

4.设 $\boldsymbol{A}=\begin{pmatrix}1&a&0&0\\0&1&a&0\\0&0&1&a\\a&0&0&1\end{pmatrix}$、$\boldsymbol{\beta}=\begin{pmatrix}1\\-1\\0\\0\end{pmatrix}$。

(1)计算行列式 $|\boldsymbol{A}|$；

(2)当实数 a 为何值时，方程组 $\boldsymbol{Ax}=\boldsymbol{\beta}$ 有无穷多解，并求其通解。

5.已知 $\boldsymbol{A}=\begin{pmatrix}1&0&1\\0&1&1\\-1&0&a\\0&a&-1\end{pmatrix}$，二次型 $f(x_1,x_2,x_3)=\boldsymbol{x}^{\mathrm{T}}(\boldsymbol{A}^{\mathrm{T}}\boldsymbol{A})\boldsymbol{x}$ 的秩为 2。

(1)求实数 a 的值；

(2)求正交变换 $\boldsymbol{x}=\boldsymbol{Qy}$ 将 f 化为标准形。

2013 年全国硕士研究生招生考试线性代数试题

一、选择、填空题

1.设 $\boldsymbol{A}$、$\boldsymbol{B}$、$\boldsymbol{C}$ 均为 n 阶矩阵，若 $\boldsymbol{AB}=\boldsymbol{C}$，且 $\boldsymbol{B}$ 可逆，则

(A)矩阵 $\boldsymbol{C}$ 的行向量组与矩阵 $\boldsymbol{A}$ 的行向量组等价

(B)矩阵 $\boldsymbol{C}$ 的列向量组与矩阵 $\boldsymbol{A}$ 的列向量组等价

(C)矩阵 $\boldsymbol{C}$ 的行向量组与矩阵 $\boldsymbol{B}$ 的行向量组等价

(D)矩阵 $\boldsymbol{C}$ 的列向量组与矩阵 $\boldsymbol{B}$ 的列向量组等价

2.矩阵 $\begin{pmatrix} 1 & a & 1 \\ a & b & a \\ 1 & a & 1 \end{pmatrix}$ 与 $\begin{pmatrix} 2 & 0 & 0 \\ 0 & b & 0 \\ 0 & 0 & 0 \end{pmatrix}$ 相似的充分必要条件是

(A) $a=0,b=2$　　(B) $a=0$, b 为任意常数

(C) $a=2,b=0$　　(D) $a=2$, b 为任意常数

3.设 $\boldsymbol{A}=(a_{ij})$ 是三阶非零矩阵，$|\boldsymbol{A}|$ 为 $\boldsymbol{A}$ 的行列式，A_{ij} 为 a_{ij} 的代数余子式，若 $a_{ij}+A_{ij}=0(i,j=1,2,3)$，则 $|\boldsymbol{A}|=$ ________。

二、解答题

4.设 $\boldsymbol{A}=\begin{pmatrix} 1 & a \\ 1 & 0 \end{pmatrix}$、$\boldsymbol{B}=\begin{pmatrix} 0 & 1 \\ 1 & b \end{pmatrix}$，当 a、b 为何值时，存在矩阵 $\boldsymbol{C}$ 使得 $\boldsymbol{AC}-\boldsymbol{CA}=\boldsymbol{B}$，并求所有矩阵 $\boldsymbol{C}$。

5.设二次型 $f(x_1,x_2,x_3)=2(a_1x_1+a_2x_2+a_3x_3)^2+(b_1x_1+b_2x_2+b_3x_3)$，记 $\boldsymbol{\alpha}=\begin{pmatrix} a_1 \\ a_2 \\ a_3 \end{pmatrix}$，$\boldsymbol{\beta}=\begin{pmatrix} b_1 \\ b_2 \\ b_3 \end{pmatrix}$。

(1)证明二次型 f 对应的矩阵为 $2\boldsymbol{\alpha\alpha}^{\mathrm{T}}+\boldsymbol{\beta\beta}^{\mathrm{T}}$；

(2)若 $\boldsymbol{\alpha}$，$\boldsymbol{\beta}$ 正交且均为单位向量，证明 f 在正交变换下的标准形为 $2y_1^2+y_2^2$。

2014 年全国硕士研究生招生考试线性代数试题

一、选择、填空题

1.行列式 $\boldsymbol{A}=\begin{vmatrix} 0 & a & b & 0 \\ a & 0 & 0 & b \\ 0 & c & d & 0 \\ c & 0 & 0 & d \end{vmatrix}=$

(A) $(ad-bc)^2$　　(B) $-(ad-bc)^2$

(C) $a^2d^2-b^2c^2$　　(D) $b^2c^2-a^2d^2$

2.设 $\boldsymbol{\alpha}_1$、$\boldsymbol{\alpha}_2$、$\boldsymbol{\alpha}_3$ 均为三维向量，则对任意常数 k、l，向量组 $\boldsymbol{\alpha}_1+k\boldsymbol{\alpha}_3$，$\boldsymbol{\alpha}_2+l\boldsymbol{\alpha}_3$ 线性无关是向量组 $\boldsymbol{\alpha}_1$，$\boldsymbol{\alpha}_2$，$\boldsymbol{\alpha}_3$ 线性无关的

(A)必要非充分条件　　(B)充分非必要条件

(C)充分必要条件　　(D)既非充分也非必要条件

3.设二次型 $f(x_1,x_2,x_3)=x_1^2-x_2^2+2ax_1x_3+4x_2x_3$ 的负惯性指数为 1，则 a 的取值范围是________。

二、解答题

4.设 $\boldsymbol{A}=\begin{pmatrix} 1 & -2 & 3 & -4 \\ 0 & 1 & -1 & 1 \\ 1 & 2 & 0 & -3 \end{pmatrix}$，$\boldsymbol{E}$ 为三阶单位矩阵。

(1)求方程组 $\boldsymbol{Ax}=\boldsymbol{0}$ 的一个基础解系；

(2)求满足 $\boldsymbol{AB}=\boldsymbol{E}$ 的所有矩阵 $\boldsymbol{B}$。

5.证明 n 阶矩阵 $\begin{pmatrix}1&1&\cdots&1\\1&1&\cdots&1\\\vdots&\vdots&&\vdots\\1&1&\cdots&1\end{pmatrix}$ 与 $\begin{pmatrix}0&0&\cdots&1\\0&0&\cdots&2\\\vdots&\vdots&&\vdots\\0&0&\cdots&n\end{pmatrix}$ 相似。

2015 年全国硕士研究生招生考试线性代数试题

一、选择、填空题

1.设矩阵 $\boldsymbol{A}=\begin{pmatrix}1&1&1\\1&2&a\\1&4&a^2\end{pmatrix}$、$\boldsymbol{b}=\begin{pmatrix}1\\d\\d^2\end{pmatrix}$。若集合 $\Omega=\{1,2\}$，则线性方程组 $\boldsymbol{Ax}=\boldsymbol{b}$ 有无穷多解的充分必要条件为

(A)$a\notin\Omega,d\notin\Omega$　　(B)$a\notin\Omega,d\in\Omega$

(C)$a\in\Omega,d\notin\Omega$　　(D)$a\in\Omega,d\in\Omega$

2.设二次型 $f(x_1,x_2,x_3)$在正交变换 $\boldsymbol{x}=\boldsymbol{Py}$ 下的标准形为 $2y_1^2+y_2^2-y_3^2$，其中 $\boldsymbol{P}=(\boldsymbol{e}_1,\boldsymbol{e}_2,\boldsymbol{e}_3)$，若 $\boldsymbol{Q}=(\boldsymbol{e}_1,-\boldsymbol{e}_3,\boldsymbol{e}_2)$，则 $f=(x_1,x_2,x_3)$在正交变换 $\boldsymbol{x}=\boldsymbol{Qy}$ 下的标准形为

(A)$2y_1^2-y_2^2+y_3^2$　　(B)$2y_1^2+y_2^2-y_3^2$

(C)$2y_1^2-y_2^2-y_3^2$　　(D)$2y_1^2+y_2^2+y_3^2$

3.设三阶矩阵 $\boldsymbol{A}$ 的特征值为 2、−2、1，$\boldsymbol{B}=\boldsymbol{A}^2-\boldsymbol{A}+\boldsymbol{E}$，其中 $\boldsymbol{E}$ 为三阶单位矩阵，则行列式 $|\boldsymbol{B}|=$____________。

二、解答题

4.设矩阵 $\boldsymbol{A}=\begin{pmatrix}a&1&0\\1&a&-1\\0&1&a\end{pmatrix}$，且 $\boldsymbol{A}^3=\boldsymbol{O}$。

(1)求 a 的值；

(2)若矩阵 $\boldsymbol{X}$ 满足 $\boldsymbol{X}-\boldsymbol{XA}^2-\boldsymbol{AX}+\boldsymbol{AXA}^2=\boldsymbol{E}$，其中 $\boldsymbol{E}$ 为三阶单位矩阵，求 $\boldsymbol{X}$。

5.设矩阵 $\boldsymbol{A}=\begin{pmatrix}0&2&-3\\-1&3&-3\\1&-2&a\end{pmatrix}$ 相似于矩阵 $\boldsymbol{B}=\begin{pmatrix}1&-2&0\\0&b&0\\0&3&1\end{pmatrix}$。

(1)求 a、b 的值；

(2)求可逆矩阵 $\boldsymbol{P}$，使 $\boldsymbol{P}^{-1}\boldsymbol{AP}$ 为对角矩阵。

2016 年全国硕士研究生招生考试线性代数试题

一、选择、填空题

1.设 $\boldsymbol{A}$、$\boldsymbol{B}$ 是可逆矩阵，且 $\boldsymbol{A}$ 与 $\boldsymbol{B}$ 相似，则下列结论错误的是

(A)$\boldsymbol{A}^{\mathrm{T}}$ 与 $\boldsymbol{B}^{\mathrm{T}}$ 相似　　(B) $\boldsymbol{A}^{-1}$与 $\boldsymbol{B}^{-1}$相似

(C) $\boldsymbol{A}+\boldsymbol{A}^{\mathrm{T}}$ 与 $\boldsymbol{B}+\boldsymbol{B}^{\mathrm{T}}$ 相似　　(D) $\boldsymbol{A}+\boldsymbol{A}^{-1}$与 $\boldsymbol{B}+\boldsymbol{B}^{-1}$相似

2.设二次型 $f(x_1,x_2,x_3)=a(x_1^2+x_2^2+x_3^2)+2x_1x_2+2x_2x_3+2x_1x_3$ 的正负惯性指数分别为 1、2,则

(A)$a>1$ (B)$a<-2$

(C)$-2<a<1$ (D)$a=1$ 或 $a=-2$

3.行列式 $\begin{vmatrix}\lambda & -1 & 0 & 0\\ 0 & \lambda & -1 & 0\\ 0 & 0 & \lambda & -1\\ 4 & 3 & 2 & \lambda+1\end{vmatrix}=$______。

二、解答题

4.设矩阵 $\boldsymbol{A}=\begin{pmatrix}1 & 1 & 1-a\\ 1 & 0 & a\\ a+1 & 1 & a+1\end{pmatrix}$、$\boldsymbol{\beta}=\begin{pmatrix}0\\ 1\\ 2a-2\end{pmatrix}$,且方程组 $\boldsymbol{Ax}=\boldsymbol{\beta}$ 无解。

(1)求 a 的值。

(2)求方程组 $\boldsymbol{A}^{\mathrm{T}}\boldsymbol{Ax}=\boldsymbol{A}^{\mathrm{T}}\boldsymbol{\beta}$ 的通解。

5.已知矩阵 $\boldsymbol{A}=\begin{pmatrix}0 & -1 & 1\\ 2 & -3 & 0\\ 0 & 0 & 0\end{pmatrix}$。

(1)求 $\boldsymbol{A}^{99}$;

(2)设三阶矩阵 $\boldsymbol{B}=(\boldsymbol{\alpha}_1\ \boldsymbol{\alpha}_2\ \boldsymbol{\alpha}_3)$,满足 $\boldsymbol{B}^2=\boldsymbol{BA}$,记 $\boldsymbol{B}^{100}=(\boldsymbol{\beta}_1\ \boldsymbol{\beta}_2\ \boldsymbol{\beta}_3)$,将 $\boldsymbol{\beta}_1\ \boldsymbol{\beta}_2\ \boldsymbol{\beta}_3$ 分别表示为 $\boldsymbol{\alpha}_1,\boldsymbol{\alpha}_2,\boldsymbol{\alpha}_3$ 的线性组合。

2017 年全国硕士研究生招生考试线性代数试题

一、选择、填空题

1.设 $\boldsymbol{\alpha}$ 为 n 维单位列向量,$\boldsymbol{E}$ 为 n 阶单位矩阵,则

(A)$\boldsymbol{E}-\boldsymbol{\alpha\alpha}^{\mathrm{T}}$ 不可逆 (B)$\boldsymbol{E}+\boldsymbol{\alpha\alpha}^{\mathrm{T}}$ 不可逆

(C)$\boldsymbol{E}+2\boldsymbol{\alpha\alpha}^{\mathrm{T}}$ 不可逆 (D)$\boldsymbol{E}-2\boldsymbol{\alpha\alpha}^{\mathrm{T}}$ 不可逆

2.已知矩阵 $\boldsymbol{A}=\begin{pmatrix}2 & 0 & 0\\ 0 & 2 & 1\\ 0 & 0 & 1\end{pmatrix}$、$\boldsymbol{B}=\begin{pmatrix}2 & 1 & 0\\ 0 & 2 & 0\\ 0 & 0 & 1\end{pmatrix}$、$\boldsymbol{C}=\begin{pmatrix}1 & 0 & 0\\ 0 & 2 & 0\\ 0 & 0 & 2\end{pmatrix}$,则

(A)$\boldsymbol{A}$、$\boldsymbol{C}$ 相似,$\boldsymbol{B}$、$\boldsymbol{C}$ 相似 (B)$\boldsymbol{A}$、$\boldsymbol{C}$ 相似,$\boldsymbol{B}$、$\boldsymbol{C}$ 不相似

(C)$\boldsymbol{A}$、$\boldsymbol{C}$ 不相似,$\boldsymbol{B}$、$\boldsymbol{C}$ 相似 (D)$\boldsymbol{A}$、$\boldsymbol{C}$ 不相似,$\boldsymbol{B}$、$\boldsymbol{C}$ 不相似

3.设矩阵 $\boldsymbol{A}=\begin{pmatrix}1 & 0 & 1\\ 1 & 1 & 2\\ 0 & 1 & 1\end{pmatrix}$,$\boldsymbol{\alpha}_1,\boldsymbol{\alpha}_2,\boldsymbol{\alpha}_3$ 为线性无关的三维列向量,则向量组 $\boldsymbol{A\alpha}_1,\boldsymbol{A\alpha}_2,\boldsymbol{A\alpha}_3$ 的秩为______。

二、解答题

4.设三阶矩阵 $\boldsymbol{A}=(\boldsymbol{\alpha}_1\ \boldsymbol{\alpha}_2\ \boldsymbol{\alpha}_3)$有三个不同的特征值,且 $\boldsymbol{\alpha}_3=\boldsymbol{\alpha}_1+2\boldsymbol{\alpha}_2$。

(1)证明:$R(\boldsymbol{A})=2$;

(2)若 $\boldsymbol{\beta}=\boldsymbol{\alpha}_1+\boldsymbol{\alpha}_2+\boldsymbol{\alpha}_3$,求方程组 $\boldsymbol{Ax}=\boldsymbol{\beta}$ 的通解。

5.设二次型 $f(x_1,x_2,x_3)=2x_1^2-x_2^2+ax_3^2+2x_1x_2-8x_1x_3+2x_2x_3$ 在正交变换 $\boldsymbol{x}=\boldsymbol{Qy}$ 下的标准形为 $\lambda_1y_1^2+\lambda_2y_2^2$,求 a 的值及一个正交矩阵 $\boldsymbol{Q}$。

2018 年全国硕士研究生招生考试线性代数试题

一、选择、填空题

1.下列矩阵中,与矩阵 $\begin{pmatrix}1&1&0\\0&1&1\\0&0&1\end{pmatrix}$ 相似的为

(A) $\begin{pmatrix}1&1&-1\\0&1&1\\0&0&1\end{pmatrix}$　(B) $\begin{pmatrix}1&0&-1\\0&1&1\\0&0&1\end{pmatrix}$　(C) $\begin{pmatrix}1&1&-1\\0&1&0\\0&0&1\end{pmatrix}$　(D) $\begin{pmatrix}1&0&-1\\0&1&0\\0&0&1\end{pmatrix}$

2.设 $\boldsymbol{A}$、$\boldsymbol{B}$ 为 n 阶矩阵,记 $R(\boldsymbol{X})$为矩阵 $\boldsymbol{X}$ 的秩,$(\boldsymbol{X},\boldsymbol{Y})$表示分块矩阵,则

(A)$R(\boldsymbol{A},\boldsymbol{AB})=R(\boldsymbol{A})$　(B)$R(\boldsymbol{A},\boldsymbol{BA})=R(\boldsymbol{A})$

(C)$R(\boldsymbol{A},\boldsymbol{B})=\max\{R(\boldsymbol{A}),R(\boldsymbol{B})\}$　(D)$R(\boldsymbol{A},\boldsymbol{B})=R(\boldsymbol{A}^{\mathrm{T}},\boldsymbol{B}^{\mathrm{T}})$

3. 设 $\boldsymbol{A}$ 为三阶矩阵,$\boldsymbol{\alpha}_1,\boldsymbol{\alpha}_2,\boldsymbol{\alpha}_3$ 为线性无关的向量组,若 $\boldsymbol{A\alpha}_1=\boldsymbol{\alpha}_1+\boldsymbol{\alpha}_2$、$\boldsymbol{A\alpha}_2=\boldsymbol{\alpha}_2+\boldsymbol{\alpha}_3$、$\boldsymbol{A\alpha}_3=\boldsymbol{\alpha}_1+\boldsymbol{\alpha}_3$,则 $|\boldsymbol{A}|=$________。

二、解答题

4.设实二次型 $f(x_1,x_2,x_3)=(x_1-x_2+x_3)^2+(x_2+x_3)^2+(x_1+ax_3)^2$,其中 a 是参数。

(1)求 $f(x_1,x_2,x_3)=0$ 的解;

(2)求 $f(x_1,x_2,x_3)$的规范形。

5.已知 a 是常数,且矩阵 $\boldsymbol{A}=\begin{pmatrix}1&2&a\\1&3&0\\2&7&-a\end{pmatrix}$ 可经初等变换化为矩阵 $\boldsymbol{B}=\begin{pmatrix}1&a&2\\0&1&1\\-1&1&1\end{pmatrix}$。

(1)求 a;

(2)求满足 $\boldsymbol{AP}=\boldsymbol{B}$ 的可逆矩阵 $\boldsymbol{P}$。

2019 年全国硕士研究生招生考试线性代数试题

一、选择、填空题

1.设 $\boldsymbol{A}$ 为四阶矩阵,$\boldsymbol{A}^*$ 为 $\boldsymbol{A}$ 的伴随矩阵,若线性方程组 $\boldsymbol{Ax}=\boldsymbol{0}$ 的基础解系中只有 2 个向量,则 $R(\boldsymbol{A}^*)=$

(A)0　(B)1　(C)2　(D)3

2.设 $\boldsymbol{A}$ 是三阶实对称矩阵,$\boldsymbol{E}$ 是三阶单位矩阵。若 $\boldsymbol{A}^2+\boldsymbol{A}=2\boldsymbol{E}$,且 $|\boldsymbol{A}|=4$,则二次型 $\boldsymbol{x}^{\mathrm{T}}\boldsymbol{Ax}$ 的规范形为

(A)$y_1^2+y_2^2+y_3^2$　(B)$y_1^2+y_2^2-y_3^2$

(C)$y_1^2-y_2^2-y_3^2$　(D)$-y_1^2-y_2^2-y_3^2$

3.已知矩阵 $\boldsymbol{A}=\begin{pmatrix}1 & 0 & -1\\1 & 1 & -1\\0 & 1 & a^2-1\end{pmatrix}$、$\boldsymbol{b}=\begin{pmatrix}0\\1\\a\end{pmatrix}$，若线性方程组 $\boldsymbol{Ax}=\boldsymbol{b}$ 有无穷多解，则 $a=$ ______。

二、解答题

4.已知向量组

Ⅰ：$\boldsymbol{\alpha}_1=(1,1,4)^{\mathrm{T}},\boldsymbol{\alpha}_2=(1,0,4)^{\mathrm{T}},\boldsymbol{\alpha}_3=(1,2,a^2+3)^{\mathrm{T}}$；

Ⅱ：$\boldsymbol{\beta}_1=(1,1,a+3)^{\mathrm{T}},\boldsymbol{\beta}_2=(0,2,1-a)^{\mathrm{T}},\boldsymbol{\beta}_3=(1,3,a^2+3)^{\mathrm{T}}$。

若向量组Ⅰ与向量组Ⅱ等价，求 a 的取值，并将 $\boldsymbol{\beta}_3$ 用 $\boldsymbol{\alpha}_1,\boldsymbol{\alpha}_2,\boldsymbol{\alpha}_3$ 线性表示。

5.已知矩阵 $\boldsymbol{A}=\begin{pmatrix}-2 & -2 & 1\\2 & x & -2\\0 & 0 & -2\end{pmatrix}$ 与 $\boldsymbol{B}=\begin{pmatrix}2 & 1 & 0\\0 & -1 & 0\\0 & 0 & y\end{pmatrix}$ 相似。

(1)求 x、y；

(2)求可逆矩阵 $\boldsymbol{P}$ 使得 $\boldsymbol{P}^{-1}\boldsymbol{AP}=\boldsymbol{B}$。

2020 年全国硕士研究生招生考试线性代数试题

一、选择、填空题

1.设四阶矩阵 $\boldsymbol{A}=(a_{ij})$ 不可逆，a_{12} 的代数余子式 $A_{12}\neq 0$，$\boldsymbol{\alpha}_1,\boldsymbol{\alpha}_2,\boldsymbol{\alpha}_3,\boldsymbol{\alpha}_4$ 为矩阵 $\boldsymbol{A}$ 的列向量组，$\boldsymbol{A}^*$ 为 $\boldsymbol{A}$ 的伴随矩阵，则方程组 $\boldsymbol{A}^*\boldsymbol{x}=\boldsymbol{0}$ 的通解为

(A) $\boldsymbol{x}=k_1\boldsymbol{\alpha}_1+k_2\boldsymbol{\alpha}_2+k_3\boldsymbol{\alpha}_3$，其中 k_1、k_2、k_3 为任意常数

(B) $\boldsymbol{x}=k_1\boldsymbol{\alpha}_1+k_2\boldsymbol{\alpha}_2+k_3\boldsymbol{\alpha}_4$，其中 k_1、k_2、k_3 为任意常数

(C) $\boldsymbol{x}=k_1\boldsymbol{\alpha}_1+k_2\boldsymbol{\alpha}_3+k_3\boldsymbol{\alpha}_4$，其中 k_1、k_2、k_3 为任意常数

(D) $\boldsymbol{x}=k_1\boldsymbol{\alpha}_2+k_2\boldsymbol{\alpha}_3+k_3\boldsymbol{\alpha}_4$，其中 k_1、k_2、k_3 为任意常数

2.设 $\boldsymbol{A}$ 为三阶矩阵，$\boldsymbol{\alpha}_1$、$\boldsymbol{\alpha}_2$ 为 $\boldsymbol{A}$ 的属于特征值 1 的线性无关的特征向量，$\boldsymbol{\alpha}_3$ 为 $\boldsymbol{A}$ 的属于特征值 -1 的特征向量，则满足 $\boldsymbol{P}^{-1}\boldsymbol{AP}=\begin{pmatrix}1 & 0 & 0\\0 & -1 & 0\\0 & 0 & 1\end{pmatrix}$ 的可逆矩阵 $\boldsymbol{P}$ 为

(A) $(\boldsymbol{\alpha}_1+\boldsymbol{\alpha}_3\quad \boldsymbol{\alpha}_2\quad -\boldsymbol{\alpha}_3)$　　(B) $(\boldsymbol{\alpha}_1+\boldsymbol{\alpha}_2\quad \boldsymbol{\alpha}_2\quad -\boldsymbol{\alpha}_3)$

(C) $(\boldsymbol{\alpha}_1+\boldsymbol{\alpha}_3\quad -\boldsymbol{\alpha}_3\quad \boldsymbol{\alpha}_2)$　　(D) $(\boldsymbol{\alpha}_1+\boldsymbol{\alpha}_2\quad -\boldsymbol{\alpha}_3\quad \boldsymbol{\alpha}_2)$

3.行列式 $\begin{vmatrix}a & 0 & -1 & 1\\0 & a & 1 & -1\\-1 & 1 & a & 0\\1 & -1 & 0 & a\end{vmatrix}=$ ______。

二、解答题

4.设二次型 $f(x_1,x_2)=x_1^2-4x_1x_2+4x_2^2$ 经正交变换 $\begin{pmatrix}x_1\\x_2\end{pmatrix}=\boldsymbol{Q}\begin{pmatrix}y_1\\y_2\end{pmatrix}$ 化为二次型 $g(y_1,y_2)=ay_1^2+4y_1y_2+by_2^2$，其中 $a\geqslant b$。

(1)求 a,b 的值；

(2)求正交矩阵 $\boldsymbol{Q}$。

5.设 $\boldsymbol{A}$ 为二阶矩阵,$\boldsymbol{P}=(\boldsymbol{\alpha},\boldsymbol{A\alpha})$,其中 $\boldsymbol{\alpha}$ 是非零向量且不是 $\boldsymbol{A}$ 的特征向量。

(1)证明 $\boldsymbol{P}$ 为可逆矩阵;

(2)若 $\boldsymbol{A}^2\boldsymbol{\alpha}+\boldsymbol{A\alpha}-6\boldsymbol{\alpha}=\boldsymbol{0}$,求 $\boldsymbol{P}^{-1}\boldsymbol{AP}$,并判断 $\boldsymbol{A}$ 是否相似于对角矩阵。

附录二　测试题

期末测试题一

一、填空题(每小题 3 分,共 15 分)

1.$\boldsymbol{A}$ 为三阶方阵,$|\boldsymbol{A}|=2$,则$|\boldsymbol{A}^*+2\boldsymbol{A}^{-1}|=$__________。

2.若四阶行列式的第 1 行元素依次为-1、0、2、a,第 3 行元素的代数余子式依次为 5、6、4、-1,则 $a=$__________。

3.若向量组 $\boldsymbol{\alpha}_1^{\mathrm{T}}=(1,t+1,0)$,$\boldsymbol{\alpha}_2^{\mathrm{T}}=(1,2,0)$,$\boldsymbol{\alpha}_3^{\mathrm{T}}=(0,0,t^2+1)$线性相关,则实数 $t=$__________。

4.设$\begin{cases}x_2+x_3+x_4=0\\-x_1+x_2+x_3=0\\x_1+x_4=0\end{cases}$,则它的解集的秩是__________。

5.设 $\boldsymbol{A}=\begin{pmatrix}1&0&0\\0&0&1\\0&1&a\end{pmatrix}$ 与 $\boldsymbol{\Lambda}=\begin{pmatrix}1&0&0\\0&1&0\\0&0&-1\end{pmatrix}$ 相似,则 $a=$__________。

二、选择题(每小题 3 分,共 15 分)

1.设 $\boldsymbol{A}$、$\boldsymbol{B}$ 均为 n 阶方阵,则必有(　　)。

(A)$|\boldsymbol{A}+\boldsymbol{B}|=|\boldsymbol{A}|+|\boldsymbol{B}|$　　(B)$|\boldsymbol{AB}|=|\boldsymbol{BA}|$

(C)$\boldsymbol{AB}=\boldsymbol{BA}$　　(D)$(\boldsymbol{A}+\boldsymbol{B})^{-1}=\boldsymbol{A}^{-1}+\boldsymbol{B}^{-1}$

2.设 $\boldsymbol{A}$ 和 $\boldsymbol{B}$ 都是 n 阶非零方阵,且 $\boldsymbol{AB}=\boldsymbol{O}$,则 $\boldsymbol{A}$ 的秩必(　　)。

(A)等于 n　　(B)小于 n　　(C)大于 n　　(D)不能确定

3.设三阶矩阵 $\boldsymbol{A}=\begin{pmatrix}a_{11}&a_{12}&a_{13}\\a_{21}&a_{22}&a_{23}\\a_{31}&a_{32}&a_{33}\end{pmatrix}$,$\boldsymbol{B}=\begin{pmatrix}a_{21}&a_{22}&a_{23}\\a_{11}&a_{12}&a_{13}\\a_{31}+a_{11}&a_{32}+a_{12}&a_{33}+a_{13}\end{pmatrix}$,$\boldsymbol{P}_1=\begin{pmatrix}0&1&0\\1&0&0\\0&0&1\end{pmatrix}$,$\boldsymbol{P}_2=\begin{pmatrix}1&0&0\\0&1&0\\1&0&1\end{pmatrix}$,则 $\boldsymbol{B}=$(　　)。

(A) $\boldsymbol{AP}_1\boldsymbol{P}_2$　　(B) $\boldsymbol{AP}_2\boldsymbol{P}_1$　　(C)$\boldsymbol{P}_1\boldsymbol{P}_2\boldsymbol{A}$　　(D) $\boldsymbol{P}_2\boldsymbol{P}_1\boldsymbol{A}$

4.设 $\boldsymbol{\alpha}_1,\boldsymbol{\alpha}_2,\cdots,\boldsymbol{\alpha}_s$ 是一组 n 维向量,则下列正确的是(　　)。

(A)若 $\boldsymbol{\alpha}_1,\boldsymbol{\alpha}_2,\cdots,\boldsymbol{\alpha}_s$ 不线性相关,就线性无关

(B)如果存在着 s 个不全为零的数 $k_1,k_2,\cdots,k_s$ 使 $k_1\boldsymbol{\alpha}_1+k_2\boldsymbol{\alpha}_2+\cdots+k_s\boldsymbol{\alpha}_s=0$,则 $\boldsymbol{\alpha}_1,\boldsymbol{\alpha}_2,\cdots,\boldsymbol{\alpha}_s$ 线性无关

(C)若向量组 $\boldsymbol{\alpha}_1,\boldsymbol{\alpha}_2,\cdots,\boldsymbol{\alpha}_s$ 线性相关,则 $\boldsymbol{\alpha}_1$ 可由 $\boldsymbol{\alpha}_2,\cdots,\boldsymbol{\alpha}_s$ 线性表示

(D)向量组 $\boldsymbol{\alpha}_1,\boldsymbol{\alpha}_2,\cdots,\boldsymbol{\alpha}_s$ 线性无关的充要条件是 $\boldsymbol{\alpha}_1$ 不能由其余 $s-1$ 个向量线性表示

5.设 $\boldsymbol{P}$ 为正交矩阵,则 $\boldsymbol{P}$ 的列向量组(　　)。

(A)有非单位向量　　(B)可能不正交

(C)必含零向量　　(D)组成单位正交向量组

三、解答题

1.(5 分)计算行列式 $D=\begin{vmatrix}0&1&2&3\\3&0&1&2\\2&3&0&1\\1&2&3&0\end{vmatrix}$ 的值。

2.(10 分)已知三阶方阵 $\boldsymbol{A}=\begin{pmatrix}1&1&-1\\0&1&1\\0&0&-1\end{pmatrix}$,且 $\boldsymbol{AB}=\boldsymbol{A}^2-\boldsymbol{E}$,计算矩阵 $\boldsymbol{B}$。

3.(15 分)讨论 λ 取何值时,线性方程组 $\begin{cases}(1-\lambda)x_1+(1-\lambda)x_2+x_3=1+\lambda\\(1-2\lambda)x_1+(1-\lambda)x_2+x_3=1\\x_1+x_2+(1-\lambda)x_3=1\end{cases}$ 有唯一解？无解？有无穷多解？并求其通解。

4.(12 分)设向量组 $\boldsymbol{a}_1=(2,2,3,1)^{\mathrm{T}},\boldsymbol{a}_2=(1,-3,-2,0)^{\mathrm{T}},\boldsymbol{a}_3=(8,0,5,3)^{\mathrm{T}},\boldsymbol{a}_4=(3,7,8,2)^{\mathrm{T}},\boldsymbol{a}_5=(7,-5,0,0)^{\mathrm{T}}$,求向量组的秩及一个极大无关组,并将其余向量由该极大无关组线性表示。

5.(10 分)设向量组 $\boldsymbol{\alpha}_1,\boldsymbol{\alpha}_2,\boldsymbol{\alpha}_3$ 线性无关,$\boldsymbol{\beta}_1=\boldsymbol{\alpha}_1-\boldsymbol{\alpha}_2+2\boldsymbol{\alpha}_3$、$\boldsymbol{\beta}_2=\boldsymbol{\alpha}_2-\boldsymbol{\alpha}_3$、$\boldsymbol{\beta}_3=2\boldsymbol{\alpha}_1-\boldsymbol{\alpha}_2+3\boldsymbol{\alpha}_3$。证明 $\boldsymbol{\beta}_1,\boldsymbol{\beta}_2,\boldsymbol{\beta}_3$ 线性相关。

6.(12 分)设矩阵 $\boldsymbol{A}=\begin{pmatrix}2&0&2\\0&6&0\\2&0&2\end{pmatrix}$。

(1)求 $\boldsymbol{A}$ 的特征值和特征向量;

(2)判断 $\boldsymbol{A}$ 是否可以对角化,并说明理由。

7.(6 分)设 $\boldsymbol{A}$、$\boldsymbol{B}$、$\boldsymbol{A}+\boldsymbol{B}$、$\boldsymbol{A}^{-1}+\boldsymbol{B}^{-1}$ 均可逆,证明:$(\boldsymbol{A}^{-1}+\boldsymbol{B}^{-1})^{-1}=\boldsymbol{A}(\boldsymbol{A}+\boldsymbol{B})^{-1}\boldsymbol{B}$。

期末测试题二

一、填空题(每小题 3 分,共 15 分)

1.$\boldsymbol{A}$ 为三阶方阵,$|\boldsymbol{A}|=2$,则 $|\boldsymbol{A}^*+(2\boldsymbol{A})^{-1}|=$__________。

2.设$\boldsymbol{A}=\begin{pmatrix}-1&0&0\\1&2&0\\2&1&1\end{pmatrix}$，则$(\boldsymbol{A}^*)^{-1}=$______。

3.已知$\boldsymbol{\alpha}_1$、$\boldsymbol{\alpha}_2$、$\boldsymbol{\alpha}_3$均为三维列向量，已知方阵$\boldsymbol{A}=(\boldsymbol{\alpha}_1\ \boldsymbol{\alpha}_2\ \boldsymbol{\alpha}_3)$、$\boldsymbol{B}=(\boldsymbol{\alpha}_1+2\boldsymbol{\alpha}_2\ \boldsymbol{\alpha}_3\ \boldsymbol{\alpha}_2+\boldsymbol{\alpha}_3)$且$|\boldsymbol{A}|=2$，则$|\boldsymbol{B}|=$______。

4.设三阶方阵$\boldsymbol{A}$的三个特征值为1、2、3，则$|\boldsymbol{A}+\boldsymbol{E}|=$______。

5.设矩阵$\boldsymbol{A}=\begin{pmatrix}1&-1&1\\3&5&-1\\5&3&a\end{pmatrix}$的秩为2，则$a=$______。

二、选择题(每小题3分，共15分)

1.设$\boldsymbol{A}$是n阶方阵，$|\boldsymbol{A}|=a\neq0$，$\boldsymbol{A}^*$为$\boldsymbol{A}$的伴随阵，$|\boldsymbol{A}^*|=$(　　)。

(A) a　　(B) $\dfrac{1}{a}$　　(C) a^n　　(D) a^{n-1}

2.设$\boldsymbol{A}$是正交矩阵，则下列结论错误的是(　　)。

(A)$|\boldsymbol{A}|^2$必为1　　(B)$|\boldsymbol{A}|$必为1

(C)$\boldsymbol{A}^{-1}=\boldsymbol{A}^{\mathrm{T}}$　　(D)$\boldsymbol{A}$的行(列)向量组是正交单位向量组

3.设$\boldsymbol{Ax}=\boldsymbol{b}$是一非齐次线性方程组，$\boldsymbol{\eta}_1$，$\boldsymbol{\eta}_2$是其任意两个解，则下列结论错误的是(　　)。

(A)$\boldsymbol{\eta}_1+\boldsymbol{\eta}_2$是$\boldsymbol{Ax}=\boldsymbol{b}$的一个解　　(B) $\dfrac{1}{2}\boldsymbol{\eta}_1+\dfrac{1}{2}\boldsymbol{\eta}_2$是$\boldsymbol{Ax}=\boldsymbol{b}$的一个解

(C) $\boldsymbol{\eta}_1-\boldsymbol{\eta}_2$是$\boldsymbol{Ax}=\boldsymbol{0}$的一个解　　(D) $2\boldsymbol{\eta}_1-\boldsymbol{\eta}_2$是$\boldsymbol{Ax}=\boldsymbol{b}$的一个解

4.设向量组(Ⅰ)：$\boldsymbol{\alpha}_1,\boldsymbol{\alpha}_2,\cdots,\boldsymbol{\alpha}_r$可由向量组(Ⅱ)：$\boldsymbol{\alpha}_1,\boldsymbol{\alpha}_2,\cdots,\boldsymbol{\alpha}_s$线性表示，则下列正确的是(　　)。

(A)当$r<s$时，向量组(Ⅱ)线性相关　　(B)当$r>s$时，向量组(Ⅱ)线性相关

(C)当$r<s$时，向量组(Ⅰ)线性相关　　(D)当$r>s$时，向量组(Ⅰ)线性相关

5.设三阶方阵$\boldsymbol{A}$有3个线性无关的特征向量，则下面结论正确的是(　　)。

(A) 方阵$\boldsymbol{A}$有3个互不相等的特征值　　(B) 方阵$\boldsymbol{A}$一定能与对角矩阵相似

(C) 方阵$\boldsymbol{A}$不一定能与对角矩阵相似　　(D) 以上都不正确

三、解答题

1.(8分)计算行列式$D=\begin{vmatrix}1&1&1&1\\1&2&0&0\\1&0&3&0\\1&0&0&4\end{vmatrix}$的值。

2.(10分)已知$\boldsymbol{AB}=\boldsymbol{A}+2\boldsymbol{B}$，且$\boldsymbol{A}=\begin{pmatrix}3&0&1\\1&1&0\\0&1&4\end{pmatrix}$，求矩阵$\boldsymbol{B}$。

3.(12分)已知线性方程组$\begin{cases}\lambda x_1+x_2+x_3=1\\x_1+\lambda x_2+x_3=\lambda\\x_1+x_2+\lambda x_3=\lambda^2\end{cases}$，$\lambda$为何值时，方程组无解？有唯一解？有无穷多解？并求有无穷多解时的通解。

4.(10 分)求向量组 $\boldsymbol{\alpha}_1=(1,2,1,3)^{\mathrm{T}}$，$\boldsymbol{\alpha}_2=(1,1,-1,1)^{\mathrm{T}}$，$\boldsymbol{\alpha}_3=(1,3,3,5)^{\mathrm{T}}$，$\boldsymbol{\alpha}_4=(4,5,-2,6)^{\mathrm{T}}$ 的秩及其一个极大线性无关组，并用此极大无关组表示出剩余向量。

5.(10 分)设向量组 $\boldsymbol{\alpha}_1,\boldsymbol{\alpha}_2,\boldsymbol{\alpha}_3$ 线性无关，$\boldsymbol{\beta}_1=2\boldsymbol{\alpha}_1+3\boldsymbol{\alpha}_2$、$\boldsymbol{\beta}_2=\boldsymbol{\alpha}_2-\boldsymbol{\alpha}_3$、$\boldsymbol{\beta}_3=\boldsymbol{\alpha}_1+\boldsymbol{\alpha}_2+\boldsymbol{\alpha}_3$，证明 $\boldsymbol{\beta}_1,\boldsymbol{\beta}_2,\boldsymbol{\beta}_3$ 线性无关。

6.(10 分)设矩阵 $\boldsymbol{A}=\begin{pmatrix}1&-1&-1\\-1&1&-1\\-1&-1&1\end{pmatrix}$。

(1)求 $\boldsymbol{A}$ 的特征值和特征向量；

(2)判断 $\boldsymbol{A}$ 是否可以对角化，并说明理由。

7.(10 分)设对称矩阵 $\boldsymbol{A}$ 为正定矩阵，证明存在可逆矩阵 $\boldsymbol{U}$ 使 $\boldsymbol{A}=\boldsymbol{U}^{\mathrm{T}}\boldsymbol{U}$。

期末测试题三

一、填空题(每小题 3 分，共 15 分)

1.$\boldsymbol{A}$、$\boldsymbol{B}$ 为三阶方阵，$|\boldsymbol{A}|=2$，$|\boldsymbol{B}|=-3$，则 $|2\boldsymbol{A}\boldsymbol{B}^{-1}|=$__________。

2.设向量 $\boldsymbol{\alpha}=(1,2,3)^{\mathrm{T}}$、$\boldsymbol{\beta}=(3,2,1)^{\mathrm{T}}$，矩阵 $\boldsymbol{A}=\boldsymbol{\alpha}\boldsymbol{\beta}^{\mathrm{T}}$，则 $\boldsymbol{A}^4=$__________。

3.设四元非齐次线性方程组 $\boldsymbol{A}\boldsymbol{x}=\boldsymbol{b}$ 的系数矩阵 $\boldsymbol{A}$ 的秩为 3，它的三个解为 $\boldsymbol{\eta}_1$、$\boldsymbol{\eta}_2$、$\boldsymbol{\eta}_3$，且 $\boldsymbol{\eta}_1=(1,2,3,4)^{\mathrm{T}}$、$\boldsymbol{\eta}_2+\boldsymbol{\eta}_3=(0,1,2,3)^{\mathrm{T}}$，则方程组 $\boldsymbol{A}\boldsymbol{x}=\boldsymbol{b}$ 的通解为__________。

4.若向量组 $\boldsymbol{\alpha}_1=(1,1,1)^{\mathrm{T}}$，$\boldsymbol{\alpha}_2=(0,t,2)^{\mathrm{T}}$，$\boldsymbol{\alpha}_3=(1,0,3)^{\mathrm{T}}$ 线性相关，则实数 $t=$________。

5.已知三阶方阵 $\boldsymbol{A}$ 的特征值为 1、-1、2，则 $|\boldsymbol{A}^2-3\boldsymbol{E}|=$__________。

二、选择题(每小题 3 分，共 15 分)

1.设 $\boldsymbol{A}$、$\boldsymbol{B}$ 均为 n 阶方阵，下列正确的是(　　)。

(A)$(\boldsymbol{A}+\boldsymbol{B})^2=\boldsymbol{A}^2+2\boldsymbol{A}\boldsymbol{B}+\boldsymbol{B}^2$　　(B)$(\boldsymbol{A}+\boldsymbol{B})^{-1}=\boldsymbol{A}^{-1}+\boldsymbol{B}^{-1}$

(C)若 $|\boldsymbol{A}\boldsymbol{B}|=0$，则 $|\boldsymbol{A}|=0$ 或 $|\boldsymbol{B}|=0$　　(D)$(\boldsymbol{A}\boldsymbol{B})^{\mathrm{T}}=\boldsymbol{A}^{\mathrm{T}}\boldsymbol{B}^{\mathrm{T}}$

2.设三阶矩阵 $\boldsymbol{A}$ 按列分块为 $\boldsymbol{A}=(\boldsymbol{\alpha}_1\ \ \boldsymbol{\alpha}_2\ \ \boldsymbol{\alpha}_3)$，且 $|\boldsymbol{A}|=5$，令 $\boldsymbol{B}=(\boldsymbol{\alpha}_1+2\boldsymbol{\alpha}_2\ \ 3\boldsymbol{\alpha}_1+4\boldsymbol{\alpha}_3\ \ 5\boldsymbol{\alpha}_2)$，则 $|\boldsymbol{B}|=$(　　)。

(A) 100　　(B)-100　　(C)-40　　(D)40

3.设 $\boldsymbol{A}=\begin{pmatrix}a_{11}&a_{12}&a_{13}\\a_{21}&a_{22}&a_{23}\\a_{31}&a_{32}&a_{33}\end{pmatrix}$、$\boldsymbol{B}=\begin{pmatrix}a_{11}&a_{12}&a_{13}\\a_{21}&a_{22}&a_{23}\\a_{31}+a_{11}&a_{32}+a_{12}&a_{33}+a_{13}\end{pmatrix}$、$\boldsymbol{P}_1=\begin{pmatrix}0&1&0\\1&0&0\\0&0&1\end{pmatrix}$、$\boldsymbol{P}_2=\begin{pmatrix}1&0&0\\0&1&0\\1&0&1\end{pmatrix}$，则 $\boldsymbol{B}=$(　　)。

(A)$\boldsymbol{P}_1\boldsymbol{A}$　　(B)$\boldsymbol{P}_2\boldsymbol{A}$　　(C)$\boldsymbol{A}\boldsymbol{P}_1$　　(D)$\boldsymbol{A}\boldsymbol{P}_2$

4.设 $\boldsymbol{A}$ 是 4×3 阶矩阵，$R(\boldsymbol{A})=2$，$\boldsymbol{B}=\begin{pmatrix}1&0&4\\0&1&0\\-2&0&5\end{pmatrix}$，则 $R(\boldsymbol{A}\boldsymbol{B})=$(　　)。

(A)2　　(B) 3　　(C) 1　　(D)不能确定

5.设 $\boldsymbol{\alpha}_1$、$\boldsymbol{\alpha}_2$、$\boldsymbol{\alpha}_3$、$\boldsymbol{\beta}$ 均为 n 维向量，又 $\boldsymbol{\alpha}_1,\boldsymbol{\alpha}_2,\boldsymbol{\beta}$ 线性相关，$\boldsymbol{\alpha}_2,\boldsymbol{\alpha}_3,\boldsymbol{\beta}$ 线性无关，则下列正确

的是(　　)。

(A)$\boldsymbol{\alpha}_1,\boldsymbol{\alpha}_2,\boldsymbol{\alpha}_3$ 线性相关　　(B)$\boldsymbol{\alpha}_1,\boldsymbol{\alpha}_2,\boldsymbol{\alpha}_3$ 线性无关

(C)$\boldsymbol{\alpha}_1$ 可由 $\boldsymbol{\alpha}_2,\boldsymbol{\alpha}_3,\boldsymbol{\beta}$ 线性表示　　(D)$\boldsymbol{\beta}$ 可由 $\boldsymbol{\alpha}_1,\boldsymbol{\alpha}_2$ 线性表示

三、解答题

1.(6 分)计算行列式 $D=\begin{vmatrix}6&1&1&1\\1&6&1&1\\1&1&6&1\\1&1&1&6\end{vmatrix}$ 的值。

2.(10 分)已知三阶矩阵 $\boldsymbol{A}$ 和 $\boldsymbol{B}$ 满足 $\boldsymbol{AB}=\boldsymbol{A}+\boldsymbol{B}$,若 $\boldsymbol{A}=\begin{pmatrix}3&5&0\\1&2&0\\0&0&2\end{pmatrix}$,求矩阵 $\boldsymbol{B}$。

3.(12 分)讨论 λ 取何值时,线性方程组 $\begin{cases}x_1+x_2-x_3=1\\2x_1+3x_2+\lambda x_3=3\\x_1+\lambda x_2+3x_3=2\end{cases}$ 有唯一解?无解?有无穷多解?当方程组有无穷多解时,求其通解。

4.(10 分)设向量组 $\boldsymbol{a}_1=(1,2,3,-4)^{\mathrm{T}},\boldsymbol{a}_2=(2,3,-4,1)^{\mathrm{T}},\boldsymbol{a}_3=(2,-5,8,-3)^{\mathrm{T}},\boldsymbol{a}_4=(3,-4,1,2)^{\mathrm{T}}$,求向量组的秩及一个极大无关组,并将其余向量用此极大无关组线性表示。

5.(12 分)设矩阵 $\boldsymbol{A}=\begin{pmatrix}1&2&2\\2&1&2\\2&2&1\end{pmatrix}$。

(1)求 $\boldsymbol{A}$ 的特征值和特征向量。

(2)判断 $\boldsymbol{A}$ 是否可以对角化,并说明理由。

6.(10 分)设向量组 $\boldsymbol{\alpha}_1,\boldsymbol{\alpha}_2,\boldsymbol{\alpha}_3$ 线性无关,证明向量组 $\boldsymbol{\alpha}_2-2\boldsymbol{\alpha}_1,\boldsymbol{\alpha}_2+2\boldsymbol{\alpha}_3,3\boldsymbol{\alpha}_1-\boldsymbol{\alpha}_3$ 也线性无关。

7.(10 分) 设二次型 $f(x_1,x_2,x_3)=2(a_1x_1+a_2x_2+a_3x_3)^2+(b_1x_1+b_2x_2+b_3x_3)$,记 $\boldsymbol{\alpha}=\begin{pmatrix}a_1\\a_2\\a_3\end{pmatrix},\boldsymbol{\beta}=\begin{pmatrix}b_1\\b_2\\b_3\end{pmatrix}$。

(Ⅰ)证明二次型 f 对应的矩阵为 $2\boldsymbol{\alpha}\boldsymbol{\alpha}^{\mathrm{T}}+\boldsymbol{\beta}\boldsymbol{\beta}^{\mathrm{T}}$;

(Ⅱ)若 $\boldsymbol{\alpha},\boldsymbol{\beta}$ 正交且均为单位向量,证明 f 在正交变换下的标准形为 $2y_1^2+y_2^2$。

部分习题及真题①参考答案

部分习题参考答案

习题一

1.(1)ab^2-a^2b； (2)18 ； (3)$3abc-a^3-b^3-c^3$； (4)0

2.$x\neq 0$ 且 $x\neq 2$

3.(1)4； (2)13； (3)$\frac{n(n-1)}{2}$； (4)$n(n-1)$

4. $-a_{11}a_{23}a_{32}a_{44}$ 和 $a_{11}a_{23}a_{34}a_{42}$

5.(1)8,3； (2)$-a_{14}a_{23}a_{31}a_{42}$； (3)4； (4)0； (5)2,−1； (6)0,0

6. −2020!

7. (1)$4abcdef$； (2)$-2(x^3+y^3)$； (3)0； (4)8； (5)1125； (6)x^2y^2；
(7)$(-1)^{n-1}(n-1)$

9. 0

10.5

11.(1)$a+b+d$； (2) 0

12.(1)−50； (2)$a^{n-2}(a^2-1)$； (3)$x^n+(-1)^{n+1}y^n$

13. (1)12； (2)$(a+b+c)(b-a)(c-a)(c-b)$； (3) $\prod\limits_{n+1\geqslant i>j\geqslant 1}(i-j)$
(4)$(a+b+c+d)(a-b)(a-c)(a-d)(b-c)(b-d)(c-d)$

14.(1)$x=\pm\sqrt{3}, x=3$； (2)$x=a,b,c$； (3)$x_1=0, x_2=1, \cdots, x_{n-1}=n-2$

15. 0

16. 4,0

17. −9,18

18. 7

19. (1)$[x+(n-1)a](x-a)^{n-1}$； (2)$-2(n-2)!$； (3)$(a+b+c)^3$；
(4)$-(n-2)n!$； (5) $(-1)^{\frac{n(n-1)}{2}}\prod\limits_{n\geqslant i>j\geqslant 1}(i-j)$ ； (6)$2^{n+1}-1$；
(7) $a_1a_2\cdots a_n\left(1+\sum\limits_{i=1}^{n}\frac{1}{a_i}\right)$ ； (8)$(-1)^{n-1}2^{n-2}(n+1)$ ； (9) $\prod\limits_{i=1}^{n}(a_id_i-b_ic_i)$

① 真题指研究生招生试题。

23. (1) $x_1=3, x_2=-4, x_3=-1, x_4=1$

(2) $x_1=1, x_2=2, x_3=3, x_4=-1$

(3) $x_1=-\frac{151}{211}, x_2=\frac{161}{211}, x_3=-\frac{109}{211}, x_4=\frac{64}{211}$

(4) $x=a, y=b, z=c$

(5) $x_1=1, x_2=x_3=\cdots=x_n=0$

24. $\lambda=-1$ 或 $\lambda=4$；$\lambda\neq-1$ 且 $\lambda\neq4$

25. $\lambda\neq-2$ 且 $\lambda\neq1$

习题二

1. (1) $\begin{pmatrix}0\\-5\end{pmatrix}$； (2) 10； (3) $\begin{pmatrix}-2&4\\-1&2\\-3&6\end{pmatrix}$； (4) $\begin{pmatrix}2&1&8\\-2&-7&6\end{pmatrix}$

2. $\boldsymbol{A}^{\mathrm{T}}\boldsymbol{B}=\begin{pmatrix}2&2&6\\-2&6&2\\6&-2&2\end{pmatrix}$； $2\boldsymbol{AB}-3\boldsymbol{A}=\begin{pmatrix}1&1&9\\-7&9&7\\9&-1&1\end{pmatrix}$

5. $\boldsymbol{A}^k=\begin{pmatrix}1&k\lambda\\0&1\end{pmatrix}$

8. (1) $\begin{pmatrix}-5&3\\2&-1\end{pmatrix}$； (2) $\begin{pmatrix}1&&\\&1/2&\\&&1/3\end{pmatrix}$

(3) $\begin{pmatrix}&&1/3\\&1/2&\\1&&\end{pmatrix}$； (4) $\begin{pmatrix}1/2&0&0\\0&0&-1\\0&1&0\end{pmatrix}$

9. (1) 32； (2) $\frac{2^{2n-1}}{3}$； (3) $-\frac{1}{10}\begin{pmatrix}-1&0&0\\2&2&0\\3&4&5\end{pmatrix}$； (4) $\frac{-1}{3}$

10. 108

11. $\begin{pmatrix}0&3&3\\-1&2&3\\1&1&0\end{pmatrix}$

12. $\boldsymbol{B}=\boldsymbol{A}+\boldsymbol{E}=\begin{pmatrix}2&0&1\\0&3&0\\1&0&2\end{pmatrix}$

13. $\boldsymbol{B}=2\boldsymbol{A}=2\mathrm{diag}(1,-2,1)$

14. $4\begin{pmatrix}1&1&1\\1&1&1\\1&1&1\end{pmatrix}$

16.(1)由$(\boldsymbol{A}-\boldsymbol{E})(\boldsymbol{B}-\boldsymbol{E})=\boldsymbol{E}$ 知$\boldsymbol{A}-\boldsymbol{E}$ 可逆；

(2) $\boldsymbol{A}=\boldsymbol{E}+(\boldsymbol{B}-\boldsymbol{E})^{-1}=\dfrac{1}{6}\begin{pmatrix}6&3&0\\-2&6&0\\0&0&12\end{pmatrix}$

17.(1)$\begin{pmatrix}\boldsymbol{O}&\boldsymbol{A}\\\boldsymbol{B}&\boldsymbol{O}\end{pmatrix}^{-1}=\begin{pmatrix}\boldsymbol{O}&\boldsymbol{B}^{-1}\\\boldsymbol{A}^{-1}&\boldsymbol{O}\end{pmatrix}$； (2)$\begin{pmatrix}\boldsymbol{A}&\boldsymbol{O}\\\boldsymbol{C}&\boldsymbol{B}\end{pmatrix}^{-1}=\begin{pmatrix}\boldsymbol{A}^{-1}&\boldsymbol{O}\\-\boldsymbol{B}^{-1}\boldsymbol{C}\boldsymbol{A}^{-1}&\boldsymbol{B}^{-1}\end{pmatrix}$

18.$\boldsymbol{A}^{-1}=\begin{pmatrix}1&-2&0&0\\-2&5&0&0\\0&0&1/3&2/3\\0&0&-1/3&1/3\end{pmatrix}$

习题三

1.(1)$\begin{pmatrix}1&0&\frac{1}{2}&\frac{1}{2}\\0&1&-\frac{3}{2}&-\frac{1}{2}\\0&0&0&0\end{pmatrix}$； (2)$\begin{pmatrix}0&1&0&5\\0&0&1&3\\0&0&0&0\end{pmatrix}$

2.(1)$\begin{pmatrix}1&0&0\\0&1&0\\0&0&1\end{pmatrix}$； (2)$\begin{pmatrix}1&0&0&0&0\\0&1&0&0&0\\0&0&1&0&0\end{pmatrix}$

3.(1)(C)； (2)(C)

4.$\begin{pmatrix}1&0&0\\200&1&0\\0&0&1\end{pmatrix}$

5.$\begin{pmatrix}4&5&2\\1&2&2\\7&8&2\end{pmatrix}$

6.(1)$\begin{pmatrix}1&-3&-2\\1&-5&-3\\-1&6&4\end{pmatrix}$； (2)$\begin{pmatrix}1&0&0&0\\-\frac{1}{2}&\frac{1}{2}&0&0\\0&-\frac{1}{3}&\frac{1}{3}&0\\0&0&-\frac{1}{4}&\frac{1}{4}\end{pmatrix}$

7.(1)$\begin{pmatrix}10&2\\-15&-3\\12&4\end{pmatrix}$； (2)$\begin{pmatrix}2&-1&-1\\-4&7&4\end{pmatrix}$； (3)$\begin{pmatrix}0&1&-1\\-1&0&1\\1&-1&0\end{pmatrix}$

8.(1) 秩为 2，$\begin{vmatrix}3&1\\1&-1\end{vmatrix}=-4$； (2)秩为 2，$\begin{vmatrix}3&2\\2&-1\end{vmatrix}=-7$

(3)秩为 3，$\begin{vmatrix} 1 & 1 & 0 \\ 3 & -1 & 1 \\ 0 & 0 & 1 \end{vmatrix} = -4$

9.(1)$k=1$；(2)$k=-2$；(3)$k\neq 1$ 且 $k\neq -2$

10.当 $\lambda=5$、$\mu=-4$ 时，$R(\boldsymbol{A})$的最小值是 2；

当 $\lambda\neq 5$、$\mu\neq -4$ 时，$R(\boldsymbol{A})$最大值是 4

12.(1) $\begin{pmatrix} x_1 \\ x_2 \\ x_3 \\ x_4 \end{pmatrix} = c_1 \begin{pmatrix} \frac{3}{5} \\ \frac{1}{5} \\ 1 \\ 0 \end{pmatrix} + c_2 \begin{pmatrix} 0 \\ 1 \\ 0 \\ 1 \end{pmatrix}$；(2) $\begin{pmatrix} x_1 \\ x_2 \\ x_3 \\ x_4 \end{pmatrix} = c_1 \begin{pmatrix} -\frac{3}{2} \\ \frac{7}{2} \\ 1 \\ 0 \end{pmatrix} + c_2 \begin{pmatrix} -1 \\ -2 \\ 0 \\ 1 \end{pmatrix}$

13.(1)无解；(2)$x_1=\frac{10}{7}, x_2=-\frac{1}{7}, x_3=-\frac{2}{7}$；

(3) $\begin{pmatrix} x_1 \\ x_2 \\ x_3 \\ x_4 \end{pmatrix} = c_1 \begin{pmatrix} \frac{7}{5} \\ \frac{1}{5} \\ 1 \\ 0 \end{pmatrix} + c_2 \begin{pmatrix} \frac{1}{5} \\ -\frac{2}{5} \\ 0 \\ 1 \end{pmatrix} + \begin{pmatrix} \frac{3}{5} \\ \frac{4}{5} \\ 0 \\ 0 \end{pmatrix}$

14.$\lambda=1$

15.当 $a\neq 2$ 且 $a\neq -3$ 时，有唯一解；

当 $a=-3$ 时，无解；

当 $a=2$ 时，有无穷解 $\begin{pmatrix} x_1 \\ x_2 \\ x_3 \end{pmatrix} = c \begin{pmatrix} 5 \\ -4 \\ 1 \end{pmatrix} + \begin{pmatrix} 0 \\ 1 \\ 0 \end{pmatrix}$

16.提示：由 $\boldsymbol{Ax}=\boldsymbol{Ay}$ 得 $\boldsymbol{A}(\boldsymbol{x}-\boldsymbol{y})=\boldsymbol{0}$，$R(\boldsymbol{A})=n$，则 $\boldsymbol{x}-\boldsymbol{y}=\boldsymbol{0}$，即 $\boldsymbol{x}=\boldsymbol{y}$。

习题四

1.$\boldsymbol{\alpha}_1-\boldsymbol{\alpha}_2=(1,0,-1)^{\mathrm{T}}$；$3\boldsymbol{\alpha}_1+2\boldsymbol{\alpha}_2-\boldsymbol{\alpha}_3=(0,1,2)^{\mathrm{T}}$

2.(1)当 $\lambda\neq 0$ 且 $\lambda\neq -3$ 时，$\boldsymbol{\beta}$ 可由$\boldsymbol{\alpha}_1,\boldsymbol{\alpha}_2,\boldsymbol{\alpha}_3$ 唯一地线性表示

(2)当 $\lambda=0$ 时，$\boldsymbol{\beta}$ 可由$\boldsymbol{\alpha}_1,\boldsymbol{\alpha}_2,\boldsymbol{\alpha}_3$ 线性表示，但表示法不唯一

(3)当 $\lambda=-3$ 时，$\boldsymbol{\beta}$ 不能由$\boldsymbol{\alpha}_1,\boldsymbol{\alpha}_2,\boldsymbol{\alpha}_3$ 线性表示

4.$\boldsymbol{A\alpha}_4=\begin{pmatrix} 7 \\ 5 \\ 2 \end{pmatrix}$

6(1)线性相关；(2)线性无关；(3)线性相关

7.$a=2$ 或 $a=-1$

8.不一定。若$\boldsymbol{\alpha}_1=\begin{pmatrix}1\\0\end{pmatrix}$、$\boldsymbol{\alpha}_2=\begin{pmatrix}0\\0\end{pmatrix}$；$\boldsymbol{\beta}_1=\begin{pmatrix}0\\0\end{pmatrix}$、$\boldsymbol{\beta}_2=\begin{pmatrix}0\\1\end{pmatrix}$，则$\boldsymbol{\alpha}_1+\boldsymbol{\beta}_1=\begin{pmatrix}1\\0\end{pmatrix}$与$\boldsymbol{\alpha}_2+\boldsymbol{\beta}_2=\begin{pmatrix}0\\1\end{pmatrix}$是线性无关的

11.(1)秩为 2，$\boldsymbol{\alpha}_1,\boldsymbol{\alpha}_2$； (2)秩为 2，$\boldsymbol{\alpha}_1,\boldsymbol{\alpha}_2$

12.$\boldsymbol{\alpha}_1,\boldsymbol{\alpha}_2,\boldsymbol{\alpha}_3$ 为最大无关组，$\boldsymbol{\alpha}_4=\boldsymbol{\alpha}_1+3\boldsymbol{\alpha}_2-\boldsymbol{\alpha}_3,\boldsymbol{\alpha}_5=-\boldsymbol{\alpha}_2+\boldsymbol{\alpha}_3$

15. 4

15.$\boldsymbol{B}=\begin{pmatrix}0&0&0\\1&0&3\\0&1&-1\end{pmatrix}$，$|\boldsymbol{A}|=0$

17.(1)$\boldsymbol{x}=k_1\begin{pmatrix}0\\1\\0\\4\end{pmatrix}+k_2\begin{pmatrix}-4\\0\\1\\-3\end{pmatrix}$； (2)$\boldsymbol{x}=k_1\begin{pmatrix}1\\7\\0\\19\end{pmatrix}+k_2\begin{pmatrix}0\\0\\1\\2\end{pmatrix}$

(3)$\boldsymbol{x}=k_1\begin{pmatrix}-1\\1\\0\\\vdots\\0\end{pmatrix}+k_2\begin{pmatrix}-1\\0\\1\\\vdots\\0\end{pmatrix}+\cdots+k_{n-1}\begin{pmatrix}-1\\0\\0\\\vdots\\1\end{pmatrix}$

18.$\boldsymbol{B}=\begin{pmatrix}1&0\\5&2\\8&1\\0&1\end{pmatrix}$

19.(1)$k(1,1,\cdots,1)^{\mathrm{T}}$； (2)$R(\boldsymbol{A})=0$

21.(1) Ⅰ：$\boldsymbol{\xi}_1=\begin{pmatrix}-1\\1\\0\\1\end{pmatrix},\boldsymbol{\xi}_2=\begin{pmatrix}0\\0\\1\\0\end{pmatrix}$； Ⅱ：$\boldsymbol{\xi}_1=\begin{pmatrix}1\\1\\0\\-1\end{pmatrix},\boldsymbol{\xi}_2=\begin{pmatrix}-1\\0\\1\\1\end{pmatrix}$

(2)$\boldsymbol{x}=c\begin{pmatrix}-1\\1\\2\\1\end{pmatrix}$

22.$r=-2,p=3,q=2$

23.(1)$\boldsymbol{x}=k\begin{pmatrix}-1\\1\\1\\0\end{pmatrix}+\begin{pmatrix}-8\\13\\0\\2\end{pmatrix}$； (2)$\boldsymbol{x}=k_1\begin{pmatrix}-9\\1\\7\\0\end{pmatrix}+k_2\begin{pmatrix}-4\\0\\\frac{7}{2}\\1\end{pmatrix}+\begin{pmatrix}-17\\0\\14\\0\end{pmatrix}$

24. $k\begin{pmatrix}0\\2\\3\\4\end{pmatrix}+\begin{pmatrix}\frac{1}{2}\\0\\0\\0\end{pmatrix}$

25. $x=k\begin{pmatrix}1\\-2\\1\\0\end{pmatrix}+\begin{pmatrix}1\\1\\1\\1\end{pmatrix}$

26. 当 $\lambda=\mu=\frac{1}{2}$ 时，$x=k_1\begin{pmatrix}1\\-3\\1\\0\end{pmatrix}+k_2\begin{pmatrix}-1\\-2\\0\\2\end{pmatrix}+\begin{pmatrix}\frac{1}{2}\\1\\0\\0\end{pmatrix}$

当 $\lambda=\mu\neq\frac{1}{2}$ 时，$x=k\begin{pmatrix}-2\\1\\-1\\2\end{pmatrix}+\begin{pmatrix}0\\-\frac{1}{2}\\\frac{1}{2}\\0\end{pmatrix}$

30. V_1 是，V_2 不是

32. $\boldsymbol{\beta}_1=2\boldsymbol{\alpha}_1+3\boldsymbol{\alpha}_2-\boldsymbol{\alpha}_3$，$\boldsymbol{\beta}_2=3\boldsymbol{\alpha}_1-3\boldsymbol{\alpha}_2-2\boldsymbol{\alpha}_3$

33. $\boldsymbol{P}=\begin{pmatrix}2&3&4\\0&-1&0\\-1&0&-1\end{pmatrix}$

习题五

1. (1) $\boldsymbol{\beta}_1=\begin{pmatrix}1\\1\\1\end{pmatrix}$，$\boldsymbol{\beta}_2=\begin{pmatrix}-1\\0\\1\end{pmatrix}$，$\boldsymbol{\beta}_3=\frac{1}{3}\begin{pmatrix}1\\-2\\1\end{pmatrix}$

(2) $\boldsymbol{\beta}_1=\begin{pmatrix}1\\0\\-1\\1\end{pmatrix}$，$\boldsymbol{\beta}_2=\frac{1}{3}\begin{pmatrix}1\\-3\\2\\1\end{pmatrix}$，$\boldsymbol{\beta}_3=\frac{1}{5}\begin{pmatrix}-1\\3\\3\\4\end{pmatrix}$

2. (1)不是； (2)是

4. (1) $\lambda_1=1$、$\lambda_2=2$、$\lambda_3=5$，$\boldsymbol{p}_1=k_1\begin{pmatrix}0\\1\\-1\end{pmatrix}$、$\boldsymbol{p}_2=k_2\begin{pmatrix}1\\0\\0\end{pmatrix}$、$\boldsymbol{p}_3=k_3\begin{pmatrix}0\\1\\1\end{pmatrix}$，$k_1$、$k_2$、$k_3$ 均不为 0

(2)$\lambda_1=9$、$\lambda_2=\lambda_3=0$。$\lambda_1=9$ 的特征向量 $\boldsymbol{p}_1=k_1\begin{pmatrix}1\\-2\\2\end{pmatrix}$,$k_1\neq0$;$\lambda_2=\lambda_3=0$ 的特征向量为 $k_2\begin{pmatrix}2\\1\\0\end{pmatrix}+k_3\begin{pmatrix}-2\\0\\1\end{pmatrix}$,$k_2$、$k_3$ 不全为 0

(3)$\lambda_1=\lambda_2=1$、$\lambda_3=\lambda_4=-1$。$\lambda_1=\lambda_2=1$ 的特征向量为 $k_1\begin{pmatrix}1\\1\\0\\0\end{pmatrix}+k_2\begin{pmatrix}0\\0\\1\\1\end{pmatrix}$;$\lambda_3=\lambda_4=-1$ 的特征向量为 $k_3=\begin{pmatrix}1\\-1\\0\\0\end{pmatrix}+k_4\begin{pmatrix}0\\0\\1\\-1\end{pmatrix}$

7.18

8.25

9.3

10.(1)$a=-3,b=0,\lambda=-1$; (2)不能

11.$\frac{1}{2}\begin{pmatrix}1+3^{100} & 1-3^{100}\\1-3^{100} & 1+3^{100}\end{pmatrix}$

12.$\boldsymbol{P}=\frac{1}{3}\begin{pmatrix}1 & 2 & 2\\2 & 1 & -2\\2 & -2 & 1\end{pmatrix}$,$\boldsymbol{P}^{-1}\boldsymbol{AP}=\begin{pmatrix}-2 & 0 & 0\\0 & 1 & 0\\0 & 0 & 4\end{pmatrix}$

13.$x=4,y=5,\boldsymbol{P}=\begin{pmatrix}-\frac{\sqrt{2}}{2} & \frac{2}{3} & \frac{\sqrt{2}}{6}\\0 & \frac{1}{3} & -\frac{2\sqrt{2}}{3}\\-\frac{\sqrt{2}}{2} & \frac{2}{3} & \frac{\sqrt{2}}{6}\end{pmatrix}$

14.$\begin{pmatrix}1 & 0 & 0\\0 & 0 & -1\\0 & -1 & 0\end{pmatrix}$

15.(1) $f=(x,y,z)\begin{pmatrix}1 & 2 & 1\\2 & 4 & 2\\1 & 2 & 1\end{pmatrix}\begin{pmatrix}x\\y\\z\end{pmatrix}$

(2) $f=(x,y,z)\begin{pmatrix}1 & -1 & -2\\-1 & 1 & -2\\-2 & -2 & -7\end{pmatrix}\begin{pmatrix}x\\y\\z\end{pmatrix}$

(3) $f=(x_1,x_2,x_3,x_4)\begin{pmatrix}1 & -1 & 2 & -1\\ -1 & 1 & 3 & -2\\ 2 & 3 & 1 & 0\\ -1 & -2 & 0 & 1\end{pmatrix}\begin{pmatrix}x_1\\ x_2\\ x_3\\ x_4\end{pmatrix}$

16. $\begin{pmatrix}x_1\\ x_2\\ x_3\end{pmatrix}=\begin{pmatrix}1 & 0 & 0\\ 0 & \frac{1}{\sqrt{2}} & \frac{1}{\sqrt{2}}\\ 0 & \frac{1}{\sqrt{2}} & \frac{-1}{\sqrt{2}}\end{pmatrix}\begin{pmatrix}y_1\\ y_2\\ y_3\end{pmatrix}$, $f=2y_1^2+5y_2^2+y_3^2$

17. (1) $f(\boldsymbol{Cy})=y_1^2+y_2^2-5y_3^2$, $\boldsymbol{C}=\begin{pmatrix}1 & -1 & 2\\ 0 & 2 & -3\\ 0 & 0 & 1\end{pmatrix}$, $\boldsymbol{\Lambda}=\begin{pmatrix}1 & & \\ & 1 & \\ & & -5\end{pmatrix}$

(2) $f(\boldsymbol{Cy})=y_1^2-y_2^2-8y_3^2$, $\boldsymbol{C}=\begin{pmatrix}1 & -1 & -4\\ 1 & 1 & -2\\ 0 & 0 & 1\end{pmatrix}$, $\boldsymbol{\Lambda}=\begin{pmatrix}1 & & \\ & -1 & \\ & & -8\end{pmatrix}$

18. $-\sqrt{\frac{5}{3}}<t<\sqrt{\frac{5}{3}}$

19. (1)负定； (2) 正定

习题六

2. (1)是基； (2) 不是基； (3) 不是基； (4) 不是基

3. $(3,4,-2)^{\mathrm{T}}$

4. $\boldsymbol{G}=\begin{pmatrix}-6 & 9 & -8\\ 2 & -3 & 3\\ 1 & -1 & 1\end{pmatrix}$

5. (1) $\boldsymbol{G}=\begin{pmatrix}2 & 0 & 5 & 6\\ 1 & 3 & 3 & 6\\ -1 & 1 & 2 & 1\\ 1 & 0 & 1 & 3\end{pmatrix}$； (2) $\begin{pmatrix}y_1\\ y_2\\ y_3\\ y_4\end{pmatrix}=\frac{1}{27}\begin{pmatrix}12 & 9 & -27 & -33\\ 1 & 12 & -9 & -23\\ 9 & 0 & 0 & -18\\ -7 & -3 & 9 & 26\end{pmatrix}\begin{pmatrix}x_1\\ x_2\\ x_3\\ x_4\end{pmatrix}$

(3) $k\ (1,1,1,-1)^{\mathrm{T}}$

6. (1) $\boldsymbol{G}=\frac{1}{2}\begin{pmatrix}-4 & -3 & 3\\ 2 & 3 & 3\\ 2 & 1 & -5\end{pmatrix}$； (2) $\boldsymbol{A}=\boldsymbol{G}$； (3) $\boldsymbol{B}=\boldsymbol{E}$

真题参考答案

2011 年

1.(D)； 2.(C)； 3.$3y_1^2$

4.(1)$a=5$； (2)$\boldsymbol{\beta}_1=2\boldsymbol{\alpha}_1+4\boldsymbol{\alpha}_2-\boldsymbol{\alpha}_3,\boldsymbol{\beta}_2=\boldsymbol{\alpha}_1+2\boldsymbol{\alpha}_2,\boldsymbol{\beta}_3=5\boldsymbol{\alpha}_1+10\boldsymbol{\alpha}_2-2\boldsymbol{\alpha}_3$

5.(1)特征值为 1、−1、0；特征向量依次为 $k_1\begin{pmatrix}1\\0\\1\end{pmatrix}$、$k_2\begin{pmatrix}1\\0\\-1\end{pmatrix}$、$k_3\begin{pmatrix}0\\1\\0\end{pmatrix}$，$k_1$、$k_2$、$k_3$ 均不为零。

(2)$\boldsymbol{A}=\begin{pmatrix}0&0&1\\0&0&0\\1&0&0\end{pmatrix}$

2012 年

1.(C)； 2.(B)； 3.−27

4.(1)$1-a^4$

(2)当 $a=-1$ 时，通解为 $x=k\begin{pmatrix}1\\1\\1\\1\end{pmatrix}+\begin{pmatrix}0\\-1\\0\\0\end{pmatrix}$，$k$ 为任意常数。

5.(1)$a=-1$；

(2)正交矩阵 $\boldsymbol{Q}=\begin{pmatrix}\frac{1}{\sqrt{3}}&\frac{1}{\sqrt{2}}&\frac{1}{\sqrt{6}}\\\frac{1}{\sqrt{3}}&-\frac{1}{\sqrt{2}}&\frac{1}{\sqrt{6}}\\-\frac{1}{\sqrt{3}}&0&\frac{2}{\sqrt{6}}\end{pmatrix}$，则 $\boldsymbol{Q}^{\mathrm{T}}\boldsymbol{A}\boldsymbol{Q}=\begin{pmatrix}0&&\\&2&\\&&6\end{pmatrix}$。

因此，作正交变换 $\boldsymbol{x}=\boldsymbol{Q}\boldsymbol{y}$，二次型的标准形为 $f(x)=\boldsymbol{x}^{\mathrm{T}}(\mathbf{A}^{\mathrm{T}}\mathbf{A})\boldsymbol{x}=\boldsymbol{y}^{\mathrm{T}}\mathbf{A}\boldsymbol{y}=2y_2^2+6y_3^2$。

2013 年

1.(B)； 2.(B)； 3.−1

4.$\boldsymbol{C}=\begin{pmatrix}c_1+c_2+1&-c_1\\c_1&c_2\end{pmatrix}$，$c_1,c_2$ 为任意常数。

5.略

2014 年

1.(B)； 2.(A)； 3.$[-2,2]$

4.(1)$\boldsymbol{\xi}_1=\begin{pmatrix}-1\\2\\3\\1\end{pmatrix}$

(2)满足 $\boldsymbol{AB}=\boldsymbol{E}$ 的所有矩阵为 $\boldsymbol{B}=\begin{pmatrix}2-c_1 & 6-c_2 & -1-c_3\\-1+2c_1 & -3+2c_2 & 1+2c_3\\-1+3c_1 & -4+3c_2 & 1+3c_3\\c_1 & c_2 & c_3\end{pmatrix}$，其中 c_1、c_2、c_3 为任意常数。

5.略

2015 年

1.(D)； 2.(A)； 3.21

4.(1)$a=0$

(2)$\boldsymbol{X}=\begin{pmatrix}3 & 1 & -2\\1 & 1 & -1\\2 & 1 & -1\end{pmatrix}$

5.(1)$a=4,b=5$

(2)$\boldsymbol{P}=\begin{pmatrix}2 & -3 & -1\\1 & 0 & -1\\0 & 1 & 1\end{pmatrix}$

2016 年

1.(C)； 2.(C)； 3.$\lambda^4+\lambda^3+2\lambda^2+3\lambda+4$

4.(1)$a=0$

(2)方程组 $\boldsymbol{A}^{\mathrm{T}}\boldsymbol{A}\boldsymbol{x}=\boldsymbol{A}^{\mathrm{T}}\boldsymbol{\beta}$ 时，通解为 $\boldsymbol{x}=k\begin{pmatrix}0\\-1\\1\end{pmatrix}+\begin{pmatrix}1\\-2\\0\end{pmatrix}$，其中 k 为任意常数。

5.(1)$\begin{pmatrix}-2+2^{99} & 1-2^{99} & 2-2^{98}\\-2+2^{100} & 1-2^{100} & 2-2^{99}\\0 & 0 & 0\end{pmatrix}$

(2)$\boldsymbol{\beta}_1=(-2+2^{99})\boldsymbol{\alpha}_1+(-2+2^{100})\boldsymbol{\alpha}_2$，$\boldsymbol{\beta}_2=(1-2^{99})\boldsymbol{\alpha}_1+(1-2^{100})\boldsymbol{\alpha}_2$，$\boldsymbol{\beta}_3=(2-2^{98})\boldsymbol{\alpha}_1+(2-2^{99})\boldsymbol{\alpha}_2$

2017 年

1.(A)； 2.(B)； 3.2

4.(2)方程组 $\boldsymbol{A}\boldsymbol{x}=\boldsymbol{\beta}$ 的通解为 $\boldsymbol{x}=k\begin{pmatrix}1\\2\\-1\end{pmatrix}+\begin{pmatrix}1\\1\\1\end{pmatrix}$，其中 k 为任意常数。

5.$a=2$；

$$\boldsymbol{Q}=\begin{pmatrix}\frac{1}{\sqrt{3}} & -\frac{1}{\sqrt{2}} & \frac{1}{\sqrt{6}}\\ -\frac{1}{\sqrt{3}} & 0 & \frac{2}{\sqrt{6}}\\ \frac{1}{\sqrt{3}} & \frac{1}{\sqrt{2}} & \frac{1}{\sqrt{6}}\end{pmatrix}$$

2018 年

1.(A)； 2.(A)； 3.2

4.(1)当 $a\neq 2$ 时，$f(x_1,x_2,x_3)=0$ 有唯一解 $(0,0,0)^{\mathrm{T}}$。

当 $a=2$ 时，$\boldsymbol{A}\longrightarrow\begin{pmatrix}1&0&2\\0&1&1\\0&0&0\end{pmatrix}$，其通解为 $k(-2,-1,1)^{\mathrm{T}}$，$k\in\mathbf{R}$。

(2)当 $a\neq 2$ 时，直接作非退化的线性变换 $\begin{cases}y_1=x_1-x_2+x_3\\ y_2=\quad\quad x_2+x_3\\ y_3=x_1+\quad\quad ax_3\end{cases}$，可将原二次型化为规范形 $f=y_1^2+y_2^2+y_3^2$。

当 $a=2$ 时，作非退化的线性变换 $\begin{cases}y_1=x_1-x_2+x_3\\ y_2=\quad\quad x_2+x_3\\ y_3=\quad\quad\quad\quad x_3\end{cases}$，可将原二次型化为规范形 $f=y_1^2+y_2^2+(y_1+y_2)^2=2y_1^2+2y_2^2+2y_1y_2$。

该二次型正惯性指数为 2，负惯性指数为 0，故其合同规范形为 $z_1^2+z_2^2$。

5.(1)$a=2$

(2)$\boldsymbol{P}=\begin{pmatrix}0&4&1\\0&-1&0\\ \frac{1}{2}&0&\frac{1}{2}\end{pmatrix}$

2019 年

1.(A)； 2.(C)； 3.1

4.当 $a=-1$ 时向量组Ⅰ与向量组Ⅱ不等价;当 $a\neq1$、-1 时,向量组Ⅰ与向量组Ⅱ等价 $\boldsymbol{\beta}_3=\boldsymbol{\alpha}_1-\boldsymbol{\alpha}_2+\boldsymbol{\alpha}_3$

5.(1) $\begin{cases}x=3\\y=-2\end{cases}$

(2) $\boldsymbol{P}=\begin{pmatrix}-1&-1&-1\\2&1&2\\0&0&4\end{pmatrix}$

2020 年

1.(C); 2.(D); 3.$a^2(a^2-4)$

4.(1) $a=4,b=1$

(2) $\begin{pmatrix}\frac{4}{5}&-\frac{3}{5}\\-\frac{3}{5}&-\frac{4}{5}\end{pmatrix}$

5.(2) $\boldsymbol{P}^{-1}\boldsymbol{A}\boldsymbol{P}=\begin{pmatrix}0&6\\1&-1\end{pmatrix}$,$\boldsymbol{A}$ 可相似于对角矩阵。